IP 知识产权专题研究书系

传承与秩序

我国非物质文化遗产保护的法律机制

蒋万来 著

知识产权出版社
全国百佳图书出版单位

图书在版编目（CIP）数据

传承与秩序：我国非物质文化遗产保护的法律机制/蒋万来著.—北京：知识产权出版社，2016.2

（知识产权专题研究书系）

ISBN 978-7-5130-4072-3

Ⅰ.①传… Ⅱ.①蒋… Ⅲ.①文化遗产—法律保护—研究—中国 Ⅳ.①D922.164

中国版本图书馆CIP数据核字（2016）第036444号

内容提要

本书系统介绍了非物质文化遗产的概念、保护、基本理念及相关法律，同时对不同国家的保护机制进行了比较，提出了非物质文化遗产法律保护的整理思路和机制建设，为我们的非物质文化遗产的保护提供了理论基础和实践借鉴。

读者对象：知识产权法研究人员及相关从业人员。

责任编辑：王玉茂	**责任校对**：董志英
封面设计：SUN工作室	**责任出版**：刘译文

知识产权专题研究书系

传承与秩序
——我国非物质文化遗产保护的法律机制

蒋万来　著

出版发行：知识产权出版社有限责任公司	网　　址：http://www.ipph.cn
社　　址：北京市海淀区马甸南村1号（邮编：100088）	天猫旗舰店：http://zscqcbs.tmall.com
责编电话：010-82000860 转8541	责编邮箱：wangyumao@cnipr.com
发行电话：010-82000860 转8101/8102	发行传真：010-82000893/82005070/82000270
印　　刷：北京科信印刷有限公司	经　　销：各大网上书店、新华书店及相关专业书店
开　　本：720mm×1000mm　1/16	印　　张：21.25
版　　次：2016年2月第1版	印　　次：2016年2月第1次印刷
字　　数：336千字	定　　价：65.00元

ISBN 978-7-5130-4072-3

出版权专有　侵权必究

如有印装质量问题，本社负责调换。

目　录

第1章　非物质文化遗产概述 ………………………………… (1)
 1.1　非物质文化遗产的概念及其渊源 …………………… (1)
 1.2　非物质文化遗产与相关概念辨析 …………………… (7)
 1.3　非物质文化遗产的基本特征 ………………………… (14)

第2章　非物质文化遗产的国际保护实践及趋势 …………… (22)
 2.1　非物质文化遗产的国际保护现状 …………………… (22)
 2.2　各国的成功经验和存在的问题 ……………………… (65)
 2.3　非物质文化遗产保护的发展趋势 …………………… (81)

第3章　我国非物质文化遗产保护的实践和困境 …………… (93)
 3.1　我国非物质文化遗产保护的由来 …………………… (93)
 3.2　我国对非物质文化遗产保护的立法 ………………… (101)
 3.3　我国非物质文化遗产保护面临的法律困境 ………… (111)
 3.4　我国非物质文化遗产保护的社会现实困境 ………… (116)

第4章　我国非物质文化遗产保护的基本理念和原则 ……… (128)
 4.1　基本理念 ……………………………………………… (128)
 4.2　非物质文化遗产保护的法律价值 …………………… (132)
 4.3　人权原则 ……………………………………………… (139)
 4.4　族群利益原则 ………………………………………… (149)
 4.5　利益平衡原则 ………………………………………… (158)

i

4.6 生态可持续发展原则 …………………………………（165）

第5章 非物质文化遗产保护的法律关系 …………………（168）

5.1 非物质文化遗产法律关系的含义 ………………………（168）
5.2 非物质文化遗产的客体 …………………………………（171）
5.3 非物质文化遗产的权利主体 ……………………………（174）
5.4 非物质文化遗产权利内容 ………………………………（180）

第6章 非物质文化遗产知识产权保护的导入 ……………（194）

6.1 非物质文化遗产中的知识产权权益 ……………………（194）
6.2 知识产权法调整的现实基础 ……………………………（198）
6.3 知识产权法调整的理论基础 ……………………………（211）

第7章 非物质文化遗产知识产权保护的具体制度分析 ……（224）

7.1 非物质文化遗产保护和知识产权制度的兼容和互动 …（224）
7.2 现行知识产权法调整模式的分析 ………………………（237）
7.3 基于对非物质文化遗产保护的知识产权制度创新 ……（262）

第8章 非物质文化遗产的公法保护 ………………………（285）

8.1 国家的行政干预 …………………………………………（285）
8.2 对传承人的特别保护 ……………………………………（294）
8.3 非物质文化遗产的行政法保护 …………………………（305）
8.4 非物质文化遗产的刑法保护 ……………………………（319）
8.5 非物质文化遗产民事诉讼制度的完善 …………………（324）

第 1 章
非物质文化遗产概述

1.1 非物质文化遗产的概念及其渊源

当今世界，不但政治和经济呈现多极格局，文化也同样显示出其丰富的多样性特征。文化起源于人类生存活动的创造性和超越性，体现了人的需要和价值体系，是历史凝结成的生存方式。虽然文化的影响力不像政治、经济那样直接和强烈，但更为持久和稳定，它往往能够跨越时代、超越政治、经济体制而左右人的行为，进而影响政治、经济活动和历史的进程。因而，文化是人类生存的深层维度。❶ 文化的多样性如同大自然的生物多样性，是人类宝贵的财富和资源。文化遗产是体现和维持文化多样性的载体，尤其是非物质文化遗产，是文化多样性的重要表现形式。

1.1.1 概　念

科学界定非物质文化遗产，是研究保护非物质文化遗产的起点。目前，国际社会普遍沿用联合国教科文组织 2003 年通过的《保护非物质文化遗产公约》中的定义。《保护非物质文化遗产公约》第 2 条

---

❶ 衣俊卿. 论哲学视野中的文化模式 [J]. 北方论丛，2001（1）：4.

第 1 项规定:"非物质文化遗产是指被各社区、群体,有时为个人,视为其文化遗产组成部分的各种社会实践、观念表述、表现形式、知识、技能以及相关的工具、实物、手工艺品和文化场所。这种非物质文化遗产世代相传,在各社区和群体适应周围环境以及与自然和历史的互动中,被不断地再创造,为这些社区和群体提供认同感和持续感,从而增强对文化多样性和人类创造力的尊重。在本公约中,只考虑符合现有的国际人权文件,各社区、群体和个人之间相互尊重的需要和顺应可持续发展的非物质文化遗产。"《保护非物质文化遗产公约》在界定概念后,还对非物质文化遗产的保护范围进行了列举,更进一步明确界定了非物质文化遗产概念的内涵和外延。该公约第 2 条第 2 项规定:"按上述第(一)项的定义,非物质文化遗产包括以下方面:(1)口头传统和表现形式,包括作为非物质文化遗产媒介的语言;(2)表演艺术;(3)社会实践、仪式、节庆活动;(4)有关自然界和宇宙的知识和实践;(5)传统手工艺。"❶

我国于 2004 年 8 月 24 日经全国人大常委会批准加入该公约,并于同年 12 月 2 日向联合国教科文组织总干事正式提交了批准书,从而成为该公约的第六个缔约国。作为缔约国,我国无疑也受到该公约的制约,故对非物质文化遗产的定义,实质上采纳了与该公约相同的主张,但在不同时期的立法进程中,其表述略有不同。2005 年,国务院办公厅颁布了《关于加强我国非物质文化遗产保护工作的意见》,其附件《国家级非物质文化遗产代表作申报评定暂行办法》第 2 条规定:"非物质文化遗产是指各族人民世代相承的、与群众生活密切相关的各种传统文化表现形式(如民俗活动、表演艺术、传统知识和技能,以及与之相关的器具、实物、手工制品等)和文化空间。"同时该附件的第 3 条将非物质文化遗产分为两类:一类是传统的文化表现方式,如民俗活动、表演艺术、传统知识和技能等;另一类是文化空间,即定期举行传统文化活动或集中展现传统文化表现形式的场所,兼具空间性和时间性。具体来说,非物质文化遗产的范围包括:(1)口头传统,包括作为文化载体的语言;(2)传统表演艺术;(3)民俗活动、礼仪、节庆;(4)有关自然界和宇宙的民间传统知

---

❶ 联合国教科文组织. 保护非物质文化遗产公约[J]. 文物工作,2004(8):1.

识和实践；(5) 传统手工艺技能；(6) 与上述表现形式相关的文化空间。该附件对非物质文化遗产作出的界定与《保护非物质文化遗产公约》类似，仅在概念外延方面进行了扩展，增加了"相关的文化空间"。

此后，国务院又于 2006 年公布《国务院关于公布第一批国家级非物质文化遗产名录的通知》（国发 [2006] 18 号）中的《第一批国家非物质文化遗产名录》，将非物质文化遗产分为十类，分别是民间文学、民间音乐、民间舞蹈、传统戏剧、曲艺、杂技与竞技、民间美术、传统手工技艺、传统医药、民俗。该分类是以《保护非物质文化遗产公约》中非物质文化遗产的分类为基础，只是将其进一步细化成类。

其间，我国学术界对非物质文化遗产也展开了诸多讨论，但根据我国非物质遗产的保护实践，主流的观点普遍认为，非物质文化遗产是在特定群体内世代传承，反映该群体独特文化和社会属性的各种文化表现形式以及与之相关的器物、工具、工艺品和文化空间。其范围包括：(1) 各种口头表述，包括对群体有意义的诗歌、史诗、神话、民间传说及其他形式的口头表述，也包括作为其载体的语言；(2) 传统表演艺术，包括戏剧、音乐、舞蹈、曲艺、杂技、木偶、皮影、宗教表演等表现形式；(3) 社会风俗、礼仪、节庆，包括重要的节庆、游戏、运动和重要集会等活动，有原始感的打猎、捕鱼和收获等习俗，日常生活中的有意义的居住、饮食、习俗，人生历程（从出生到殡葬）的各种仪式、亲族关系及其仪式、确定身份的仪式、季节仪式、宗教仪式；(4) 有关自然界和宇宙知识与实践，包括时空观念、宇宙观、对宇宙和宗教的信仰，图腾崇拜，记数和算数的方法、历法纪年知识，关于天文与气象的知识和预言，关于海洋、火山和气候的知识和对策，农耕活动和知识、植物的知识等；(5) 传统的手工艺技能和文化创造形式，包括传统的冶炼等传统工艺技术知识和实践，医药知识和治疗方法，烹饪技艺，工艺美术生产、雕刻技术，包括设计、染色、纺织等环节在内的纺织技艺，丝织技术，包括文身、穿孔、彩绘在内的人体传统绘饰技术等；(6) 与上述表现形式相关的文化空间，即定期举行文化活动或集中体现或展现某种特定文化传统的场所。❶ 由此可见，我国学者对非物质文化遗产的范围的理解十分广泛且具体，但在概念的抽象性上仍有待提炼。

直至2011年2月25日，我国通过了《非物质文化遗产法》，其第2条规定："本法所称非物质文化遗产，是指各族人民世代相传并视为其文化遗产组成部分的各种传统文化表现形式，以及与传统文化表现形式相关的实物和场所。包括：（1）传统口头文学以及作为其载体的语言；（2）传统美术、书法、音乐、舞蹈、戏剧、曲艺和杂技；（3）传统技艺、医药和历法；（4）传统礼仪、节庆等民俗；（5）传统体育和游艺；（6）其他非物质文化遗产。属于非物质文化遗产组成部分的实物和场所，凡属文物的，适用《中华人民共和国文物保护法》的有关规定。"至此，我国以权威的立法形式，明确了非物质文化遗产的法律概念。

1.1.2　渊　　源

尽管近年来国际社会对非物质文化遗产的保护日益重视，但是，人们一开始对它的认识并非十分清晰，而是经历了一个渐进的过程。工业革命之后，西方工业文明的迅猛发展，形成了强势文化对传统农耕文明和农耕文化的侵蚀。在不同文化的博弈中，伴随而来的是新的物质生产方式和消费模式的诞生，导致许多民族的本土文化传统急剧衰落甚至消亡。在这种背景下，人们开始关注保护和弘扬文化的多样性，关注人类文化创造和遗存，关注不同族群的历史生命记忆和独特的生存象征。由此，"非物质文化遗产"作为人类文化遗产的重要组成部分，开始被世界各国所重视。

最早提出"非物质文化遗产"这个概念的是联合国教科文组织，联合国教科文组织最初使用"非物质文化遗产"的概念，则是受到美国的影响，是一个与"物质文化"相对称的术语。❷ 根据2002年关于非物质文化遗产保护的国际公约草案初稿的专家会议资料显示，非物质文化遗产概念于1972年首次出现在联合国教科文组织会议中。在

---

❶ 王文章. 非物质文化遗产概论［M］. 北京：文化艺术出版社，2006：54－55.
❷ 王文章. 非物质文化遗产概论［M］. 北京：文化艺术出版社，2006：2.

讨论《保护世界文化与自然遗产公约》的过程中，出现了一份针对非物质文化遗产的提案。虽然该提案最终被否决，但却为 1989 年《保护传统文化与民间创作的建议案》和 2003 年《保护非物质文化遗产公约》奠定了基础。❶ 在 1972 年，联合国教科文组织通过了一项十年计划去研究非洲口头传统文化和非洲语言文化。由此，文化遗产的概念不再严格局限于有形领域。❷ 但是，由于 1966 年通过的《经济、社会、文化权利国际公约》的影响，以及当时拯救努比亚神庙和遗物实践运动的影响，1972 年制定的《保护世界文化和自然遗产公约》仍然仅强调对有形文化的保护，而将文化遗产保护限定在文物、建筑群和遗址中。

随着时间的推移，联合国教科文组织在保护世界文化和自然遗产的过程中，认识到保护非物质文化遗产的重要性和特殊性，逐步在全世界范围内开展非物质文化遗产的保护工作。在联合国教科文组织的中期计划（1977—1982）中，对文化遗产的概念进行了扩展。"从广泛意义上理解，文化遗产不仅仅包括有形的物质遗产，特别是古迹，也包括表达口头传统（oral traditions）、音乐（the musical）和人类学遗产（ethnographic heritage）、民间传说（the folklore）、当然法律（the law）、习惯（customs）以及表现国家和民族本质的生活方式（ways of life）。"❸ 1982 年，联合国教科文组织首设以"非物质遗产"（nonphysical cultural heritage）命名的部门。随后，联合国教科文组织在中期计划（1984—1989）更加明确了非物质文化遗产的概念。"文化遗产包括物质（physical）和非物质（nonphysical）文化遗产。"❹ 同时，联合国教科文组织把规划和预算文件中"保护文化遗产"项目更名为"保护物质遗产"项目，另外增设保护"非物质文化遗产"

---

❶ UNESCO. The meeting of the experts on the preliminary draft of International Convention for the safeguarding of the Intangible Heritage（DG/2002/26）[EB/OL]. [2002 - 03 - 20]. http: //unesdoc. unesco. org/images/0012/001252/125258e. pdf.

❷ Working towards a convention on Intagible Cultural Heritage, The Cultural Space of Sosso - Bala, Guinea Photo© Philippe Bordas/UNESCO [EB/OL]. http: //www. unesco. org/culture/ich/doc/src/01854 - EN. pdf.

❸ UNESCO's Medium - Term Plan（1977 - 1982），Publish in 1977，Paris, 267.

❹ Blueprint for the future，Unesco's Medium Term Plan 1984 - 1989，Published in 1984，Paris, 39.

项目，两者共同构成"保护文化遗产"总项目。这一举措清晰地表明联合国教科文组织接纳了非物质文化遗产概念，在保护非物质文化遗产计划的规划下，分阶段完成了非物质文化遗产的概念和研究方法的定义、非物质遗产类型学的建立工作，并在非洲、拉美、阿拉伯、亚太地区展开了对口头传统文化的记录和收集。[1] 到1998年，联合国教科文组织通过了《人类口头和非物质遗产代表作条例》，提出"口头和非物质文化遗产"（oral and intangible heritage）概念。该条例的颁布也直接促成非物质文化遗产概念在世界各国广泛传播和认同。

也有学者认为，日本的"无形文化财"概念是"非物质文化遗产"概念的重要渊源之一，并且在内涵与外延上，与"非物质文化遗产"概念基本相同，两个词语可以相互交替使用。[2] 日本在1950年颁布了《文化财保护法》，提出了"无形文化财"的概念。所谓无形文化财，是指与日本传统文化有关的音乐、舞蹈、戏剧等艺术形式（如筝曲、歌舞伎、能乐等）及与陶瓷、染织、漆器艺术、金属加工等工艺美术有关的传统技能中对于日本历史和艺术方面具有较高价值者。[3] 联合国教科文组织由于受日本"无形文化财"概念的影响，将"非物质文化遗产"（nonphysical heritage）改称为"无形文化遗产"（intangible cultural heritage）。2003年，联合国教科文组织颁布了《保护非物质文化遗产公约》，正式使用"the Intangible Cultural Heritage"这一概念。

在我国，非物质遗产的概念出现得相对晚一些。事实上，2001年，我国开始向联合国申报第一批人类口头和非物质遗产代表作项目时，这一概念才开始频繁进入国人的视野。2004年，经全国人大常委会批准，我国正式加入《保护非物质文化遗产公约》，官方译本将其翻译为"非物质文化遗产"。我国国务院及国务院办公厅等官方文件中，也一直统一使用"非物质文化遗产"的概念。有学者提出，在中文语境里，"the Intangible Cultural Heritage"被翻译成"非物质文化遗产"是不合适的，容易发生歧义和误解，让人产生这一类文化遗产似乎没有物质表现形式，不需要物质的载体加以呈现之类的错觉，正确

---

[1] 吕建昌，廖菲. 非物质文化遗产概念的国际认同 [J]. 上海大学学报，2007 (3)：104.
[2] 王文章. 非物质文化遗产概论 [M]. 北京：文化艺术出版社，2006：3.
[3] 王军. 日本的文化财保护 [M]. 北京：文物出版社，1997：90.

应翻译成"无形文化遗产"。[1] 但是随着社会传播的影响,"非物质文化遗产"概念已经在中文语境中被广泛传播,并加以使用,正如前述,我国于 2011 年颁布实施的《非物质文化遗产法》,也正式沿用此概念。

1.2 非物质文化遗产与相关概念辨析

自非物质文化概念提出后的近三十年间,联合国教科文组织使用过诸如"民俗""民间创作""口头与非物质文化遗产"等多个概念。在理论研究和司法实践中,关于非物质文化遗产概念的界定容易与文化遗产、自然遗产、传统知识、民间文学艺术产生混淆和重叠。在法律保护领域,世界知识产权组织及菲律宾、巴拿马等国家仍采用民间文化艺术、传统知识等相关概念。在此,我们有必要逐一阐述非物质文化遗产与这些相关概念的区别和联系。

1.2.1 文 化 遗 产

文化遗产首先是人类历史的积淀,也是人类世世代代创造和积累的见证物。《保护世界文化和自然遗产公约》最初过于强调文化遗产见证物的观念,把遗产的保护局限在有形的建筑遗迹上。《保护世界文化和自然遗产公约》的缔结之所以具有里程碑意义,是因为它首先启动了世界范围的遗产保护的法律工程。当时,全世界文化遗产和自然遗产遭受着越来越严重的破坏,一方面因一些建筑古迹年久腐变失修所致,另一方面由于急剧变化中的社会和经济条件加速了恶化程度,造成了难以弥补的损坏或破坏。最重要的原因是 20 世纪 60 年代,埃及在尼罗河上游修建了耗资巨大的现代化工程阿斯旺水坝。水坝建成,世界闻名的两座千年神庙古迹却毁于一旦。人类修建水坝获得了水利效应,却导致了神庙的厄运,给子孙后代留下了永远的遗

---

[1] 王巨山. 无形文化遗产的概念、认识过程及研究现状 [G] // 于广海. 传统的回归与守护:无形文化遗产研究文集. 济南:山东大学出版社,2005:1.

憾。尽管两次世界大战、地区争端和内乱的战火毁灭了许多古迹，但在 20 世纪六七十年代，因为旅游和水利工程而毁掉的古迹要大大多于两次世界大战对古迹的破坏。这些事实和严峻的形势，都促使联合国下决心来改变这种局面，也引起了当时对保护世界遗产的重视。❶

　　文化遗产是世界遗产的一个方面，《保护世界文化和自然遗产公约》规定，属于下列内容之一者可列为文化遗产：（1）文物，从历史、艺术或科学角度看，具有突出、普遍价值的建筑物、雕刻和绘画，具有考古意义的成分或结构，铭文、洞穴、住宅及各类文物的综合体；（2）建筑群，从历史、艺术或科学角度看，因其建筑的形式、同一性及其在景观中的地位，具有突出、普遍价值的单独或者相互联系的建筑群；（3）遗址，从历史、美学、人种学或人类学角度看，具有突出、普遍价值的人造工程或人与自然的共同杰作以及考古遗址地带。关于文化遗产的甄别，《保护世界文化和自然遗产公约》规定，凡列入《世界遗产名录》的文化遗产项目，必须符合下列一项或者几项标准方可获得批准：（1）代表一种独特的艺术成就，一种创造性的天才杰作；（2）能在一定时期内或世界某一文化区域内，对建筑艺术、纪念物艺术、城镇规划或景观设计方面的发展产生过大影响；（3）能为一种已消逝的文明或文化传统提供一种独特的、至少是特殊的见证；（4）可作为一种建筑或建筑群或景观的杰出范例，展示出人类历史上一个（或几个）重要阶段；（5）可作为传统的人类居住或使用地的杰出范例，代表一种（或几种）文化，尤其在不可逆转之变化的影响下变得易于损坏，与具特殊普遍意义的事件或现行传统或思想或信仰或文学艺术作品有直接或实质的联系（只有在某些特殊情况下或该项标准与其他标准一起作用时，此款才能成为列入《世界遗产名录》的理由）。

　　然而，随着遗产保护工程的开展，国际社会认识到，口头表达、风俗、表演艺术和手工技能等方式也是表现历史，记录早期文明的另一种形式。历史的见证不仅仅表现在有形的建筑古迹中，文化遗产的概念应该向非物质层面扩展。据此，文化遗产的定义包括"物质的"

---

❶ 王文章．非物质文化遗产概论［M］．北京：文化艺术出版社，2006：39．

和"非物质"两个方面。"物质的"文化遗产包括古迹、建筑群和其他具有历史价值的遗址，具有历史、艺术、科学和技术意义的物品，以及作为世世代代人类生活见证的其他各类动产和不动产。"非物质的"文化遗产包括通过艺术、文学、语言、口头表达、手工艺、民间传说、神话、信仰、道德准则、习俗、礼仪和游戏等传统的标记和符号。❶ 很明显，文化遗产是非物质文化遗产的上位概念，非物质文化遗产具有文化遗产的内核，是文化遗产中非常特殊的一部分。同其他文化遗产相区别的是，《保护非物质文化遗产公约》在概说中明确了非物质文化遗产的传承主体，即群体、团体、甚至个人，并且被各群体、团体、有时为个人视为其文化遗产。也就是说，非物质文化遗产的承袭面可能远远小于文化遗产的其他部分，有可能只是同一文化版图中的一些群体、团体。作为一种极端的方式，甚至是个人也被许可。值得注意的是，《保护非物质文化遗产公约》的规定，将传承主体对非物质文化遗产的文化属性的自我认同，作为确认非物质文化遗产的必要条件。

1.2.2 自然遗产

自然遗产是世界遗产的另一个方面。《保护世界文化和自然遗产公约》规定，凡符合下列规定之一者可列为自然遗产：（1）从美学或科学角度看，有突出的普遍价值的地质和生物结构或这类结构群组成的自然面貌；（2）从科学或保护角度看，有突出的普遍价值的地质和地理结构及划定的濒危动植物生态区；（3）从科学、保护或自然美角度看，具有突出的普遍价值的天然名胜或明确划定的自然区域。关于自然遗产的判定标准，该公约规定，凡列入《世界遗产名录》的文化遗产项目，必须符合下列一项或者几项标准方可获得批准：（1）构成代表地球演化史中重要阶段的突出例证；（2）构成代表进行中的重要地质过程、生物演化过程及人类与自然环境相互关系的突出例证；（3）独特、稀有或绝妙的自然现象、地貌或具有罕见自然美的地带；（4）尚存的珍稀或濒危动植物种的栖息地。例如，我国四川省北部的

---

❶ 吕建昌，廖菲. 非物质文化遗产概念的国际认同 [J]. 上海大学学报，2007 (3)：104.

九寨沟于1992年被列入《世界自然遗产名录》，以其奇特的水体景观、多样的地貌景观和独特的冰川遗迹而闻名。

比较自然遗产和非物质遗产，我们可以看出，两者都是世界遗产的一部分，但两者的产生原因和侧重不同。自然遗产的产生和存在是大自然在长期的历史演变中，未经人工雕饰自然产生的，具有物质性并符合自然变化的规律。自然遗产的保护是因为从科学、自然审美角度看，具有突出的普遍的价值，其形成的动因和过程都是大自然的变化，没有人主观因素的参与；而非物质文化遗产是在各种社会实践活动中产生的，其产生、传承和发展都离不开人的主观参与，侧重于表现某个社区、族群生活和生产方式、具有社会属性和文化内涵。由此可见，非物质文化遗产和自然遗产的区别还是比较明显的。

1.2.3 传统知识

传统知识（traditional knowledge）这一概念来源于世界知识产权组织（WIPO），其内容涵盖范围非常广泛。国内学界对于传统知识的理解主要有两种意见。第一种是从广义层面把它作为一个上位命题来设定，指由群体创造，世代相传，历史积淀起来的，现在仍然存在并继续发展的知识。其范围主要包括民间文学艺术、传统医药知识和遗传资源。已故著名学者郑成思教授认为，传统知识按WTO、WIPO及国外已有的立法解释，主要包括民间文学艺术、传统医药两大部分；中国社科院的李顺德教授认为，传统知识是指特定的民族在其所生活的特定区域内，由于生存和发展的需要，经长年逐步积累、总结而形成的有其特性的自然科学和社会科学知识的总和，直接涉及人类的衣、食、住、行、医、用、乐等方面；中国政法大学刘银良教授认为，传统知识可以分为民间文学艺术表达（包括创造和表演），传统科技知识（包括生活知识），传统标记（包括符号和名称），与传统知识相关的生物资源，（可移动和不可移动的）有形文化财产，传统生活方式（及其要素）。第二种观点是把传统知识视为一个下位普通命题存在，从狭义的层面理解传统知识，指传统社区生活实践中创造出来的传统科技知识、艺术设计、技术诀窍等总和，与民间文学、遗

传资源等是相平行的概念。❶

根据 WIPO 的定义，传统知识是指以传统为基础的文学、艺术和科学著作、表演、发明、科学发现、外观设计、标志、名称和象征符号、未披露信息，以及所有其他来源于工业、科学、文学或艺术领域内的智力活动所产生的基于传统的革新和创造。❷ 定义中的"基于传统"是指，某种知识体系、创造、创新以及文化表达方式，通常是代代相传，为某个特定民族或其居住地域所固有的，并且是随着环境改变而不断演进的。根据 WIPO，传统知识的涵盖范围十分广泛，包括农业知识、科学知识、医药知识、有关生物多样性的知识、民间文学艺术（表现为音乐、舞蹈、歌曲、手工艺品、外观设计、故事和艺术品）、语言要素（如名称、地理标志和符号）和可移动的文化财产。一些其他信息、财产和物质，如墓地、语言、精神信仰和人体遗骸，由于不是工业、科学、文学艺术领域内智力活动的成果，被排除在上述"传统知识"的范畴。根据 WIPO 于 2001 年发布的《传统知识持有者的知识产权需要和期望：WIPO 知识产权和传统知识事实调查团报告》，传统知识可分为民间文学艺术表达（包括创作和表演）、传统科技知识（包括生活知识）、传统标记（包括符号和名称）、与传统知识相关的生物资源、有形文化财产（可移动和不可移动的）和传统生活方式及其要素六大类。可见，WIPO 采用的是广义传统知识概念。

一般地说，广义的传统知识是指特定民族在发展过程中逐步积累创造形成的知识体系，是观察、适应当地环境以及资源利用而形成的自然科学和社会知识的总和。而狭义的传统知识主要指民间文学艺术表达以外的传统知识，包括遗传资源（指与传统知识相关的生物资源）。❸ 世界贸易组织基于民间文学艺术的特殊性，在多哈会议上将其作为与"传统知识"并列的一个独立议题，给予特别讨论。而最狭义的传统知识不包括民间文艺，也不包括遗产资源，我国法律文件即是持这种立场。2005 年，国务院办公厅颁布的《关于加强我国非物质

---

❶ 李发耀. 多维视野下的传统知识保护机制 [M]. 北京：知识产权出版社，2008：1.

❷ WIPO, Intellectual Property Needs and Expectations of Traditional Knowledge Holders: WTO Report on Fact - Finding Missions on Intellectual Property and Traditional Knowledge (1998 - 1999), Geneva, April 2001, p25.

❸ 齐爱民. 现代知识产权法 [M]. 苏州：苏州大学出版社，2005：499.

文化遗产保护工作的意见》附件《国家级非物质文化遗产代表作申报评定暂行办法》中，在界定非物质文化遗产概念时使用了传统知识这一概念，将其与民俗活动、表演艺术并列称为非物质文化遗产中传统文化的表现形式。我国 2011 年颁布的《非物质文化遗产法》第 2 条第（3）项所谓"传统技艺、医药和历法"其实也应该就是指传统知识。

  非物质文化遗产与广义的传统知识是目前国际公约中一直未能完全区分清楚的概念，两者在范围和分类上都存在交叉部分。从范围上看，那些并非从工业、科学、文化或艺术领域智力活动中得来的对象，诸如人类遗迹、一般语言和其他类似的文化遗产应排除在传统知识的范围之外，而非物质文化遗产包含了其中的某些部分。与传统知识的分类相比较，非物质文化遗产则不包括有形文化财产。传统知识中的农业知识、科学知识、技术知识、生态学知识、医药知识（包括药品和治疗方法）、生物多样性知识是属于《保护非物质文化遗产公约》中关于非物质遗产分类中的第四类，即有关自然界和宇宙知识和实践。传统知识中的民间文学艺术表达（包括音乐、舞蹈、歌曲、手工艺品、外观设计、故事和艺术品等形式）是属于《保护非物质文化遗产公约》中关于"非物质文化遗产"分类的第一类、第二类和第五类，即口头传统和表述、表演艺术、传统的手工艺技能。从以上分析中，我们可以发现，广义的传统知识所包含的部分内容被非物质文化遗产所涵盖，传统知识和非物质文化遗产都有其独特的内容。从保护角度讲，非物质文化遗产主要是为了维护文化多样性，而传统知识则是重在保护传统知识的财产权益，故而一般以知识产权制度保护。当然，从传统知识与非物质文化遗产的联系来看，传统知识的知识产权制度保护，也为非物质文化遗产的保护提供了新的思路和途径。因此，对非物质文化遗产的保护应当与对传统知识的保护相结合，特别是要强调两者的协调保护。

1.2.4　民间文学艺术

  "民间文学艺术"一词来源于对"folklore"一词的中文翻译，而"folklore"最初是由英国考古学家 W. J. 汤姆斯（Thomas）于 1846 年

第1章 非物质文化遗产概述

提出来的。目前，国际社会对民间文学艺术的定义也未达成一致意见，这在一些国家的立法和国际公约对民间文化艺术一词的不同表述中就可以得到体现。在对民间文学艺术提供立法保护的国家中，大部分国家采用了"民间文学艺术作品"（works of folklore）的概念，也有一部分国家称之为"民间文学艺术"，一些地区和国际组织则将其称为"民间文学艺术表达"或"民间文学艺术表达形式"（expressions of folklore）。

世界知识产权组织和联合国教科文组织于1976年共同制定的《发展中国家突尼斯版权示范法》第18条规定，民间文学艺术是指在本国境内由被认定为该国国民的作者和民族集体创作，经世代流传而构成的文化遗产的基本组成部分的全部文学、艺术和科学作品。1982年，世界知识产权组织和联合国教科文组织在《保护民间文学艺术表达形式、防止不正当利用及其他损害性行为国内示范法条》（*Model Provisions for National Laws on the Protection of Expressions of Folklore against Illicit Exploitation and other Prejudicial Actions*，以下简称《示范法条》）中，对民间文学艺术使用的是"民间文学艺术表达形式"（expressions of folklore），其基本含义是指由传统艺术遗产的特有因素构成的，由某国的某居民团体（或反映该团体的传统艺术发展的个人）所发展和保持的产品。在列举民间文学艺术表达形式时，《示范法条》将其分为四类：（1）语言表达（expressions by verbal），如民间传说、诗歌、谜语等；（2）音乐表达（expressions by musical sounds），如民间歌曲和乐器；（3）形体表达（expressions by action），如民间舞蹈、表演以及艺术形式体现的宗教仪式等；（4）有形表达或并入物品的表达（tangible expressions/expressions incorporated in a permanent material object），如绘画、雕塑、雕刻、瓷器、竹编、微雕、织品、地毯、服装、音乐器具和建筑样式等。❶

通过比较上述《示范法条》关于民间文学艺术的概念和分类可以看出，此两者有极大的相似点。有些国家对非物质文化遗产和民间文学艺术的理解基本相同。例如，在澳大利亚，民间文学艺术被认为是

---

❶ 德利娅·利普希克. 著作权和邻接权 [M]. 联合国教科文组织，译. 北京：中国对外翻译出版公司出版社，2000：68.

一种包括文化财富所有方面的文化表现形式，包括习俗。在这种理解下，民间文学艺术与非物质文化遗产几乎相同。在我国文化领域中，长期以来也使用"民间文艺""民族文化"或者"传统文化"等多种相似概念，但在签订《保护非物质文化遗产公约》之后，逐步采用"非物质文化遗产"这一概念。

但是，我们认为，非物质文化遗产的内容比民间文学艺术更广泛。相对于民间文学艺术来说，非物质文化遗产是一个上位概念，也就是说，有很大一部分的非物质文化遗产不属于民间文学艺术。例如，我国南京的云锦主要是通过官方创造和保留下来的文化遗产，其不属于民间文化，当时官方并不允许其在民间使用和流传，只是在宫廷上层特定范围内的运用和传承，但是云锦却属于非物质文化遗产的范围。民间文学艺术仅是非物质文化遗产中带有文学和艺术因素的创作，具体是指非物质文化遗产范围中的口头传统和表述、表演艺术和传统的手工艺技能。而社会风俗、礼仪、节庆和有关自然界和宇宙的知识和实践，由于不具有文学或艺术因素而被排除在民间文学艺术之外。

1.3 非物质文化遗产的基本特征

非物质文化遗产是各民族世代传承的，与群众生活密切相关的各种传统文化的表现形式和文化空间，它通常借助物质媒介表现出世代传承的特定文化信息。作为综合性的文化遗产类型，它种类繁多、内容复杂，但是，根据国际公约的权威规定和各国的普遍认同，一般来说，其具有以下基本特征。

1.3.1 非物质性

非物质文化遗产是文化存在的一种形式，它不是以某种有形物体存在于某一时空，而是以一种无形的表现方式潜藏于人类记忆、习性、行为及交际中，通过人类的生产、生活、文化、艺术等活动方式体现出来。从根本上说，非物质文化遗产表现在特定族群中的

第 1 章 非物质文化遗产概述

人的创造力之中。对它的保护，其实是对基于这种创造力而生的不同文化形态和价值的保护，这也就是对文化多样性传承和发展的保护。

非物质文化遗产的"非物质性"主要指载体上的不同形态，并非与物质没有联系，而是指保护的重点是物质所承载的非物质的、精神的因素。实际上，多数非物质文化遗产以物质为依托，通过物质的媒介或载体反映其精神、价值、意义。例如传统庙会，庙会属于非物质文化遗产中的社会风俗、礼仪、节庆。但如果没有寺庙、祠亭等遗迹，没有神像、宗教服饰、乐器以及祭祀用品等物质文化事项，传统庙会的文化形态就无法被呈现。又如传统音乐，如果失去乐器这些物质实体，音乐也无从谈起。虽然，非物质文化遗产需要物质作为载体加以呈现，但从本质意义上说，非物质文化遗产是抽象的，它存在于人们的观念且随着人们观念的变化而变化，如表演艺术、手工技能、社会风俗等。一方面它不像物质文化遗产那样是有形可被感知的物质；另一方面他不像物质文化遗产那样具有稳定性。由于非物质遗产的"非物质"属性，人们在认识和了解过程中，需要通过一定的外在物质形态将其固化，所以我们界定的非物质文化遗产并非这种遗产的"固化物"本身，而是"固化"的过程。

《保护非物质文化遗产公约》中将"有关的工具、实物、工艺品和文化场所"作为非物质文化遗产的概念要素之一，在此应需明确，所谓的工具、实物、工艺品以及文化场所本身并不是非物质文化遗产，而是非物质文化遗产所涵盖的技艺、表演的展现、传承必须通过这些工具、实物、工艺品以及文化场所，所以，从这个意义上讲，即使这些物品具有物质性，并不影响非物质文化遗产的非物质性。[1] 例如，蒙古族马头琴音乐是蒙古族音乐文化的代表，无论是马头琴的造型、制作材料，还是马头琴音乐的音质音色、音乐表现风格和演奏方法，均体现着蒙古族的性格内涵，充分反映了蒙古族游牧生活的历史形态，表达了蒙古族对自然宇宙哲学性的思考和体悟。虽然马头琴是物质的，但它的演奏艺术却是非物质的，所以马头琴音乐而非马头琴

---

[1] 刘壮，牟延林. 非物质文化遗产概念的比较与解读 [J]. 西南大学学报, 2008 (9): 184.

本身而成为非物质文化遗产。又如，京西太平鼓是一种民间舞蹈艺术，属于我国国家级的非物质文化遗产，是无形的，但它的表现和传承却是通过音乐器具和艺人等具体的人、物和人的活动进行的，而这些人、物和人的活动又是具体的、有形的。

非物质文化遗产具有非物质性，这是对非物质文化遗产本质特征的概括。但是我们在理解这个特点时，既要注意到它与物质文化遗产物质性的区别，同时又要注意非物质文化遗产本质的非物质性与在表现和传承时物质性的区别，不能将其绝对化。

1.3.2 民 族 性

民族性是指为一个民族独有，深深地打上该民族的烙印，体现了特定民族的独特的思维方式、智慧、世界观、价值观、审美意识、情感表达等因素。[1] 这些因素产生于特定民族或族群为生存而抗争的日常生活之中，长期以来自然而然形成，具有较强的稳定性。它们与该民族生存的地理环境、人文环境相互依存、相互作用，其实质上是该民族的民众生存方式，也是他们生存的力量源泉和精神寄托。当然，世界上的许多民族由于其人口众多、幅员辽阔，这些民族内部不同族群之间常常也各不相同。在人类漫长的历史中，各民族或族群在不同时期和不同地域创造出各种不同风格和流派的文化形态，并作为一种生活方式长期与该特定民族或族群的民众生活相伴，故而也是该民族心理意识、信仰、价值观念、审美情趣、道德规范的反映，是该民族不同历史时期发展的纽带。作为一个民族或族群特有的生活方式的具体表现，非物质文化遗产承载着该民族或族群丰富的文化历史信息，因此，该民族的情感特征及民族的亲和力、凝聚力也常常集中体现在他们的非物质文化遗产当中。与其他民族的文化相比较时，这种民族情感即是一种独特的民族认同感和归属感，使得其自身的民族或族群的文化特质得以彰显。非物质文化遗产真实反映了民族的生产和生活实践，不同民族创造了绚丽多姿、各具特色的民族文化，形成了各自的文化传统。

---

[1] 王文章. 非物质文化遗产概论 [M]. 北京：文化艺术出版社，2006：66.

1.3.3 活态性

非物质文化遗产虽然需要物质载体，但它的表现和传承都需要人的参与，是一个动态的过程。有学者将非物质文化遗产称为"活遗产"。非物质文化遗产在发展的过程中，受到社会环境的影响，不断融入新的文化观念，常常与当地的历史、文化和民族特色相互融合，从而使其内涵不断丰满。非物质文化遗产不具有传统意义上的固定形式，虽被称之为"遗产"，但是却仍然活在当下，并未死亡，它在动态中生存，在活态中发展。例如，韩国的端午祭起源于中国的端午节，韩国的很多机构也承认这种文化的传承性，但是与中国的端午节在表现形式上存在很大的不同。韩国融入了本土的风俗习惯、民族特色和文化，丰富和发展了端午节的内涵。韩国的端午祭前后持续一个月，目的是祭山神，是一场规模很大的民俗活动，有数种祭典和假面舞剧，还有农民乐舞比赛、投壶、摔跤、打秋千、长跪比赛、跆拳道比赛、高校足球赛、棋王比赛、庙会等文娱节目。

也有学者认为非物质文化遗产的活态性，从本质上表现为它是有灵魂的。"这个灵魂，就是创生并传承它的那个民族（社区）在自身长期奋斗和创造中凝聚成的特有的民族精神和民族心理，集中表现为共同信仰和遵循的核心价值。这个灵魂，使它有吐故纳新之功，有开合应变之力，因而有生命力。具体而言，则指它的存在形态。非物质文化作为民族（社区）民间文化，它的存在必须依靠传承主体（社区民众）的实际参与，体现为特定时空下一种立体复合的能动活动。如果离开这种活动，其生命便无法实现。发展地看，还指它的变化。一切现存的非物质文化事项，都需要在与自然、现实、历史的互动中，不断生发、变异和创新，这也注定它处在永不停息的运变之中。总之，特定的价值观、生存形态以及变化品格，造就了非物质文化的活态性特征。"[1]

非物质文化遗产实质上是文化的历史演进性的另外一种表达，它是从文化形成与传承的角度强调非物质文化遗产处在动态的发展之

---

[1] 贺学君. 关于非物质文化遗产保护的理论思考 [J]. 江西社会科学，2005（2）：104.

中。一方面，它不仅向人们传递出一个民族、一个地区经历一定时期的发展而形成的特有文化传统信息；另一方面，它随着社会的变迁，融入了一些新的内容。例如左权民歌，它蕴涵丰富，根据《辽州志》记载，宋元以来，当地就有"闹元宵""闹社火""闹红火"的传统。左权民歌经历代民众不断创造、传承，陆续产生了多种民歌音乐载体，如山歌、小调、号子、套曲、小花戏和吹打等，其中以开花调最具代表性。又如我国民间的剪纸艺术，它作为中华民族具有代表性的无形文化遗产，体现了中华民族文明持久性活态文化因素的重要特征，尤其是中国民间劳动妇女群体作为民间剪纸主体的传承者，为中华民族文化的发展作出了不可磨灭的贡献。剪纸艺术世代相传下来，是精密和熟练技艺出色的典型，它将创新与传统结合了起来。

1.3.4 动　态　性

任何一种文化都需要通过各种途径和形式表现出来，其传承也是如此。物质文化遗产是外化凝聚在物质材料的，通过物质材料来表现、传播和传承；而非物质文化遗产由于以活的形态出现，与人身密不可分，大多是以口头讲述以及亲身行为来直接表现和传承的。非物质文化遗产注重技能和知识的传承，多数难以文字方式传授其精髓，需要以语言教育、亲自传授等方式，将这些技能、技巧传承下去。它前可追溯历史，后可展望未来，为承前启后动态发展过程，贯穿在一个族群或民族的历史发展过程中。其口头性和集体性是非物质文化遗产在动态传承上的突出体现。例如，在云南彝族众多的口传与非物质文化中，具有代表性的是口传文学作品《阿诗玛》、民歌《海菜腔》、漆器工艺等，前者指人们以口头的形式世代相传和演进已有的口头传说、表演艺术、社会礼仪、有关自然界和宇宙的知识认识和传统的手工艺技能；后者则强调非物质遗产不是一个或若干个自然人或团体的产物，而是在不断地被民族内的众多成员传播、演绎过程中，受到无数的传唱者、讲述者、表演者、礼仪司职者、手工艺者不断地琢磨和加工，同时也融入了许多听众、观众的意见和情趣，从而使文化内涵

不断丰富。❶

　　非物质文化遗产依托人本身而存在，以声音、形象和技能为表现手段，并以身口相传作为文化链而得以延续，是活的文化及其传统中最脆弱的部分。非物质文化遗产一方面具有稳固性，印痕深刻地烙印于每个民族个体的心灵之中；另一方面，它又非常脆弱，会随着每个讲述者、表演者的离去而夭折。非物质文化遗产与人的活动息息相关，是靠人口传身授而传承下来的，如果从事民间艺术和技艺的艺人日益减少，非物质文化遗产就会毁于一旦。因此，民间艺人的减少，从另一个侧面也代表着某种非物质文化遗产的消失。在云南众多的少数民族村寨中，由于缺乏传承人，许多非物质文化遗产已处于濒危状态。以民族文化思想重要载体之一的少数民族语言为例，民族语言的消失就是一个值得人关注的问题。在一定程度上可以说，语言的消失意味着一个民族的消失。又如，已入选第二批联合国教科文组织非物质文化遗产代表作的古琴音乐，其意义是通过古琴来保护传承即将消失的古老音乐传统。那曾经以高雅之心面对自然生命创造出的天籁之音——古琴音乐，无疑是人类音乐史中的精品。古琴音乐只有通过传承人才能真正地保留传承下去，古琴放在博物馆里和收藏在民间是永远不会消失的，但古琴如果没有后继的演奏之人，那古老、独特、高雅的音乐精神将不复存在。

1.3.5　生　态　性

　　非物质文化遗产的产生和发展都依赖于特定的自然环境、社会环境和人文环境，它是民族性格、民族情趣、民族历史的"活化石"。此环境以一定民族、社区的民众为主体，集自然与人文、历史与现实、经济与文化、传统与现代于一体，形成自足互动的生态系统，构成非物质文化赖以立足的生命家园。❷

　　在非物质文化遗产发展的过程中，周围的环境作用是关键的，不同的环境成就了非物质文化的多样性，独特的自然生态环境、人文环

---

❶ 谢岩福. 我国非物质文化遗产的法律保护［J］. 经济与社会发展，2008（10）：115.
❷ 贺学君. 关于非物质文化遗产保护的理论思考［J］. 江西社会科学，2005（2）：104.

境、历史传统、习俗、生活方式以及日常生活习惯都从各个方面影响着非物质文化遗产。非物质文化遗产作为生活方式的总和,总是和周围的政治、经济发展状况相适应。例如,蒙古族长调民歌产生于这样一种漫长的过程:即蒙古民族的生产方式由猎为主转到以牧为主,人对待自然的态度由以夺为主转到以养为主的过程,是人与自然和谐共存的产物。蒙古族长调的最大魅力,在于它是离自然最近的一种音乐,或者说它本身就是一幅魅力的自然画卷,它是具有鲜明游牧文化和地域文化特征的独特演唱形式,它以草原人特有的语言述说着蒙古民族对历史文化、人文习俗、道德、哲学和艺术的感悟。

相对于物质的文化遗产而言,非物质文化遗产由于没有固定具体的物质形式,因而在岁月的流逝中更不容易被保存下来。当一个原生态文化处于相对稳定和封闭的环境中,非物质文化遗产往往能经由言传身教而代代相传,但这种传承的纽带极其脆弱,一旦这个文化受到外来因素的冲击和影响时,其各种环境发生变化,原有的非物质文化容易被湮灭。❶ 例如,贵州侗族大歌的传承就面临着尴尬局面:许多侗族村寨里男耕女织的社会结构已经发生了变化,男人们外出打工,只有老弱妇幼留守村寨,因此原本大歌里的男性声音消失,对唱形式不复存在,从而变成了纯女声演绎,导致侗族大歌的内容和形式随之改变。当然,如果某种非物质文化遗产失去了其赖以生存的土壤,离开了特定的生态环境,也难以保护、传承和发展。

1.3.6 社 会 性

非物质文化遗产的社会性体现在非物质文化遗产是特定族群、社区在社会生产活动中所凝结的生活方式、思维方式、风俗习惯及知识技能,它反映的是人的社会知识与实践成果相互作用的结果。一方面,非物质文化遗产是在艺术表演活动、关于自然界和宇宙知识及实践活动、手工艺活动等各种社会生产实践活动中产生;另一方面,非物质文化遗产反映了不同的习俗方式、宗教方式、语言方式、生产方式、歌舞艺术方式,同时影响着人类的社会生活。实际上,这种社会

---

❶ 陈凌云. 多元文化的相互渗透与共存 [J]. 江南论坛, 2004 (4): 42.

性无不是最终体现出人和人之间的相互关系。它绝不是某个个体独自创造、孤芳自赏，而是通过这样一种文化活动，链接族群或民族成员间的共同生活观念和生活方式。每个族群都有自己生存和繁衍的哲学，而非物质文化遗产正是这一哲学观念的隐喻和象征。以社会习俗节日为例，一年 365 天，习俗节日成为生活中比时间还准确的时间。习俗在中国漫长的历史岁月中，成为循环运行准时的文化时钟，它使万物有了节律，使生活有了呼吸，使道德有了刻度，使神灵有了秩序，使人生有了轮回。习俗成为中国文化活态编年史，习俗沟通了时间的循环，可以说我们的社会生产活动都是建立在习俗的经纬线上的。❶ 由于社会性，非物质文化遗产具有悠久的历史和厚重的传统，无论是婚丧嫁娶、岁时节日和宗教祭祀，还是饮食服饰、音乐舞蹈、文学艺术和民间手工艺等，都是劳动人民在长期的生产和生活中的创造和积淀，具有悠久的历史，记录着本族群的社会生活。

---

❶ 乔晓光. 活态文化：中国非物质文化遗产初探［M］. 太原：山西人民出版社，2004：17.

第 2 章
非物质文化遗产的国际保护实践及趋势

2.1 非物质文化遗产的国际保护现状

从 20 世纪中叶开始,一些国家就已开始了抢救和保护非物质文化遗产的工作,成功地积累了一些有益的经验。但是不同的国家在具体的保护措施或模式方面也存在明显的差异,比如日本和韩国等东方国家对非物质文化遗产的保护常自成体系,而西欧一些国家则常强调统一的、整体性的保护。[1] 各个国家的不同之处无疑也对此后各个不同组织的国际公约产生了一定的不同影响。这些公约主要是指联合国教科文组织、人权组织、世界知识产权组织和世界贸易组织等的不同立法。所有这些典型国家其国内的保护相关措施,以及各个国际组织的相关公约,都为我们提供了可供借鉴的直接经验,值得我们认真研究。

2.1.1 各国对非物质文化遗产的立法和实践

2.1.1.1 日　　本

在制定保护非物质文化遗产的法律方面,日本一直走在世界的前

---

[1] 王文章. 非物质文化遗产概论 [M]. 北京:文化艺术出版社,2006:239.

列。在日本，人们将传统文化遗产统称为"文化财"。明治四年开始，日本先后颁布了《关于保存古器旧物的布告》《古社寺保护法》《史迹名胜、天然纪念物保存法》《国宝保存法》。这一系列法律的颁布施行，使文化财保护的法律体系日趋完善。虽然这些法律尚未直接涉及非物质文化遗产的保护，但为后来的《文化财保护法》的出台奠定了基础。

在战后1945年至1950年这段时间，由于社会发生变革，战后的混乱和动荡造成了当时的恶性通货膨胀，出现征收财产税、土地改革、财团解体等一系列社会问题。而文化财或被其原有的所有者出售转让，或由于社寺解散而荒废，或因经费匮乏而无力维修，或因战后生活困难而毁弃或丢失，而政府在尚未完全恢复国家机器功能之前，也无暇投入更多的精力和财力来保护文化财。同时，奈良法隆寺等一系列国宝级文化财连遭火焚，令人扼腕惊叹。这段时间，日本的文化财保护处于低迷的时期。

一系列的国宝损失在社会上引起了巨大反响，当时的参议员文部委员会在得知法隆寺失火后，立即赶赴现场组织调查。同时他们认识到，从保护国家文化财的角度出发，必须对现有的文化财保护制度进行彻底改革，而改革的根本出发点在于《文化财保护法》的制定。经过参议员、文化委员会和众议院的起草和讨论，1950年，日本在原有基础上，通过了综合性的《文化财保护法》。这部法律正文共7章112条，附则18条，共计130条。其中第3章规定了无形文化财和民俗文化财，无形文化财主要涉及重要无形文化财及其之外的无形文化财的指定及其保持者或团体的认定、保存、展示、记录档案的作成及经费等内容；民俗文化财主要涉及重要有形民俗文化财及重要无形民俗文化财的指定、管理、展示、权利和义务的继承、经费等内容。第5章规定了关于文化财保存技术的保护，规定了文化财保存技术及其保持者或者保存团体的确定或选定，对该技术的保护及该技术的档案记录做成和展示，国家对该技术的援助等内容。从内容上看，该法较之随其颁布而废止的关于保存重要美术品等的法律、《史迹名胜、天然纪念物保存法》无论是规模还是内容上，无论是立法宗旨还是立法程序都是不可同日而语的，特别是上述法令未涉及的无形文化财和埋藏文化财及文化财的保存技术也作为该法的保护对象，使其更

具完整性。❶

《文化财保护法》在其第一章中明确指出："本法以使文化财得到保护并促进其利用，提高国民的文化素质，同时为世界文化的进步作出贡献为目的"，这表明日本的文化财保护不仅从崇古求美、单纯保护的小圈子走到利用的新阶段，而且已经认识到这是为世界文化的发展作出贡献的重要组成部分，这在当时是十分难能可贵的。

值得一提的是，这部法律第一次提出了"无形文化财"的概念。《文化财保护法》所涵及的保护对象主要包括有形文化财、无形文化财、民俗文化财、史迹名胜天然纪念物、传统建筑群落、文化财保护技术及埋藏文化财七大类。"有形文化财"是指在日本历史、艺术等方面具有较高价值（包括其本体与本体有关的部分及对其价值形成有意义的土地和其他部分）的建筑物、绘画、雕刻、工艺品、书籍、书法、古代典籍及其他有形的文化载体，包括考古资料及有较高学术价值的历史资料。❷ "无形文化财"是指与日本传统文化有关的音乐、舞蹈、戏剧等艺术形式（如筝曲、歌舞伎、能乐等）及与陶瓷、染织、漆器艺术、金属加工等工艺美术有关的传统技能中对于日本历史和艺术方面具有较高价值者。❸ "民俗文化财"是指对于认识日本同生活的承袭和发展不可欠缺的无形的关于衣食住行、生产、信仰、节日的风俗习惯、民俗艺能及反映上述风俗习惯和民俗艺能的有形的衣服、器具、家具、房屋及其他物品，❹ 具有有形和无形两种表现形式，在保护有形民俗文化财的同时也将具有重要价值的生产生活习俗、信仰、节日和民俗艺术等无形民俗财作为法律保护的对象。"史迹名胜天然纪念物"是指在日本历史或者学术方面具有较高价值的贝冢、古坟、都城址、城址、民居及其他遗迹，以及在日本学术研究方面具有较高价值的动物（包括生息地、繁殖地及迁徙地）、植物（包括其生长的土地）及地质矿物（包括产生自然现象的土地）。"传统建筑群落"是指具有较高价值的、与周围环境地貌共同形成历史风格的传统建筑物如集镇、市场、农渔林场等。"埋葬文化财"是指埋藏于地下

---

❶ 王军. 日本的文化财保护 [M]. 北京：文物出版社，1997：11.
❷ 王军. 日本的文化财保护 [M]. 北京：文物出版社，1997：12.
❸ 王军. 日本的文化财保护 [M]. 北京：文物出版社，1997：90.
❹ 王军. 日本的文化财保护 [M]. 北京：文物出版社，1997：98.

的文化财，包括遗迹、遗物，实际上，它只是有形文化财的一个重要组成部分，只不过保存方式不同而已。其中无形文化财和民俗无形文化财相当于非物质文化遗产。

1954年5月，《文化财保护法》进行了第一次修改，设立了重要无形文化财的指定工作，明确了保持人的认定制度，新增了无形民俗资料的记录保存制度。1968年，《文化财保护法》进行了第二次修订，废除了文化财保护委员会，由文化厅取而代之。新设立的文化厅委托都道府县的教育委员会对文化财进行直接的保护和管理，加强了文化财保护的组织机构。1975年，日本对《文化财保护法》进行了第三次的修订。这次修订考虑到传统的文物保护修复技术后继无人、修复材料困难等情况，在第5章中增加了"文物保护技术的保护"一节，将传统的文物保护技术作为无形文化遗产来保护，这对无形文化遗产的认识又是一个进步。❶ 1996年10月，日本对《文化财保护法》进行了第四次大修订，这次修订主要引入了欧美等国家和地区保护文化遗产和非物质文化遗产的登录制度，日本政府拨专款进行非物质文化遗产的登记录入工作，将无形文化财进行注册、登记，通过登录认定无形文化财的资格，确定它们的历史文化价值，并通过大众媒体公布于众，进行舆论宣传，提高大众的保护意识，推动非物质文化遗产的保护。现在登录制度已经是世界各国广泛采用的保护文化遗产和非物质文化遗产的方式，实践证明它也是一种行之有效的方法。联合国教科文组织对"世界文化和自然遗产"也是采用登录制度。

在保护文化财的方法上，《文化财保护法》遵循重点保护原则、政府和社会共同保护原则、利用原则。重点保护原则是根据文化财的价值，按照轻重缓急逐步实施保护，使真正的国宝优先得到保护。政府和社会共同保护原则要求政府、公共团体、国民及文化财所有者和关系者，认识到文化财的重要性，遵守相关法律，给予文化财以妥善的保护；而利用原则体现在国家鼓励对文化财的展示利用，对文化财的展出或利用给予一定的经费补助或承担全面费用，或者对展示所造成的损失给予一定的经费补偿。在文化财保护的管理体系上，主要可以分为两个层次：（1）文部大臣领导的文部省及设置于其内的，由文

---

❶ 王文章. 非物质文化遗产概论［M］. 北京：文化艺术出版社，2006：262.

化厅长官领导的文化厅作为日本最高的文化财行政管理机关,代表国家主管全国的文化财保护、管理、利用等工作;(2)地方政府(都道府县及市镇村的地方公共团体)及其所属的教育委员会负责本辖区内的文化财保护、管理、利用等工作。在日本,除了政府有关法令和措施外,日本各地方自治体,即县、市、町、村各级政府,也根据日本政府的《文化财保护法》,先后制定了"指定无形文化财的技艺保持者及保护团体的认定基准"法案,加强了各地方对无形文化财的保护意识。[1]

《文化财保护法》特别指出,"无形文化财"主要是指那些具有较高历史价值与艺术价值的传统戏剧、音乐、工艺技术及其他无形文化载体。这种传统技能通常是通过个人或团体得以体现的,因此,无形文化财的内容和形式存在经常变化的可能性,对无形文化财的保护具有通过其体现者而进行的特殊性。无形文化财保护的要点是重要无形文化财的指定,这是培养无形文化财体现者、展示、记录等保护政策的出发点。无形文化财可以分为传统艺术与传统工艺技能两大类,其中艺术上具有特别价值者,在艺术史和工艺史上有特别重要地位者,艺术价值较高,或者在艺术史或工艺史上占有重要地位,且具有地方或流派特色者,被指定为重要无形文化财,同时还要认定拥有此项艺术或技能中最为优秀者(或团体)为保持者(或保持团体)。目前,日本大都指定保持团体,使该项无形文化财具有一定的连续性。日本对重要无形文化财的认定对象主要包括个人认定、综合认定和保持团体认定三种形式:个人认定指对于某个技艺传承者个人资格的认定;综合认定指那些具有多重文化事项之民俗活动的综合性认定;保护团体认定则是指对那些由一个以上的文化财持有者的集团认定。

除了上述为保护重要文化财而进行指定和认定外,日本对未被指定为重要文化财则有选择地进行记录,作为保护的补充手段。记录是无形文化财保护的另一个手段,防止无形文化财因保持者的死亡而丧失。记录主要利用各种现代科学技术手段将无形文化财以声像等方式录制下来使之得以保留。在日本,关于记录一般分为三种情况,即重

---

[1] 苑利.日本文化遗产保护运动的历史和今天[EB/OL].[2014-06-18].http://www.ihchina.cn/inc/detail.jsp?info_id=131.

要无形文化财的记录、因保持者高龄而使该项无形文化财濒于消失所进行的紧急抢救性记录和选择无形文化财中较为重要者进行记录。记录的方法是多样的，文化厅使用的方法有电影、录像、照相等影像记录；磁带、CD盘等声音记录；文字、乐谱、图像等记录和制作工艺、工具、材料的实物记录。❶ 为了传统艺术的展示，日本专门建立了国立剧场。自1996年以来，国立剧场一直是展示、演出以古典艺术为中心的场所，同时还有演艺资料馆、能乐堂、文乐剧场等三个辅助场所，使广大国民能够欣赏到各种传统艺术的演出。传统工艺技能方面则多以展览会的形式予以展示。日本国立剧场除了对传统艺术如能乐、雅乐、歌舞伎等进行演出外，还负责传统艺术的资料收集、整理、记录研究等工作，并负责培养传统艺术的继承者。此外，日本每年还组织传统文化的展览到国外展出，如1988年赴美举办的"大名美术展"，1991年赴美举办的"日本陶瓷源流展"，促进了文化财的国际交流。

同时，日本注重对文化财传承人的培养。无论传统艺术人才还是传统工艺技能人才的培养，历来都是师徒相授或衣钵相传的，保持无形文化财，首先要培养无形文化财的传承人。《文化财保护法》规定，对被指定的无形文化财进行保存和实时记录整理，以及对传承人进行培养等经费的支出，要由公费负担一部分，并在此基础上建立起了保护"重要无形文化财技能保持者"制度，即所谓的"人间国宝"制度。对拥有这些重要无形文化财技能的个人或团体给予认定，命名为"人间国宝"。关于认定的程序，一般是先由日本文部科学省下属的文化厅在咨询文化财专门调查会成员的基础上筛选出认定名单，提交文化审议会审议，经审议通过后，由文部科学大臣最终批准并颁发认定书。文化厅长官负责监督被认定的技能保持者，技能保持者在传承绝技时，要进行记录、保存并公开，使它们实现艺术价值。❷ 这些"人间国宝"每年可以从政府那里得到补助金，在税收制度上也获得优惠，以鼓励他们不断提高技艺和悉心培养后继传承者，但须向政府报告该款项的用途。同时，文化厅还对技能保持者所属团体，或技能保

---

❶ 王军. 日本的文化财保护[M]. 北京：文物出版社，1997：94.
❷ 王文章. 非物质文化遗产概论[M]. 北京：文化艺术出版社，2006：247.

持团体培养后继传承的事业，也进行资金补贴。"人间国宝"制度极大促进了对无形文化财的传承，解决了后继无人的难题，在国际社会上产生了相当大的影响。

日本《文化财保护法》对于整个国际社会关于非物质文化遗产保护相关制度的制定，人们观念的更新，都发挥过重要作用。日本的保护实践也表明，政府的重视和法律制度的健全，对非物质文化遗产的保护起了很重要的作用。

2.1.1.2 韩　国

韩国是继日本之后世界上第二个对非物质文化遗产进行保护的国家。韩国对于文化遗产的保护是从1910年颁布《乡校财产管理章程》开始的，随后韩国政府颁布《寺刹令》。历史上，韩国真正的遗产法《古迹及遗物保存规则》颁布于1916年7月，这是第一次以法令的形式对古迹与遗物提出了法律保护问题。1933年，《朝鲜宝物古迹名胜天然纪念物保存令》出台，自动替代了《古迹及遗物保存规则》。但这些法令只是涉及文物、古迹、名胜及天然纪念物的保护，没有将非物质文化遗产及民俗文化遗产纳入保护的范围。

在1962年，由于韩国的民族民间文化受到西化思潮的影响，在一大批民俗文化学者的积极倡导与参与下，韩国于1962年1月出台了《文化财保护法》。这是一部综合性的文化遗产保护大法，后来经过几次修改，形成了现行有效的法律，一直沿用至今。现行的《文化财保护法》从2000年7月1日正式实施。由于受到日本的影响，韩国系统引进了日本的《文化财保护法》中的各种理念、技术与组织体系。例如，从日本引进"文化财"这一概念，并将日本文化财的分类方法介绍到韩国。韩国的《文化财保护法》将文化财分为四项：一是有形文化财，是指具有重大历史和艺术价值的建筑物、典籍、书籍、古文件、绘画、工艺品等有形的文化遗产。二是无形文化财，它是指具有重大历史、艺术和学术价值的戏剧、音乐、舞蹈、工艺、技术等无形的文化遗产。三是纪念物，它包括具有重大历史和学术价值的寺址、陵墓、圣地、宫址、窑址、遗物埋藏地等历史遗迹地。此外，还包括动物（包括栖息地、繁殖地）、植物、矿物、洞窟、地质及特别的自然现象。四是民俗资料，它包括衣、食、住、职业、信仰等民俗

第 2 章 非物质文化遗产的国际保护实践及趋势

活动，以及进行有关活动时的服装、器具、房屋等。对于无形文化财，政府根据其价值分为不同等级。国家确定具有重要价值的非物质文化遗产给予 100% 的经费保障；省市确定的非物质文化遗产给予 50% 的经费保障，剩余由所在地区筹措。

除经费保障外，韩国也形成了一套管理上职责分明的完善体系，国家被规定为文化遗产的最高责任人，而文化遗产保护工作的主管行政机构则是文化观光部下属的文化财厅。文化财厅厅长有权监督各地文化遗产的管理情况，但通常的做法是文化财厅厅长将权力委托给当地政府，具体的管理工作由各地市、道知事负责。地方政府及其所属教育委员会有义务保护和管理各辖区内的文化遗产，同时为当地文化遗产提供财政方面的支持。❶ 但是，上面所述的只是韩国文化遗产管理、执行机构，而真正决策机构则是韩国文化厅负责组建的文化财委员会。为了落实对文化遗产的法律保护，1962 年 3 月，韩国成立了隶属于韩国文化厅的文化财委员会。韩国的文化财委员会是文化遗产保护工作中的唯一的一个专门负责提供咨询审议的顾问机构。按韩国《文化财委员会规定》，这个委员会的委员必须由德高望重、学识广博的专家学者组成，相关的官员不得介入。委员会委员分文化财委员和文化财专门委员两种，前者可参与全面咨询，而后者只能参与小范围的专业咨询。❷ 根据《文化财保护法》第 3 条第 2 款的规定，委员会下设有形文化财、无形文化财等六个分科委员会及相关法规审议委员会和博物馆分科委员会，各分科均由各文化财保护团体、大学、研究机构的专家组成。除专职专家外，韩国政府还聘请了多名各界文化财专门委员。一旦发现值得保护的文化项目，委员们便会提出报告，经过论证后将该项目确立为国家重点保护项目。同时，这些专家学者负责定期对文化财进行审议，并且专门设立了文化财研究所加强对无形文化遗产的研究。

在保护方面，韩国的《文化财保护法》第 24 条明确规定，国家为继承和发展传统文化，而保护、培养重要的无形文化财。该法授予文化厅长官以下权力："文化财厅长为继承、保存重要无形文化财，

---

❶❷ 苑利. 韩国文化遗产保护运动的历史与其基本特征 [J]. 民间文化论坛, 2004 (6): 66.

可命令该重要无形文化财的持有者传授其所持有的技艺。"并特别规定："若为传统教育需要的经费，在预算的范围内，应当由国家负担""文化厅厅长对受传统教育者应给以奖学金"。同时，韩国各地都成立了相关的民间组织。这些民间团体多由民间艺人、工匠或社会热心传统之人士组成，他们一方面切磋技艺，另一方面这些团体将手工艺传承给更多的人。❶

同时，韩国积极保存记录非物质文化遗产和注重传授教育。韩国《文化财保护法》认为，重要无形文化遗产，是指如果不及时保存，消失的可能性极大的其保持者所具有的技能和艺能。韩国在传统文化的保护方法上，除了消极的保存记录，推行的积极保护措施主要体现在：

第一，建立重要无形文化遗产教育馆和综合传授会馆，重视民族传统教育。在汉城（现为首尔），到处可以看到许多民俗博物馆。国立民俗博物馆全面展示了韩国的衣食住行、农业、手工业、娱乐、婚丧、祭祀等各种民俗场景和实物。此外，还有地球村民俗博物馆、丝绸刺绣博物馆等，凡韩国人特有的东西，不仅有实物陈列，还有实际演练。这些博物馆作为进行传授教育、演出、展览等活动的多功能文化空间而使用。

第二，韩国提倡各种民俗节庆，保存、继承传统文化。韩国一年四季都有各种各样的节庆活动，如光山战祝祭、珍岛灵登祭、江陵端午祭、安东民俗祭、百济文化祭等。韩国人把这些历史文化活动视为无形文化遗产，它们是韩国人精神生活的重要组成内容。此外，韩国人对春节、清明、端午、中秋这样的传统节日非常重视，在韩国，中秋节要放假三天，举国欢庆，所有人都要回家祭祖，感谢祖先带来的丰收。❷

第三，韩国重视对无形文化财的持有者或保有者的保护。韩国文化大普查工作始于1911年，它是在日本本土文化遗产大普查的基础上、在日本驻朝鲜总督府的领导下实施的，具有明显的为殖民政策服

---

❶ 苑利. 韩国文化遗产保护运动的历史与其基本特征［J］. 民间文化论坛，2004（6）：67.

❷ 张宏杰. 韩国如何保护传统文化［J］. 信息与决策，2005（6）：75.

务的特点。韩国人自主进行文化大普查始于20世纪60年代。通过对民俗文化财产展开大量的调查，1964年，韩国开始启动了"人间国宝"工程。按韩国《文化财保护法》规定，在制定重要无形文化财时，也应同时指定重要无形文化财的持有者或持有团体。"人间国宝"是指那些在艺术表演领域具有突出的表演才能、精湛的表演技艺并愿意将自己的这些技艺传诸后人的杰出表演艺术家，而在工艺制作领域则特指那些身怀绝技并愿意通过带徒方式将自己的技艺传诸后人的著名艺人、匠人。❶ 对具有重要价值的无形文化遗产的传承者或保持团体通过授予"人间国宝"荣誉称号以确定其责任和义务。获得认证之后，无形文化财特别是具有传统文化技艺的人，可以获得中央和地方政府的大力保护和财政支持。

同时，韩国《文化财保护法》规定了非物质文化遗产传承者必须履行的责任和义务。作为无形文化财传承者，除了可获得必要的生活补贴和崇高的荣誉外，他们同时也有义务传承他们的手工技能。韩国法律规定了公示制度。除了限制公开的文化遗产以外，只要没有特殊理由，被指定的国家制定文化遗产必须公开。按韩国《文化财保护法》规定，即使具有很高的技能或技艺，如果他们对自己的技艺严防死守，秘不传人，也不可能获得"重要无形文化财持有者"光荣称号。韩国《文化财保护法》还规定了，重要无形文化财的持有人因身体或精神上的障碍不适合作为该重要无形文化遗产的持有者，或在其他特殊理由发生时，经过文化遗产委员会审议后，可以解除对重要无形文化遗产持有者的指定；重要无形文化遗产持有者中，某个持有者死亡时，其持有者的认定即被解除，重要无形文化遗产持有者中，所有持有者都死亡时，经文化遗产委员会审议后，可以解除对该重要无形文化遗产的指定。为了配合无形文化财传承者的工作，文化厅厅长有权为他们配备助教，但助教人选必须接受文化财委员会中该领域委员、专员及相关专家的审查。❷

在1993年，韩国根据本国保护非物质文化遗产的经验，在联合

---

❶ 王文章. 非物质文化遗产概论［M］. 北京：文化艺术出版社，2006：263.
❷ 苑利. 韩国文化遗产保护运动的历史与其基本特征［J］. 民间文化论坛，2004（6）：68.

国教科文组织执委会第 142 次会议期间，曾倡议建立"活的文化财"保护制度，执委会接受了此建议，为此还制定了《建立国家"活的文化财"制度指导大纲》。"活的文化财"是指那些具有对国家选定的、在国内能够成为活的文化传统并具有创造性的非物质文化遗产进行表演、创造知识和技能的人。按照"活的文化财"保护计划，不仅鼓励年轻人学习那些保持和延续国家制定的、具有特殊历史、文化和艺术价值的非物质文化遗产所必需的知识和技能，并且这些被保护的"活的文化财"也必须履行一系列的责任和义务，保持和发展他们的知识和技能，通过展示者来传播他们的知识和技能。❶

在韩国，商人们把被指定为文化财和无形文化财的东西都开发为商品，到处可见非物质文化遗产的宣传品和纪念品。表演类的非物质文化遗产在酒店等公共场所以及电视节目上均被频繁地表演，且都有价目表。其在非物质文化遗产的旅游开发上尤为注重，比如，在其首都首尔城南有一个古代民俗村，宫廷宗庙祭祀礼乐、江陵端午祭、假面戏等国家级重要无形文化财都被作为主要展演的内容和吸引游客的亮点。被指定为无形文化财的表演者每天都要忙于赶场演出。❷ 同时，韩国在非物质文化遗产的商业开发上拥有高明的技巧，在非物质文化遗产的开发和利用方面走在了世界前列。他们善于包装和策划，将单一的非物质文化遗产衍生出了丰富多彩的系列活动，不仅促进了韩国旅游业的发展，而且极大地提高了非物质文化遗产的传播和影响力，从而达到社会效益和经济效益的双赢。

经过多年的努力，韩国的民族民间文化得到了全面保护和振兴。截至 2004 年 8 月 31 日，韩国文化财厅共指定重要无形文化财 116 件，重要民俗资料 244 件，很大一批民族民间艺术被国家认定为重要无形文化财，并使它们在保护过程中得到传承。同时，韩国对文化财进行全面而深入的普查，出版民俗调查报告书 2 028 卷，并指定重要无形文化遗产传承人 367 名，候补传承人 51 名，使无形文化遗产进入良

---

❶ 李慧竹. 韩国无形文化财考察纪行 [G] //于广海. 传统的回归与守护：无形文化遗产研究文集. 济南：山东大学出版社，2005：148.

❷ 王焯. 国外非物质文化遗产保护的理论与实践 [J]. 文化学刊，2008（6）：32.

性发展状态。❶

2.1.1.3 美　　国

众所周知，美国原为英国的殖民地，经历了独立战争、南北战争等一系列的运动，逐渐成为一个超级大国。作为一个移民国家，其民众来自世界各地，不同的文化、种族和宗教长期共存，故被称之为民族大熔炉。虽然历史较短，其文化遗产远不如欧洲、亚洲国家丰富，但美国相当重视对于文化遗产的保护。美国对文化遗产的关注从欧洲移民对美国本土印第安人早期文明的探索时期即已开始，当然其过程也较为复杂。

19世纪后半叶，史密松研究员及其属下的美洲民族局对美国密西西比河一带的土丘进行了考古发掘，搜集到了印第安人口传史料及土丘埋葬物及民间实物。1872年，美国国会通过了批准建立世界上第一个国家公园——黄石国家公园的法案。法案指出，黄石公园为了人民利益被批准成为公众的公园及娱乐场所，同时也是为了使它所有的树木、矿石的积淀物、自然奇观和风景，以及其他景物都保持现有的自然状态而免于破坏。1906年，美国颁布了《文物法》，历史遗迹的保护逐渐引起学者和政府的重视。1990年，美国制定印第安手工艺品法案，这虽非严格意义上的知识产权制度，却表明贸易惯例和保护消费者法律在满足原住民和传统社团手工艺品的真实性，反对虚假和误导性标准以及市场营销惯例的许多需求方面能够发挥重要作用。该法案授予"联邦印第安及手工艺品管理局"为印第安部落和艺术家创设专用商标的权利，并禁止以"印第安制造"作出虚假标示；进行艺术品和手工艺品交易的个人如果自称是印第安但却不能满足一定的血缘关系标准，将被处以罚金或拘禁。❷ 1935年，罗斯福总统签署了《历史遗址与建筑法》。在这部法律的影响下，美国开始了全国范围内的古迹遗产大普查和随之而来的古迹数据库建立。

第二次世界大战后，美国掀起了大规模的城市更新运动，政府进

---

❶ 苑利. 韩国文化遗产保护运动的历史与其基本特征 [J]. 民间文化论坛, 2004 (6): 65.

❷ 王鹤云, 高绍安. 中国非物质文化遗产保护法律机制研究 [M]. 北京: 知识产权出版社, 2009: 163.

行大规模土地开发和房屋建造，一度出现了随意破坏古建筑的现象，引起民众的不满和抵制。政府重视历史文化遗产保护工作是从1966年，美国国会通过《历史文物保护法》开始的。1976年1月2日，美国第94届国会通过了《民俗保护法案》。该法案的法律条文对"美国民俗"一词的定义所含范围相当广泛，涵盖了"风俗、信仰、技巧、语言、文学、艺术、建筑、音乐、游戏、舞蹈、戏剧、宗教仪式、庆典、手工艺"等有形及无形文化遗产的各个方面。"在美国境内各群体所持有的家族的、种族的、职业的、宗教的和地域的表现文化"都在美国民俗之列。从该法案的内容看，显然是受到日本和韩国的影响。这一法案的提出尽管比日本晚了26年，比韩国晚了14年，但与其他国家相比，美国对民间风俗习惯等无形文化遗产的关注应该说是比较超前的。它的提出，为美国民俗文化遗产，特别是美国非物质文化遗产的保护奠定了法律基石。《民俗保护法案》通过后的第一个成果，便是在美国国会图书馆建立美国民俗中心，为保存、展示和研究美国民俗提供了方便。同年，美国成立了"保护历史文物基金会"，各州、地方政府以及一些部落也成立相应机构，指导历史文化遗产的保护及提供财政资助。2003年3月，布什总统签署13287号法令，在全国开展"保护美国"活动，夫人劳拉出任名誉主席。根据美国"保护历史遗产顾问委员会"执行主任福勒介绍，美国通过法令加强指导，支持相关部门保护文化与自然遗产，传播美国历史，增强民族自豪感，鼓励公民积极参与保护国家的历史文化遗产。同时还设立"保护美国总统年度奖"，每年表彰对保护历史文化遗产作出杰出贡献的组织、商家、政府机构和个人。政府还鼓励地方社区利用其历史遗产开展"遗产旅游"项目，增加经济收入。[1]

在文化遗产保护机构架构方面，美国政府对传统文化遗产的保护大致可以分为国家、州、地方县市这三个组织层面。国家级文化遗产保护机构主要是史迹保护联邦理事会、国家公园司，前者负责文化保护方案的决策，后者主要负责文化及自然遗产，特别是国家公园内文化及自然遗产保护的实施。州级文化遗产保护责任人是各州的史迹保护官，而地方级文化遗产保护单位则是历史街区委员会和当地的政

---

[1] 徐启生. 美国：文化遗产保护有成效 [N]. 光明日报，2007-06-25 (8).

府。在美国的文化遗产保护工作中,民间组织也发挥着重要的作用,许多文化遗产保护法都是在有关民间社团组织的共同呼吁下催生出来的。民间组织在美国各州、市也设有相应的分支机构,以负责地方文化遗产的保护,其资金一部分来自于政府拨款,一部分来自社会捐款和自己经验所得。此外,为增加文化遗产保护方面的资金投入,1965年,美国成立了美国艺术人文科学财团,并在它的旗下设立了具有全美性质的联邦政府机构美国艺术财团。美国艺术财团是美国振兴本土艺术,保护民族文化遗产的专门机构。该财团直属总统,其资金主要来自政府预算和民间资助。❶

值得一提的是,由美国国会图书馆主办的美国民俗中心,是全美收集民族学资料最丰富的机构。美国民俗中心把开展田野作业和文化调查作为主要活动,通过实地调查、记录整理、档案保管、文献服务、现场表演、举办展览、出版书籍和培训人员,旨在"保存和介绍美国人民的民间生活"。民俗中心成立以来,先后进行了十五次较大规模又各具特点的田野作业和文化调查,逐步形成了自己的风格和特色。

民俗中心组织的田野调查队,在人数上,由过去的一两人单独收集发展到由数位密切配合的专业人员组成的田野调查队。在田野作业和文化调查中,民俗中心注重对日常生活的全面记录,注意收集各种表现形式的文化传统和多种形式的民俗资料。在内容上,不仅包括音乐,而且扩大到口传艺术、物质文化、职业传统等其他方面。如1978年7月至9月在弗吉尼亚州西南部和北卡罗来纳州西北部交界的蓝脊山区开展的一项民间生活内容调查,就广泛记录了蓝脊山区的传统生活,从节日庆贺、果酱制作、教会服务、宗教故事,到谷物收获、食品加工等。这次调查由于记录了更多的艺术用语而比南乔治亚和芝加哥的项目更复杂,记录的范围也更广,不仅有舞蹈、音乐、绘画、手工制作、教堂祈祷、故事传说和社区集会,甚至还记录了用车窗烘干扁豆、墨西哥人收割卷心菜的过程和青少年玩棒球的内容。这次调查体现了民俗中心把民族学思想运用于传统艺术的收集上,反映出民俗

---

❶ 顾军,苑利. 美国文化及自然遗产保护的历史和经验[J]. 西北民族研究,2005(3):171.

中心田野作业指导原则的多样性和独特性。❶ 在记录方法上，民俗中心采用现代化的音像设备，进行专业化的收集记录，包括高质量的声音记录和专业摄影。此外，民俗中心运用出版物、展览和其他形式宣传田野作业和文化调查的成果，对每次收集的成果，都及时举办展览，出版专集，扩大社会影响；加强与联邦和州属机构的合作；参与当地有关部门的文化规划和文化保护工作，为其提供建议，充当桥梁和纽带；指导当地建立档案资料，加强当地开展田野作业的能力。

还有一个令人关注的现象，那就是美国很多的非物质文化遗产都是由一些大的国际公司所拥有，如果想得到这些材料，就必须和这些大公司交涉，涉及的东西包括布鲁斯风格的乡村音乐、歌谣、民谣等传统歌曲。有学者认为，这种现象是一个典型的市场经济下文化垄断霸权，这些艺术公司，由于欲望和贪婪正在摧垮美国的文化。

近年来，美国还在协调与本地土著民族的关系及保存其独特的文化传统方面，进行了若干尝试。如建立印第安人生活保护区，给他们以高度的自治权利，鼓励他们保持自己原有的文化，尽量减少外界对他们的干扰等。无论最终效果如何，这些尝试的出发点都是善意的，至少他们已经认识到了保持文化多样性的重要意义。此外，口述史学在美国的兴起也为无形文化遗产的保护作出了重要贡献。总之，与西方社会偏重物质文化遗产保护的传统相比，美国较早注意到了无形文化遗产的保护，而无形文化遗产的保护正成为当代世界文化遗产保护运动中新的亮点。❷

2.1.1.4 法　　国

法国拥有丰富的文化遗产，这些文化遗产植根于博大精深的传统文化和人们的尚古风情，这促使了人们保护意识的提早觉醒，使得遗产保护成了全社会的共同义务，加之历届政府持续不断地努力，创建了完善的保护制度和体系，管理部门提供了优化的保护方法措施，科研部门研制了必不可少的设备，教育部门输送了文化遗产保护的忠诚

---

❶ 王松涛. 美国民俗中心的田野作业和文化调查 [J]. 民俗研究, 1998 (1): 93.
❷ 顾军, 苑利. 美国文化及自然遗产保护的历史和经验 [J]. 西北民族研究, 2005 (3): 176.

卫士，这一切都为文化遗产的保护提供了沃土。在文化遗产保护方面，法国也一直走在世界的前列。据不完全统计，法国在近100多年的法制建设中，仅文化遗产法一项，便颁布过100多部，为法国人依法保护自己的传统文化遗产奠定了坚实的基础。

法国第一部文化遗产保护法梅里美《历史性建筑法案》颁布于1840年，这也是世界上最早的一部关于文物保护方面的法律。此后，又颁布了《纪念物保护法》（1987年）及《历史古迹法》（1913年）。从这些法律的制定也可看出，法国社会对文化遗产的关注是从历史建筑的保护开始的。进入20世纪30年代后，法国文化遗产保护工作开始关注自然景观。1930年颁布了《景观保护法》，同时，政府还在文化部下设了全国历史遗迹景观保护委员会，以协调景观保护方面的工作。1941年，法国通过了《考古发掘法》。法国人意识到保护人文遗产的同时，还应该保护好赖以生存的自然环境，1967年，法国修改了《景观保护法》，提出整体保护的理念。1960年，法国颁布了《国家公园法》，该法律规定法国将设立大的国家公园或地域公园。20世纪60年代，法国颁布《历史街区保护法》，这部法律与1973年颁布的《城市规划法》，一起构成了法国历史建筑与历史街区保护工作中重要的法律防线，对历史街区实施整体保护策略。❶

在认定文化遗产方面，法国扩展了文化遗产的概念，人们珍视的对象不再局限于宫殿和教堂，像贝鲁市19世纪处于恶劣劳动条件下的纺织工人修建的公共澡堂，就被看作工业时代的见证保护起来；另一点是法国注重当代文化的保护，20世纪一些著名建筑师、时装设计师的作品也被列入文化遗产加以保护。

在法国文化遗产保护机构的构建上，文化部是文化遗产保护的最高决策机构。该部下设文化遗产司，专门负责文化遗产的保护。由于这项工作具有一定的专业性，所以该司既有行政管理人员，也有专职科研人员。文化遗产司下设四处、三科，专职负责不同类型的文化遗产的保护。这些单位包括文化活动及事务处、遗址处、文化遗产管理处、文化遗产登记管理处、人类学遗产管理科、影像类遗产管理科、

---

❶ 顾军. 法国文化遗产保护运动的理论与实践［J］. 江西社会科学，2005（3）：137.

推广暨国际事务管理科。这些科室主要负责法国文化遗产保护工作的规划、决策、领导与监督。此外，文化部文化遗产司还负责法国国立古迹建筑博物馆、古迹信托及若干所文化遗产保护研究教学及信息搜集机构的管理。❶ 在地方上，每个行政区的政府内部都设置了文化事务部专门负责各行政区域内文化遗产的保护及管理工作。这些地区性文化遗产保护机构包括专责区域文化遗产管理局、专责区域遗址管理局、专责区域文化遗产登记管理局、专责区域人类学遗产管理局等四个局级单位，它们也是法国文化遗产保护工作的具体执行单位。在这些大行政区之下，还分别设置有两个级别更低的基层单位，它们分别是专门负责法国地方古建管理的建筑处和专门负责法国地方文物及艺术品的文物管理处。在法国，负责文化遗产保护、开发、运营与咨询业务的组织机构是文化遗产保护委员会，而文化遗产的保护工作绝大多数都是通过委托民间社团组织托管的方式实现的。这一制度始于1914年，而最早的试点工作又是从对古迹的托管开始的。法国最大的古迹托管组织"古迹信托"，它不但较好地完成了国家所赋予的对各类古迹的托管工作，在管理与活用过程中使法国的文化遗产保护工作进入良性循环状态，同时也使有关文化遗产保护的科学理念更加深入人心。

  法国关注历史建筑、景观地等物质文化遗产的保护，非物质文化遗产的保护工作在法国的法律法规上还体现得不那么充分。但是，法国通过设立了"文化遗产日"，极大地推动和促进了欧洲历史文化遗产和非物质文化遗产的保护工作。法国是最早设立"文化遗产日"的国家，其源头可以追溯到戴高乐总统执政时期。1958年，戴高乐总统交给法国文化部一项任务，即采取措施，保证让更多的公民有机会接触和感受人类的、首先是本国的文化遗产。此后，法国文化部展开了旷日持久的"文化遗产"普查工作。1982年，法国政府颁布《地方文化分权法》，该法规定：对于文化遗产，国家不再是唯一保护者，地方行政机构、各类组织与协会及每个公民，都有义务、责任保护文化遗产。❷ 法国于1984年在世界上最早设立"文化遗产日"，日期定

---

❶ 顾军. 法国文化遗产保护运动的理论与实践 [J]. 江西社会科学，2005 (3)：139.
❷ 教莹. 法国"文化遗产日"及其启示 [J]. 中外文化交流，2008 (10)：34.

在 9 月的第三个周末。法国一年一度的"文化遗产日",为其公民提供了免费参观国家历史文化财富的机会。届时所有公立博物馆免门票,像卢浮宫、凯旋门等都在免费开放之列。这一活动丰富多彩,吸引法国民众积极参与,使法国公众近距离接触到文化遗产的同时,认识到文化遗产的价值,增强了保护文化遗产的意识。

近年来,"文化遗产日"期间有 15 000 余处历史建筑、古迹遗址向公众开放,组织各类活动近 20 000 场,每年约有占全国人口的 18%的人参加这个文化盛会。通过"文化遗产日"的开展,增进了法国人对本国历史和文化的了解和热爱,增强了民族自豪感,并将这种热爱和自豪感转化为保护文化遗产的自觉行动。

每次"文化遗产日",政府都大力支持,社会各界组织积极参与,鲜明的活动主题吸引越来越多的民众参与。如 2002 年遗产日的主题是"文化遗产与属地",强调文化遗产在地方行政政策中不断上升的地位,主要通过展现地方和全国有特色的、具有象征意义的文化遗产,帮助人们认识文化遗产是环境和人类活动结合的产物,是一个地区和国家文化底蕴的体现,更是人们共同记忆中不可分割的组成部分;2003 年,法国政府确定了 3 个遗产日的主题:"精神文化遗产""梅里美 200 周年诞辰""吕内维尔城堡的修复",使整个活动更加丰富多彩,更有针对性,也吸引更多公众;2005 年的活动主题为"我爱我的文化遗产",意在密切人民和文化遗产之间的联系,激发其对文化遗产的主人公意识,号召人们不能仅仅停留于赞美和赞叹,更要以实际行动对其加以保护;2006 年的主题是"让我们的文化遗产充满活力",组织者在古迹中举办音乐会、放映电影、表演戏剧,使文化遗产显得生机勃勃,拉近大众与文化遗产的距离,增进公众对文化遗产的感情。二十多年来,各式各样的活动主题,涵盖文化遗产领域的方方面面,让公众以更广阔的视角,从更丰富的层面,认识保护文化遗产的意义,公众的热情也转化为保护文化遗产的自觉行动,由此形成良性循环。❶

在世界范围内,法国是非物质文化遗产普查工作中的典范。法国政府曾组织过几次大规模的文化遗产普查,第一次文化大普查登记工

---

❶ 教莹. 法国"文化遗产日"及其启示 [J]. 中外文化交流, 2008 (10): 37.

作是从20世纪初开始的。据不完全统计,1903年登记的文物为4 000件。60年后,这个数目已经增加到10 000件。用于这些文化保存及复原的费用也从开始的每年4 970 000法郎,追加到现在的每年5 373 000法郎。而作为文化遗产重要组成部分的历史建筑也从1950年的50 000座,发展到1968年的75 000座。这些历史建筑的总数虽有增加,但每座建筑所摊到的维修经费却明显下滑,单体文物的修缮费已经从原来每年的1 240法郎,降至现在的每年587法郎。因此,随着岁月的流逝,许多历史建筑都面临着破损的危险。就此,法国文化部已经将这些文化遗产分为"濒危型文化遗产"和"保护型文化遗产"两大类,并实施分头保护。❶

20世纪60年代,在规划第四个经济社会开发计划时,文化艺术遗产委员会提出了对法国现有纪念品及艺术品等文化遗产实施总目调查提案,得到了政府的批准。这次普查的目的是对法国现有的文化遗产,主要指艺术品,进行总量调查。法国组织的这次大普查活动,是历届文化大普查中最为深入、细致和影响深远的,得到了许多国家的认可和效仿。普查中,人们将1900年以前的文物全部进行了普查登记。经过系统研究,发现了很多独具特色的地方性建筑方式、民间工艺和民俗事项。这次普查被称为"大到教堂,小到汤匙"的普查运动,仅国家登记入册的遗产就有4万多件。❷ 这次普查的成果非常丰厚,出版了大量的普查成果,成册供人查阅的参考书目其内容主要包括人物的背景、地方特征及调查事项等三部分,同时,书中还收录了许多照片和图解。

综上所述,法律对文化遗产保护的重点还是在历史建筑、自然景观等物质文化遗产方面,对于非物质文化遗产保护在法律和操作层面上还没有实质性的行动,但是法国在物质文化遗产方面完善的法律规范,丰富的实践经验对非物质文化遗产保护工作有许多可以借鉴的方面,如文化遗产保护机构的构建,文化遗产日的设立,文化大普查的开展。总之,法国通过法律、行政、文化遗产日等多种手段,不断提高公众对文化遗产重要性的认识,激发公众参与文化遗产保护的热

---

❶ 顾军. 法国文化遗产保护运动的理论与实践[J]. 江西社会科学, 2005 (3): 137.
❷ 王焯. 国外非物质文化遗产保护的理论与实践[J]. 文化学刊, 2008 (6): 28.

情,帮助公众树立祖国文化遗产继承人的责任感和荣誉感。

2.1.1.5 亚非拉发展中国家

许多发展中国家有着数量巨大的非物质文化遗产,但是由于其经济实力和科技力量的落后,他们长期积累和提炼的非物质文化遗产被国际社会忽视,却常常被发达国家无偿利用,他们的观点和立场也没有在一系列重要的国际组织和国际规则中得到反映和尊重。与发达国家相比,发展中国家非物质文化遗产保护的诉求更为强烈,他们希望通过本国的非物质文化遗产的保护,维护本国文化的多样性,其境内的非物质文化遗产能够得到尊重和有偿使用,与发达国家进行利润互享,提高经济实力。同时,发展中国家在非物质文化遗产保护中也遇到一些难题,最大的难题就是资金的缺乏。但是,许多发展中国家都在积极探索本国非物质文化遗产的保护,并积累了丰富的经验和成果,具有重要的参考价值。

泰国、菲律宾、不丹、柬埔寨等国已开始建立非物质文化遗产保护的电子文献数据库。泰国、越南、菲律宾等国把非物质文化遗产的保护作为一种国家行为,建立了非物质文化遗产保护的各级机构。❶泰国政府对非物质文化遗产保护非常重视,泰国文化部是管理文化事务的主要机构,下属有艺术厅和文化委员会负责文化保护的具体工作。泰国文化部每年要求各省文化中心对需要保护的艺术家进行提名,然后由文化部直属的国家文化委员会指定。此外商务部负责与遗产有关的知识产权保护,公共部门负责传统医药的保护。泰国还重视学校的教育,目前泰国有15所政府举办的学院,传授学生传统的艺术形式,有的学校还设置专门的遗产保护机构。在泰国,国家还设立保护非物质文化遗产基金会,对选定的受保护的艺术家每月发放薪水,终生享受医疗保健,死后由国家负责殡葬。❷泰国主张建立国际的利益分享机制来平衡发达国家与发展中国家在非物质文化遗产利用上的冲突。❸越南在2001年6月29日的国民大会第19次会议批准的

---

❶ 王文章. 非物质文化遗产概论 [M]. 北京:文化艺术出版社,2006:258.
❷ 王文章. 非物质文化遗产概论 [M]. 北京:文化艺术出版社,2006:259.
❸ 王鹤云,高绍安. 中国非物质文化遗产保护法律机制研究 [M]. 北京:知识产权出版社,2009:151.

《文化遗产法》中首次明确提出保护非物质文化遗产，由文化新闻部负责非物质文化遗产的全面工作，具体工作由文化新闻部文化遗产局负责。越南民俗家协会及各省文化新闻局负责非物质文化遗产的保护协调工作，文化新闻研究所和越南音乐学院负责非物质文化遗产保护的研究工作。菲律宾联合国教科文委员会专门设立了非物质文化遗产委员会，负责与联合国教科文组织的联络协调工作，菲律宾国家文化艺术委员会在 1998 年就建立了菲律宾文化数据库，国家活珍宝委员会负责选定国家级艺术家的工作。❶ 此外，菲律宾于 1997 年 6 月，通过原住民权利法案，将文化的完整性作为原住民的一项权利，国家有义务保存、保护和发展原住民的文化产品，包括手工艺、表演艺术、宗教精神产品等。法案还提出了群体知识产权，承认原住民社区实施和复兴文化传统和风俗的权利。根据此规定，社区或族群享有知识产权（包括开发利用本群体的文化传统及习俗的权利）、传统知识权、自主发展科技文化权利以及保护遗产资源权，各州有义务保存、保护和开发原住民的文化表达。

在印度，由于其丰富的动植物资源，印度政府也非常重视传统医药的知识产权保护。于 1999 年开始，印度政府就开始着手建立传统医药的知识产权库，以防止被授予专利。2002 年，印度政府公布专利法修正案，明确规定"专利说明书所载的发明如被发现是印度或其他任何地方的当地或本土居民团体所使用的知识（无论是口头还是其他形式），则该专利被撤销"。❷ 此外，印度政府对传统知识进行登记，提出传统知识的分类方法，建立传统知识数据库，收录成千上万种古代流传下来的中草药疗法，并尝试建立"传统知识数字图书馆"。

在巴西，巴西政府同样重视民间传统文化的保护。巴西宪法明确规定了对传统知识进行保护的原则。其《宪法》第 231 条规定，必须承认印第安人的社会组织、风俗习惯、语言和传统，以及他们对依其传统占有的土地的原始权利。原住民和社区享有对与遗传资源有关的

---

❶ 王文章. 非物质文化遗产概论［M］. 北京：文化艺术出版社，2006：259.
❷ 孙雷. 浅析传统知识的保护方式［G］//郑成思. 知识产权文丛（第 13 卷）. 北京：中国方正出版社，2006：281.

第2章 非物质文化遗产的国际保护实践及趋势

传统知识的创造、发展、拥有或保存的权利。联邦有责任区别他们、保护他们,并保证尊重他们的所有财产。

在非洲,突尼斯制定了《文学艺术版权法》,是第一个用国内知识产权法保护民间文化的国家。该法规定:"民间艺术属于国家遗产,任何以营利为目的的使用民间文学艺术的行为都应经过国家文化部的允许;这些民间艺术活动的内容,要经过突尼斯保护作家权益机构根据本法进行审核。同样,从民间艺术中吸取灵感创造的作品,要经过国家文化部的许可;对于民间作品的全部或部分著作权在其中发生转移,需要国家文化部的特殊许可。"同时规定,民间文学作品著作权享受无限期保护。坦桑尼亚也注重对民间文学版权的保护,于1996年将原先的版权法案更名为版权及邻接权法,增加了保护和弘扬传统文化的内容。为了防止未经作者许可或未付有关费用到坦桑尼亚记录和使用民间文化,该法规定,除了教育、艺术创作和新闻报道等目的,任何个人或机构复制、发行、播放或表演民间文学,都要得到国家艺术委员会的同意。任何时候使用某一民间文学表现形式,均须提到其原创群体或原创地名称。此外,任何个人或机构使用民间文学都要付费,所征收的费用由国家艺术委员会用于保护和弘扬传统文化。[1]

通过分析上述国外对非物质文化遗产的保护可以看出,尽管各国均非常重视,但有意识地保护非物质文化遗产的历史还很短暂。即使起步比较早的日本,从1950年开始立法保护算起,也不过60多年的历史。各国在开展非物质文化遗产保护的过程中,都强调政府主导,全社会参与,培养传承人,采用登记等制度。但发达国家和发展中国家的非物质遗产保护侧重点不同,发达国家强化在国内立法开展非物质文化遗产的保护,发展中国家希望通过知识产权保护非物质文化遗产,希望与发达国家共享利益。虽然如此,但各国的非物质文化遗产保护都积累了丰富的经验和成果,值得我们借鉴和学习。

---

[1] 王鹤云,高绍安. 中国非物质文化遗产保护法律机制研究 [M]. 北京:知识产权出版社,2009:156.

2.1.2 国际条约对非物质文化遗产的保护规定

2.1.2.1 联合国教科文组织相关立法

1. 《保护民间创作建议案》

1989年11月，联合国教科文组织第25次会议通过了《保护民间创作建议案》(Recommendation on the Safeguarding of Traditional Culture and Folklore，以下简称《建议案》)，正式提出了保护非物质文化遗产的建议。只是在当时的文件中并没有采用"非物质文化遗产"这个概念，而是以"民间创作"取代之。

该《建议案》提出：考虑到民间创作是人类的共同遗产，是促进各国人民和各社会集团更加接近以及确认其文化特性的强有力手段，注意到民间创作在社会、经济、文化和政治方面的重要意义，它在一个民族历史中的作用及在现代文化中的地位，强调民间创作作为文化遗产和现代文化之组成部分所具有的特殊性和重要意义，承认民间创作之传统形式的极端不稳定性，特别是口头传说之诸方面的不稳定性，以及这些方面有可能消失的危险，强调必须承认民间创作在各国所起的作用及其面对多种因素所冒的危险，认为各国政府在保护民间创作方面应起决定性作用，并应尽快采取行动。因此，在第24次会议曾决定按《组织法》第Ⅳ条第4段的规定，就保护民间创作的问题形成一份给会员国的建议，于1989年11月15日通过本建议。

在《建议案》中，民间创作被定义为："民间创作（或传统的民间文化）是指来自某一文化社区的全部创作，这些创作以传统为依据、由某一群体或一些个体所表达并被认为符合社区期望的作为其文化和社会特性的表达形式；其准则和价值通过模仿或其他方式口头相传。它的形式包括：语言、文学、音乐、舞蹈、游戏、神话、礼仪、习惯、手工艺、建筑术及其他艺术。"这一《建议案》对民间创作的界定对此后的一系列国际公约产生了明显的巨大影响，稍后的《人类口头和非物质遗产代表作条例》中关于"口头和非物质文化遗产"的定义基本沿袭了《建议案》对民间创作的定义。《建议案》提出，因为各族人民有权享有自己的文化，也因为人民这种文化的结合力常常由于传播工具传播之工业化文化的影响而削弱,因此必须采取措施对民间创作传统及其传播者进行保护。号召各成员国在国家、地区、国际范围内进行适当的研究,保存涉及民间创作传统的资料,保护民间创作,鼓励民间创作的传播,加强民间创作的维护,积极开展国际合作,重新实现民间创作的繁荣。

同时,《建议案》指出,非物质文化遗产是人类的一种智力成果,对它的保护应该纳入知识产权保护体系:"民间创作作为个人或集体的精神创作活动,应当得到维护,这种维护应和精神产品的维护相类似。这一保护十分必需,通过这种手段可以在本国和外国发展、保持和进一步传播这种遗产,而同时不损害有关的合法利益。除民间创作维护中的'知识产权'方面外,在有关民间创作的资料中心和档案机构里,这几类权利已经得到维护并应继续受到维护。为此,各会员国应:(a)关于'知识产权'方面:吁请有关当局注意联合国教科文组织和世界知识产权组织在知识产权方面开展的重要工作,但同时也承认,这些工作只触及维护民间创作的一个方面,故在各方面采取不同的措施是保护民间创作的当务之急;(b)关于包含的其他权益:①保护作为传统代表的消息提供者(保护私生活和秘密);②通过注意使收集的材料完好合理地存档的方式维护收集者的利益;③采取必要措施,使收集的材料不致被有意无意地滥用;④承认档案机构有责任注意对收集之材料的使用。"

《建议案》的出台正式启动了民间创作的保护工程,要求各会员国采取法律手段和一切必要措施,对那些容易受到世界全球化影响的遗产进行必要的鉴别、维护、传播、保护和宣传,并向人们指出,有大量口头遗产面临消失的危险。因此,急需告诫有关当局及这些遗产的拥有者,使他们知道这些遗产的重要价值,并知道怎么样去保护它,对于此后的非物质文化遗产保护工作的开展具有巨大的推动作用。秘书处根据《建议案》的精神不断开展各种保护民间创作的工作。1993年,联合国教科文组织第142次会议颁布了《在教科文组织建立"活的文化财产"制度》,并为建立"人间活珍宝"(又被翻译为"人类生动宝库")系统制定了工作指南,同时总干事还要求各成员国建立本国的"人间活珍宝"系统,进行抢救"国宝"级民间艺

人的活动。❶

2.《人类口头和非物质遗产代表作条例》

1997年11月,联合国教科文组织第29次全体会议通过一项关于开展国际鉴别的决议,这个决议被称为"联合国教科文组织宣布人类口头遗产优秀作品"。联合国教科文组织执委会第154次会议中指出,由于"口头遗产"和"非物质遗产"是不可分的,因此在以后的鉴别中,在"口头遗产"的后面加上"非物质"的限定,即《人类口头和非物质遗产代表作宣言》(Proclamation of Masterpieces of the Oral and Intangible Heritage of Humanity)。1998年,联合国教科文组织公布了《人类口头和非物质遗产代表作条例》(以下简称《条例》),该条例正式提出了人类口头与非物质文化遗产的概念,并启动了申报人类口头与非物质遗产代表作名录工程。1998年10月,联合国教科文组织执委会在第155次会议通过了《总干事关于选择应由教科文组织宣布为人类口头和无形文化遗产代表作的文化场所或文化表现形式的具体标准的报告》,制定了关于由联合国教科文组织宣布为人类口头及非物质遗产代表作的评审规则中关于国际鉴别的目的和"口头及非物质遗产"的定义。

《条例》开宗明义,表示"宣布本条例的目的在于鼓励口头及非物质文化遗产优秀代表作"。具体来说,人类口头和非物质遗产鉴别的目的在于号召各国政府、非政府组织及地方社区开展鉴别、保护和利用其口头和非物质文化遗产活动。因为这种遗产是各国人民集体记忆的凝聚,只有它能够确保文化特性永存。联合国教科文组织的宣布也是为了鼓励个人、团体、机构和组织根据联合国教科文组织的宗旨,积极配合教科文组织在这方面的计划,尤其是配合1989年《保护民间创作建议案》的后续活动,对有关的口头及非物质遗产进行管理、保存、保护和利用。

人类口头和非物质遗产的定义,在《条例》中明确指出是根据《保护民间创作建议案》,是指:"来自某一文化社区的全部创作,这些创作以传统为依据、由某一群体或一些个体所表达并被认为符合社

---

❶ 乌丙安. 保护人类口头和非物质遗产:由来、发展和现状[G]//陶立璠,樱井龙彦. 非物质文化遗产学论集. 北京:学苑出版社,2006:29.

区期望的作为其文化和社会特性的表达形式；其准则和价值通过模仿或其他方式口头相传。它的形式包括：语言、文学、音乐、舞蹈、游戏、神话、礼仪、习惯、手工艺、建筑术及其他艺术。除了这些例子以外，还将考虑传播与信息的传统形式。"

2001年5月18日，联合国教科文组织公布了首批认定的"人类口头和非物质文化遗产代表作"名录名单。首批认定和入选19项文化形式。2003年11月7日，联合国教科文组织宣布了第二批28项文化形式为"人类口头及无形遗产代表作"。2005年11月，联合国教科文组织又公布了第三批"人类口头和非物质遗产代表作"43项。迄今为止，共有90项文化形式被列为"人类口头及无形遗产代表作"。

3. 《世界文化多样性宣言》

2001年11月，联合国教科文组织发布了《世界文化多样性宣言》(Universal Declaration on Cultural Diversity，以下简称《宣言》)，提出文化的多样性和生物的多样性同等重要的观念，同时强调人权和文化权利是文化多样性的保障和有利条件。《宣言》是在联合国教科文组织重视充分实现《世界人权宣言》和1966年关于公民权利和政治权利及关于经济、社会与文化权利的两项国际公约等其他普遍认同的法律文件中宣布的人权与基本自由的基础上制定的。

《宣言》从人权、自由、尊严的角度强调文化多样性的重要，提出文化多样性是交流、革新和创作的源泉，对人类来说就像生物多样性对维持生物平衡那样必不可少；文化多样性是人类共同遗产，应当从当代人和子孙的利益考虑予以承认和肯定；主张所有公民的融入和参与的政策是增强社会凝聚力、民间社会活力及维护和平的可靠保障，文化多元化与民主制度密不可分，它有利于文化交流和能够充实公众生活的创作能力的发挥；文化多样性增加了每个人的选择机会，它是发展的源泉之一，它不仅是促进经济增长的因素，而且还是享有令人满意的智力、情感、道德精神生活的手段；捍卫文化多样性是伦理方面的迫切需要，与尊重人的尊严是密不可分的，它要求人们必须尊重人权和基本自由，特别是尊重少数人群体和土著人民的各种权利，任何人不得以文化多样性为由，损害受国际法保护的人权或限制其范围。

面对目前世界上新的信息和传播技术的迅速发展，造成文化物品的流通和交换所存在失衡现象，《宣言》呼吁加强各国团结，尊重文化多样性，相互宽容和理解，加强对话和合作。在承认文化多样性、认识到人类是一个统一的整体和发展文化间交流的基础上，开展更广泛的团结互助，使所有国家，尤其是发展中国家和转型期国家能够开拓一些有活力、在本国和国际上具有竞争力的文化产业。每个国家都应在遵守国际义务的前提下，制定本国的文化政策，并采取合适的方法，实施文化政策。同时，在各种文化与文明进行交流和对话中，教科文组织在联合国系统中也将负担着保护和促进丰富多彩的文化多样性的特殊职责。

《宣言》提出的文化多样性和生物多样性同等重要的观点对于非物质文化遗产保护工作具有里程碑意义，对人类文化事业的发展具有极大的推动作用。此后，国际社会对非物质文化遗产的保护理念建立在保护文化多样性的理念之上，为非物质文化遗产保护工作开展提供了新的方向。

4. 《伊斯坦布尔宣言》

2002年9月16日至17日，联合国教科文组织在土耳其的伊斯坦布尔召开了以"无形文化遗产，文化多样性的体现"为主题的第三届文化部长圆桌会议，会议通过了《伊斯坦布尔宣言》(*Declaration of Istanbul*，以下简称《宣言》)。该宣言重申了非物质文化的重要性，同时呼吁世界各国遵循联合国教科文组织通过的《世界文化多样性宣言》的原则，制定有关收集和整理非物质文化遗产的国家政策和相应的措施，同时在这一领域展开广泛的国际合作。

《宣言》中提到："非物质文化遗产深深地扎根于当地历史和自然环境，并反映在体现众多世界观的众多语言中……非物质文化遗产是一个生动活泼以及实践、知识和表现可以不断再创造的整体，它可以使社会各层级的个人和社区都能够通过各种系统的价值观和伦理标准来表现自己的世界观。非物质文化遗产在社会中产生归属感和连续性，因此，它被认为是创造性和文化创作的主要源泉之一。"

《宣言》指出，非物质文化遗产是构成人们文化特性的重要因素，是人类创造力的源泉，是人类共同的财富。但是由于冲突，不宽容，极端重商主义，失控的城市化或乡村的衰败等原因，导致非物质文化遗产面临消亡或边缘化的危险。非物质文化遗产的极其脆弱性要求各国政府采取坚决行动维护无形文化遗产表演和传播的环境。

5.《保护非物质文化遗产公约》

在上述工作的基础上，联合国教科文组织开始起草《保护非物质文化遗产公约》。2003年9月29日至10月17日，联合国教科文组织在巴黎举行的第32届会议。会议通过了《保护非物质文化遗产公约》。该公约是在参照现有的国际人权文书（尤其是1948年的《世界人权宣言》、1966年的《经济、社会及文化权利国际公约》和《公民权利和政治权利国际公约》）和1989年的《保护民间创作建议案》、2001年的《世界文化多样性宣言》和2002年第3次文化部长圆桌会议通过的《伊斯坦布尔宣言》等国际文件的基础而制定的。该公约是目前有关非物质文化遗产保护最重要的国际公约，正如联合国教科文组织总干事松浦晃一郎所言，这一新文书为非物质文化遗产提供了恰当的保护手段，从而填补了一个重大的司法空白。

根据规定，在联合国教科文组织大会通过《保护非物质文化遗产公约》以后，在第30个国家加入之日起3个月后生效。2004年8月，中国批准《保护非物质文化遗产公约》，成为第6个加入《保护非物质文化遗产公约》的国家。2006年11月，联合国教科文组织"保护非物质文化遗产政府间的委员会"首脑会议在阿尔及尔召开，为《保护非物质文化遗产公约》的实施制定策略。

《保护非物质文化遗产公约》的宗旨包括四项内容：一是保护非物质文化遗产；二是尊重有关群体、团体和个人的非物质文化遗产；三是在地方、国家和国际一级提高对非物质文化遗产及其相互鉴赏的重要性的意识；四是开展国际合作及提供国际援助。《保护非物质文化遗产公约》认为，"非物质文化遗产与物质文化遗产和自然遗产之间存在相互依存关系，而全球化和社会变革进程虽然为各群体之间开展新的对话创造条件，但同时也使非物质文化遗产面临损坏、消失和破坏的严重威胁""意识到保护人类非物质文化遗产是普遍的意愿和共同关心的事项""各缔约国采取必要措施确保其领土上的非物质文化遗产受到保护""在不违背国家法律规定及其习惯法和习俗的情况下，缔约国承认保护非物质文化遗产符合人类的整体利益，保证为此目的在双边、分地区、地区和国际各级开展合作""建立一项保护非物质文化遗产基金"。该公约的签订，积极引导和鼓励各国对非物质文化遗产保护的意识和立法。

随着《保护非物质文化遗产公约》的出台和生效，世界范围内的非物质文化遗产保护工作广泛展开。同时，联合国教科文组织开展的非物质文化遗产保护，在法律体系或法律意义上，也形成了一整套的法规和章程。在国际法意义上，《保护非物质文化遗产公约》是根本大法。《保护非物质文化遗产公约》具有完全的法律效力，缔约国要严格遵守其中的规定，并积极配合《保护非物质文化遗产公约》，制定一国国内法律。《保护世界文化和自然遗产公约》《保护非物质文化遗产公约》是两个相互配套、相互补充和补足的保护各种文化和自然遗产的重要国际法条。从两个公约颁布以来的影响和对全世界文化保护的引导和规范看，意义深远。[1] 根据《保护非物质文化遗产公约》，2008年11月4日宣布正式成立"人类非物质文化遗产代表作"，并将《保护非物质文化遗产公约》生效前宣布为"人类口头和非物质文化遗产代表作"的遗产纳入这一名录。

6.《保护和促进文化表现形式多样性公约》

2005年10月3日至21日，联合国教科文组织大会在巴黎举行第33届会议。根据联合国教科文组织通过的有关文化多样性和行使文化权利的各种国际文书的条款，特别是2001年通过的《世界文化多样性宣言》，联合国教科文组织于2005年10月20日通过《保护和促进文化表现形式多样性公约》。2007年3月18日，在第30个国家提交批准书的3个月后，《保护和促进文化表现形式多样性公约》生效。截至这一天，共有52个国家批准了这项《保护和促进文化表现形式多样性公约》。我国于2006年12月29日在第十届全国人民代表大会常务委员会第二十五次会议上批准了该公约。

《保护和促进文化表现形式多样性公约》确认文化多样性是人类的一项基本特性，认识到知识产权对支持文化创造的参与者具有重要意义，进一步强调了文化互动和文化创造力对滋养和革新文化表现形式所发挥的关键作用，它们也会增强那些为社会整体进步而参与文化发展的人们所发挥作用。《保护和促进文化表现形式多样性公约》以"保护和促进文化表现形式的多样性，鼓励不同文化对话交流，促进

---

[1] 向云驹. 世界非物质文化遗产 [M]. 银川：宁夏人民出版社，2006（12）：156.

地方、国家和国际层面对文化表现形式多样性的尊重，重申各国拥有在其领土上维持、采取和实施它们认为合适的保护和促进文化表现形式多样性的政策和措施的主权"为目标，以"尊重人权和基本自由原则、主权原则、所有文化同等尊严和尊重原则、国际团结与合作原则、经济和文化发展互补原则、可持续发展原则、平等享有原则、开放和平衡原则"为指导原则。在《保护和促进文化表现形式多样性公约》中，"文化多样性指各群体和社会借以表现其文化的多种不同形式。这些表现形式在他们内部及其间传承。文化多样性不仅体现在人类文化遗产通过丰富多彩的文化表现形式来表达、弘扬和传承的多种方式，也体现在借助各种方式和技术进行的艺术创造、生产、传播、销售和消费的多种方式。"

《保护和促进文化表现形式多样性公约》还规定了缔约方的权利和义务，要求缔约方根据自身的特殊情况和需求，在其境内采取措施保护和促进文化表现形式的多样性，履行共享和交流有关信息、教育提高公众认知、鼓励公民社会的参与等义务，并加强双边、区域和国际合作，创造有利于促进文化表现形式多样性的条件。主要保护措施包括"以适当方式在本国境内为创作、生产、传播和享有本国的文化活动、产品与服务提供机会的有关措施""鼓励非营利组织以及公共和私人机构、艺术家及其他文化专业人员发展和促进思想、文化表现形式、文化活动、产品与服务的自由交流和流通，以及在这些活动中鼓励创新精神和积极进取精神的措施""培育并支持参与文化表现形式创作活动的艺术家和其他人员的措施。"其中，《保护和促进文化表现形式多样性公约》指出，"缔约方应努力在其境内创造环境，鼓励个人和社会群体创作、生产、传播、销售和获取他们自己的文化表现形式，同时对妇女及不同社会群体，包括少数民族和原住民的特殊情况和需求给予应有的重视""缔约方应努力承认艺术家、参与创作活动的其他人员、文化节以及支持他们工作的有关组织的重要贡献，以及他们在培育文化表现形式多样性方面的核心作用"。

在保护世界文化与自然遗产的三十多年时间里，联合国教科文组织经历了从保护物质文化遗产到非物质文化遗产和文化表现形式多样性的不同阶段，充分体现了国际社会对于非物质文化遗产保护的更加重视和迫切。该公约和《保护非物质文化遗产公约》《保护世界文化和自然遗产公约》共同构成了保护物质和非物质遗产、保护世界文化多样性的国际法体系。可见，在联合国教科文组织的主导下，有关保护非物质文化遗产的公约已成体系。国际社会也在《保护非物质文化遗产国际公约》的指导下，纷纷开始重视非物质文化遗产的保护，并进行相关的立法活动。

2.1.2.2 世界知识产权组织相关立法

在联合国教科文组织从文化权利和保护文化多样性角度，致力于非物质文化遗产保护的同时，世界知识产权组织（WIPO）更多的则是在知识产权领域强调非物质文化遗产保护。事实上，在相关国际组织中，最初提出对非物质文化遗产进行保护的是世界知识产权组织。非物质文化遗产的主要内容是民间文学艺术，世界知识产权组织一直试图在知识产权领域探索民间文学艺术的保护。

《建立世界知识产权组织公约》（*Convention Establishing the World Intellectual Property Organization*）于1967年7月14日由52个国家在斯德哥尔摩签署，1970年生效。公约的核心部分是其第2条对知识产权所下的定义。公约对知识产权采取开放式定义，除了列举的几类知识产权，一切其他来自工业、科学及文学艺术领域的智力创作活动所产生的权利也受知识产权保护，这就为非物质文化遗产的知识产权保护提供了契机。公约的另一项内容是成立了世界知识产权组织。世界知识产权组织自成立以来始终履行着以下宗旨，第一，通过国家与国家之间的合作以及与其他国际组织的协作，促进对知识产权的国际保护；第二，保证各种知识产权方面的公约所建立的联盟之间在行政上的使用。

在20世纪50年代，非洲、南美洲等地一些国家提出了关于民间文学艺术表达保护的主张，要求在国家及国际层面上建立一种特殊的制度，来防止民间文学艺术表达被不当利用，尤其是对抗那些域外人士实施的、利用民间文学艺术赚钱但却不给予其发源地人们任何回报的利用。在1967年召开的斯德哥尔摩外交会议上，非洲知识产权组织工作会议和印度、捷克等代表团提议，将民间文学艺术列入《伯尔尼公约》第2条（1）文学艺术作品之列，给予一般著作权的保护。该提议引起很大的反响，虽然有许多国家表示支持，但众成员国在这个提议上并未达成共识。最后，折中通过工作小组的建议，对1886

年形成的《保护文学和艺术作品伯尔尼公约》(*Berne Convention for the Protection of literary and Artistic Works*,简称《伯尔尼公约》)进行修正,增加了第 15 条第 4 款(著作人推定)。该款规定:"对作者身份不明但有充分理由推定该作者是本同盟某一成员国国民的未出版的作品,该国法律指定主管当局代表该作者并有权维护和行使作者在本同盟成员国内之权利。"虽然该条款未提及民间文学艺术表达,只将作者身份不明的一类作品作为匿名作品的一种特例,但是给民间文学艺术的保护预留了很大的空间。到目前为止,这一规定在国际层面上普遍被解释为应用于民间文学艺术表达保护的法律规范,其对在知识产权领域保护非物质文化遗产具有深远意义。

1976 年 3 月,世界知识产权组织和联合国教科文组织的专家为发展中国家起草制定了《突尼斯版权示范法》,提出了将民间文学艺术独立保护的概念,国际论坛第一次专门为民间文学艺术的保护制定条款。《突尼斯版权示范法》中规定,民间文学艺术是指"在本国境内被认定为该国国民的作者或种族集体创作,经世代流传而构成传统文化遗产基本组成部分的全部文学、艺术和科学作品。"该示范法认为,在发展中国家,民间文学艺术构成了文化遗产中的一个重要部分,它不仅有经济利用的价值,而且涉及特殊群体的文化特征,因此有必要对其提供适当的保护。该示范法选择著作权保护民间文学艺术,其特点是对民间文学艺术作品的保护可以没有时间限制,种族团体权利,无固定性和原创性限制,不禁止使用但保留获酬权,精神权利被主张等具体制度。该示范法对发展中国家有重要影响,特别是非洲国家,非洲诸国相继在本国版权法内建立起民间文学艺术的保护机制。

从《伯尔尼公约》到《突尼斯版权示范法》,表明传统文化保护已经得到了国际社会的普遍认可。但也有专家认为,用著作权模式保护民间文学艺术并非是正确的选择。第一,著作权法要求作者身份的确定性和作品的原创性要求都不能适用于世代相传的民间文学艺术。民间文学艺术的创作者普遍来自某一社群并且创造性的贡献来源于世代相传的祖祖辈辈;第二,著作权关于保护期限的规定也不适用于民间文学艺术,民间文学艺术不应该因为出版而导致 50 年后权利的终结。"一些国家的立法对此似乎有所认识,因而采取特殊的公有领域支付制度。但在现实中,民间文学艺术并不是只需付费而无须授权使用就处于公有领域,而这种公有领域支付制度尽管规定在著作权法之中,但却是一种专门法的保护方式。"❶ 鉴于著作权保护模式的不足,国际社会开始寻求其他的保护模式。

1978 年,世界知识产权组织的"版权及相关权利保护委员会"向总干事提出要保护传统文化。同时,联合国教科文组织也开始重视对传统文化遗产的保护,最后双方达成一致意见,针对两种侵害传统文化的行为,即对传统文化的非法使用和对传统文化的歧视和歪曲,应对传统文化给予法律保护。1980 年 1 月,联合国教科文组织秘书处与世界知识产权组织国际局共同成立的工作组在日内瓦召开会议,研究起草一份有关民间文学艺术表达保护而供国内与国际立法参考的示范法条。通过会议讨论,工作组就以下几点达成一致:第一,为民间文学艺术表达提供适当保护是必要的;第二,此种法律保护应通过示范法条的形式在国内立法层面上加以推动;第三,此种示范法条应既适用于尚无任何相关立法的国家采用,又适用于已经存在相关立法的国家完善其立法时参考;第四,此种示范法条应为下一步民间文学艺术表达的次区域、区域及国际保护铺平道路。

1982 年 6 月 28 日至 7 月 2 日,联合国教科文组织和世界知识产权组织总干事联合召开了题为"民间文学艺术表达保护知识产权问题政府专家委员会"的会议,讨论了由工作组提交的示范法条草案及相关的意见和建议,最终通过了《保护民间文学艺术表达形式、防止不正当利用及其他侵害行为的国内法示范法条》(以下简称《示范法条》)。该示范法条将民间文学艺术分置于著作权保护体系之外,给予各国自己选择适合本国实际的保护模式的权利。

《示范法条》对民间文学艺术的保护提供了特殊的保护模式,具体表现在以下几个方面:首先在措辞上,为了和传统著作权体系内的"作品"有所区别,《示范法条》使用了"民间文学艺术表达"(expressions of folklore)一词,并且同时列举了几类典型的表达形式:口头表达形式(诸如民间传说、诗歌、谜语),音乐表达形式(诸如民间歌曲和乐器),形体表达形式(诸如民间舞蹈、表演以及艺术形式

---

❶ 吴汉东. 论传统文化的法律保护:以非物质文化遗产和传统文化表现形式为对象[J]. 中国法学, 2010 (1): 53.

第 2 章 非物质文化遗产的国际保护实践及趋势

体现的宗教仪式），有形表达或并入物品的表达形式（诸如绘画、雕塑、雕刻、瓷器、竹编、微雕、织品、地毯、服装、音乐器具和建筑样式）。其次，在具体的保护内容方面，该示范法避开了传统著作权法关于权利保护的期限、客体的固定性、主体的明确性等基本条件，对民间文学艺术保有群体提供类似著作权的精神和经济权利的保护。第三，在授权使用方面，根据其规定，如果以营利为目的且处于该传统或习惯的原生境之外使用民间文学艺术表达，应当获得政府有关部门或经授权的相关组织的许可，未经授权将构成"非法利用"；但属于传统方式的使用，不论营利与否，都无须取得授权。至于传统方式以外的使用，如不以营利为目的，亦不受禁止。《示范法条》强调民间文学表现形式与其来源之间的联系，要求有关民间文学表现形式的任何公开传播，必须以恰当方式标明其来源，提及民间文学表现形式的起源社区或者其地理位置。同时，《示范法条》将这种特殊的保护模式并列于其他知识产权的保护模式，凡民间文学表现形式构成"作品"的，可适用著作权法；作为外观设计使用的，适用于工业产权法；作为商标、产地标记使用的，适用于反不当竞争法；属于建筑艺术表现形式的，适用保护文化遗产的法律。

该《示范法条》虽然没有获得世界上大多数国家的采纳，对各成员国没有法律效力，其中确立的保护民间文学艺术表达的规则，尤其未能在发达国家的立法中见到踪影，但是为实现民间文学艺术的地区和国际保护提供了基础和开辟了道路，为各国立法提供了参考。1984年，世界知识产权组织和联合国教科文组织在 1982 年《示范法条》的基础上，组织有关专家起草了《保护民间文学艺术表达形式、防止不正当利用及其他侵害行为的公约草案》。该草案基本上按照 1982 年《示范法条》的思路对民间文学艺术予以保护，它对民间文学艺术提供类似于著作权但又独立于著作权之外的一种智力成果的保护。该草案规定，受保护的主体是有关民间文学艺术作品产生的国家，要求各成员国指定一个主管机关，负责授权或禁止任何人出版、复制、销售、表演、广播、录制或以其他方式传播有关民间文学艺术的表达形式；同时，该主管机关有权向获准使用民间文学艺术的使用者收取一定的使用费。草案还要求成员国对侵犯民间文学艺术专有者给予行政和刑事处罚，并可要求其承担相应的民事赔偿责任。

55

除了版权法保护之外，邻接权保护也曾被视为可用于民间文学艺术表达保护的选择。这是因为许多民间文学艺术表达是通过民族或族群的各种仪式演出加以实现和利用的。1996年12月，世界知识产权组织成员国通过的《世界知识产权组织表演和录音制品条约》对民间文学艺术表现形式表演者的表演提供了邻接权保护模式。但是，对民间文学艺术表达的邻接权保护也只是一种间接保护，只能为民间艺术表达的使用者提供保护，而且可能获得这种保护的又都可能是发达国家的表演者、唱片制作者与广播组织等，因而无法实现保护民间文学艺术本身及其发源地人民的利益。此外，邻接权保护的期限的规定也限制其发挥的作用。

1997年4月，联合国教科文组织和世界知识产权组织在泰国普吉召开"UNESCO-WIPO 保护民间文学艺术世界论坛"，讨论知识产权和民间文化的需求和问题，一致认为现有知识产权制度不足以为民间文学艺术提供保护，应当推出一个有效、恰当的国际保护制度，同时也需要在民间传统文化所有者和使用者之间达到平衡。❶

1998~1999年，世界知识产权组织在28个国家组织了"实况调查团"的调查活动，以便确定传统知识持有人有关知识产权的需求和期望。作为调查团活动的目的之一，在"传统知识"中把传统文化表现形式作为下属项目包括进来。该调查活动共访问了3 000多人，包括土著和地方社区、非政府组织、政府代表、学术团体、研究人员和私有企业的代表。调查活动的结果已由世界知识产权组织出版了《传统知识持有人的知识产权需求和期望：世界知识产权组织实况调查团报告（1998—1999）》（以下简称"FFM 报告"）。❷

1999年，世界知识产权组织举行了对非洲国家（1999年3月）、亚太地区国家（1999年4月）、阿拉伯国家（1999年5月）和拉丁美洲与加勒比国家（1999年6月）保护民间文学艺术表现形式的地区咨询会议。每次咨询会均通过了结论或建议，包括建议世界知识产权组织和联合国教科文组织增加和加强在民间文学艺术保护领域的工

---

❶ 王鹤云，高绍安. 中国非物质文化遗产保护法律机制研究［M］. 北京：知识产权出版社，2009：131.

❷ WIPO. 知识产权与传统文化表现形式、民间文学艺术［EB/OL］. ［2014-08-12］. http://www.wipo.int/export/sites/www/freepublications/zh/tk/920/wipo_pub_920.pdf.

第 2 章 非物质文化遗产的国际保护实践及趋势

作。建议中一直明确提出该领域的未来工作应包括发展一个有效保护民间文学艺术表现形式的国际制度。❶

近年来，世界知识产权组织在遗传资源、传统知识和民间文学艺术的保护方面开展了大量基础性、探索性工作。关于传统知识保护、生物遗传资源的利用和利益分享、文化多样性保护等问题，都可被视为民间文学艺术表达保护思想的延伸，为那些作为创新基础的资源及其拥有者提供适当的保护。2000 年 9 月，世界知识产权组织应发展中国家要求而成立了"知识产权与遗传资源、传统知识和民间文学艺术政府间委员会"（IGC）。发展中国家要求用有约束力的国际条约明确传统知识、遗传资源、民间文学艺术的"国家主权原则、知情同意原则和利用分享原则"，用以对抗发达国家对这些重要战略资源的掠夺和盗用，与主要考虑保护创新者利益，未充分考虑保护资源提供者利益的现有知识产权相抗衡。委员会工作主要围绕遗传资源、传统知识和民间文学艺术表达三个主题展开。在委员会召开的会议和论坛上，与传统知识保护相关的国际争论主要涉及以下问题：（1）国际保护是采取遗传资源、传统知识和民间文学艺术的综合立法模式还是采取民间文学艺术单独立法模式；（2）民间文学艺术保护机制是在著作权体系之中还是寻求特殊法律体制；（3）民间文学艺术国际保护制度是制定强制性国际公约还是制定非强制性的国际文书。委员会在探讨政策以及知识产权制度与传统文化从业者和管理者之间实际联系等方面，均取得了实质性进展。在委员会的指导下，世界知识产权组织秘书处发出了国家经验问卷调查，并在反馈的调查表答复和其他咨询与研究基础上进行了一系列综合分析研究。这些研究成为正在进行的国际政策讨论和帮助开发实用工具的基础。根据这些不同经验进行筹划，委员会正在就共同目标和原则达成一项国际谅解。这些目标和原则必定会指导传统文化表现形式的保护。作为传统知识表现形式更加广泛计划的一部分，世界知识产权组织还举办了研讨会、讨论会、专家和实况调查团调查、委员会案例研究，并开展和提供立法的起草、建议、教育和培训。❷

---

❶❷ WIPO. 知识产权与传统文化表现形式、民间文学艺术［EB/OL］.［2014 – 08 – 12］. http：//www. wipo. int/export/sites/www/freepublications/zh/tk/920/wipo_ pub_ 920. pdf.

经过几年的讨论，世界知识产权组织开始研究保护传统知识和民间文化艺术表达的指导性文件的起草，于 2004 年拟定了《保护民间文学艺术表现形式/民间传统文化的核心目标和原则（草案）》《保护传统知识的核心目标和原则（草案）》。其中，《保护民间文艺表达/民间传统文化的核心目标和原则（草案）》中，主要政策目标包括承认价值，增进尊重，满足各社区的实际需要，维护习惯做法，有助于保障传统文化，鼓励社区创新与创造，促进思想和文化交流，有助于文化多样性，鼓励社区发展及合法贸易活动，预防无效知识产权，增强确定性，透明度和相互信任等；核心原则包括反映相关社区的愿望和希望，尊重其他国际和地区文书和程序并与之开展合作，尊重"民间文学艺术表达/民间传统文化"的习惯使用和传播方式的原则、保护有效性和可获得性等。❶《保护传统知识的核心目标和原则（草案）》提出可通过传统知识特别法、知识产权法、不当竞争法、不当得利法、侵权法、债务或民事义务法、刑法、原住民利益法、获取和惠益分享制度，或任何其他法或上述各种法的综合来实现。其政策目标主要是承认价值，增进尊重，满足传统知识持有人的保障，遏制不正当和不公平利用，促进革新和创造，促进公平惠益分享等；主要原则有回应传统知识持有人需求及企盼、权利承认原则、保护有效性和可及性、灵活性和广泛性、公平和利益共享等。❷ 目前，草案仍在讨论之中，发达国家和发展中国家存在分歧，但世界知识产权组织就成员国立法工作步骤所给出的建议是有价值的，其中涉及大片传统文化保护的国际政策目标、具体知识产权模式选择、非知识产权保护方式的可能性等。

2.1.2.3 世界贸易组织相关立法

世界贸易组织（WTO）对非物质文化遗产的保护主要体现在贸易自由与知识产权保护的关系中。1993 年 12 月，乌拉圭回合闭幕时达成的《与贸易有关的知识产权协议》（TRIPS）是世界贸易组织对知识产权保护最重要的国际公约。但是，TRIPS 在制定和推行中明显存

---

❶❷ 王鹤云，高绍安. 中国非物质文化遗产保护法律机制研究［M］. 北京：知识产权出版社，2009：132.

第 2 章 非物质文化遗产的国际保护实践及趋势

在分歧，争议的焦点就是发达国家与发展中国家对 TRIPS 与《生物多样性公约》和传统知识保护的关系。发展中国家认为，TRIPS 的诸多实体规则明显偏袒知识产权大国（发达国家）及其知识产权权利所有者的利益，不仅没有充分考虑到发展中国家实施高标准知识产权规则在人力、财力和技术上遇到的困难，也忽略了原生基因资源丰富但技术开发实力不足的国家在农业和食品植物基因资源方面的主权；不仅忽略了对土著居民经过长期积累和提炼所形成的传统知识的保护，也忽略了知识产权对人权、公共健康等重要社会利益的消极影响。因此，发展中国家希望借助 TRIPS 本身的一些规定，在 WTO 框架内提出修改完善 TRIPS 的规则和建议。❶ 正如有学者所指出的，TRIPS 是一种明显向发达国家倾斜的国际知识产权体制，其结果是发展中国家的智力产品被搁在公共领域，而发达国家的智力产品被紧紧掌握在私人公司手中。❷

虽然世界贸易组织的 TRIPS 没有关于传统知识的具体条款，但是传统知识与贸易有关的知识产权之间的关系是辩论的主题，也是一些建议的主题。❸ 自 1996 年开始，发展中国家就在世界贸易组织框架内，就知识产权的保护提出了一系列与自身利益密切相关的问题，继续推动对民间文学和传统知识保护的讨论。生物资源、传统知识和民间文学艺术，在现代社会中发挥着日益重要的作用，但长期被现代知识产权法所忽视，以 TRIPS 为核心的现行国际知识产权体制侧重对创新性知识产权的保护，而相对忽视了对作为创新智力源泉的传统资源的保护，忽视了发展中国家长期积淀形成的传统知识和文化资源，在保护智力成果的同时未能对智力成果产生的源泉提供保护。因此，在 1999 年，发展中国家提交了修改 TRIPS 第 27.3（b）条的建议，要求在 TRIPS 中增加有关保护原住民和当地社区的传统知识和创新的规定，专利申请人有义务披露在发明中所使用的生物材料的来源和原产国以及其授权不应违反《生物多样性公约》第 15 条关于遗产资源取

---

❶ 刘笋. 知识产权国际造法新趋势［J］. 法学研究，2006（3）：144.

❷ Christopher May, Susan K. Sell. Intellectual Property Rights: A Critical History［M］. Boulder & London: Lynne Rienner Publisher, 2006：158 - 159.

❸ WIPO. 知识产权与传统文化表现形式、民间文学艺术［EB/OL］.［2014 - 08 - 12］. http://www.wipo.int/export/sites/www/freepublications/zh/tk/920/wipo_pub_920.pdf.

得的规定。❶

2001年11月,世界贸易组织部长会议通过《多哈宣言》,将TRIPS与《生物多样性公约》以及传统知识和民间文学保护的关系,正式列入TRIPS理事会应当加以优先审议的范围。目前,国际社会对各国保护传统知识的可能性和权利没有争议,但对在TRIPS框架内处理传统知识保护的问题,却存在严重的分歧。在发达国家中,美国反对建立保护传统知识的国际制度,特别是反对在TRIPS框架内处理传统知识和民间文学艺术的保护问题,主张通过制定国家或地方的法律和法规,为传统知识和民间文学艺术的提供者和接受者提供"合同解决"问题的基础;相反,欧共体及其成员国支持建立传统知识和民间文学艺术法律保护的国际模式,建议世界知识产权组织与《生物多样性公约》合作,处理这个新议题,该组织或这些国家认为,一旦新的模式形成后,注意力将会集中到怎样和在何种程度上可把传统知识和民间文学艺术的保护纳入TRIPS中。在发展中国家中,非洲和委内瑞拉强调在TRIPS框架下建立有约束力的保护传统知识和民间文学艺术的国际规则。而巴西、印度等国认为,把传统知识和民间文学艺术引入TRIPS框架下会遇到概念上和操作上的困难。正因为如此,尽管《多哈宣言》已将TRIPS与传统知识、民间文学艺术的关系列入"多哈回合"TRIPS理事会优先审议的范围,但从2001年的多哈会议到2005年的香港会议,各成员方除向理事会提交了表达各自立场的意见文本外,至今并未就此展开面对面的专门讨论。❷

2.1.2.4 联合国人权组织相关立法

2001年通过的《世界文化多样性宣言》强调,条约是为"充分实现《世界人权宣言》和1966年关于公民权利和政治权利及关于经济、社会与文化权利的两项国际公约等其他普遍认同的法律文件中宣布的人权与基本自由"的基础上制定的。2003年通过的《保护非物质文化遗产公约》的前言强调,公约是在"参照现有的国际人权文

---

❶ 王鹤云,高绍安. 中国非物质文化遗产保护法律机制研究 [M]. 北京:知识产权出版社,2009:133.

❷ 古祖雪. 基于TRIPS框架下保护传统知识的正当性 [J]. 现代法学,2006(7):137.

书"的基础上制定的，公约所遵循的"国际人权文书"主要是1948年的《世界人权宣言》以及1966年的《经济、社会、文化权利国际公约》和《公民权利和政治权利国际公约》。这些规定无疑确认了联合国人权组织的相关立法对非物质文化遗产保护的重要作用。

1948年《世界人权宣言》第22条规定："每个人，作为社会的一员，有权享受社会保障，并有权享受他的个人尊严和人格的自由发展所必需的经济、社会和文化方面各种权利的实现，这种实现是通过国家努力和国际合作并依照各国的组织和资源情况。"第27条规定："（1）人人有权自由参加社会的文化生活，享受艺术，并分享科学进步及其产生的福利；（2）人人对由于他所创作的任何科学、文学或美术作品而产生的精神和物质的利益，有享受保护的权利。"

1966年的《经济、社会、文化权利国际公约》第15条规定："（1）本公约缔约各国承认人人有权：参加文化生活；享受科学进步及其应用所产生的利益；对其本人的任何科学、文艺或艺术作品所产生的精神上和物质上的利益，享受被保护的权利；（2）本公约缔约各国为充分实现这一权利而采取的步骤应包括为保存、发展和传播科学和文化所必需的步骤；（3）本公约缔约各国承担尊重进行科学研究和创造性活动所不可缺少的自由；（4）本公约缔约各国认识到鼓励和发展科学与文化方面的国际接触和合作的好处。"《公民权利和政治权利国际公约》第27条规定："在那些存在人种的、宗教的或语言的少数人的国家中，不得否认这种少数人同他们的集团中的其他成员共同享有自己的文化、信奉和实行自己的宗教或使用自己语言的权利。"

根据上述三个重要的国际人权法律文件关于文化权利的规定，国际社会关于非物质文化遗产和文化多样性的保护普遍建立在人权的理念之上，非物质文化遗产作为文化权利的一个重要组成部分，其保护对于实现文化权利，尤其是文化平等权、保护少数人群体的文化认同权具有非常重要的意义。

在20世纪90年代初，联合国人权委员会及其分委会开始考虑为土著居民文化遗产提供知识产权保护的法律机制。为此，两机构出台了两个重要的指导性文件，一个是分委员会责成土著人口工作组起草的《关于土著居民权利的联合国宣言草案》，另一个是分委员责成专

门报告人研究并起草的《保护土著居民遗产的原则和指南草案》。❶

《关于土著居民权利的联合国宣言草案》确认土著居民对其文化遗产及知识产权拥有完全的所有权、控制权和保护权。同时，该草案规定，对于这些文化遗产的未经事先同意的使用或以违反土著人法律、传统或习俗的方式进行使用的行为，必须做出补偿。

《保护土著居民遗产的原则和指南草案》对土著居民的权利进行了范围广泛的界定，这些权利包括土著居民的文化财产、各种科学的、农业的、医疗的、与生物多样性有关的以及生态方面的知识，及基于这些知识产生的发明创造等。有学者认为，该草案界定的土著居民的权利客体具有广泛性，知识产权的权利客体应当包含在土著居民权利客体范围之内。而且，和现有的知识产权规则不同的是，土著居民的遗产权利无须经由具体的实体法规则予以确定或界定，这些权利是应当不受时间期限的限制，而且这些权利客体对象也应当是无限制的。❷

根据人权理事会 2006 年 6 月 29 日向联合国提交的第 1/2 号决议的建议，联合国大会于 2007 年 9 月 3 日通过了《联合国土著民族权利宣言》。该宣言指出，土著人民和个人享有不被强行同化或其文化被毁灭的权利；各国应提供有效机制，以防止和纠正任何形式的旨在或实际上破坏他们作为独立民族的完整性，或剥夺其文化价值或族裔特性的行动；土著人民有权奉行和振兴其文化传统和习俗，这些包括有权保持、保护和发展其文化过去、现在和未来的表现形式，如古迹和历史遗迹、手工艺品、图案设计、典礼仪式、技术、视觉和表演艺术、文学作品等；土著人民有权展示、奉行、发展和传授其精神和宗教传统、习俗和礼仪，有权保持和保护其宗教和文化场所；土著人民有权振兴、使用、发展和向后代传授其历史、语言、口述传统、思想体系、书写方式和文学作品；土著人民有权维护其文化、传统、历史和愿望的尊严和多样性，他们的文化、传统、历史和愿望应在教育和

---

❶ See Draft United Nations Declaration on the Rights of Indigenous Peoples, Res. 1993/46, Sub – Comm'n Hum. Rts., 35th mtg, 1993; See Study on the Protection of the Culture and Intellectual Property of Indigenous Peoples, U. N. ESCOR, 45th Sess., Provisional Agenda Item 14, U. N. Doc. E/CN. 4/Sub. 2/1993.

❷ Miriam Latorre Quinn. Protection for Indigenous Knowledge: An International Law Analysis [J]. St. Thomas Law Review, 2001 (14): 287, 308.

公共信息中得到适当体现。这些都体现了联合国人权组织对于土著民族权利,特别是文化权利的关注,其中也包括了对土著民族非物质文化遗产的保护。

2.1.2.5 区域性国际条约

20世纪60年代到80年代初,发展中国家掀起了保护非物质文化遗产的热潮,他们除了在各国的国内立法中规定了对非物质文化遗产的保护,还积极参加制定区域性国际条约对非物质文化遗产进行保护,比较重要的法律文件有《非洲知识产权组织班吉协定》(以下简称《班吉协定》)和《阿拉伯著作权公约》。

1. 《班吉协定》

《班吉协定》1977年3月在中非首都班吉通过,全称为关于修订《建立非洲—马尔加什工业产权局协定及建立非洲知识产权组织的协定》,是世界上第一个产生全面跨国保护工业产权和版权的地区性公约,于1982年生效。它由主文及9个附件组成,附件是公约不可分割的实体法部分。其中,附件7是关于"著作权与文化遗产"的,被称为世界第一部"跨国版权法",其中民间文学艺术被列为保护对象。

在20世纪60年代之前,非洲大陆曾经长期被英、法等国殖民统治。在殖民统治时期,由于宗主国的知识产权法律在各殖民地也具有直接的法律效力,即同一宗主国统治下的各殖民地都适用相同的知识产权法律,知识产权在不同的殖民地得到相同的保护,因此,在这阶段,非洲区域内建立跨国性知识产权保护体制的必要性尚未真正出现。但自20世纪60年代起,非洲掀起了独立运动的高潮,新独立的国家分别颁布了各自的知识产权法律,导致同一项知识产权在不同的国家受到了不同的对待,为了建立非洲区域内的知识产权统一保护,非洲国家开始热衷于建立区域性的知识产权保护体制。

20世纪60年代初,法语非洲国家为了加强在知识产权保护方面的合作,于1962年9月在加蓬首都利伯维尔缔结了《建立非洲—马尔加什工业产权局利伯维尔协定》(*Libreville Agreement Establishing the African and Malagasy Office of Industrial Property*,以下简称《利伯维尔协定》)。《利伯维尔协定》仅仅涉及专利、商标、商号和实用新型。1976年,马达加斯加(原马尔加什)宣布退出《利伯维尔协定》,

"非洲—马尔加什工业产权局"也于同年更名为"非洲知识产权组织"。该组织于 1977 年 3 月在中非共和国首都班吉举行了修改《利伯维尔协定》的大会,通过了《班吉协定》,并将协定的保护范围扩大到民间文学艺术。

《班吉协定》是世界上第一个对民间文学艺术进行保护的区域性国际条约,它将"民间文学艺术"界定为"群体"而非"作者"完成的东西,从而排除了可通过常规版权法来保护的民间作品。根据《班吉协定》附件 7 第 46 条的规定,该协定保护的客体是:"一切由非洲的居民团体创造的构成非洲文化遗产基础的代代相传的文学、艺术、科学、宗教、技术等领域的传统表现形式与产品。"其中包括民间传说、历史纪念碑以及宗教文物,还包括与科学史、技术史、军事史、社会史相关的物品,例如制作期限在 25 年以上的硬币、图章、度量衡等也在受保护之列,甚至还包括稀有动植物标本和矿物标本。具体分类包括以下项目:一是口头和书面形式的文学作品;二是艺术风格、艺术产品(舞蹈、音乐等),以手工或其他方式制作的造型艺术品、装饰品建筑风格等;三是宗教传统艺术;四是传统教育形式、传统体育、游戏、民间习俗等;五是科学知识及作品;六是技术知识与作品(冶金、纺织、农业等技术知识)。但是,从保护范围上看,《班吉协定》对于民间文学艺术这一范围规定显得过于宽泛,把文物甚至连文物都算不上的物品都纳入文学、艺术和科学领域作品的版权法体系之中,有些不合适。

1999 年,随着非洲知识产权组织的成员国加入 TRIPS 后,《班吉协定》作了一次较大的修改。修改后的《班吉协定》对民间文学艺术保护问题作了更详细的规定,其附件 7 中,将民间文学艺术保护定格在表达保护层面,其内容是指团体和个人创造并保存、被认为是满足这些团体愿望的,以及传统艺术遗产特有因素构成的产品,包括民间故事、民间诗歌、民歌、民间器乐、民间舞蹈、民间娱乐活动及宗教艺术的艺术表达形式及民间艺术产品。而且附件 7 里专门规定了民间文学艺术的直接保护,不仅以"在版权和邻接权之间建立一套特殊的保护机制"代替原来的"版权机制内保护民间文学艺术的保护模式",而且还明确规定了"民间文学艺术表达和由民间文学艺术演绎的作品"受版权保护,从而将"民间文学艺术"和"民间文学艺术表达"

相区别，分别纳入文化遗产保护体系和特殊版权保护体系；也规定了精神权利和财产权利；效仿《突尼斯示范法》民间文学艺术保护期限届满后进入公有领域的保护机制。

《班吉协定》不仅在"跨国版权法"领域对民间文学艺术保护作出突出贡献，工业产权领域的规定也对民间文学艺术发挥一定的作用，例如附件3（关于商品和服务商标的规定）、附件5（关于地理标志的规定）及附件8（关于不当竞争的规定）。这些规定都突出了《班吉协定》在民间文学艺术立法技术和保护的先进性。《班吉协定》的出现引起了国际社会对于民间文学艺术保护的关注。《班吉协定》将民间文学艺术作为一个国家、民族的文化遗产，从法律上将版权、工业产权和文化遗产保护结合起来综合保护民间文学艺术的理念对国际社会非物质文化遗产的保护制度设计具有重大的参考意义。

2.《阿拉伯著作权公约》

1981年，《阿拉伯著作权公约》在巴格达由阿拉伯第三次文化部长会议通过。该公约对保护民间文学艺术的原则作了规定，至于保护民间文学艺术的具体法律模式，由各成员国根据自己的国情再作出具体规定。但公约同时规定了保留性条款，即各成员国必须要保证能够维护民间创作作品的著作权，且禁止对民间创作作品进行歪曲、修改，以及进行非法的商业使用。

2.2 各国的成功经验和存在的问题

由上述各国和各国际组织对非物质文化遗产保护的具体情况看，应该说在不同的方面都已取得了令人瞩目的成绩，其中许多措施具有共同的特征。但是，由于对非物质文化遗产保护的提出时间相对还是比较短暂，理论上仍然存在模糊认识，更重要的是各国利益诉求关系又各不相同，导致许多问题并未达成共识，这也为以后国际社会如何进一步完善各项保护措施留下较大空间。尽管我国目前已经正式颁布施行了《非物质文化遗产法》，但国际社会的这些成功经验和存在的问题，也必将对我们有相当的启发意义，故而在此应有必要作些适当的梳理。

2.2.1 各国保护非物质文化遗产成功的经验

2.2.1.1 健全的法律和政策

从各国保护非物质文化遗产的理论和实践来看,健全的法律和政策是非物质文化遗产保护的制度保障。虽然它们的立法体系和侧重点不同,但它们全国性的法律法规健全,与各自的历史文化保护体系相配套,形成了非物质文化遗产保护的基本法律框架。

在制定法律和政策的过程中,日本和韩国等国家把非物质文化遗产纳入包括物质文化遗产在内的整个文化财保护体系之中。自从日本首先对无形文化财进行界定,相应的法律法规就相应而生。前已述及,早在1950年5月,日本政府颁布了《文化财保护法》,首次把无形文化遗产和埋藏文化遗产追加为保护对象,以法律的形式规定了无形文化遗产的范畴。同时该法也对认定、保护措施、传承人的培养以及资金保障等各个方面进行详尽的规定,开启了明确以国家权威立法形式对非物质文化遗产保护的先河。这对此后其他国家的立法甚至国际组织的公约都产生积极的影响,比如,韩国于1962年出台《文化财保护法》,将文化财划分为有形文化财、无形文化财、纪念物、民俗资料四类,并于1964年开始启动"人间国宝"工程,对具有重要价值的无形文化遗产的传承者或保持团体授予"人间国宝"荣誉称号并得到中央和地方政府的大力保护和财政支持。

欧美国家和其他一些亚非拉国家对非物质文化遗产,尽管在保护范围和保护模式选择等具体方面各有特色,但也无不是通过国家立法的形式进行。例如,美国于1976年通过了《民俗保护法案》,无形文化财首次列于其中。根据这部法律,在美国国会图书馆里建立"民俗保护中心",该中心一直进行民俗资料数字化的工作,收集包括非物质文化遗产在内的各种民族学资料。法国作为对文化遗产保护工作的成效比较突出的西方大国,它虽然不像日韩等东方国家,通过诸如《文化财保护法》之类的专门针对非物质文化遗产的法律,但是其能把这些保护置于整个文化保护的范围之内,其对整个文化遗产的保护方面的立法十分完善丰富,故而实际上对非物质文化遗产的保护也可谓已经基本涵盖。笼统地看，不仅法国，包括前述美国在内其他西方国家，其与日韩等国相比，在立法保护方面，基本上倾向于从文化的整体性角度进行，而非专门针对非物质文化遗产自成一体。而其他一些国家也各有特色，如突尼斯制定了《文学艺术版权法》，用国内知识产权制度保护民间文化，该保护制度的特点在于：民间文学作品的著作权享受无限期；以营利为目的使用民间文化既要征得文化行政部门的许可，也要缴纳使用费，收取的费用以基金的形式管理。坦桑尼亚于1996年将版权法案更名为版权及邻接权法，旨在推动文学艺术作品的创作，保护传统文化，在向大众传播文艺作品、民间文化及其他文化产品和群众活动方面开展更多富有成效的工作。阿根廷等南美洲国家将历史遗留下来的不具名的民间文学艺术作品同其他超过版权保护期的作品一样，列入公有领域，公众可自由使用，但需付费，并尊重民间文学艺术创作者们的精神权利。巴拿马于2000年颁布了"关于保护和捍卫原住民的文化特性和传统知识的集体权利特别知识产权制度的法律及相关措施"，其保护传统表达形式中可商业化的集体知识产权，通过对这些内容进行专门登记，保护其经济利益，提升原住民的文化认同感。

但不论如何，各国通过国家立法确认对非物质文化遗产的保护，无疑是一个共性。从其制定法律的立法模式上看，许多国家不仅在私法领域制定法律法规对非物质文化遗产进行民事保护，而且在公法领域给予非物质文化遗产以行政法方面的保护，这些法律法规根据其功能构筑起了一张完善的网络，覆盖了非物质文化遗产保护的方方面面，从而做到有法可依，有章可循。

2.2.1.2 完善的认定程序

立法只是宏观上的基本前提，虽然立法模式和具体制度方面各有不同，但纵观各国情况，对保护范围的认定均是一个不可回避的重要问题。然而，在认定非物质文化遗产的过程中，由于各国对非物质文化遗产的分类、开展相关工作的程度、职能部门的权限等方面有所区别，在认定的总体程序上皆有各自的特点。不过总的来说，从各个国家在非物质文化遗产认定方面成功的经验教训上看，非物质文化遗产的认定程序大致可以归纳为普查、申报和确定三个阶段。

(1) 普查

开展非物质文化遗产普查,全面了解和掌握非物质文化遗产资源的种类、数量、分布情况、生存环境等基本情况,是非物质文化遗产保护的基础性工作,对于及时认定和抢救具有历史、文化和科学价值的非物质文化遗产项目,科学制定保护政策和规划具有重要意义。从普查方法上看,非物质文化遗产的普查分为实地调查和文献调查。所谓实地调查,就是到非物质文化遗产的流传地区,了解和记录流传了千百年、与民众生活有密切关系,甚至影响民众生活和社会发展的各类民间文学艺术和技艺,以及岁时节日、庆典仪式、民间信仰等民俗。对于实地普查而言,田野调查是最为根本的调查方法;❶ 所谓文献调查,就是指通过查阅过去的历史文献、调查记录、影像资料等已有成果和材料,对相关专题进行了解。

在世界范围内,各国都积极开展非物质文化遗产的普查工作。日本在20世纪80年代实施了由国家组织的"民俗资料紧急调查""民俗文化分布调查""民谣紧急调查",在普查的基础上指定重要文化财,政府还对价值高的重要文化财进行田野调查;美国民俗中心致力于开展田野作业和文化调查活动,通过实地调查活动,大量收集民间音乐、口传艺术等多种形式的民俗资料,如1989年3月民俗中心在西部进行的意大利裔美国人民俗生活调查,1991年1月民俗中心开展的缅因州新斯可舍人文化调查。在众多国家中,法国被认为是非物质文化遗产开展普查工作的典范。1964年,法国进行了全国性的文化遗产大普查,包括非物质文化遗产,这是法律文化史上最重要的一次普查,得到了许多国家的认可和效仿,故而具有典型性的意义。总的来说,这次文化大普查工作有以下几点成功的经验:

第一,普查范围广泛。前已述及,这次文化大普查被称为"大到教堂、小到汤匙",可见其范围之广。经过系统研究,发现了许多独具特色的地方性建筑方式、民间工艺和民俗事项。

第二,普查手段先进而科学。法国政府对这次普查提出了科学性、系统性及标准化三项要求。当时,计算机尚未普及,但是普查却

---

❶ 王鹤云,高绍安. 中国非物质文化遗产保护法律机制研究 [M]. 北京:知识产权出版社,2009:229.

已借助计算机来完成，以适应自动化处理的需要，这个颇为突出的特点，标志着文化遗产保护工作标志化、自动化时代的到来。

第三，普查组织完善。从组织层面上看，学者普查阵营与官方行政领导，在这次普查工作中配合得相当密切，从而确保了项目的顺利进行。在项目中，文化艺术遗产委员会主要负责调查计划的起草、调查方法与调查标准的制定。事务局是文化艺术遗产委员会的执行机构，指导地方委员会的调查工作。地方委员会则制订详尽的调查计划，培训一线调查人员，指导一线调查工作。值得一提的是，地方委员会成员主要由大学教授、科研工作者、考古学家、古建维护方面的技师及博物馆、图书馆等方面的代表组成。

第四，普查成果颇丰。普查工作结束后，法国出版了数量庞大的普查成果。担任出版工作的全国文化艺术遗产委员会并不想将这些成果出版成一册册供人阅读的读本，而是将它们做成一册册供人查阅的参考文献。其内容主要是各地方委员会已经编辑整理好的普查卡的内容，包括文物的背景、地方特征及调查事项等三部分，同时，书中还收录了许多照片和图解。❶

（2）申报

申报有两种形式，一种形式是自下而上的申报，即由民间社会团体、公民个人、企事业单位主动向政府主管行政部门提出申请，认为某项非物质文化遗产具有重要价值或处于濒危状态，因而需要保护；另一种形式是政府主管部门根据普查情况和相关的研究成果进行论证，然后提出申请，交由国家权威部门进行确定。这是常规普查基础上的工作程序。民间社会团体、公民个人、企事业单位主动向政府主管部门申报是普查工作的补充和完善。历史上日本所实施的文化遗产指定制度，就是在普查的基础上进行的。但由于当初普查深度有限，致使日本后来在文化遗产指定制度的基础上，又增添了文化遗产申报制度，从而避免了文化遗产指定过程中有可能出现的漏报。

（3）确定

在普查和申报的基础上，对非物质文化遗产进行认定，是各国非物质遗产保护中普遍的基础性工作。根据《保护非物质文化遗产公

---

❶ 顾军. 法国文化遗产保护运动的理论与实践［J］. 江西社会科学，2005（3）：138.

约》，非物质文化遗产分为国际一级和国家一级的非物质文化遗产。在国际一级的非物质文化遗产中，该公约规定在缔约国提名的基础上，政府间保护非物质文化遗产委员会根据其制定的、大会批准的标准、兼顾发展中国家的特殊需要，定期遴选并宣传其最能体现本公约原则和目标的国家、分地区或地区保护非物质文化遗产的计划、项目和活动，并编辑、更新和公布人类非物质文化遗产代表作名录；在国家一级的非物质文化遗产中，该公约规定在对非物质文化遗产各方面的确认、立档、研究、保存等保护措施内，由各群体、团体和有关非政府组织参与、确认其领土上的各种非物质文化遗产。各国在公约的指导下，制定本国非物质文化遗产不同级别的确定标准。日本政府根据《文化财保护法》，在认定无形文化财的同时，指定重要的无形文化财。这是培养无形文化财体现者、展示、记录等保护政策的出发点。重要的无形文化财的认定标准主要有，在艺术上具有特别价值，在艺术史或工艺史上有重要地位，艺术价值较高，或者在艺术史或工艺史上占重要地位，且具有地方或流派特色者。按以上标准被指定的重要无形文化财，同时还要认定拥有此项艺术或技能中最为优秀者（或团体）为保持者（或保持团体）。韩国学习日本的做法，韩国政府根据无形文化财的价值分为不同等级。政府可以指定无形文化财中重要的遗产为重要无形文化遗产，并指定其持有者或持有团体，也可以指定民族资料中重要的资料为重要民俗资料。

2.2.1.3 科学的管理组织机构和资金保障制度

在非物质文化遗产保护工作中处于领先地位的国家，都设立科学的管理组织机构来指导和落实非物质文化遗产保护工作。许多国家的文化遗产保护机构都设置了中央及地方两级管理机构，并辅之以非政府组织机构，三者分工明确，相互配合。科学的管理组织机构对非物质文化遗产保护的不同内容、不同层次都设立一个行政主管部门，其他相关部门在自身职责范围内协助或监督该主管部门的工作。

充分的财政支持是非物质文化遗产保护工作顺利开展的基础，给非物质文化遗产提供资金保障是各国法律的重要内容之一。雄厚的资金支持是各国非物质文化遗产保护的重要保障。资金保障制度的内容往往不仅包括资金投入的对象，还明确提供资金的机构，有的国家还

第2章 非物质文化遗产的国际保护实践及趋势

涉及具体的金额和比例。各国在资金保障制度上面也有一些共同的经验：

第一，国家和地方的财政拨款是保护资金最主要的来源，款项数额巨大，并且呈逐年上升的趋势。1993 年，法国的文化预算为 128.96 亿法郎，占国家经费预算的 0.93%；1994 年的文化预算比上一年增长了 4.3%，为 134.55 亿法郎，占国家预算的 0.95%。1995 年，文化预算的数额也是 0.95%，为 134.49 亿法郎。1995 年，法国政府提出每年拨出的文化经费不少于国家经费预算的 1%。1996 年，法国的文化预算占国民预算的 1%，增加到 155.42 亿法郎，比 1995 年增加了 15.8%。1997 年，法国的文化预算为 151 亿法郎，仍占国民预算的 1%。21 世纪以来，法国财政赤字巨大，失业率居高不下，经济形势严峻，社会问题丛生，但法国政府对文化投资的绝对数额一直在逐年增加，稳定在 1%。❶ 2008 年法国计划投入 11.89 亿欧元用于管理和维护文化遗产，这笔资金占了文化部总预算的 39%。

第二，以国家投资带动地方政府资金相配合，并辅之以社会团体、慈善机构及个人的多方合作，资金来源多元化。在法国，不仅通过国家行政拨款给予非物质文化遗产财政支持，而且通过设立文化信贷，鼓励银行和财政机构投资，设立专门的基金会等方式拓宽资金的来源，鼓励企业和个人赞助非物质文化遗产保护工作。

第三，资金保障与立法制度相结合。在立法中明确对非物质文化遗产提供资金补助的数额，为保护资金来源的长期稳定提供了立法保证。在英国的主要保护法令中三分之二的文件涉及保护赞助费用的提供及其来源；日本在法律文件中也规定了资金的来源，对国家、地方政府资助的比例也有明确的规定。

第四，各类相关政策的制定为保护提供了多渠道、多层次的资金筹措方式。如减免税收、贷款、公共事业拨款、发行奖券、自筹资金等形式。❷ 在美国，相关法律规定企业和个人向非营利性的文化机构捐赠可以减免税收，故约三分之二的非营利文化机构是通过此种法律规定的途径而获得资助的。

---

❶ 王文章. 非物质文化遗产概论 [M]. 北京：文化艺术出版社，2006：269.
❷ 王林. 中外历史文化遗产保护制度比较 [J]. 城市规划，2000，24 (8)：51.

2.2.1.4 社会的广泛参与

在政府主导下，社会广泛参与非物质文化遗产的保护，是各国在保护非物质文化遗产的又一个共同点，日本、韩国、法国、美国均是如此。例如，在日本，国家十分强调各级政府、地方公共团体、民间组织甚至是个人的参与，并明确规定各方的权利和义务。在韩国，全民参与非物质文化遗产的保护活动，随着《文化财保护法》的出台，非物质文化遗产的理念迅速在知识分子和大学生中传播。大学生积极倡导韩国民族文化，并发动了一场复兴韩国民族文化的运动，使得非物质文化遗产保护理念深入广大民众之中。无形文化财传播中心向公众开放后，学习传统表演艺术的新学员大量增加。韩国还制定了专门的制度，要求中小学生有到"民俗村"体验生活的学习经历。在法国，政府通过设立"文化遗产日"活动，增加了国民对文化遗产的认知，引导和动员社会公众广泛参与文化遗产保护活动。群众性文化遗产保护活动此起彼伏，文化遗产学校、文化遗产基金会、文化遗产保护协会等纷纷建立。部分学生还利用假期参加古迹修复工程，成为保护文化遗产的志愿者。在美国，通过开展"保护美国"活动，支持相关部门保护文化与自然遗产，传播美国历史，增强民族自豪感，鼓励公民积极参与保护国家的历史文化遗产。同时还设立"保护美国总统年度奖"，每年表彰对保护历史文化遗产作出杰出贡献的组织、商家、政府机构和个人。政府还鼓励地方社区利用其历史遗产开展"遗产旅游"项目，增加经济收入。❶

政府主导固然重要，但各级民间组织也善于在政府的领导下充分发挥自己的能动性，故两者相得益彰。特别是法国，在遗产保护方面积极鼓励民间组织在保护文化遗产方面发挥的作用，尤为明显。法国政府签署了国家与协会契约宪章，充分肯定民间组织在遗产保护中的地位，并给予他们在制定有关遗产政策中的参与权；同时强调重新定位角色，把对某些遗产的认知和管理充分下放，交由最直接的地方组织负责。目前，法国政府已与一些省区签署了遗产领域权力下放议定书。❷

---

❶ 徐启生. 美国：文化遗产保护有成效 [N]. 光明日报，2007-06-25 (8).
❷ 刘望春. 法国鼓励民间组织在保护文化遗产方面发挥作用 [J]. 北京观察，2003 (3): 43.

法国的民间协会组织多是由具有一定专业知识的文化艺术爱好者组成，主要职能是向政府提出抢救与保护文化遗产的中长期计划，负责具体项目的实施、参与总结、参与普查、遗产的认知与管理、宣传教育工作等。在法国，文化遗产的保护工作绝大多数都是通过委托民间社团组织托管的方式实现的。

2.2.1.5　重视对传承人的保护

在非物质文化遗产保护的过程中，各国普遍重视对传承人的保护，政府经常采取津贴或补贴的方式，给传承人经济上的帮助。联合国教科文组织通过的《保护非物质文化遗产公约》关于非物质文化遗产的表述中，也注重知识、情感和技能及其活体传承，突出"人"在其文化活动和文化形态构成上的核心职能与重要作用。日本、韩国先后都启动了"人间国宝"制度，对非物质文化遗产的传承人给予相当高的社会地位，鼓励他们在技艺、技能的创新和提高，在生活上给予必要的经济补助。"人间国宝"制度极大地促进了非物质文化遗产的传承，解决了非物质文化遗产的继承和发展中后继无人的难题，在国际社会产生过相当大的影响。日本开展对无形文化财保持者的认定，对高度掌握了这些"技艺""技术"等无形文化财的个人进行认定，前后共认定了一百多个传人，人们形象地称之为"人间活珍宝"。韩国《文化财保护法》规定了非物质文化遗产传承者必须履行的责任和义务，作为无形文化财传承者，除了可获得必要的生活补贴和崇高的荣誉外，他们同时也有义务传承他们的手工技能。法国于 1994 年成立"手工艺人理事会"和"手工艺业促进协会"，并授予一批手工艺名师以"工艺大师"称号，以推动手工艺的发展。

综上所述，各国在非物质文化遗产保护工作中已经建立起一整套涉及保护范围和内容、传承人、资金保障、管理措施等各方面较为完整的具体制度。这套制度尤其重要的特点之一就是以国家立法为核心，辅以各配套政策。其政府主导的社会各组织或群体的广泛参与，都以法律法规形式明确下来，有效地动员组织了整个社会的力量，对保护非物质文化遗产的保护起到了极为重要的作用。

2.2.2 普遍存在的问题

尽管各国在短短的几十年间，根据本国的具体国情和利益出发，对保护非物质文化遗产的探索取得了一定的经验，彼此间也常常相互借鉴和启发，深化了国际社会对非物质文化遗产保护的认识，甚至也积极地影促进了有关国际公约的缔结，推进了非物质文化遗产的全球化保护，但是，也不可否认，其中存在的诸多问题仍然有待进一步的解决，其制度建设也远非完善，无懈可击。除了立法模式等技术问题等之外，利益分配方面的分歧，在发展中国家和发达国家不同阵营之间，尤为明显。同时，知识产权制度的发展也和非物质文化遗产的关系更显得错综复杂。

2.2.2.1 各国法律保护模式争论

在国际立法层面，虽然制定了许多关于非物质文化遗产保护的国际公约，但这些公约在内容上主要是对成员国保护本国非物质文化遗产规定了相关权利和义务，理念上也主要以倡导为主，具体如何保护各国的非物质文化遗产，需要各国通过制定国内法来确定。在国内立法的层面，各国对保护非物质文化遗产的立法迥异，采用了不同的法律保护模式。从各国非物质文化遗产的立法经验和实践来看，非物质文化遗产法律保护模式主要存在三种形式：

一是公权保护模式，即"规定政府国家在保护非物质文化遗产的职责或行为，而不涉及平等主体就某一财产的归属、利用、转让等产生的权利义务关系"❶。公权模式规范的是国家行政保护行为，是《保护非物质文化遗产公约》第2条要求成员国对非物质文化遗产采取确认、立档、研究、保存、保护、宣传、弘扬和振兴等多种措施进行保护在各成员国的具体体现。其实质是各国对非物质文化遗产采取行政保护行为，即提供财政、政策、技术等措施保护本国的非物质文化遗产。日本、韩国、法国等国家都采用此模式，日本制定了《文化

---

❶ 王鹤云，高绍安. 中国非物质文化遗产保护法律机制研究 [M]. 北京：知识产权出版社，2009：194.

财保护法》，将非物质文化遗产纳入文化财的保护体系，同物质文化遗产一同保护，日本政府为非物质文化遗产保护提供财政预算，并在中央和地方设立保护非物质文化遗产的行政机构从事非物质文化遗产保护工作；韩国也制定了《文化财保护法》，并专门成立了隶属文化厅的"文化财委员会"，参与文化财的保护和指导工作；法国政府通过开展"文化遗产日"，推动全国的包括非物质文化遗产在内的文化遗产保护。我国于2011年颁布实施的《非物质文化遗产法》，从整个法律框架和内容性质来看，也应该说属于此种类型，其涉及私权保护方面，仅仅在该法附则第44条以援用性规范作一简单的规定，此容后详述。

二是私权保护模式，即采取知识产权法律规范和调整非物质文化遗产在其利用和传播中发生的社会关系，旨在保障相关知识产权人精神权利和财产权利的实现。但在发达国家中的英美法系国家，多数没有在知识产权领域提及非物质文化遗产的保护问题。以民间文学艺术为例，他们认为民间文学艺术处于公有领域，不需要在版权法内对民间文化艺术进行保护，但对其进行再创作或开发利用的具体个人应当受版权法保护。美国在国际上一直主张对传统知识或传统文化，应先依据一个国家的国内法提供保持和保存等保护性行动，而不是开始就采取国际一致的知识产权保护模式。欧洲大陆法系国家对以著作权保护民间文学艺术基本上也持否定态度，比较倾向于民间文艺利用人利益的保护；而广大的发展中国家则基本上希望通过知识产权制度保护本国的非物质文化遗产。如许多非洲国家在著作权法中保护民间文艺，印度则把民间文艺、传统知识、遗传资源等结合起来寻求一种综合的保护模式，巴拿马为原住民设立特殊的集体权利保护制度。

各国对非物质文化遗产法律保护模式选择不同的根本原因是利益的分歧。发展中国家和不发达国家拥有着数量巨大的非物质文化遗产，但同时非物质文化遗产被滥用、盗用的现象十分严重，而在国际范围内跨国侵犯他国非物质文化遗产的常常是发达国家。发展中国家和不发达国家希望通过知识产权制度，对本国非物质文化遗产加以保护，防止外国人无偿使用、歪曲作品原意和损害民族形象的现象。他们首先将民间文学艺术作品纳入知识产权保护的范围，对民间文学艺术进行私权利益保护。发达国家往往是知识产权大国，出于对本国利益的考量，不愿意和发展中国家、不发达国家进行利益分享及进行有效的技术转移。发达国家和发展中国家、不发达国家，在非物质文化遗产知识产权保护问题上，有着不同的价值取向，导致了各国在国内立法上不同法律保护模式的选择。在国际法层面上，TRIPS 的诸多实体规则明显偏袒知识产权大国及其知识产权权利所有者的利益。发展中国家和不发达国家希望在 WTO 框架内修改 TRIPS，将非物质文化遗产的保护纳入国际知识产权体系，促进技术向发展中国家和不发达国家转移，也希望修改后的 TRIPS 能促进与非物质文化遗产使用者的利益分享和信息披露，但遭到发达国家的强烈反对。

在此基础上，有学者提出了第三种保护模式，即综合保护模式。有学者认为，非物质文化遗产的复杂性决定了对它的保护需要依赖综合性的手段，需要法律的调整，也需要政策的扶持，知识产权法是综合保护体系中的重要组成部门。进而学者主张，采取融公法和私法于一体，多种保护手段相配套的综合性法律制度。但是，这观点并没有对非物质文化遗产的文化权利形态，作出文化权利和知识产权的划分，而是将公权保护模式和私权保护模式简单叠加一起，所以，这种保护模式有待商榷。

鉴于此，我们认为应该明确非物质文化遗产文化权利与知识产权的双重属性，主张实现双重权利保护。从文化业角度来说，两者分别涉及文化事业和文化产业的政策法律问题；从法律部门而言，两者各自归属于传统的私法领域和公法领域。[1] 在私法领域内，更多考虑的是特殊群体的精神利益和物质利益，将非物质文化遗产视为新型知识产权或者与知识产权有关的"传统资源权"，非物质文化遗产的私法保护，即通过确认和保护非物质文化遗产的某种知识产权性利益，使非物质文化遗产具备自身"造血"功能，从而促进非物质文化遗产发展；在公法领域，着重关注特殊群体的文化遗产、文化多样性等文化权利，通过确认、研究、传承、振兴等措施对非物质文化遗产进行行政保护。这也是《保护非物质文化遗产公约》的旨趣所在，日韩等国也已经长期实施，国际上并无争议。基于非物质文化遗产所产生的文

---

[1] 吴汉东. 论传统文化的法律保护：以非物质文化遗产和传统文化表现形式为对象[J]. 中国法学, 2010（1）：60.

化权利和知识产权不是彼此对立而是相互融通的,其共同价值目标在于承认非物质文化遗产在社会发展和人类进步过程中的作用,鼓励有益于非物质文化遗产传承和发展的作品创作及传播,防止对非物质文化遗产不正当利用等侵害行为。关于非物质文化遗产保护的法律协调,不仅表现在两类权利制度之间,而且也存在于上述专门制度与保护非物质文化遗产相关其他制度之间,诸如物权制度、文物保护制度、风景名胜区保护制度等。因此,立法时必须注意彼此间的衔接,此外还要注意与国际和地区性的相关文件相协调,不应影响这些文件所主张保护的权利。

2.2.2.2 非物质文化遗产内涵被扭曲

随着社会对非物质文化遗产的认可度和关注度的提高,各国在非物质文化遗产保护的同时,普遍注意到了非物质文化遗产的经济价值,进而开发和利用非物质文化遗产。在一些国家和地区,非物质文化遗产的商业化倾向愈演愈烈,甚至有些国家对非物质文化遗产经济价值关注超过了其文化价值。有些国家打着保护非物质文化遗产的旗号,发展本国的旅游业,在一些旅游景点一年四季、日复一日为游客表演当地的民俗仪式,这类哗众取宠般粗俗肤浅的表演,将民间传统的民俗活动搞得面目全非,丧失了其本身的内涵和价值,严重破坏了非物质文化遗产的内容。

盲目开发和利用非物质文化遗产的背后是对经济利益的追逐,对非物质文化遗产文化价值的忽视。不可否认,合理的利用非物质文化遗产也是其保护的措施之一,可以为非物质文化遗产保护提供动力,也为其文化的拥有国带来发展的契机。对非物质文化遗产的开发和利用应该在客观保护的基础上进行,合理探索发挥非物质文化遗产的发展道路。应该在对其文化艺术价值进行深入调查和研究的基础上,充分发掘非物质文化遗产的内涵,制定合理可行的保护和利用措施。

2.2.2.3 发展中国家和不发达国家面临的难题

发展中国家和不发达国家常常拥有着数量巨大的非物质文化遗产,但它们普遍遇到的难题就是保护资金的匮乏。由于本国经济能力薄弱,缺乏足够的财政预算保护非物质文化遗产。鉴于此,联合国教科文组织对广大发展中国家和不发达国家，在非物质文化遗产的保护上给予了很大的支持和帮助。早在 1955 年，联合国教科文组织就开始在印度、缅甸、印度尼西亚和巴基斯坦等南亚及南亚诸国，针对社会变化、传统文化的内容和传承问题进行了调查。1959 年，联合国教科文组织以非洲文化为研究对象，开始收集、记录、研究非洲地区口头文化的传承问题。1961 年，联合国教科文组织又针对亚洲、非洲、拉丁美洲社会中的地域性文化价值和文化遗产的保护发展问题展开了调查。

现在的问题是广大的发展中国家和不发达国家，在非物质文化遗产方面如何建立一个长效的保护机制。建立起这样一个机制，对于发展中国家和不发达国家来说，资金等资助很重要。❶ 为解决这一问题，在国际层面上，联合国教科文组织 2003 年通过的《保护非物质文化遗产公约》鼓励国际合作，开展国际援助，并建立非物质文化遗产基金，帮助发展中国家和不发达国家开展非物质文化遗产的保护工作。根据联合国教科文组织《财物条例》的规定，非物质文化遗产基金为信托基金。基金的资金来源主要包括缔约国的捐款、联合国教科文组织大会为此拨的资金、其他国家、组织和个人的捐款、赠款或遗赠等。《保护非物质文化遗产公约》还要求各缔约国尽力支持在联合国教科文组织领导下为该基金发起的国际筹资运动。相信这笔基金会极大地促进发展中国家和不发达国家的非物质文化遗产项目的保护工作。而在国内方面，发展中国家和不发达国家要向其他国家学习，拓宽保护资金来源的渠道，广泛利用社会力量开展非物质文化遗产的保护工作。

2.2.3　与知识产权有关的未决问题

前面已经提到，非物质文化遗产的保护与知识产权中的传统文化有密切的联系。由于知识产权制度的开放性，保护客体的无形性为非物质文化遗产的知识产权保护提供了可能。非物质文化遗产作为一种传统的智力成果，与现行的知识产权法律制度存在一定的联系和共性。非物质文化遗产的知识产权保护是保护非物质文化遗产的重要途

---

❶ 王文章. 非物质文化遗产概论 [M]. 北京：文化艺术出版社，2006：276.

径和手段。但是，知识产权制度在保护非物质文化遗产方面也面临着不少的障碍。

从宏观方面来看，非物质文化遗产以在一定意义上是守旧的而非创新的，是维护旧传统的，封闭的，向后的。而知识产权常常认为是给予创造者鼓励其创新的权利，是鼓励创新的，无限开放的，朝前发展的。两者之间看似是一对矛盾，如何协调这些问题，是法理上的一个大问题，需要研究和探讨的。从微观方面来看，非物质文化遗产的对象本身，针对这些对象产生的权利归属，以及权利如何产生、如何行使、谁来行使、谁来保护等，都是未解决的重要问题。具体来说，非物质文化遗产知识产权保护面临的法律障碍主要有：

第一，价值取向的冲突。知识产权的商业性质和非物质文化遗产的文化属性导致了两者价值取向的冲突。现代知识产权建立在利益平衡的理论之上，一方面知识产权赋予权利人法定的垄断权，激励其从事发明创造活动；另一方面，知识产权也基于公共的利益而对该权利予以诸多的限制，例如对权利存续期间的限制、对权利人专有权利行使之限制，确保社会公众对知识产品的合理需求，在总体上维持知识产权人的私益和社会公共利益之间的平衡。而非物质文化遗产作为民族文化的遗产，重在维护和实现文化的多样性之公共利益价值。而且，不少种类的非物质文化遗产已经不被现代普通人接受和认同，其商业利用价值不足，换句话说就是没有市场，这些非物质文化遗产的保护都举步维艰。因此，在构想非物质文化遗产的知识产权法保护的同时，我们有必要区分哪些非物质文化遗产具有商业价值予以知识产权法的关注，以及哪些体现更多的是作为群体文化所具有的公益属性。

第二，独创性难以认定。著作权保护的客体要求具有独创性或原创性，作品的完成是该作者自己的选择、取舍、安排、设计、综合的结果，既不是依已有的形式复制而来，也不是依既定的程式或程序推演而来。专利法对发明创造也规定了创造性，创造性在一些国家里也被称为"非显而易见性""先进性""进步性""创造步骤"等。美国专利法第 103 条规定，一项发明虽然满足新颖性要求，"但申请专利的内容与已有技术之间的差异甚为微小，以致该项发明在完成时对本专业普通技术人员而言是显而易见的，则不能取得专利"。英国 1977 年专利法第 2 条规定："如果一项发明对熟知本专业技术的人而言并非显而易见,……那么该项发明应被认为跨出了创造性的一步。"日本专利法第 29 条第 2 款也有类似的规定。❶ 非物质文化遗产世代相传保留下来的,其独创性难以认定。例如,民间文学艺术的产生往往是在特定的社区环境下某个群体以不断模仿的方式进行创造性活动的结果,而且这种创造性活动经历了一个持续而缓慢的过程,其创作主体具有群体性与不确定性的特点。因此,在民间非物质文化知识产权出现纠纷时,由于对独创性的认识不一致,给权利人实现权利造成障碍。❷ 一些传统的手工技艺都是祖辈世代相传下来的,与现有的技术相比,很难满足专利保护新颖性和独创性的要求。因而,对非物质文化遗产进行这方面保护存在明显的困难。

第三,权利主体无法确定。按照现代知识产权理论,知识产权作为无形财产权,与物权一样属于绝对权利,具有独占性、专有性和排他性。一方面权利人对其权利具有法定的独占支配权或垄断权,另一方面禁止他人的不法使用、非法利用。这一专有性要求知识产权的主体需特定,由创作者、发明人、特定使用人或其他合法主体对该知识产品的利用予以全面支配,排他行使。但非物质文化遗产是由特定的群体成员自然承袭的知识或实践经验,属于特定群体的集体智慧和结晶。它是所在的民族、群落或者社区群体在长期的生产和生活中产生的,依靠集体的智慧和灵感完成的,在传承过程中不断自我完善,因而权利主体具有群体性和不特定性。由于无法将某一民族的非物质遗产与某一个特定的权利人联系起来,造成了适用知识产权制度的困难。

第四,对期限的要求不同。知识产权虽然是绝对权利,但在其独占性、专有性、排他性上,显然要弱于物权。知识产权人对其智力成果的占有、使用、收益和处分行为,除了要考虑和遵循与物权人行使物权的相同约束条件之外,法律还明确规定了对知识产权的保护期限的限制。例如,各国著作权制度对财产权都规定了一定的时间界限,保护期限延至作者去世后若干年,超过法定的保护期限,对作品的支配和利用转化为全社会共享的公共财富。非物质文化遗产的形式上具

---

❶ 刘春田. 知识产权法 [M]. 北京:中国人民大学出版社,2000:208.
❷ 田圣斌,蓝楠,姜艳丽. 知识产权视角下非物质文化遗产保护的法律思考 [J]. 河北社会科学,2008(2):150.

有时间上的续展性，它是经过世代相传，在传承过程中不断发展和再创造，其自身价值形成的特殊性决定了对其保护不应受时间的限制。

正如以上所述，由于非物质文化遗产具有主体上的不确定性和群体性，保护时间上的无期限性、传承性等特征，现有的知识产权体系框架被运用至非物质文化遗产领域时存在理论的障碍。利用知识产权保护非物质文化遗产在国际社会已达成共识，但是，如何在运用知识产权制度对非物质文化遗产进行保护，以便解决以上制度的瓶颈和法律的障碍，则需要我们作进一步探讨和研究。

2.3 非物质文化遗产保护的发展趋势

越来越多的国家对非物质文化遗产进行保护的同时，其也必然影响到国际组织在国际公约立法上态度，反之，国际公约也对各国自身产生影响，尤其是缔约国，其无疑要受到公约的制约，所以，国际社会对非物质文化遗产的保护发展过程，是各国和各国际组织相互影响的动态过程。在这个过程之中，虽然各国的自然条件和人文条件有所差异，各国具体保护措施也有所区别，但是历史地看，必然可以对以往有益的保护经验有所总结，对其存在的不足和问题也可以有所检讨，并且在此基础上，也可以看出其发展的趋势。总体上，其发展趋势主要有以下几个方面。

2.3.1 国际公约的细化保护

从前文对国际社会保护非物质文化遗产的历史发展和现状分析看出，对非物质文化遗产的保护首先是从个别国家开始的，而后才是各个国际组织也开始关注此方面的保护。但是一旦国际组织的公约缔结之后，其影响力则常是远远超越这些个别的国家立法本身。所以，从某种意义上，国际公约的立法态度可能在宏观上，更能直接代表整个国际社会对非物质文化遗产保护的发展总体趋势，当然各国自身的立法则使得这种趋势得以进一步明朗。

各个国际组织基本上都从维护文化多样性，捍卫国家文化主权，保障文化权利，强调知识产权保护等方面细化对非物质文化遗产的保护。但是，从发展的趋势来看，各个国际组织都是从不同角度对非物质文化遗产进行保护，国际公约的制定也越来越明确细化，为各国保护非物质文化遗产工作的开展提供具体的国际性、普遍认可的保护范本，这些范本都基本指向与文化主权、文化权利以及和知识产权有关的议题。

首先，文化多样性与国家文化主权。联合国教科文组织主要从文化多样性与国家文化主权的角度制定国际公约，开展非物质文化遗产的保护工作。从《保护民间创作建议案》提出对民间创作的保护，到《人类口头及非物质文化遗产代表作条例》正式提出人类口头与非物质文化遗产的概念，启动了申报人类口头与非物质文化遗产代表作名录工程。联合国教科文组织认识到在全球化进程中，强势文化不断对弱势文化进行侵蚀，使许多优秀的民族文化被边缘化，而各个民族有权拥有自己的文化，因此必须采取措施，开展国际合作，保护这些优秀的非物质文化遗产。

在《世界文化多样性宣言》中，联合国教科文组织提出文化的多样性和生物的多样性同等重要。《世界文化多样性宣言》指出，"文化在不同的时代和不同的地方具有各种不同的表现形式。这种多样性的具体表现是构成人类的各群体和各社会的特性所具有的独特性和多样化，文化多样性是交流、革新和创作的源泉，对人类来讲就像生物多样性对维持生物平衡那样必不可少，从这个意义上讲，文化多样性是人类的共同遗产，应当从当代人和子孙后代的利益予以承认和肯定。"

在《保护和促进文化表现形式多样性公约》和《保护非物质文化遗产公约》中，联合国教科文组织将文化的多样性上升到国家文化主权的高度，认为文化多样性的保护与发展实质上一个国家特殊的文化主权形态。在冷战结束以后，不同文明形式及其发展模式的全球性争论，人为地加重了不同文明之间的对立。美国学者塞缪尔·亨廷顿出版《文明的冲突》一书，首次系统地提出全球化进程中的文化差异和文明对立问题，他认为文化的地位得以与经济、政治、军事相提并论，成为鼎立国家主权的"四根支柱"，文化主权遂成为主权国家战略中的重要组成部分。文化不仅是一个民族、群体、社区的基本识别标志，也是一个国家和民族历史成就的标志，关系到一个国家的文化主权。世界上原本存在多种多样的文化，属于不同文化的民族成员在各自文化的熏陶下，在宗教、语言及生活方式等社会生活的基本方面形成基本一致的观念，这种一致的观念形成了不同文化的人们对于自己文化的普遍尊重和认同。在国际社会上，各个国家也希望自己的这种文化得到其他国家尊重，防止其他国家对其文化的侵害，体现了一个国家的文化主权。

非物质文化遗产与国家文化主权有着内在的联系。由于文化全球化的活动范围、速度和密度都是史无前例的，随着卫星、互联网等通信技术的发展，文化在全球的传播不再受到时间、空间障碍和高关税等贸易壁垒的阻隔，同时文化所具有的融合性、发散性特点，极容易被异化。在强势文化与弱势文化之间，非物质文化遗产领域成为世界文化资源和文化主导权争夺的另一个战场，由于这种争夺的结果会影响一个国家的文化在全球化时代的地位和命运，因此，保护非物质文化遗产也自然成为在全球化时代维护国家文化主权的应有之义。非物质文化遗产记录了不同群落、社区杰出的智慧和聪明才智，蕴含着该民族传统文化的精髓，反映着该民族的文化身份和特色，散发着该民族思维方式、审美方式、发展方式的光芒，体现出该民族独具特色的历史文化发展踪迹，展现出鲜明的文化价值，是维系一个群体和民族文化认同的重要纽带。《世界文化多样性宣言》中指出，人类文化是"某个社会或某个社会群体特有的精神与物质，智力与情感方面的不同特点之总和；除了文学和艺术外，文化还包括生活方式、共处方式、价值观体系、传统和信仰"。文化的这些特性在非物质文化遗产中或多或少的有所表现。通过保护非物质文化遗产，就可以保持不同民族的文化独特性，从而保持世界文化的多样性。文化的多样性又是一个国家文化主权的体现，体现着国家的软实力。非物质文化遗产其内含的意识形态，是民族精神与国家主权一体化的表现。它承载着民族传统，凝聚着民族利益，深层次地、潜移默化地影响民族和国家的思维方式和行为模式。

其次，文化的多样性与文化权利。人权和基本自由是在保护非物质文化遗产的国际公约中提出的一个核心的法律问题，是关于保护非物质文化遗产法律框架的基础。在保护非物质文化遗产中，国际公约遵循维护人权和发展公民文化权利的原则。《世界文化多样性宣言》

特别提出，人权是文化多样性的保障，文化权利是文化多样性的有利条件。在实施教科文组织世界文化多样性宣言的计划要点中还要求："进一步认识和阐明作为人权组成部分的文化权利所包含的内容。"《伊斯坦布尔宣言中》也强调："在遵守普遍的人权前提下，必须采取措施使无形文化遗产的表现形式在各国得到认可。"《保护非物质文化遗产公约》在前言强调，条约是在"参照现有的国际人权文书"的基础上制定的。

可见，国际社会关于非物质文化遗产和文化多样性的保护理念是建立在普遍人权理念上的。文化权利是人权重要的组成部分。根据《世界人权宣言》第 27 条和《经济、社会和文化权利国际公约》第 15 条规定，文化权利包括以下内容：参加文化生活权、分享科学进步及其产生的福利权、对其本人的任何科学、文学或艺术作品所产生的精神上和物质上的利益享受保护权、进行科学研究和创造活动所不可缺少的自由。另外根据联合国教科文组织负责起草文化权利宣言的"福利布尔小组"报告，教育权、信息权、国际文化合作权、文化遗产权等也包括在文化权利的范畴里。但一般来讲，文化权利重要方面指的是文化参与权、文化平等权、文化自决权和保护少数人群体的文化认同权等。保护非物质文化遗产，维护文化多样性，对于实现文化权利，特别是文化平等权、文化认同权、文化经济权益等具有重要的意义。

非物质文化遗产常常是一种弱势文化，它们多数是鲜为人知，未受关注，珍稀的少数民族、少数族群、特定信仰族群或弱势群体的文化。作为弱势文化，非物质文化遗产面临着丧失多样性的严重威胁。在 20 世纪 90 年代，文化歧视现象和文化压迫势头有所发展，理论上的表现就是文化帝国主义。文化帝国主义实际上就是文化的扩张，是指西方发达国家基于自身物质条件的优势，运用经济和政治的力量，宣扬和普及自身文化的种种价值观、行为模式、制度和身份，并通过文化思想的渗透来控制相对落后的国家，使这些国家成为西方发达国家的文化殖民地。在这种背景下，非物质文化遗产的生存空间被挤压，没有获得应有的尊重和平等的对待，甚至由于宗教、地域、种族、经济发达程度等原因被限定为落后的文化，这显然是和文化平等基本理念背道而驰的。因此，国际社会大力提倡维护文化多样性，保

第 2 章 非物质文化遗产的国际保护实践及趋势

障文化权利,特别是少数民族、群落的文化权利理念,强调应该平等对待、互相尊重、互相了解,这是对文化帝国主义的批判,也在很大程度上维护了非物质文化遗产生存的空间。国际社会在不断制定基于平等的文化策略、国际条约,尊重不同文化的价值观,加强不同文化之间的交流和对话,促进文化多样性,实现文化平等权。

当代的国际人权制度和理论认为,人们对自己文化认同权应该得到应有的尊重和维护。但是,由于文化帝国主义和文化全球化深入,当前少数人群体的文化认同权面临着严重危机。与文化帝国主义不同,文化全球化是一个客观过程,由于商业化、信息化驱使大体相同的文化在全球迅速普及,这对传统文化尤其是非物质文化遗产造成了严重的影响,使民族、群落、社区对本民族的文化缺乏认同。在2001年首批19项"人类口头和非物质文化遗产代表作"中,中国昆曲、日本能剧、韩国皇家祭祖仪式和宗庙音乐、菲律宾伊富高人的哈德哈德颂歌、立陶宛十字架雕刻工艺、科特迪瓦塔克巴那人的横吹喇叭音乐等代表作濒危报告均共同指出:现代化和全球化给世界文化带来单一性的发展,使得人们的生活方式、价值观念日渐趋同,使得民众尤其是年轻人在强势文化面前对自己的文化传统和文化身份失去兴趣或拒绝接受。一些国家和地区,比如拉丁美洲、日本、法国,往往出于自己的政治利益而强调自己民族的单一性,否认在其领土内存在少数人群体或土著人,不承认少数人群体所主张的文化权利。这同样在一定程度上加剧了少数人群体的文化危机。因此,保护非物质文化遗产将有助于维护民族、群落和社区的文化权利,增强非物质文化遗产在全球化和文化统一化过程中的竞争力,为维护这些民族、群落和社区的文化认同权起到作用。

再次,文化多样性和知识产权。非物质文化遗产除了文化主权和文化权利的属性,同时也是一种经济资源,体现了私权利益。比如,传统医药、传统音乐、民间文学艺术等文化表达形式,往往凝聚着特定群体的智慧,是集体性文化创造,具有经济价值或潜在的经济价值。正是因为这些经济价值,一些西方人在世界各地民族地区或村寨大肆收集文化资源,然后制成文化商品或申请专利,在凭借着知识产权保护的旗帜,反过来向文化资源原产地倾销,在大肆破坏民族、族群和社区的文化资源,谋求巨额的利润。国际社会也注意到了这种现象，在制定国际条约时，也强调保护非物质文化遗产相关的精神与经济权益。

在对非物质文化遗产进行利用的过程中，存在国家间、族群间、个人间的利益纷争，需要有一整套科学完善的法律机制来调整。国际社会把目光都投向知识产权领域，认为运用知识产权制度体系保护非物质文化遗产存在可能性和合理性。国际社会在对知识产权进行保护时也考虑到保护文化多样性的需要，考虑到发展中国家的利益，考虑到知识产权制度应尽可能符合各国的经济、文化、科技等因素，给予适度保护，促进文化多样性。《保护民间创作建议案》首先将非物质文化遗产的保护纳入知识产权体系，联合国教科文组织和世界知识产权组织合作，也共同起草了《突尼斯版权示范法》，在知识产权领域探索对非物质文化遗产的保护。同时，文化多样性为知识产品的创作提供了源泉，为知识产权的产生提供了坚实的物质基础。弘扬文化多样性，可以将这些非物质文化遗产转化为智力成果，促进知识产品的传播，最终通过市场转化为经济利益。《文化多样性公约》是对TRIPS 的一个有益的补充。

但是从现实来看，保护非物质文化遗产，维护其经济价值，仅仅是发展中国家的愿望，联合国教科文组织和世界知识产权组织所确定的保护原则未能得到发达国家在国内立法方面的支持，这说明保护非物质文化遗产任重而道远。

2.3.2 各国对非物质文化遗产的立法强化保护

在国际公约的框架下，许多具体的制度落实须依赖缔约国国内法的实施。基于此，各国纷纷通过法律法规的建立来调整非物质文化遗产的各种利益关系，使其保护具有可操作性，从而达到强化保护的目的。具体来说，其强化保护主要体现在以下几个方面。

第一，私法保护与公法保护并举。从国际社会上看，在对非物质文化遗产强调民事保护的同时，强调对其予以行政保护，这已成为一个基本的共识。各国在保护非物质文化遗产的工作中，都认识到非物质文化遗产保护的法律问题，其实并非完全是法律问题，它还和民俗学关系密切，同时它还涉及农业经济安全、国家的文化产业政策和国际竞争战略等。非物质文化遗产作为特定国家或群体文明模式的重要组成部分,其保护具有不同寻常的意义,具有超越私法利益之外的利益关系,关系着国家的文化主权,公民的文化权利。因此,对非物质文化遗产的保护,不能仅仅局限在私法的领域,它对国家作为公权力的主体提出了新的要求,即国家必须在公法层面提供相关的法律和政策支持,建立某种合理的保障机制。

第二,私法保护中以知识产权保护为主。一般来说,发展中国家的创新能力较发达国家相对薄弱,而发达国家在技术上处于领先水平,其具有利用非物质文化遗产再创新的优势。许多创新成果的基础是发展中国家的传统知识和民间文化,利用者却没有给予来源地任何利益分享。在此背景下,国际社会特别是发展中国家,纷纷提出用知识产权保护非物质文化遗产,非物质文化遗产保护与知识产权保护的关系越来越密切。但是,非物质文化遗产因为是时代传承的(不符合原创性要求)、依附部族的(不具有个人主体特征),能否适用著作权或其他知识产权的保护也存在争议。根据 WIPO 调查,包括北美、西欧等在内的许多发达国家认为,现行知识产权制度原则上适用于非物质文化遗产的保护,即采用著作权及其邻接权,保护以民间文学艺术表达形式为主的非物质文化遗产。然而,这种保护的效果极其有限,非物资文化遗产的本质属性与现代知识产权的创新要求并不相融。[1]尽管如此,不论从国际公约还是各国国内立法的发展来看,非物质文化遗产作为一种传统智力成果,与现代知识产权法律制度必然存在一定的联系和共性逐渐被人认识,现代知识产权制度保护无疑已经成为非物质文化遗产的重要途径和手段,并且也显得越来越重要。

第三,人才的可持续培养。从非物质文化遗产保护先进国的理论和实践可知,无论是一线的调查还是评议的权威决策,专业学者和专家都必不可少,他们对非物质文化遗产的抢救和保护功不可没。法国尤其注重人才的培养,最早创办了文化遗产保护高等教育。在 1973 年,历史悠久的巴黎索邦大学成立了文化遗产保护修复部,专门致力于艺术品、馆藏物品、考古遗址和人种志的保护和修复的教育。随后

---

[1] 吴汉东.论传统文化的法律保护:以非物质文化遗产和传统文化表现形式为对象[J].中国法学,2010(1):51.

政府还专门成立了一所大学来从事与文化遗产有关的科研、教学和培训，即国家遗产大学。遗产保护的高等教育在法国不断发展并形成了比较完善的体制，成为国际文化遗产保护教育的一面旗帜。保持人才资源的可持续是未来保护工作的重要方面，建立完善系统的一流的高等科研机构和培养体系，是非物质文化遗产得以顺利开展的强有力后盾。

第四，协调保护和开发利用。如何防止文化资源垄断和权利的滥用是亟待攻克的研究课题。非物质文化遗产给拥有国带来巨大的物质财富，财富的背后是不断开发和利用。合理的开发和利用，可以解决一些国家在非物质文化遗产保护工作中资金匮乏的难题，但是在经济利益的驱使下，盲目开发和利用必然会带来非物质文化遗产的扭曲、变异甚至消亡。在利用非物质文化遗产进行公开出版、传播、表演、展示、产品开发、旅游活动时，要尊重和保护那些保持、传承非物质文化遗产的民族、群体的情感和权益，防止开发性和建设性的破坏现象。

此外，强化政府对非物质文化遗产保护的行政管理职能，鼓励社会力量参与保护工作，也成为一种趋势和潮流。许多国家的政府建立表彰和惩罚机制，一方面激发人民参与非物质文化遗产的保护工作的积极性，另一方面可以防止非物质文化遗产的流失和破坏。在非物质文化遗产保护工作中，要在政府和公众之间，建立起一种相互制约、理性交流的程序机制，促进政府的理性决策。

2.3.3 国家间文化多样性要求和经济利益关系的博弈

从生物的多样性到文化的多样性，凸现出当代人类生存的困境，也昭示出人类在新世纪对文化创造和发展的关注。如果说工业化时代危害的主要是生物多样性的话，那么信息时代危害的主要是文化多样性。[1]在保护非物质文化遗产的基础上文化多样性问题被联合国教科文组织提出来，是人类发展的必然要求。

虽然进入信息时代以后，社会和文化在直观意义上都表现出某种

---

[1] 何中华. 从生物多样性到文化多样性 [J]. 东岳论丛, 1999 (7): 74.

多样性，但这并不能从根本上改变文化多样性在深层意义上走向贫乏和单一的趋势。以语言为例，从人类的语言演变来看，据报道，全球计算机网络的普及，使得英文成为世界上独霸的语言。影响所及，世界上原有的1.5万种语言将有90%面临消失的危机，特别是大洋洲、亚洲、非洲少数族群使用的语言。据估计，世界上大约有6 000种语言，而其中20%~50%已经失传。有的科学家预言，到2100年，可能将有90%~95%的语种消亡或趋于消亡。语言的濒危也正因为经济全球化趋势极大加剧语言和文化接触，语言消失的速度将更加迅速和普遍。这种多数量、快速度的语言消亡，是人类文明遗产的重大损失。语言在种类上的贫乏，将导致人类存在方式的单一，会直接威胁到人类的生存能力。

在当前经济现代化和经济全球化、一体化的时代，文化的多样性引起国际社会的关注，并提到保护的日程当中。为什么文化多样性对人类的生存和发展如此重要，文化多样性的缺失将给人类带来哪些负面的影响，这些都值得我们思考。

首先，文化多样性是满足人类精神世界需要的基本前提。在人类发展和进步的历史长河中，不同国家、民族和地区创造了绚丽多姿、各具特色的传统文化，形成了百花齐放、百家争鸣的文化格局。这些文化凝聚着集体的智慧，包含着时代变迁和延续的诸多文化信息，从多个方面体现了不同民族、不同社区的文化特性，是人类伟大文明的结晶，是人类文化整体内涵与意义的重要组成部分，使我们的世界千姿百态、异彩纷呈，更加富有情趣和审美价值。如果现在不保护文化多样性，将来会对文化的多元化产生冲击，在这个冲击过程中，如果不维护文化多样性，有意识地保护文化多样性，那就和自然界的生物多样性被毁坏一样，我们的文化环境、生存环境，以及我们的精神世界会受到极大的破坏。人的精神丰富多彩，需要非常丰富的、外部的资源来满足需求，人类越发展需求越高，面对的资源越丰富越好，所以文化多样性是一个根基性的、基因库性的文化形态，如果它受到破坏，后果不堪设想。

其次，文化多样性对当前文化的发展和创造也提供了取之不尽的资源。《世界文化多样性宣言》道出了多样性的必要："文化多样性是交流、革新和创作的源泉，对人类来讲就像生物多样性对维持生物平衡那样必不可少。"人类在发展的过程中,往往要继承和借鉴以往的传统和经验,不然这种发展成了无源之水,无本之木。文化的多样性是人类发展和创新的源泉。同样,文化多样性是创作的源泉,现代文学艺术创作许多取材于传统文化,材料的多样性使创作精彩纷呈。

同时,文化多样性为人类文化实现类似于生物学意义上的"杂交优势"创造的必要条件;另一方面,文化多样性的存在还为特定文化的选择提供了多种可能性,而对新的可能性的尝试和探索,恰恰是创造性与活力的重要表现。文化多样性所要求的不同文化之间的多元关系,成为各种文化之间的张力结构赖以保持的可靠保障,而不同文化之间的张力关系恰恰为人类文化的存在和发展提供了不竭的动力。❶

非物质文化遗产是文化多样性的熔炉,是人类可持续发展的保证。维护文化的多样性是保护非物质文化遗产的重要原因之一。同时,非物质文化遗产在保护民族传统特色方面的作用,也能带来相应的经济利益。非物质文化遗产作为一种经济资源,分为有形资产和无形资产两方面。一般的非物质文化遗产产品包括非物质文化遗产工艺品、服饰品等属于有形资产,可以做成产品供人娱乐、观赏和使用。民族服饰文化就可以为服饰提供高附加值。具有悠久历史文化内涵的文化产品包括民间文学艺术、民族风俗、习俗等就是无形资产。这种无形资产可以作为智力源泉,也可以为旅游业的发展提供众多宝贵的旅游资源。可以说,非物质文化遗产为社会经济的发展提供了许多经济资源,创造了许多商业机会。非物质文化遗产反映特定地域的风土人情,赋予当地旅游业传统文化的因素。将民间风俗、民间传说、民族风情与当地自然景观融合,提高了当地旅游产业的文化品位,促进旅游经济的发展。韩国在非物质文化遗产的商业开发走在世界的前列,韩国人善于包装和策划非物质文化遗产,不仅促进韩国旅游业的发展,也极大地提高了非物质文化遗产的传播和影响力,从而达到社会效应和经济效益的双赢。我国云南旅游业的迅速崛起就和其丰富的非物质文化遗产有关。云南的旅游资源或商品因其具有文化内涵而具有长久的市场竞争力。孕育了"阿诗玛"民间传说的石林,在2002年接待游客146万人次,2003年达到153.1万人次。其旅游的巨大成

---

❶ 何中华. 从生物多样性到文化多样性 [J]. 东岳论丛, 1999 (7): 76.

功是因为以"阿诗玛"传说为重要内容的撒尼人灿烂的民间文化和独特的自然景观双重变奏的结果。寄情于山水之间,千年不化的"阿诗玛"是石林的化身,更是云南对外形象的重要标志。❶ 此外,云南将丰富的纳西文化和神秘的东巴文化融入旅游业,加上云南独特的自然风貌,吸引了各地游客,云南旅游业迅猛发展。大型民族歌舞《印象丽江》成为本地旅游的一大热点和特色,初期年收入就高达7 000万元以上。1992年,丽江接待国内外游客16.25万人次,2002年就急剧上升到337.5万人次。2004年,丽江市共接待海内外游客360.2万人次,旅游综合收入32.76亿元,旅游业对经济增长的贡献率高达57.1%。有些国家在资金相当匮乏的情况下,仍然要投入相当的经费去发掘和保护那些眼下看来或许没有经济价值的非物质文化遗产,其实质不仅仅是出于对文化、对历史、对民族情感的尊重,也是出于对文化经济资源的保存和维护。现在各国"申遗"的热潮很重要的一个原因就是经济利益的驱使。但是,有些国家或者地区过分看重非物质文化遗产的经济利益,看到非物质文化对眼前的发展有利,在经济利益的驱使下,把保护变成一种品牌和产业效益,采取过分注重经济效益的做法带来了文化遗产被过度地、破坏性地开发与利用。虽然经济利益是非物质文化遗产的社会意义之一,但是,盲目、大肆地商业开发会带来许多异化、歪曲,甚至会导致非物质文化遗产的变质乃至消亡。对非物质文化遗产进行商业开发过程中,会导致非物质文化遗产的内涵和价值最终被扭曲。

把保护非物质文化遗产放在全世界背景下,它不仅仅是一个文化问题,还有政治问题,国家的发展问题。保护非物质文化遗产的背后深层次的原因,是文化多样性和经济利益的博弈。在国际社会,虽然有相当一些国家重视非物质遗产的保护,但也有一些国家并不重视。相对而言,发展中国家比较积极。为什么发展中国家比较积极呢?因为发展中国家的文化,在经济全球化的背景下,面临现代化浪潮冲击,不可避免地遭受了西方发达国家文化侵蚀。比如非洲,其原来带有原始性的文化,已经完全跟不上时代的发展,在西方强势文化的冲

---

❶ 木基元,普卫华. 让阿诗玛更加靓丽:从丽江的启示谈二次创业中的石林品牌[G]//周星. 民俗学的历史、理论与方法(下册). 北京:商务印书馆,2006:942.

击下，他们的文化逐渐消失，于是这些国家就有保护其自身文化的必要了。但欧洲、北美一些国家就不是很积极，甚至反对国际公约，这里就涉及文化多样性和经济利益的博弈。比如，有些国家不仅从经济利益上，它也不愿多样化，而希望自己的文化产品一统天下。另外还涉及价值观，通过文化的传播推广自己国家的价值观，其意义甚至超越了某种经济利益。但其他国家、民族有自己的自尊和尊严，也有文化的民族尊严。所以说，此方面斗争常常是激烈的，存在巨大的冲突。在国际竞争中，非物质文化遗产作为一种经济资源，关系着国家之间的政治、经济利益。保护非物质文化遗产，实现惠益分享，是文化多样性和经济利益博弈的过程。一方面，保护非物质文化遗产，是维护文化多样性的要求，另一方面，需要防止非物质文化遗产受到不正当的利用和侵害，维护国家和民族的经济利益，平衡各国利益，使社会发展更加符合公平正义的原则。

人们对非物质文化遗产的保护并非发思古之幽情，对其保护本意也就是保护文化的多样性，这使得我们社会更具创造力，使世界的发展更具活力。文化的多样性不仅是促进经济增长的因素，而且还是享有令人满意的智力、情感、道德精神生活的手段。同时，人类历史发展规律决定了出于上层建筑领域的文化现象，要受到经济基础的制约，只有适应生产力发展需要时才能得以延续和发展。非物质文化遗产的保护不能阻碍经济的发展，不能把传承理解为复兴，必须结合现实情况，分轻重缓急，区别对待。在文化多样性和经济利益的博弈下，必须正确处理好非物质文化遗产的保护利用与维持文化多样性，维系民族感情之间的关系，平衡物质利益与精神利益。在今后的非物质文化遗产保护工作中，必须强调文化转化为经济利益的同时，不要仅把保护非物质文化遗产作为实现经济利益的手段，更应充分考虑文化安全、原住民群体的民族感情等因素，端正文化心态，正确处理文化保护与经济利益的关系，铸造民族自尊心，尊重和维护少数人群体的文化认同权。

第 3 章
我国非物质文化遗产保护的实践和困境

3.1 我国非物质文化遗产保护的由来

我国历史悠久、幅员辽阔、民族众多，不同地域的文化在历史发展嬗递的进程中不断融合，兼收并蓄，积淀了极其丰富的文化遗产，在世界文明史上独树一帜，为人类的进步作出了巨大的贡献。自古以来，我国各地民俗民风多姿多彩，岁时节庆绚丽兴隆，呈现出大俗大雅、雅俗共赏的理论品味和文化审美价值。我国政府历来也十分重视各民族优秀文化遗产的保护和弘扬，制定和实施了一系列的法律法规和政策措施，帮助各民族保护和传承民族文化遗产。

3.1.1 我国保护文化遗产的历史

我国古人很早就认识到了文化遗产的重要价值，因而有保护和收藏的行为，但这些保存和收藏局限于一些器物，俗称"古董"。而对于历史建筑物及建筑群非但不注意爱护，且把它作为一种过去统治的象征和代表，加以破坏和摧毁。在古代中国就有项羽烧毁咸阳城"大火三月不灭"的故事。在以后的改朝换代中，大多把前朝的建筑和城

市加以毁灭性破坏，这叫作"革故鼎新"。❶

我国现代考古科学研究开始于20世纪20年代，1922年，北京大学设立考古研究所，后设立考古系。1926年，中国学者首次考古发掘，在山西夏县西阴村发现了与仰韶文化相同的文化遗存。1929年，成立中国营造学社，开始系统地运用现代科学方法研究中国古代的建筑。当时执政的民国政府于1930年6月2日颁布了《古物保存法》，又于1931年7月3日颁布了《古物保存法细则》，并在1932年设立了中央古物保管委员会，制定了《中央古物保管委员会组织条例》。这些法令及机构是中国历史上由中央政府公布的第一个文化保护政策法规和第一次在国家层面设立专门保护管理文物的机构。❷ 但由于当时时局动荡，地方也没有设置相应的组织管理机构，该法规基本没有得到执行。

在北平解放前夕，为了保护这座古都，中央军委决定同北平守敌谈判，争取和平接管。1949年1月16日发出关于保护北平文化古城的电报，指示前委"必须作出精密计划，力求避免破坏故宫、大学及其他著名且有重大价值的文化古迹。"❸ 同时为避免一旦被迫攻城造成的文物古迹破坏，解放军特地登门拜访梁思成先生，请他在北平军用地图上标出城内重要古建筑的位置。北平解放后，又将梁思成先生主持编写的《全国重要文物简目》印发给南下部队，用于各地作战和接管时保护古建筑，表明对中国历史文化遗产保护的高度重视。❹ 此"简目"成为1961年3月国务院公布首批全国重点文物保护单位的基础。

1950年，新中国成立之初，针对战争时大量文物遭到破坏或流失海外的情况，中央人民政府很快发布了有关文物保护的政令，作出"关于保护文物建筑的指示"，并颁布了一系列保护文物及制止流失的法令和法规。1950年，颁布了《关于古文化遗址及古墓葬调查、发掘暂行办法》《禁止珍贵文物图书出口暂行办法》《关于地方文物名胜古迹保护管理办法》《关于征集革命文物的命令》。同时在中央和地

---

❶ 阮仪三. 世界及中国历史文化遗产保护的历程［J］. 同济大学学报，1998（3）：1.
❷ 阮仪三. 世界及中国历史文化遗产保护的历程［J］. 同济大学学报，1998（3）：7.
❸❹ 曹昌智. 中国历史文化遗产的保护历程［J］. 中国名城，2009（6）：5.

第3章 我国非物质文化遗产保护的实践和困境

方设置了负责文物保护管理的专门行政机构，在中国科学院设置了考古研究所。1956年，国务院组织了第一次全国文物普查，1981年和2004年先后进行了第二次、第三次全国文物普查，登记不可移动文物近40万处，为中国文化遗产保护奠定了基础。1958年，将"国家保护名胜古迹、珍贵文物和其他重要历史文化遗产"的法律法规写入《中华人民共和国宪法》。1961年，国务院依据宪法颁布了《文物保护管理暂行条例》，同时公布了第一批180个全国重点文物保护单位，建立了重点文物保护单位制度。但是1966年开始的"文化大革命"运动对许多文化遗产造成了巨大的破坏。1978年以后，文化遗产的保护管理工作开始逐渐恢复。

随着我国经济建设的发展，文化遗产保护面临着新的挑战。由于缺乏对文化遗产的保护意识，在城市建设和发展旅游业的过程中，许多文化遗产都遭到了不同程度的破坏，许多文物古迹的环境风貌受到了严重损坏。1982年2月，为保护那些曾经是古代政治、经济、文化中心或近代革命运动和重大历史事件发生地的重要城市及其文物古迹免受破坏，"历史文化名城"的概念被正式提出。根据《中华人民共和国文物保护法》，历史文化名城是指"保存文物特别丰富，具有重大历史文化价值和革命意义的城市"。随后，国务院公布了首批24个国家级历史文化名城。同年11月，第五届全国人大常委会第二十五次会议通过了《中华人民共和国文物保护法》，这是我国第一部关于文化遗产保护的法律。同年12月8日，还批准了原国家基本建设委员会和文物局、城市建设局"关于审查指定第一批国家级重点风景名胜地区的请示报告"，并同时指定了44处国家重点风景名胜区。❶1983年，城乡建设环境保护部发布了《关于强化历史文化名城规划的通知》和《关于在建设中认真保护文物古迹和风景名胜的通知》。1984年1月，国务院颁布了《城市规划条例》，规定城市规划应当切实保护文物古迹，保护发展民族风格和地方特色。1985年1月，我国正式加入《保护世界文化和自然遗产公约》，启动申报世界遗产的工作。1986年，公布了第二批38个国家级历史名城。同时，国务院的文件中规定了要保护文物古迹比较集中或能较完整地体现出某历史时

---

❶ 阮仪三. 世界及中国历史文化遗产保护的历程 [J]. 同济大学学报, 1998 (3): 8.

期传统风貌的街区、建筑群、小镇、村落等历史地段，要求各地依据它们的价值公布为"历史文化保护区"。1989 年 12 月，全国人大审议通过了《中华人民共和国城市规划法》，法律明确规定，编制城市规划应当保护历史文化遗产、城市传统风貌和地方特色。

  进入 20 世纪 90 年代以后，由于城市经济的快速发展，城市规模扩大，许多历史文化名城大面积改造旧城，放松了对文化遗产的保护和控制，导致文化遗产保护事业面临新的问题。为了适应经济发展与文化遗产保护的需要，1991 年，全国人大常委会对《文物保护法》又进行了修改，主要对有关处罚条款作出了进一步的修改补充。1992 年 4 月，颁布了《中华人民共和国文物保护法实施细则》。1993 年 10 月，建设部和国家文物局在襄樊市召开了全国历史文化名城保护工作会议。1994 年 1 月，国务院批准建设部和国家文物局《关于审批第三批国家历史文化名城和加强保护管理的请示》，印发了《历史文化名城保护规划编制要求》，并公布了第三批国家级历史文化名城 37 个。同年 3 月 15 日，国家建设部和文物局联合组织成立"全国历史文化名城保护专家委员会"，以加强对全国历史文化名城的保护，委员会有责任进行监督、技术咨询和名城保护科学研究；并把专家咨询建议正式纳入名城保护管理的政府工作范畴，从而提高政府管理工作的科学性。❶

  21 世纪以来，我国更加重视文化遗产的保护工作。2002 年 10 月，第九届全国人大常委会第三十次会议修订通过《中华人民共和国文物保护法》。2003 年 5 月，国务院公布了《中华人民共和国文物保护法实施条例》，2005 年 12 月 22 日还专门下发了关于强化文化遗产保护的通知，并首次决定在中国设立文化遗产日，开始每年一度的文化遗产保护宣传和普及工作。2006 年 11 月，文化部公布了《世界文化遗产保护管理办法》。2007 年 10 月，党的十七大将弘扬中华文化，重视文物和非物质文化遗产保护，列为中国推动社会主义文化大发展大繁荣，实现全面建设小康社会奋斗目标的一项重要任务。同年 10 月 28 日，第十届全国人大常委会三十次会议通过了《中华人民共和国城乡规划法》。12 月 29 日，第十届全国人大常委会第三十一次会议

---

❶ 阮仪三. 世界及中国历史文化遗产保护的历程 [J]. 同济大学学报，1998（3）：8.

第 3 章 我国非物质文化遗产保护的实践和困境

再次决定修改并公布了《中华人民共和国文物保护法》，从而使我国保护文化遗产的法律更加完善。2008 年 4 月 2 日，国务院第三次常务会议通过了《历史文化名城名镇名村保护条例》。在 2002 年到 2008 年的短短六年时间里，我国两次修订《文物保护法》，设立文化遗产日，颁布了一系列的行政法规、行政规章和地方性法规，使中国文化遗产保护走上了健全的法制轨道。同时，我国积极申报世界文化遗产。在中国文化和自然遗产中，有 37 项列入联合国《世界遗产目录》，数量仅次于西班牙和意大利，居世界第三位，也是拥有世界遗产类别最齐全的国家之一。

3.1.2 我国保护非物质文化遗产的历史和现状

作为文化遗产的重要部分，非物质文化遗产保护的历史在我国其实可以追溯到西周时期。彼时，我国已建立采诗观风制度，朝廷专设负责采诗的官员，派他们在民间搜集歌谣，供统治阶级了解民俗民情，考察政治得失。我国第一部诗歌总集《诗经》，收集了西周初年到春秋中叶约 500 年间的诗歌 305 篇，真实反映人民群众的生活状况和思想感情，是我国最早收集、整理和保护民族民间文化的成果。秦汉时期，朝廷专门设立了掌管音乐的乐府机关，负责搜集民间歌谣，考察社会风俗民情。《汉书·艺文志》收集西汉民歌目录 138 篇，现存汉乐府民歌 40 首左右，包括著名的叙事诗《孔雀东南飞》。南宋时期郭茂倩编撰的《乐府诗集》，收集了汉魏至隋唐的乐府民歌和杂歌谣词，是保存乐府歌词最完备的典籍。唐代段安节编撰的《乐府杂录》，记载了唐中叶以后的音乐、歌舞、技艺、百戏等宝贵资料。明代官修的《永乐大典》和清代乾隆年间编纂的《四库全书》，整理和保存了中国古代大量的艺术、风俗、宗教、科学技术等方面的资料。除了古代官方收集和编撰文化典籍，古代的文人、学者也进行了个人的搜集和保护民族民间文化工作。先秦诸子百家的散文、西汉初年的《山海经》、西汉司马迁的《史记》、班固的《汉书》、东汉应劭的《风俗通义》等，都记载了大量的传说、神话、民间故事、民歌等民间文学和民俗学资料。

我国现代有组织计划地调查采录民间文学，抢救与保护非物质文化遗产的历史，是从五四新文化运动开始的。❶ 我国早期的民俗学者已经注意到了民间文化的重要价值，在五四新文化运动中，中国文化界开展了大量搜集、整理、研究民间文学和民俗文化的活动。先后成立了北京大学歌谣研究会、中山大学民俗学会、厦门大学风俗调查会、杭州民俗学会等组织，整理和保存了许多歌谣、神话、传说、民间故事、民俗资料，并出版了相关的资料。新中国成立前，著名的民俗学者钟敬文编辑《民间风俗文化》《民间艺术》等专号，广泛刊载了民间风俗资料。当时的学者做的是民俗研究工作，保护民俗资料，还没有提升到非物质文化遗产的高度，但从今天的角度去看，当时的工作对象正是今天非物质文化遗产保护的主要内容。

新中国成立以后，党和国家十分重视非物质文化遗产的保护和弘扬问题，采取了一系列的保护方法和措施，取得了显著的成绩。20世纪50年代开始，我国政府就组织社会力量，开始民间文学艺术的抢救、挖掘、整理和汇编工作。中国政府曾组织对少数民族的风俗和语言进行普查。虽然当时没有保护非物质文化遗产的理念指导，但对后来研究非物质文化遗产积累了大量的资料。

改革开放后，进一步加快了保护的步伐。1979年以来，我国开始开展民族民间文化抢救工程。文化部、国家民委、中国文联、中国音乐家协会等部门组织开展了《中国民间歌曲集成》《中国民间故事集成》《中国民间戏曲音乐集成》《中国民间曲艺音乐集成》《中国民间舞蹈集成》《中国民间器乐集成》《中国谚语集成》《中国歌谣集成》《中国戏曲志》《中国民间曲艺志》共十部民间文学艺术大型著作的整理和汇编工作。经调查人员的努力，共收集民间歌谣302万首，谚语748万条，民间故事184万篇，民间戏曲剧种350个，剧本一万多个，民间曲艺音乐13万首，民间器乐曲15万首，民间舞蹈1.7万个，文学资料五亿多字。❷ 同时，整理出版了三部英雄史诗：藏族、蒙古族的《格萨尔》（或称《格斯尔》）、蒙古族的《江格尔》、柯尔克孜族的《玛纳斯》。国家也给予民间艺人以资助和扶持，以传承传统艺

---

❶ 王文章. 非物质文化遗产概论 [M]. 北京：文化艺术出版社，2006：138.
❷ 王巨山. 无形文化遗产的概念、认识过程及研究现状 [G] //于广海. 传统的回归与守护：无形文化遗产研究文集. 济南：山东大学出版社，2005：14.

术。1987年，文化部开始命名"艺术之乡"，将具有浓郁民族风格和艺术特色的乡镇命名为"全国民间艺术之乡""特色艺术之乡"。通过行政手段鼓励各地对优秀民间艺术和特色艺术整理、保护和开发，繁荣群众文化生活，对保护我国非物质文化遗产具有深远的现实意义。1996年，我国政府与挪威政府在贵州苗族聚居的村寨建立了我国第一个生态博物馆。此后，贵州、云南、四川、广西等地开始在文化生态保存比较完整的少数民族聚居地区进行文化生态保护区的探索。贵州省从1999年开始，也着手进行民族村镇的建设和保护工作，建立民族生态保护区和生态博物馆，云南省也大力建设文化生态保护村寨。这些生态保护区和生态博物馆在保存有形文化遗产的同时，也保存了许多非物质文化遗产，如堂安生态博物馆保护了大歌、侗戏等少数民族优秀的文化遗产。

自1997年联合国教科文组织通过建立"人类口头和非物质遗产代表作"决议以来，国内社会各界高度关注非物质文化遗产，掀起了申报人类口头和非物质文化遗产的热潮。2000年4月，文化部正式启动了"人类口头和非物质文化遗产代表作"的申报、评估工作。2000年5月，我国第一部地方性非物质文化遗产保护条例《云南省民族民间传统文化保护条例》在云南通过。率先推进了非物质文化遗产的保护工作。2001年8月15日，文化部委托中国艺术研究院申报的昆曲成为世界首批"人类口头和非物质文化遗产代表作"之一。

2003年1月，文化部、财政部、中国文联、国家民委等部门联合启动了"中国民族民间文化保护工程"，并成立了专门的领导小组和专家委员会。保护工程计划分三个阶段进行：第一期从2004年到2008年，为先行试点和抢救濒危阶段；第二期从2009年到2013年，为全面开展和重点保护阶段；第三期从2014年到2020年，为补充完善和健全机制阶段。保护工程是在以往民族民间文化保护工作成果的基础上，结合新时期的新形式和新特点，由政府组织实施推动的，对珍贵、濒危并具有历史、文化和科学价值的民族民间传统文化进行保护的一项系统工程。全国人大批准《保护非物质文化遗产公约》后，原来的"中国民族民间文化保护工程"成为中国非物质文化遗产保护工作的重要内容。

同年2月，中国艺术研究院成立中国民族民间文化保护工程国家中心。同时，著名作家冯骥才等发起，中国民间文艺家协会启动了"中国民间文化遗产抢救工程"。这是国家社科基金特别委托项目，中国民族民间文化遗产抢救和保护的子项目。这一工程是我国首次对民间文化进行保护的国家级抢救工程，将历时10年，分两个时期：第一个时期是从2003年到2007年；第二个时期从2008年到2012年。工程将对中国56个民族的民俗、民间文学、民间艺术进行抢救性的普查、登记、整理等，将实施以县为单位的中国民俗志调查，用文字、录音、摄像等现代技术立体地记录民间文化，搜集和收藏中国民俗代表性实物，调查、登记民间美术作品，拍摄和制作中国民俗文化音像制品，建立中国民俗图文资料数据库等。该工程的成果包括编纂出版以县为单位的《中国民俗志》3000余卷，大型丛书《中国民俗图录》系列、《中国民俗分布地图集》系列、《中华民俗大典》系列、《中国民间美术集成》系列、《中国民间美术分布地图集》系列、《中国民间文化遗产代表作名录》系列、《中国史诗集成》系列、《中国民间叙事长诗集成》系列等。这是有史以来第一次对民间文化进行国家级抢救、普查、整理和出版的巨大工程，也是文化人进行文化寻根、唤醒民众文化意识、普及优秀文化遗产的文化行动，对了解文化国情、民情，鉴别良莠，促进文化创造，在全球经济一体化的历史潮流中增强国家文化实力、建设国家文化主权具有重要的意义。

2003年10月，中国确定首批10个民族民间文化保护工程试点。这些试点地区和单位积极探索工作机制，不断摸索保护方法，浙江、云南在全省开展普查工作，建立名录体系，苏州、泉州、环县全方位保护非物质文化遗产，为全国的非物质文化遗产保护工作提供了有益的借鉴。同时，全国大学、科研院所陆续建立非物质文化遗产保护研究机构。

2005年3月22日，中国民协在北京召开大会，宣布正式在全国启动"中国民间文化杰出传承人调查、认证和命名"项目。该项目计划在全国各地开展对民间文化杰出传承人的调查，首批命名100名中国民间文化杰出传承人，并出版相关资料和建立数字化数据库。2005年6月，文化部启动了全国非物质文化遗产普查工作，对各地各民族非物质文化遗产资源的种类、数量、分布情况、生存环境、保护现状及存在问题进行全面的调查，了解我国非物质文化遗产的现状。2006

年5月20日，国务院发布了《关于公布第一批国家级非物质文化遗产名录的通知》，公布了第一批国家级非物质文化遗产名录518项。2007年6月和2008年1月，文化部相继公布了第一、第二批国家级非物质文化遗产项目代表性传承人，给传承人的传习活动给予大力支持，包括提供必要的传习活动场所、资助传承人的授徒传艺和艺术培训活动。同时，各省也陆续开展了省级非物质文化遗产项目代表性传承人的认定与命名工作。

3.2 我国对非物质文化遗产保护的立法

3.2.1 我国保护非物质文化遗产的立法探索

3.2.1.1 国家层面的立法

我国现行《宪法》第22条规定："国家保护名胜古迹、珍贵文物和其他重要历史文化遗产"。此处的"其他重要历史文化遗产"应包括有形和无形的非物质文化遗产。这是我国保护非物质文化遗产的宪法依据。全国人民代表大会常务委员会于1982年公布施行的《中华人民共和国文物保护法》主要保护对象是有形的文化遗产，其内容并不涵盖无形文化遗产部分。1984年5月31日，第六届全国人民代表大会第二次会议通过的《民族区域自治法》第38条第2款中明确规定："民族自治地方的自治机关组织、支持有关单位和部门收集、整理、翻译和出版民族历史文化书籍，保护民族的名胜古迹、珍贵文物和其他重要历史文化遗产，继承和发展优秀的民族传统文化。"这是用法律形式第一次提出民族文化特别是少数民族文化中非物质文化遗产保护问题。但是《民族区域自治法》保护的范围不包括汉族的非物质文化遗产，少数民族的非物质文化遗产也不具体、不全面，而且缺乏相应的措施。

在制定著作权法之前，文化部于1984年颁布的《图书、期刊版权保护试行条例》及其实施细则，涉及对民间文学艺术整理者和素材提供者权利的保护,但不是保护民间文学艺术作品的著作权人。该条例作为内部文件,并没有公开施行,但在性质上属于部门规章。该条例第10条规定:"民间文学艺术和其他民间传统作品的整理本,版权归整理者所有,他人仍可对同一作品进行整理并获得版权。民间文学艺术和其他民间传统作品发表时,整理者应注明主要素材提供者,并依素材提供者的贡献大小向其支付适当报酬。"实施细则第10条进一步规定,民间文学艺术和其他民间传统作品发表后,整理者应在前言或后记中说明主要素材(包括口头材料和书面材料)提供者,并向其支付报酬,支付总额为整理者所得报酬的30%~50%。该条例和实施细则主要是对民间文学艺术作品的整理本给予版权保护,保护的对象是整理者和主要素材的提供者,但没有保护民间文学艺术来源群体的权益。

1990年,我国在制定著作权法时,对是否将民间文学艺术纳入著作权法保护的客体范围争议很大。有观点认为民间文学艺术由于作者不能确定,已经进入公有领域,无法适用著作权法予以保护,而且法律的保护将阻碍民间文学艺术的传播和后人的艺术创新;另一种观点认为,从国际立法的情况看,许多国家都用版权法保护民间文学艺术,对民间文学艺术进行立法保护,可以维护本国的文化主权,防止其他国家非法利用本国的传统文化而严重损害国家、民族的利益。最终,我国立法机关将民间文学艺术作品纳入著作权保护的客体范围,《著作权法》第6条专门就民间文学艺术作品的保护作了原则性的规定,确立了采用著作权法保护民间文学艺术作品的基本原则。《著作权法实施条例》第4条对作品的形式进行了具体的列举,此处所列举的作品包括非物质文化遗产的相关作品。《著作权法》颁布后,国家文化部、版权局分别于1994年、2001年、2007年三次启动对《民间文学艺术作品保护条例》起草工作,但具体保护条例尚未出台。除了用著作权保护非文化遗产,商标、地理标志、专利、实用新型、工业品外观设计也可以用来保护非物质文化遗产。我国通过商标法保护非物质文化遗产的具体方式,主要是将有关民间文学艺术的地理名称作为一种地理标志进行保护。《商标法》第16条规定了地理标志保护,《商标法实施条例》第6条也明确规定,地理标注可作为证明商标或者集体商标申请注册。这些规定,实际上规定了在我国地理标志不得注册为一般商标但可注册为证明商标或集体商标,通过《商标法》予以特殊保护的法律制度,类似于英美法系对地理标志保护的立法模式。

1997年,国务院制定颁布了《传统工艺美术保护条例》,通过实行传统工艺美术品种和技艺认证制度、命名中国工艺美术珍品、授予中国工艺美术大师称号等措施保护了一大批传统工艺美术品种。该条例对"传统工艺美术"的定义是:"百年以上,历史悠久,技术精湛,世代相传,有完整的工艺流程,采用天然原材料制作,具有鲜明的民族风格和地方特色,在国内外享有盛誉的手工艺品种和技艺。"❶ 显然,"手工艺品种和技艺"作为一种非物质文化遗产,承载着民族的智慧与精神,从而使部分非物质文化遗产在条例的框架内得到了保护。该条例还具体规定了国家保护传统工艺美术的原则、保护措施、法律责任等。

1998年以后,文化部起草了《民族民间传统文化保护法(草案)》,于2003年7月完成《民族民间传统文化保护法(草案)》第6稿。该草案明确政府保护民族民间文化的责任,相关主体对民族民间文化享有的权利与承担的义务,对传统文化的整理、抢救、传承、命名、开发、使用许可、保护、法律责任等作了详细规定。该草案的第2条规定了保护客体的范围:(1)濒危的古语言文学;(2)口述文学和传统戏剧、曲艺、音乐、舞蹈、绘画、雕塑、杂技、木偶、皮影、剪纸等;(3)传统工艺美术制作技艺;(4)传统礼仪、节日、庆典和游艺活动等;(5)与上述各项相关的代表性原始资料、实物、建筑和场所;(6)其他需要保护的特殊对象。该草案保护对象以非物质文化遗产为主,又包括了物质文化遗产部分,采用了以行政保护为主,民事保护为辅的保护机制。该草案第2章"规划与名录"部分对国家制定民族民间传统文化保护规划、确立民族民间传统文化保护名录作了规定,明确民族民间传统文化实行分级保护制度,规定了各政府的责任。该草案对民族民间传统文化的传承与命名、保密制度和出境管理制度等也作出了规定。另外,该草案还规定了各级政府须将民族民间传统文化保护工作纳入国民经济和社会发展规划,纳入城乡建设规划,纳入财政预算,设立民族民间传统文化保护专项资金,扶持民间

---

❶《传统工艺美术保护条例》(1997年5月20日颁布实施)第2条。

传统文化保护、研究、整理的投入以及税收减免优惠。这些内容体现了以行政为主导的保护机制。在民事权利方面，该草案第29条规定："国家保护民族民间传统文化的知识产权，保护期限不受限制。"该草案第30条规定，公开使用民族民间传统文化时，应表明其来源民族、群体或者区域。该草案还提出对民族民间文化保护实行保护为主、抢救第一、合理利用、继承发展的方针，反映了我国民族民间文化保护的迫切性。随着我国于2004年8月正式加入《保护非物质文化遗产公约》，为借鉴该公约的基本精神，《民族民间传统文化保护法（草案）》也改称为《非物质文化遗产保护法（草案）》。

2003年10月，第32届联合国教科文组织大会通过了《保护非物质文化遗产公约》。我国自始至终积极参与了公约制定工作的全部过程。2004年8月，经全国人大常委会批准，我国正式加入了《保护非物质文化遗产公约》，这意味着我国非物质文化遗产保护进入国际保护的整体行动之中。加入以后，国务院办公厅根据公约的基本精神，于2005年3月印发了《国务院办公厅关于加强我国非物质文化遗产保护工作的意见》，这是我国最高行政机关首次就我国非物质文化遗产保护工作发布的权威性指导意见。该意见要求建立中国非物质文化遗产代表作国家名录，确定"保护为主、抢救第一、合理利用、传承发展"的指导方针及"政府主导、社会参与、明确职责、形成合力、长远规划、分步实施、点面结合、讲究实效"的工作原则。之后不久，2005年12月，国务院又颁发了《关于加强文化遗产保护的通知》，其中也对非物质文化遗产作了规定。2006年10月，文化部以部长令的形式颁发了《国家级非物质文化遗产保护与管理暂行办法》，对国家级非物质文化遗产名录项目的保护单位、代表性传承人以及管理措施等提出了具体要求。2006年，国务院公布了518项首批非物质文化遗产保护名录。2008年，国务院批准国家级非物质文化遗产第二批名录510项和第一批名录的扩展项目147项。在国家级非物质文化遗产名录中，少数民族项目占了三分之一。2008年6月15日，文化部发布《国家级非物质文化遗产项目代表作传承人认定与管理办法》，明确了命名国家非物质文化遗产项目代表作传承人的原则、条件、程序和传承人的义务、撤销认定的办法。2011年5月23日，国务院批准并公布文化部确定的第三批国家级非物质文化遗产名录（共计191

第3章 我国非物质文化遗产保护的实践和困境

项）和国家级非物质文化遗产名录扩展项目名录（共计164项）。同时要求各地区、各部门按照2005年《国务院关于加强文化遗产保护的通知》（国发［2005］42号）和《国务院办公厅关于加强我国非物质文化遗产保护工作的意见》（国发［2005］18号），认真贯彻落实"保护为主、抢救第一、合理利用、传承发展"的工作方针，坚持科学的保护理念，做好非物质文化遗产名录项目的保护、传承和管理工作。

非物质文化遗产创造者或保有者与利用者和获利者之间的关系，是非物质文化遗产保护亟需解决的问题。正如前所述，我国《著作权法》第6条规定，民间文学艺术作品的著作权保护办法由国务院另行规定。2001年修改后的《著作权法》仍然保留着同样的规定。在此原则性规定下，国家文化部和国家版权组织从1992年起就成立了专门起草小组，开展立法工作的可行性及理论探讨研究工作。1993年9月，世界知识产权组织和文化部、国家版权局在北京召开了民间文学艺术法律研讨会。随后，文化部、国家版权局委托社会科学院和云南省文化厅进行了调研。湖北、河北、浙江等文化厅（局）提出了相关意见和建议。在此基础上，国家文化部和版权局起草了《民间文学艺术作品保护条例》草案，但具体保护条例却迟迟未出台。直至2007年，国家版权局又重新将《民间文学艺术作品保护条例》的起草工作提上了日程。2008年10月29日，全国人大常委通过了未来五年的立法规划，计划截至2012年初，《非物质文化遗产保护法》等49部法律案都将进入立法程序。但国家文物局则认为，《非物质文化遗产保护法（草案）》与《文物保护法》冲突，"考虑到文物是非物质文化遗产的物质载体，物质和非物质文化遗产是不可分割的一体，我们建议适时制定《中华人民共和国文化遗产法》"。❶

2011年2月25日，我国《非物质文化遗产法》正式颁布，并于6月1日正式实施。事实上，《非物质文化遗产法》的制定历经十年，历经三次全国人大会议，最终获得通过，可谓是"千呼万唤始出来"，这中间凝聚了无数人多年的心血。早在1998年，全国人大就组织起

---

❶《国家文物局关于〈中华人民共和国非物质文化遗产保护法（征求意见稿）〉意见的函》（办政函［2008］885号）。

草《中华人民共和国民族民间文化保护法》。2002年8月，文化部向全国人大教科文委员会报送了《民族民间传统文化保护法》的建议稿。之后，全国人大教科文卫委员会成立起草小组，2003年11月形成《中华人民共和国民族民间传统文化保护法》草案。为了借鉴《保护非物质文化遗产公约》的基本精神，2004年8月28日第十届全国人大常委会第11次会议表决批准加入公约，并将《中华人民共和国民族民间传统文化保护法》草案的名称改为《中华人民共和国非物质文化保护法》。《非物质文化遗产法》的出台，对非物质文化遗产的保护是一个标志性的事件。在此之前对非物质文化遗产的保护，用的是行政文件，直到《非物质文化遗产法》的出台，才让我国非物质文化遗产有法可依。当然，一部《非物质文化遗产法》并不能解决所有的问题，非物质文化遗产的保护还有待今后实施细则的完善。

3.2.1.2 地方性立法

我国对非物质文化遗产的立法保护时间较晚，最早出现在我国一些地方人大和政府，特别是少数民族聚居地区的省区、地州市、县出台的一些地方性的法规中，或者说，我国对非物质文化遗产的立法保护首先是从地方立法开始的。据有关资料显示，我国最早对非物质文化予以保护的是2000年制定的《云南省民间传统文化保护条例》，该条例确定了"民族民间传统文化"的概念，内涵亦侧重在历史价值、艺术价值、学术价值、文化传承价值等，该条例所保护的民族民间传统文化是指：（1）各少数民族的语言文字；（2）具有代表性的民族民间文学、诗歌、戏剧、曲艺、音乐、舞蹈、绘画、雕塑等；（3）具有民族民间特色的节日和庆典活动、传统的文化艺术、民族体育和民间游艺活动、文明健康或者具有研究价值的民俗活动；（4）集中反映各民族生产、生活习俗的民居、服饰、器皿、用具等；（5）具有民族民间传统文化特色的代表性建筑、设施、标识和特定的自然场所；（6）具有学术、史料、艺术价值的手稿、经卷、典籍、文献、谱牒、碑碣、楹联以及口传文化等；（7）民族民间传统文化传承人及其所掌握的知识和技艺；（8）民族民间传统工艺制作技术和工艺美术珍品；（9）其他需要保护的民族民间传统文化。该条例是我国第一部专门保护民族民间传统文化的地方性法规，自2000年9月1日开始施行。该

第 3 章 我国非物质文化遗产保护的实践和困境

条例确立了 3 项具有特色的保护制度：民族民间传统文化传承人制度、云南省民族民间传统文化之乡制度和云南省民族传统文化保护区制度。

2002 年 7 月 30 日颁布的《贵州省民族民间文化保护条例》，基本上与云南省地方性法规相同，在范围上扩展到"保存比较完整的民族民间文化生态区域"。这两部地方性法规的保护对象，基本上包括了非物质文化遗产的内容。[1] 之后，陆续出台了《福建省民族民间文化保护条例》（2004 年 9 月 24 日颁布，2005 年 1 月 1 日施行）、《广西壮族自治区民族民间传统文化保护条例》（2005 年 4 月 1 日颁布，2006 年 1 月 1 日施行）等。

位于安徽省中部的淮南市，是国务院于 1984 年批准为享有地方立法权的较大的市。该地流行着一种具有"东方芭蕾"之称的民间艺术形式——花鼓戏。2001 年 6 月 28 日，淮南市人大常委会通过了《淮南市保护和发展花鼓灯艺术条例》，并于 2001 年 11 月 1 日起开始施行。该条例规定了保护和发展花鼓灯艺术的原则、主管部门、保障机制、主要措施、法律责任等。这是以单项民间艺术表现形式为保护对象的地方性法规，体现了地方政府对该民间文学表现形式的重视。不过，上述有关规定在名称上未采用"非物质文化遗产"，其内容也只是涉及非物质文化遗产的部分内容而不是全部。

在加入《保护非物质文化遗产公约》之后，我国各级地方政府专门针对非物质文化遗产的保护问题出台了一些非物质文化遗产保护的法律：北京市于 2006 年 1 月 24 日下发了《北京市人民政府办公厅关于加强本市非物质文化遗产保护工作的意见》《北京市文化局、北京市财政局关于加强我市非物质文化遗产保护工作的通知》，并起草了《北京市非物质文化遗产保护条例》，正争取早日进入立法程序；江苏省则在全国率先为非物质文化遗产保护立法，颁布了我国第一个地方性的《保护非物质文化遗产条例》，该条例于 2006 年 11 月 1 日生效实施。2007 年 5 月 25 日，浙江省第十届人民代表大会常务委员会第 32 次会议通过了《浙江省非物质文化遗产保护条例》；2008 年 1 月 5 日，新疆维吾尔自治区第十届人民代表大会常务委员会第 36 次会议

---

[1] 王万平. 非物质文化遗产保护法的立法目的分析［J］. 人大研究，2009（5）：29.

通过了《新疆维吾尔自治区非物质文化遗产保护条例》；2008年1月11日，四川省北川羌族自治县第二届人民代表大会第2次会议通过了《北川羌族自治县非物质文化遗产保护条例》；2008年2月28日，贵州省黔东南苗族侗族自治州第十二届人民代表大会第3次会议通过了《黔东南苗族侗族自治州民族文化村寨保护条例》。

目前，我国已有云南、贵州、福建、广西、江苏、浙江、宁夏等十多个省、自治区人民代表大会分别审议通过了当地的非物质文化遗产保护条例，这标志着各地非物质文化遗产保护进入了有法可依、依法保护和实施的新阶段。❶

纵观我国各地的地方立法，均根据本地区的传统和特色，对非物质文化遗产的保护起到了积极的作用，也为推动我国非物质文化遗产保护立法的工作进程积累了有益的经验。其中有些地方立法的某些规定甚至具有开创性的意义，可以说与国际保护的有关制度较早进行了接轨，比如云南省立法中的传承人制度等。在我国加入《保护非物质文化遗产公约》之后、《非物质文化遗产法》颁布之前的一段时间里，某些地方立法，比如浙江、江苏等地，其制度框架较之更早的其他地方立法更为成熟，对我国《非物质文化遗产法》的最终通过和颁布产生了直接的影响。在我国《非物质文化遗产法》颁布之后，这些地方性的法律在不与该法抵触的前提下仍然有效，但在效力上毫无疑问显然低于国家立法，同时，在地方性的特殊性方面，也形成了对国家立法的有益补充，仍然有其不可或缺的重要意义。

3.2.2 《非物质文化遗产法》的重大意义

作为我国非物质文化遗产领域的首部国家大法，《非物质文化遗产法》的实施对非物质文化遗产的传承和保护具有里程碑式的意义。该法的亮点主要在于将非物质文化遗产的保护上升为国家责任，对各地方的立法也进行了一次全面系统的整合，并首次引入退出机制，依法追究对非物质文化遗产保护不力地区主管部门及责任人的责任，这对今后我国非物质文化遗产保护工作产生了重大意义。

---

❶ 王文章. 非物质文化遗产保护概论[M]. 北京：科学教育出版社，2008：163.

第3章 我国非物质文化遗产保护的实践和困境

第一，《非物质文化遗产法》将非物质文化遗产保护上升为国家责任。《非物质文化遗产法》的正式实施将各级政府部门保护非物质文化遗产的职责上升为法律责任，为非物质文化遗产保护工作提供了法律依据。《非物质文化遗产法》第3条规定："国家对非物质文化遗产采取认定、记录、建档等措施予以保存，对体现中华民族优秀传统文化，具有历史、文学、艺术、科学价值的非物质文化遗产采取传承、传播等措施予以保护。"此标志着我国非物质文化遗产工作进入了依法保护的新阶段。近年来，我国虽然也出台了一些地方性的非物质文化遗产保护法规，但是在国家层面，非物质文化遗产保护曾经是空白的。如今，《非物质文化遗产法》的出台把保护非物质文化遗产上升到国家意志和国家责任的高度，使非物质文化遗产保护有法可依。同时，在《非物质文化遗产法》中，也强调了对国家文化资源安全、国家文化主权的保护。根据《非物质文化遗产法》的规定，境外组织或个人在我国境内进行非物质文化遗产的调查，应当报有关部门批准，并应与境内非物质文化遗产学术研究机构合作进行。该规定是出于国家安全的需要，有助于防止非物质文化遗产资源流失到国外。

第二，《非物质文化遗产法》规定了非物质文化遗产保护的原则。《非物质文化遗产法》第4条规定："保护非物质文化遗产，应当注重其真实性、整体性和传承性，有利于增强中华民族的文化认同，有利于维护国家统一和民族团结，有利于促进社会和谐和可持续发展。"此表述应该说是很具有中国特色。我国的非物质文化遗产保护，不只是纯粹的学术或是纯文化活动，其保护注重真实性、整体性和传承性。前述条文中提到的三个有利于，显然是将非物质文化遗产的保护放到整个国家文化战略、政治背景中加以考虑。如果将非物质文化遗产变成非常纯粹的学术活动去探讨，有些问题可能是表达不清楚的，而必须被放到一个大的背景下理解。《非物质文化遗产法》第9条提到"国家鼓励和支持公民、法人和其他组织参与非物质文化遗产保护工作"，鼓励每个人参与非物质文化遗产的保护工作，有利于非物质文化遗产保护工作的普遍开展。

第三，《非物质文化遗产法》明确非物质文化遗产保护经费来源。《非物质文化遗产法》第6条规定："县级以上人民政府应当将非物质文化遗产保护、保存工作纳入本级国民经济和社会发展规划，并将保护、保存经费列入本级财政预算。国家扶持民族地区、边远地区、贫困地区的非物质文化遗产保护、保存工作。"这一规定非常重要，为开展非物质文化遗产普查、申报、传承活动提供了强有力的财政保障。

第四，《非物质文化遗产法》明确了传承人的权利与义务，并引入退出机制。《非物质文化遗产法》第31条规定了非物质文化遗产代表性项目的代表性传承人的义务，包括开展传承活动，培养后继人才；妥善保存相关实物、资料；配合文化主管部门和其他有关部门进行非物质文化遗产调查；参与非物质文化遗产公益性宣传。同时也规定了违反义务的法律后果，即退出机制。其规定："非物质文化遗产代表性项目的代表性传承人无正当理由不履行前款规定义务的，文化主管部门可以取消其代表性传承人资格，重新认定该项目的代表性传承人；丧失传承能力的，文化主管部门可以重新认定该项目的代表性传承人。"该退出机制的确立，表明传承人不再是终身制的，其目的是为了敦促传承人履行传承义务。由于非物质文化遗产的传承人很多是得到国家和地方的扶持和资助，其所掌握的非物质文化遗产不单是其私有财产，也是民族文化的有机组成部分，若其不愿意或者无力传承，应当取消其资格，让其他有能力传承的人员来替代。在我国即将公布的第三批国家级非物质文化遗产名录中，公布的项目仅有190项，较之前两批合计1028项大幅度减少。严格控制国家级非物质文化遗产入选数量，目的在于谨慎而严肃对待非物质文化遗产的保护，使真正具有民族文化价值和典范意义的项目提升到国家级层面，以改变部分地方存在重申报，轻保护的现象。

第五，《非物质文化遗产法》将追究保护不力的法律责任。《非物质文化遗产法》明确指出了非物质文化遗产保护的主管部门及其承担的责任。根据《非物质文化遗产法》第7条规定："国务院文化主管部门负责全国非物质文化遗产的保护、保存工作；县级以上地方人民政府文化主管部门负责本行政区域内非物质文化遗产的保护、保存工作。县级以上人民政府其他有关部门在各自职责范围内，负责有关非物质文化遗产的保护、保存工作。"对于文化主管部门和其他有关部门的责任人对非物质文化遗产保护不力的，《非物质文化遗产法》第5章也明确了其法律责任，其规定："文化主管部门和其他有关部门的工作人员在非物质文化遗产保护、保存工作中玩忽职守、滥用职权、徇私舞弊的,依法给予处分。文化主管部门和其他有关部门的工作人员进行非物质文化遗产调查时侵犯调查对象风俗习惯,造成严重后果的,依法给予处分"。

《非物质文化遗产法》的出台,标志着中国非物质文化遗产保护进入法制化、常态化、科学化的阶段,其适用、完善以及法理上的科学性如何,则是有待于在实践中逐渐确认和改善。

3.3 我国非物质文化遗产保护面临的法律困境

为了更系统、有序地保护我国的非物质文化遗产,维护我国的文化安全和传承我们的优秀民族文化,全面构建非物质文化遗产的法律制度可谓是我们面临的一个重要任务。立法可以对政府保护非物质文化遗产保护中的作用实行引导、规范,提供工作依据,使得政府的行为有章可循;同时也使创造、拥有非物质文化主体力量的广大人民群众有法可依。虽然国家和地方性立法从各个角度规范保护非物质文化遗产,但也不难看出,目前我国在非物质遗产保护方面仍然面临许多法律困境。

3.3.1 现有法律条文的操作性缺乏

我国《非物质文化遗产法》为保护非物质文化遗产提供了立法依据,很多地方性法律法规也都明确了保护对象、保护措施、奖惩办法,确定了传承人、民间民族艺术之乡、文化生态区的标准和要求,为保护非物质文化遗产作出了规定,但这些现行法律法规中的很多内容过于原则性,还不够具体全面,难以实施。就《非物质文化遗产法》本身而言,虽然其意义重大,但也远非完善,很多条文如不加以细化,或者辅以其他相应配套法规,可能会对我们非物质文化遗产保护事业带来不利影响,现举其要者如下:

第一,第4条中规定:"保护非物质文化遗产,应当注重其真实性、整体性和传承性,有利于增强中华民族的文化认同,有利于维护国家统一和民族团结,有利于促进社会和谐和可持续发展。"此处所谓"应当注重其真实性、整体性和传承性"应该是保护措施方面的原则要求。但是，像我国这样尚处在现代化进程中的发展中国家，这种保护要求常充满悖论。比如，对最基础的真实性问题，其究竟是什么，就留有极大疑问。从民俗学的角度看，每一种非物质文化遗产都具有独特的地方性，有一个真实的本原，正是它处于濒危状态而需要保护。于是，原生态作为非物质文化遗产语境下的本真性诉求得以被提出来，❶ 并被大众所熟知。这种民俗学上的本真性，对应在法律的语言中即应该是所谓的真实性。非物质文化遗产跟传统生存样式或生活方式联系在一起，基本上都是传统乡民社会的产物，如今绝大多数的传统乡民社会被现代都市社会代替，非物质文化遗产的自然环境和社会环境均发生巨大变化，于是，皮之不存，毛将焉附？故"对传统民俗的保护，通常是希望使那些仍然保留着较多传统民俗的文化群落尽量不受或少受当代文化影响，继续固守他们原有的生活环境和生活方式；对于濒危的民间艺术、工艺等具体文化活动的保护，通常要靠资助传承人的方式使这些文化活动得以延续。"❷ 这种刻意制造所谓原生态的保护模式，正如许多学者批评指出的一样，几乎等同于临终关怀，只是使得这些文化形态勉强延续一段时间而已，并不符合非物质文化遗产被不断再创造，为社区和群体提供持续的认同感的要求。❸ 它将保护狭隘地局限在保存层面，忽视了"宣传、弘扬、承传和振兴"方面的保护内容，从而也被视为一种标本化的、僵硬的保护模式。在某种意义上也可以说，这是以特定社区或族群维持其农耕社会旧有生活形态，制约其社会经济生活发展为代价，从而满足现代人发思古之幽情的猎奇心理，不仅在保护的实效性上不尽如人意，甚至在道德的正当性上也值得怀疑。

第二，《非物质文化遗产法》第 15 条执行起来存在极大困难。《非物质文化遗产法》第 15 条规定境外组织或个人在我国进行非物质文化遗产调查时应当遵循的规则，即按规定应向有关文化主管部门批准，但是，很显然，执行起来基本不具有可操作性。例如，外国人来

---

❶ 刘晓春．谁的原生态？为何本真性？[J]．学术研究，2008（2）：154.
❷❸ 高小康．非物质文化遗产保护是否只能临终关怀 [J]．探索与争鸣，2007（7）：62.

我国欣赏昆曲，拍了照片，也找了艺人座谈，回去发表了调研报告，不允许吗？再比如外国人来中国旅游，听了侗族大歌，也拍了照片，找了演员调查，是否要经过事先批准，或是事后备案的？所以第15条操作起来是存在困难的，要制定相关的细则才能施行。国外强调文化主权，但有学术优先的原则，出于学术研究的目的，应该得到支持和鼓励。如果过于限制境外组织或个人在我国境内进行非物质文化遗产调查，不利于开展海外的学术文化交流，不利于弘扬我国非物质文化遗产。倘若过于放宽外国人在我国境内对非物质文化遗产的调查，会导致"文化海盗"现象，如何把握这个度，需要通过细则加以明确。

第三，《非物质文化遗产法》第18条提到："具有重大历史、文学、艺术、科学价值的非物质文化遗产项目列入名录予以保护。"用"历史、文学、艺术、科学"来定义非物质文化遗产的价值，显然还不够完善，因为非物质文化遗产是"各族人民世代相传并视为其文化遗产组成部分的各种传统文化表现形式，以及与传统文化表现形式相关的实物和场所"，换言之，相关群体的认同，社会心理的需要，实际上也是非物质文化遗产的价值，甚至可以说是非物质文化遗产的基础价值。只用"历史、文学、艺术、科学"四个过于精确的概念来规定价值，反而有所疏漏。

第四，《非物质文化遗产法》第29～31条的表述提到个体传承人，这个比较好确定，但是非物质文化遗产保护的最大问题在于集体传承人。很多非物质文化遗产传承的项目，例如手工艺，都是集体创作，并非某一个体所独有，传承也是集体的传承。忽视集体的传承，无形中就剥夺了族群内部其他人对于非物质文化遗产所享有的权利。

第五，《非物质文化遗产法》第35条提到图书馆、文化馆、博物馆、科技馆等在非物质文化遗产保护中的职责，但是没有提到大专院校和科研单位，似乎忽视了高等院校及研究机构在非物质文化遗产保护中的作用。事实上，一些高等院校和科研机构，一直致力于中国的非物质文化遗产的研究和保护。如果缺乏一个良好的研究基础，根本谈不上科学的保护，所以，应该强调研究和保护之间的关系。例如，梅州的客家文化生态保护实验区，这些非物质文化遗产保护区是否应该与当代社会环境隔离开来进行一个整体性保护，亟待研究，假如缺乏完善的研究基础和可行性论证作为前提，具体保护措施的落实无疑会受到不利影响。

《非物质文化遗产法》主要作为一部行政法，强调政府的职能、义务和责任，却忽视了其他个人、民间组织的责任和他们能发挥的作用。西方国家保护非物质文化遗产主要依靠民间力量。传承集体在当代往往以协会、学会的形式存在，他们可以发挥很重要的作用，应在法规中给予他们关注。《非物质文化遗产法》对政府角色的确认，除了控制、鼓励之外，应该加入服务的角色。在个人、民间组织保护非物质文化遗产的过程中，政府应该加以引导和帮助。

同时，地方保护主义以及各地区的要求不同，保护措施和处罚方式不同，容易出现地区间各种规章制度的不协调。这种不系统的保护方式给非物质文化遗产的保护造成了极大的难题，甚至有可能阻碍国家非物质文化遗产保护工作的进程。

虽然国家重视非物质文化遗产保护工作，看到了这一工作的紧迫性和重要性，颁布的法律和施行的措施可以暂时对非物质文化遗产起一定的保护作用，但是很难说是长久之计，其在实施过程中将会出现一些问题，可能难以避免。因此，针对上述情况，我国应及早制定《非物质文化遗产法》的实施细则，使非物质文化遗产保护更具可操作性，从而确立以法律保护为主，行政保护和社会保护为辅的方式。

3.3.2 保护体系中私法规范的不完整性

除了《非物质文化遗产法》本身条文需要细化，其也需要与其他相关法律进行全面的衔接整合。目前，我国对非物质文化遗产的保护主要依赖于公法规范，在私法领域只有零星的规定，缺乏切实可行的可操作性，从而使得非物质文化遗产民事性法律保护，特别是知识产权保护方面更显得突出。尽管我国《非物质文化遗产保护法》最后一章第44条规定了援用性规范："使用非物质文化遗产涉及知识产权的，适用有关法律、行政法规的规定。对传统医药、传统工艺美术等的保护，其他法律、行政法规另有规定的，依照其规定"。但事实上此处所谓"有关法律、行政法规"本身并不完善，即使已有部分相关立法，但也多有冲突或留有盲区。例如，《著作权法》只涉及非物质文化遗产中的民间文学艺术作品;《传统工艺美术保护条例》只涉及非物质文化遗产中的传统工艺美术部分,都不能全面地保护非物质文化遗产。《著作权法》规定了"民间文学艺术作品的著作权法保护办法由国务院另行制定",但具体办法至今没有出台。这种情形常常导致在具体的权利义务纠纷时出现无法可依的情况。民事性法律保护直接影响着非物质文化遗产的保护和利用,具体而言,保护的客体、具体权利范围和保护措施都难以真正实施,比如一些节庆等民俗活动,如端午节如何保护,被保护的对象是否具有可被侵权的特征,如果具备,则如何救济?这些问题都有赖于行政性法律保护和民事性法律保护的共同配套实施来加以完善。

同时,虽然《非物质文化遗产保护法》已明确承认"使用非物质文化遗产涉及知识产权"需要知识产权保护,且先不论相关立法本身尚付阙如,即便其法理基础也甚至尚未建立,目前仍有很大讨论余地。比如,我国在对非物质文化遗产进行知识产权保护的过程中,也急需解决非物质文化遗产与传统知识产权保护的价值冲突,独创性难以认定、权利主体无法确定,保护期限差异等难题。现行的著作权法等知识产权法律为非物质文化遗产提供的民法保护,主要可通过两种途径实现:一是依赖于著作权人权利的确认和对权利的主张;二是依赖于其作品的市场价值。因此,通过民法手段保护非物质文化遗产存在巨大的障碍:一是许多非物质文化遗产项目的知识产权归属难以确认,谁主张并行使权利、保护期的长短等问题已经超过了传统知识产权的理论范畴,对此学界还没有形成共识;二是许多珍贵、濒危的非物质文化遗产没有或基本上没有市场价值,却有着珍贵的历史、文化价值,其作为历史文化遗产需要的保存、记录、传承、弘扬等需要国家采取行政手段加以保护。非物质文化遗产的法律保护目标既要反映非物质文化自身的本质,还要体现法律作为行为调整方式的特点。

综上所述,目前我国非物质文化遗产保护的立法中仅有一些相关的原则性或单方面的法律、法规的规定,也缺乏相应的民事法律保护体系,特别是知识产权保护,这与我国非物质文化遗产的保护、传承与发展,以及文化事业可持续发展的总体需要相差甚远,因此有待完善,急需解决非物质文化遗产保护面临的这些法律困境。

3.4 我国非物质文化遗产保护的社会现实困境

3.4.1 社会经济文化生活基础的变迁

如果说,在非物质文化遗产保护过程中,法律规范有所欠缺,那么,我们尚可以不断地以立法或政策加以弥补,从而达到使保护得以完善的目的。法律具有规范人的行为和社会秩序,从而塑造社会形态以追求立法目的的指引性功能,此即所谓上层建筑对经济基础的能动性。但是,我们更应该认识到,法律毕竟只是属于上层建筑的范畴,从本质上说,它受社会经济基础决定的。随着时代的变迁,非物质文化遗产赖以存在的社会基础正遭受着侵蚀直至丧失,使得其保护成为一个严峻的问题,不仅是我国,甚至在世界范围都是如此。

非物质文化遗产基于社会生活基础产生,是在各种社会经济文化生活基础上形成和发展的。不同的社会生产力和生活生产方式构成不同的非物质文化遗产,正因为如此,才形成了不同文化的时代性和民族性。非物质文化遗产本身往往是一种生活或生存方式,它的文化价值就是特定人群的精神性生存价值,包含着劳动人民最质朴的表达,也能从中读出丰富的哲学思想。不同群体的非物质文化遗产是民族文化的重要内容,是人类文化瑰宝的组成部分。著名民俗学家钟敬文先生指出:"民族文化,是一面明亮的镜子,它能照出民族生活的面貌,它还是一种光,能照透民族生活的内在'肺腑',它又是一种历史留下的足迹,能显示民族走过的道路。它更是一种推土机,能推动民族文化的向前发展。"[1] 联合国教科文组织北京办事处原文化项目专员木卡拉也指出:"非物质文化遗产是人类遗产中非常重要的资源,正像有形文化遗产给人类留下的永恒记忆一样。就语言、民族音乐、舞蹈和民族服装来说,它们都能让我们从更深刻的角度了解它们背后的人和这些人的日常生活。通过语言途径传播的口头传统和哲学、价值

---

[1] 钟敬文. 民俗文化学:梗概与兴起[M]. 北京:中华书局,1996:194.

第3章 我国非物质文化遗产保护的实践和困境

观、道德尺度及思考方式构成了一个社会生活的基础。这些无形文化传统转瞬即逝的特征使它们非常脆弱。非物质文化遗产所涉及的范围非常广泛，每一个人与它都脱不开关系，因为在每个人身上都包含着它所在社会的传统。"❶

变化是非物质文化遗产的必由之路，也是非物质文化遗产的生命力所在。在非物质文化遗产的发展过程中，有创新，也有淘汰。同世界上的其他客观事物一样，任何一种文化都有自身发生、发展和消亡的历史，有其自身的发展规律。非物质文化遗产的变化与社会文化生活基础的变化密切相关。随着社会生产力和生产方式的发展，作为上层建筑的社会文化生活也随着变迁。社会文化生活的变迁是指一个民族的文化系统从内容到结构、模式、风格的变化，这种变化将直接导致原始的民族文化特色逐渐衰退。随着农业社会向工业社会迅速转化，社会文化生活基础发生变化，某些非物质文化遗产赖以生存和延续的土壤逐渐在消逝。这个现象是具有客观必然性，是不以人的意志为转移的。现代化发展与旧生活方式矛盾是一个不得不面对的问题，直接影响的结果就是导致非物质文化遗产逐渐走向消亡。美国学者伍兹认为，"文化变迁通常随着社会文化环境或自然环境的改变而发生。后两者的改变一般是同时或先后出现的。所谓社会文化环境是指人、文化和社会，其改变如人口密度的增长、与外界的联系或新的政治制度诞生等。而自然环境则指生态环境，包括自然的（如山、平原）和人工的（如建筑和道路）。其改变如迁徙到新的地方、自然灾害、气候变异等一样。"❷

我国民族学研究者在研究民族文化的变迁中也认识到历史地理环境、教育、民族通婚和社会变革等因素都能引起非物质文化遗产的流变。开放的地理环境可以促进不同文化之间的交流和传播；教育的功能在传播本民族文化的同时，也为介绍和传播外来文化提供了可能；民族间的通婚促进了人口的流动，人口的流动加剧了不同文化的融合，而社会的变革导致观念发生变化。学者们的研究已经表明，在我

---

❶ 刘红樱. 世界遗产的精神［M］. 北京：华夏出版社，2006：166.
❷ 克莱德·伍兹. 文化变迁［M］. 施惟达，胡华生，译. 昆明：云南教育出版社，1989：22.

国很有影响的传统节日，如春节、清明节、端午节、中秋节等，其现存状态与初始状态相比已经增添了很多内容。许多传说在流传的过程中也被添加了许多新的内容。著名的孟姜女故事在先秦时期只有数十字的记载，到南宋时已经演变为千万言的传奇，再到近现代时期形成了传说、故事、歌谣、戏曲、祭祀等在同一文化项目之下多种载体和形式汇聚成的庞大孟姜女民俗事项群。❶

既然引起非物质文化遗产发生变化的外因是社会文化环境和自然环境的变迁，其内因是什么？应该是生存和发展的需要。文化是人类为适应和改造自己的生存生活环境而进行的一系列精神上的活动，是一种社会意识，是人类在改造客观世界、发展和协调群体之间的关系，调节自身情感过程中所表现出来的时代特征、地域特征和民族特征。人类生存和发展的需要对文化有着直接或者间接的、巨大的影响。发源于农耕时代的非物质文化遗产，无论是手工艺技术还是各种社会风俗等都是人类同大自然、外来入侵进行抗争，以维护和扩展生活环境的过程中产生和发展起来的，满足人类生存和发展过程中的物质和精神上的需要。人类的生产方式与消费方式也决定了社会的潮流与价值观念，从而对当时的价值观、哲学、信仰、习俗等产生重大的影响。"但是，随着社会的发展，政治制度、经济制度、自然地理环境等诸多因素的变化，不同族群之间的生产力发展水平发生失衡，社会资源的分配格局也发生变化，部分族群所秉持的传统文化，失去了寻求财富增长的竞争优势，生存空间被挤压。穷则思变，弱势族群被迫改变原有的生存方式，在固有的传统文化中融入新的内容，摒弃制约其生产力发展的文化要素，以求得生存和发展的积极条件。"❷ 那些不适应当时人类生存和发展需要的非物质文化遗产，脱离了原有生存的轨迹而走向衰弱乃至消亡，这是文化自身发展的规律。我们在对某些非物质文化遗产的消亡深感惋惜的同时，也要理性地分析非物质文化遗产消亡这一现象的历史必然性。

---

❶ 顾颉刚. 孟姜女故事研究［G］// 顾颉刚. 孟姜女故事研究集. 上海：上海古籍出版社，1984.

❷ 刘云升. 非物质文化遗产保护的理性回归［J］. 河北师范大学学报，2009（5）：163.

3.4.2 非物质文化遗产生存与发展的严峻形势

从根本上说,非物质文化遗产基本可以说是农耕社会生存方式的产物,但是人类社会的现代化进程必定要改变这种传统的生存方式,尽管这种改变有时是渐进的、并非突然的。但是,如何在现代化的大趋势下,保护作为传统生存方式的非物质文化遗产,确实是一项极为艰巨的任务,对此我们也面临着极大的挑战。

我国非物质文化遗产保护工作近年来应该说已经取得了一定成绩,从社会观念的认识到法律法规的制定和施行,都取得了长足进步,为进一步完善保护积累了经验、奠定了基础。但客观来说,非物质文化遗产的收集、分类、鉴定、整理工作在我国尚属于起步阶段,在全球经济一体化、现代化的冲击下,我国非物质文化遗产生存和发展面临着严峻的形势,不容盲目乐观,很多非物质文化遗产目前还是处于一个生死存亡、急剧濒危的危险情状之中。

根据《人民日报》的濒危报告,我国民族民间文化损毁、消亡的现象十分严重,一些独特的语言、文字和习俗在消亡,大批具有历史、科学和文化价值的村落、村寨、民居建筑群遭到破坏,依靠口头和行为传承的各种技艺、习俗、礼仪等文化遗产正在不断消失。许多传统技能和民间艺人后继乏人,一些传统技艺由于口传心授而长久流传,但近年来,由于掌握这些技艺的艺人年事已高,这些民间技艺往往因老艺人的离世而逐渐消亡。❶

3.4.2.1 传统文化表现形式逐渐消亡

许多传统文化的表现形式没有得到及时抢救和传承,已经消亡,非物质文化遗产出现"断代"现象。就民俗学而言,我国资料之丰富是任何国家所不能比拟的。但是,我国对民俗的普查和记录还不全面,缺乏对各民族民俗文化系统的了解,甚至有些省份民俗的考察还处在空白阶段。随着经济大潮和西方文化大潮汹涌而来,诸多古老的民俗文化正在消失。例如,在宁波市的 415 项民俗类民间文化资源

---

❶ 详见 2003 年 11 月 23 日《人民日报》报道。

中，已经消亡的就有 60 项。贵州黎平县伤重镇育洞村 700 余户侗族，从 20 世纪 80 年代后期始至 90 年代，银饰、裙子、绑腿等侗族服饰，不再为青年妇女穿戴，姑娘们唱"多耶"的风俗已经没有了。

传统民间工艺濒危现象也极其严重。北京市工美行业协会经过调查摸底，列出了《北京传统工艺美术濒临失传的品种名单》，28 种工美技艺名列其中，约占该市全部工艺美术品种的一半。濒危的 28 种技艺中，有宫廷艺术 17 种，民间艺术 11 种，其中，绒鸟、料器、彩蛋、铁画、京绣等十余种技艺已基本绝迹，剩下的也只有寥寥两三位老艺人在惨淡经营。❶ 在闽西珍稀罕见的铁技木偶（也称托棍木偶）随着老艺人的逝去现已难觅踪影。广西民族民间的织锦、服饰、印染工艺，正处于濒临危境，人口达千万以上偌大族群的壮族，唯一保留壮族服饰的只有居住在广西那坡县中越边境的高山之中的"黑衣壮"。

民间艺术的消亡现象也不容乐观。以戏曲为例，我国戏曲历史悠久，剧种种类繁多。根据 2004 年出版的《中国戏曲志》30 部省卷统计，中国各地各民族的大小剧种 394 个、剧目 5 318 个，但迄今仍活跃在舞台上的，不过数十种而已。❷ 山西省的地方戏，20 世纪 80 年代尚有 52 个剧种，现在却只剩下 28 个，也就是说，24 个有着悠久历史、众多剧目、精彩艺术的古老剧种在 20 年里消失了。在福州作为唐代音乐再现的《唐和曲》，随着传人的离世，因无人记录而再难以听到这"环佩之声"。

我国还有一批语言已处在极度濒危之中。由于汉语的普及，一些少数民族语言文字使用率越来越低，在 80 多种少数民族和地方语言中，大约有 10 多种正处于濒危衰退的状态。赫哲语在 2000 年底就只有 19 个 60 岁老人会说了，满语只有黑龙江省黑河市、富裕县少数边远村屯的 100 个人听懂、50 位老人会说，畲语使用者不到 1 000 人，怒族的阿侬语在 1995 年就只有 400 多位 50 岁以上的人使用，西藏察隅县的格曼语，使用人口仅为 200 人，阿昌族一支系使用的仙岛语只剩下 100 人使用，珞巴族一支系使用的义都语只剩下 10 人使用，云

---

❶❷ 陈淑卿. 我国非物质文化遗产面临的危机 [G] // 于广海. 传统的回归与守护：无形文化遗产研究文集. 济南：山东大学出版社，2005：55.

第3章 我国非物质文化遗产保护的实践和困境

南麻栗坡彝族使用的普标语，会说者只有50余位老人。❶ 如不及时抢救挖掘，一旦这些老人离世，这些少数民族的语言将从历史舞台上消失。

3.4.2.2 后继乏人

非物质文化遗产主要依托于人本身而存在，人是非物质文化遗产最重要的传承主体，一个具有生命力的非物质文化遗产应当反映民族的精神信仰、习俗节日、衣食住行以及它的民间群体，反映在由群体之人构筑的活态文化之中，这正是我们所倡导的文化的人民性和人民创造的文化传统。这些非物质文化遗产以声音、形象和技艺为表现手段，并以身口相传作为文化链而得以延续，是"活"的文化及其传统中最脆弱的部分，但现在许多年轻人对传统技能和民间艺术逐渐失去了兴趣，不愿意学习继承，而目前掌握这些传统技能和民间文艺的大师们年事已高，这些技艺会随着老艺人的去世而失传甚至灭绝，造成不可弥补的损失。传统技能和民间文艺后继乏人，集中表现为传承危机，面临失传的危险。根据中国民协副主席林德冠自福建发来的报告，闽东的精致银饰器和榕城的锡工艺品也几乎"人亡艺绝"；福建雕刻闻名海外，寿山石雕、泉州木雕、福安银雕、德华瓷塑、惠安石艺等，国企解体、私业萎缩、后继无人；漳州年画10年间技艺失传，著名的南派剪纸代表福建剪纸如今已难觅传人，福建风筝、灯彩等轧工艺迅速衰败……非物质文化遗产正处于"传承断代"之中，造成这种危机的原因是多方面的，归纳起来主要有：

第一，现代化发展使传统工艺市场萎缩。在信息化、后工业化时代，传统农耕文化、手工业文化因时代变迁而不能适应社会生产力的发展，机械化、标准化、精致化、大批量化生产模式冲击着手工小作坊，挤兑传统手工艺技能的市场份额，使其在现代化市场经济环境中，举步维艰。例如，苗族的花釉竹节形酒具、瑶族的仙桃茶壶、京族的斗形提壶、壮族的鼎锅、彝族的餐盒等，被塑料工艺品和铝合金制品代替，而这些手艺和手工艺品也逐渐消亡。现代化技术占据传统工艺市场，再加上传统手工艺的技能比较难掌握，直接导致年轻的一

---

❶ 向云驹. 世界非物质文化遗产 [M]. 北京：宁夏出版社，2006（12）：136.

代对传统文化不感兴趣。在商品化浪潮中，又有多少年轻人愿意为人类文化的多样性而去学习一门正在失去市场的技艺呢？位于西双版纳傣族自治州景洪市基诺山的巴卡，是基诺族地区民族文化保留较为完整的村寨。然而，尽管村里的巴卡传统文化还有不少遗存，但云南省博物馆专家罗珏等人在调查了建成"民族文化生态村"之前的基诺族巴卡村寨后指出，村里关心传统文化的大多是老年人，年轻人则十分淡漠，只是一味地追求和模仿现代所谓时髦：男青年争相留长发、染黄发、唱流行歌曲；姑娘们则想方设法、不惜一切代价离开山寨，出走外地。❶ 面对这些情况，有研究基诺族文化的学者指出，基于中青年对于传统文化的淡漠，民族传统服饰有可能在 10 年内消失；民族口碑文史及其传统风俗传承机制，有可能在 20 年内消失；民族传统歌舞有可能在 20 年内消失；作为民族传统文化载体且是民族特征之一的语言，有可能在 30 年内消失。

第二，传承人的激励机制不完善。由于已经失去了市场，许多非物质文化遗产的保护都是举步维艰，有的传承人和保护者更是忍受着极度的清贫。那些商业价值不大的非物质文化遗产的保护依靠有限的行政拨款。虽然国家有专门的经费保护，但经费之紧张却是更大的难题，大部分还得靠传承人自己维持生计，许多传承人和保护人都在牺牲个人利益的情况下保护着濒危的遗产。在这种情况下，愿意继续传承这些非物质文化遗产的人越来越少。在国外，许多国家在保护非物质文化遗产时对传承者有一套完善的鼓励机制和保障机制，在经济上给予补助，并授予荣誉称号鼓励其他人继续传承和发扬优秀的非物质文化遗产。而在我国，非物质文化遗产保护工作正处于起步阶段，对传承人的认定和激励机制还在探索之中。

3.4.2.3 不当使用现象泛滥

长期以来，非物质文化遗产因特定社区成员的贡献而不断发展，在动态传承过程中，它逐渐具有了与特定社会经济内容紧密相连的属性，具有一定的经济价值。非物质文化遗产的经济价值主要集中在工

---

❶ 林庆.民族记忆的背影：云南少数民族非物质文化遗产研究[M].昆明：云南大学出版社，2007：41.

第3章 我国非物质文化遗产保护的实践和困境

艺、文化、旅游、音乐、多媒体、出版、建筑和服装等行业。非物质文化遗产中具有美学艺术表达和技术含量的手工艺制作,在世界范围内形成了一个不可忽视的产业。非物质文化遗产的另一贡献是旅游业。文化旅游经济以包括非物质遗产在内的人文景观和自然景观为核心,带动周边饮食、旅馆、商业、娱乐、旅游产品的发展,形成一个文化产业群。长期以来,人们一直将非物质文化遗产纳入公有领域,对非物质文化遗产的利用也处于无序状态。某些地区过分追求非物质文化遗产的经济利益,不当利用甚至滥用,不尊重保持者或传承者的物质权益与精神权益的现象十分普遍,也包括国外的有关组织和个人的使用。

(1) 使用却不标明来源群体

一些单位和个人将在各地搜集到的非物质文化遗产或者在此基础上的再创造标榜为自己的作品,不标明成果的来源,严重伤害了非物质遗产保有者或传承者的自尊心和民族感情。抄袭民间文学艺术,将其作为自己的作品据为己有,不标注来源群体,不当侵害非物质文化遗产来源群体利益已经非常普遍。在实践中,最经典的司法判例无疑是《乌苏里船歌》案。《乌苏里船歌》是在赫哲族民歌《想情郎》《狩猎的哥哥回来了》原主题曲调的基础上改编完成的,应属于改编作品或编曲而非作品,它是赫哲族传统的一种民间文化艺术形式,应受到法律的保护。但是演唱《乌苏里船歌》的郭颂在使用该作品时,没有客观地注明该歌曲曲调是源于赫哲族传统民间曲调改编而成的。"任何人利用民间文学艺术进行再创作,必须要说明所创作的新作品的出处。这是《中华人民共和国民法通则》中公平原则和《著作权法》中保护民间文学作品的法律原则的具体体现和最低要求。"[1]

(2) 资源掠夺

非物质文化遗产真实反映了人民群众的生产和生活实践,蕴含着丰富的生活智慧和艺术素材,是人类文化的源泉,也是文化多样性的土壤。一些单位和个人在对非物质文化遗产进行商业化开发并获取巨额商业利润的同时,却不给非物质文化遗产的保有或传承的群体和个人应有的回报。某些医药企业利用中医药或少数民族医药知识开发新药,获得高额收益,而这些医药知识的提供者从中获得的收益却很少。

---

[1] 北京市第二中级人民法院民事判决书(2001)二中知初字第223号。

许多发达国家也觊觎发展中国家丰富的非物质文化遗产，利用自己的技术和资金优势，进行资源掠夺。以日本等国掠夺我国的传统文化资源为例，日本企业将我国古代医学家张仲景的古方，以现代化制药工艺制成药方制剂返销中国。美国迪士尼公司根据我国民间故事"木兰从军"制成动画影片《花木兰》在全球范围内赚取巨额的票房收入，而我国观众必须支付费用，才能欣赏到以西方现代艺术形式表现的本土传统故事。很多外国公司无偿使用我国已经文献化的传统知识如中药复方以及流落民间的古方、验方和家传秘方，有的还在此基础上，利用西方现代医药科技开发了很多符合现行知识产权要件的新药，注册了新的专利，利用现行的知识产权制度堂而皇之地获取利益，相当数量的国外公司正通过知识产权制度抢占国内的中药市场份额，然后再通过侵权赔偿打垮中国企业。[1]

有些国家将我国民间文学艺术中耳熟能详的各种典故、人名、地名等名称抢注为注册商标。通过国家工商总局进行商标综合检索，可以看到，2002年日本光荣公司抢注了"三国志—网络""三国志—无双""孔明传"等商标，旨在为日后推出系列游戏铺路。日本科乐美公司于2003年抢注了"幻想水浒传"商标。"狗不理""杏花村"和"杜康"等也在日本被抢注。日本株式会社将"西游记""水浒传"等注册为其计算机游戏的商标。除了"红楼梦"，中国四大古典名著的名称，包括其中广为人知的人物、地名、情节等很多已被海外抢注了。[2]

根据诚实信用、平等互利的原则，对来源群体的民间文学艺术进行商业化利用，不仅应当得到来源地群体的许可，还要向其支付合理的费用。未经许可免费使用实际上是一种赤裸裸的文化资源掠夺。

(3) 淡化或歪曲文化内涵

在对非物质文化遗产进行开发和利用的过程中，某些地区、单位和个人过分追逐其中的经济利益，漠视非物质文化遗产中的文化内涵和传承者的精神权益，淡化或歪曲非物质文化遗产文化内涵的现象也存在不少。有些政府为地方经济考虑，过分追求政绩，将本地的非物质文化遗产包装得面目全非，丧失了其本身的文化内涵和民族精神，

---

[1] 厉季昀. 中医药保护应绕开"专利陷阱"[N]. 中国中医药报, 2005-04-28.
[2] 杨勇胜. 民间文学艺术的法律保护[M]. 长春: 吉林大学出版社, 2009: 189.

严重破坏了非物质文化遗产的内容。有些单位在利用各地民居、歌舞或习俗进行旅游开发的过程中，不重视非物质文化遗产本身的文化内涵和价值，为迎合各地旅游者，巧立各种名目，将非物质文化遗产弄得粗俗肤浅，淡化甚至歪曲了其本身的民族精神和内涵。例如，广西民族旅游景点，邀请游客参加婚礼并收费，一场原本应该充满喜悦祥和的"婚礼"变成一场庸俗的闹剧。在非物质文化遗产商业化倾向愈演愈烈的同时，越来越多的非物质文化遗产被低俗化、庸俗化，失去其原有的文化内涵。

此外，其他不当使用非物质文化遗产的现象包括假冒或者仿造民间文学艺术产品，虚假宣传其产地、制作者、制作工艺、原材料等现象也层出不穷。在商品生产与流通领域，非物质文化遗产中民间文学艺术工艺品的生产和加工存在严重的虚假宣传情况。如西湖龙井、苏州刺绣、藏药等很多并非来自其原产地。例如，非藏民聚居的许多其他地方的经营者在大量生产藏刀，甚至有浙江义乌生产的所谓藏刀，真让人哭笑不得。在服务领域，民间音乐、民族舞蹈、民间饮食等同样并非来自原产地。在商品生产或服务上假冒或仿造非物质文化遗产，不当利用非物质文化遗产的独特优势，获取不当利益，特别是其中以次充好、质量低劣等现象，严重损害了非物质文化遗产的声誉。

3.4.2.4 大量实物和资料流失海外

相关资料显示，目前我国少数民族地区有大量的民族文化资源流失到国外，而且这种情况还相当严重："一些外国商人借商贸、旅游、学术交流机会进入我国民族地区，大量采集、收购、记录和使用少数民族民间文学艺术，甚至通过非法渠道买卖少数民族文物，形成了一股文化资料掠夺潮。在西南、东北等少数民族文化传统丰富的地区，许多外国人深入村寨、收购民族服装、头饰、佩饰，而且有的专门收购年代久远的工艺品，或者收录歌曲、舞蹈等民间艺术，制作成光盘或出版物作为自己的研究成果。"[1]

---

[1] 王鹤云. 浅论保护中国少数民族民间文学艺术的有效方式[G]//张庆善. 中国少数民族艺术遗产保护及当代艺术发展国际学术研讨会论文集. 北京：文化艺术出版社，2004：522.

分析非物质文化遗产流失的原因，一方面是因为经济转型，农业文化、狩猎文化、游牧文化、刀耕火种等在市场经济和工业化、城市化时代的不适应，一些固有的文化习俗、服饰、传统工艺随着生活生产方式的转变而逐渐被消融。在全球一体化的趋势下，民族民间文化受到外来文化的挑战，民众的兴趣发生了转移，对于保护非物质文化遗产缺乏主动性，从而间接导致民间非物质文化遗产的生存空间日益缩减。另一方，我国保护非物质文化遗产的法律制度不健全，保护手段单一，缺乏非物质遗产的传承人保障和激励体制，致使一些传统技艺因为不能传承下去而濒临灭绝；某些地区对文化的保护缺乏有效的规划和措施，使其遭到不适当的开发，任意改变非物质文化遗产的内涵以迎合现代生活，严重淡化、歪曲其本质，加剧了文化资源的破坏和毁灭；面对国外对我国传统文化资源的掠夺及抢注相关商标权及专利权的行为，国家缺乏有效的法律规制，使我国的非物质文化遗产流失加剧。总之，我国非物质文化遗产生存和发展的形势非常严峻。

3.4.3 非物质文化遗产利益关系的困惑

现代化的发展与旧生活方式的矛盾，导致非物质文化遗产面临丧失，这是我们在保护过程中的重大挑战。传统文化表现形式的逐渐消亡和传承人的后继乏人，更是有其现实的客观社会原因。但是，非物质文化遗产的保护也涉及一个利益的平衡和取舍问题，这无疑使得其保护方面，变得错综复杂。这其中利益的关系不只是经济利益，同时也应该包括文化价值等其他方面的利益。这些利益关系如何界定？如何平衡？从各国的不同立法到各国际组织不同的国际公约，从我国各地的地方性立法到我国统一的国家立法《非物质文化遗产法》，对此都难以给出明确的规定，保护实践中如何把握也常常令人困惑。一方面，在对非物质文化进行开发利用的过程中，需要平衡三方面的经济利益关系：即如何平衡非物质文化遗产专有权利和义务的关系；文化创作群体、传播者、使用者之间的利益关系；以及私人利益和公共利益的关系。这种平衡有利于保护非物质文化遗产的正当使用，避免发生对非物质文化遗产的掠夺与垄断。另一方面，某些非物质文化遗产由于不能适应现代生活的需要而被淘汰，其作为经济资源的开发也乏

第 3 章 我国非物质文化遗产保护的实践和困境

善可陈,但是,有些文化遗产或许蕴含着较高的文化艺术价值,对这部分遗产,我们是否需要保护和如何保护?在对非物质文化遗产进行商业化利用的同时,对于那些没有商业价值,但从文化传承和文化进化的角度上对文化多样性的维护具有重要意义的非物质文化遗产要如何保护?利益的平衡和取舍也是国际社会保护非物质文化遗产的政策目标与核心原则之一。

非物质文化遗产是来源于群体的智力成果,是一种可利用的文化资源,具有财产的属性,不仅蕴含着丰富的文化价值,也蕴含着不可估量的经济价值。非物质文化遗产与现代文化的源流关系为人们所共知,其中蕴含的民族文化基因是现代文学艺术生长的肥沃土壤。但在一些发达国家看来,非物质文化遗产中的民间文学艺术处于公有领域,并没有和其来源群体实现利益共享。来源群体与使用者之间、发展中国家与发达国家之间围绕民间文学艺术产生的利益失衡,其根本原因就在于民间文学艺术的价值性,以及发达国家按照利己的标准主导的现代法律制度。❶ 因此,需要将非物质文化遗产中的创造性成果纳入私权的保护范围,构建新的法律机制,才能保证非物质文化遗产的合理利用,在来源群体与使用者之间达到利益的平衡。

与那些具有巨大商业价值的非物质文化遗产相比,还有更多的非物质文化遗产默默在乡村田野自生自灭。这些非物质遗产中有部分是由于不能适应人类生存和发展需要被淘汰的,对于这部分非物质文化遗产我们应该理性分析和看待,不能违背文化的发展规律而将其"复活",应该对其进行静态保护,将其作为研究文化发展规律的资料进行记录式保存;还有部分非物质文化遗产虽然不能带来经济效益,可是具有巨大的文化价值,我们应该采取动态保护与静态保护相结合的方法,行政保护与民事法律保护相结合。国家对这些遗产的传承人应该给予经济上的补助和奖励,提供一系列保障机制,解决非物质文化遗产的"传承断代"问题。

---

❶ 杨勇胜. 民间文学艺术的法律保护 [M]. 长春:吉林大学出版社,2009:34.

第 4 章
我国非物质文化遗产保护的基本理念和原则

4.1 基本理念

　　随着经济的发展和社会交流范围的日益扩大，人们越来越感觉到非物质文化遗产是一种极具价值的资源，它的现实价值和潜在的价值不断地被人们所揭示和认识。为了维系原住地民族的生存和发展，为了公平合理地、可持续发展地利用非物质文化遗产，其保护问题成为许多国际组织的重要谈判议题。非物质文化遗产具有传承性、地域性和活态性等特征，尊重非物质文化遗产的自身规律，有利于非物质文化遗产的可持续发展，规范对非物质文化遗产的合理利用行为，鼓励原住民和其他相关利益方对非物质文化遗产的保存和创新，其最关键的无疑是给予非物质文化遗产法律上的保护。但是，如何保护则是国际社会近几十年来不断努力探索的一个核心问题，从各个国际公约到各国的国内立法无不对此力求建立详尽细致的规定，具体的保护措施可能根据各国的具体国情不同，可能存在差别，然而其不同措施的背后则均应有一些共同遵循的原则。一般来说，原则作为基本准则，反映的是立法保护的基本价值和精神，其宣示意义在立法、法律解释和漏洞补充方面均具有指导性的功能，在实践中弥补具体法条规范的不足。对我国非物质文化遗产而言，其保护原则的重要性也不例外，同样应予重视。不过，非物质文化遗产保护原则的确立，我们认为应建立在非物质文化遗产本身为何需要受到保护这一更为根本性问题的基础之上，这也就是所谓非物质文化遗产保护的基本理念问题。从国际社会的保护情况看，非物质文化遗产在法律上的保护至少是基于文化、经济和主权三方面的因素。

4.1.1 文化本身因素：文化多样性

非物质文化遗产作为特定民族和族群的智慧结晶，常常蕴涵着丰富的文化信息，其延续和发展包含着不同发展时期的诸多烙印，从多方面体现了这些民族和族群的文化特性。国际上非物质文化遗产保护问题最初都是从社会发展的角度提出文化应当多样性的要求。1998年联合国教科文组织发布的《世界文化报告1998——文化、创新与市场》中列举了文化多样性的重要性："第一，文化多样性作为人类精神创造性的一种表达，它本身就具有价值；第二，它为平等、人权和自决权所要求；第三，类似于生物多样性，文化多样性可以帮助人类适应世界有限的资源环境。在这一背景下，多样性与可持续性相连；第四，文化多样性是反对政治和经济的依赖和压迫的需要；第五，从美学上讲，文化多样性呈现不同文化的系列，令人愉悦；第六，文化多样性启迪人们的思想；第七，文化多样性可以储存好的和有用的做事方法，存储这方面的知识和经验。"2001年11月，联合国教科文组织在《世界文化多样性宣言》中提出文化的多样性和生物的多样性同等重要。《世界文化多样性宣言》指出，"文化在不同的时代和不同的地方具有各种不同的表现形式。这种多样性的具体表现是构成人类各群体和各社会的特性所具有的独特性和多样化，文化多样性是交流、革新和创作的源泉，对人类来讲就像生物多样性对维持生物平衡那样必不可少，从这个意义上讲，文化多样性是人类的共同遗产，应当从当代人和子孙后代的利益角度着眼予以承认和肯定。"

目前，世界上的潮流是趋向于多极化发展，世界上的文化也同样要求多元化的分布。文化多样性为人类文化实现类似于生物学意义上的"杂交优势"创造了必要的条件，同时也为特定文化的选择提供了多种可能性，对新的可能性的尝试和探索，是创造性与活力的重要表现。"我们知道，任何一种可能的文化，都有自身的长处，同时也有其缺陷。一种文化要想在不利于自身存在的条件下获得生存的机会和可能性，就只有通过吸收其他文化的优势因子以取长补短，来迎接挑战，积极地适应环境。就人类文化整体而言，如果离开了所有不同文化之间的互不整合，就有可能将一种文化的缺陷放大为整个人类文化在总体上所普遍具有的共同缺陷，从而危及人类文化的持续存在。"[1] 在以西方文明为主流的现代文化冲击下，非物质文化遗产多处于边缘化甚至面临灭绝的危险。非物质文化遗产的消亡不仅仅是工艺技术、传统风俗习惯的丢失，也意味着，失去人类历史长河中的文明、文化中蕴含的文化基因和文化内涵，人类社会的文化就可能趋同，变得单调和匮乏。因此，基于文化多样性的考虑，对非物质文化遗产的保护是保持世界多元文化形态的重要基础，是维护人类文化多样性，促进人类文化发展的重要手段。我国作为《保护非物质文化遗产国际公约》的缔约国，《非物质文化遗产法》第 1 条规定："为了继承和弘扬中华民族优秀文化传统，促进社会主义精神文明建设，加强非物质文化遗产保护、保存工作，制定本法。"显然遵循了公约的最基本精神，强调了继承和弘扬中华民族优秀文化方面的立法追求。

4.1.2 经济因素：民族产业、分享获益

非物质文化遗产在国际上之所以被关注，其另一个重要原因即是它的经济价值。而在市场经济为主导的国际背景下，西方发达国家倡议和主导的现行国际经济规则不利于发展中国家的可持续发展，非物质文化遗产的拥有国的利益受到了忽视甚至侵害，原有利益平衡被打破，要求在新的社会环境下重新构建利益关系。

特别是近十年来，随着社会的发展，非物质文化遗产在经济、文化和产业等领域的现实作用和潜在价值不断被发现和利用，故而法律上的财产属性更为明显。为了体现公平理念，应当在法律上对非物质文化遗产的财产属性给予必要的确认和尊重，设置利益分享机制。非物质文化遗产的文化资源和经济资源的双重属性，为现代市场经济条件下文化产品的商业化提供了可能性，其作为一种创新的源泉，在经

---

[1] 何中华. 从生物多样性到文化多样性 [J]. 东岳丛论, 1999, 20 (4): 76.

济增长和科技进步的过程中具有独特的经济价值,已经被人们充分认识。在各国的保护实践中,已不乏作为一种特色资源来开发,也可以作为一种民族产业来经营。但是,非物质文化遗产是特定民族、族群、社区在社会生产活动中所凝结的生活方式、思维方式、风俗习惯及知识技能,它反映了人的社会知识与实践成果相互作用的结果。在其形成、发展和传承过程中,特定族群和社区成员付出了巨大的、长期的贡献。发展中国家认为,无报酬攫取非物质文化遗产用以营利,对这种文化来源地的创作群体是极其不公平的。因此,基于经济的考虑,规范非物质文化遗产利用的秩序,有利于发展民族产业,也可以为非物质文化遗产获益分享制度打下法律基础。但是,由于非物质文化遗产资源分布、开发技术能力及市场应用等各种具体条件的不用,不同国家的立场也自然不同,发达国家和发展中国家对此常有不同的诉求和主张,这反映了非物质文化遗产作为一种重要的新的文化经济资源的利益分配机制上的复杂性。然而,不论如何,非物质文化遗产的保护应该基于经济利益的关系考量,此举将会影响到其保护原则的确立,这一点已是不容置疑。我国《非物质文化遗产法》虽然没有直接涉及这方面的明确规定,但其附则第44条援用知识产权等有关法律的规定,这说明,在我国非物质文化遗产的保护不只是一部《非物质文化遗产法》本身即可独立担当保护重任,而是应该有一整套法律体系的系统性保护。

4.1.3 政治因素:国家文化主权

非物质文化遗产记录了不同民族、族群、社区杰出的智慧和聪明才智,蕴涵着该民族传统文化的精髓,反映着该民族的文化身份和特色,放射着该民族思维方式、审美方式、发展方式的神韵,体现出该民族独具特色的历史文化发展踪迹,展现出鲜明的文化价值,是维系一个群体和民族文化认同的重要纽带。《世界文化多样性宣言》指出,人类文化是"某个社会或某个社会群体特有的精神与物质,智力与情感方面的不同特点之总和;除了文学和艺术外,文化还包括生活方式、共处的方式、价值观体系、传统和信仰"。

社会学的观点认为,发达国家成员的团结和纽带是通过社会分工的细化进而相互依赖而形成的，而拥有非物质文化遗产的社区成员的团结主要依靠传统文化、风俗习惯以及宗教等来完成的，非物质文化遗产在这一过程中占据着重要的地位。因而，从国家统一和政治角度来说，维护非物质文化遗产的传承和发展是维护国家文化主权，民众自我文化认同的需要，更关系到社会的稳定。为了正当合法地行使国家在非物质文化遗产上的主权，维护国家和民族的利益，应给予非物质文化遗产在法律上保护的实际意义。

对非物质文化遗产基于国家文化主权的政治考虑，虽然在理论上并无多大异议，但是在各国的国内立法中常常不被直接地明显表示出来，其寓意耐人寻味。事实上，众所周知，包括非物质文化遗产在内的文化体系，是一个国家除了政治、经济、科技和军事之外软实力的重要组成部分，其对国家的意义和重要性并不亚于上述的硬实力。一个国家欲以文化软实力作为一个重要筹码在国际竞争中取得优势地位，首先应保护自身的文化，特别是非物质文化遗产。我国《非物质文化遗产法》在第1条虽然只是强调了继承和弘扬中华民族优秀文化方面的立法追求，但也是为促进社会主义精神文明。该精神文明从某种意义上也可理解为文化软实力的有机组成部分。尽管此处也未直接出现国家文化主权之类的相关规定，但是，宏观地从其保护的基本理念或精神来看，除了在私法领域被赋予特定族群的权利人或者传承人一定的私权利益外，对非物质文化遗产的保护本身即是体现了国家作为公法领域的管理者而享有文化主权。

4.2　非物质文化遗产保护的法律价值

4.2.1　非物质文化遗产保护的内在法律价值

非物质文化遗产作为文化遗产的重要组成部分，本身即具有历史和文化等方面，甚至政治和经济方面的价值，也正因为其具有这些不同方面的价值，才引起人们重视和保护。这些价值意义如此重要，以至于保护的基本理念的形成和保护的基本原则的确立都无不与此有着密切的联系。但是，需注意的是，非物质文化遗产保护的法律价值与非物质文化遗产的价值不同，它重在保护的法律意义，它也与保护原则确立的关系更为密切。从某种意义上，非物质文化遗产的保护原则的确立，既与非物质文化遗产保护的基本理念有关，也与非物质文化遗产保护的法律价值有关。从逻辑关系看，前者解决的是保护的动因问题，即为什么需要保护，后者解决的是保护所追求的目的，即达到何种价值目标。所以，在确立非物质文化遗产保护原则之前，正如分析其保护的基本理念，分析保护的法律价值同样不可或缺，具有理论和现实的意义。

具体剖析非物质文化遗产日益受到重视和保护这一现象，我们会发现这是人类认识历史的一大进步。其得到保护背后蕴含的法律价值，包括了人们对生态主体平等、权利公平、秩序安全等法律价值的重新审视。传统法律在处理人与自然的关系时，注重确认人的主体资格地位，而把自然视为客体，否定人与自然的平等地位。传统哲学价值论也认为，人只有内在价值而无工具价值，自然只有工具价值而无内在价值，在这样的理念下，人成为主宰自然的上帝，任意行为。随着生态哲学揭示的整体价值观的普及，人类认识到人的价值和自然的价值是平等的，生态系统是能够创造出众多价值的，人只是这些价值中的一种。《世界自然宪章》指出："每种生命形式都是独特的，无论对人类的价值如何，都应得到尊重，为了给予其他有机体这样的承认，人类必须受到道德准则的约束"。从这种意义上说，非物质文化遗产和其他文化遗产一样都理应受到人类的保护，其作为自然生态中的一部分，有其内在的价值，人类应该尊重其存在。在此基础上进一步延伸，不难得出人与自然权利公平的法律价值。"价值"和"权利"这一对概念是有密切联系的，确认了自然的价值，就不可能否认自然的权利，为了实现其价值，就必须赋予其一定权利来保障自身价值的实现。人与自然同一本源存在正如生态伦理学所论证的那样，自然具有"天赋权利"，人类有义务保护自然，实现生态权利公平。在设计或订立保护非物质文化遗产的制度时，这种基础性的认知将起到重要的作用。撇开单纯将非物质文化遗产看作是为人类服务的客体，承认其自身存在对整个生态界甚至直接对人类的价值，保护的侧重点及其方式将呈现出全新的面貌。环境破坏、战争和冲突，现代化、城市化、工业化等为人们所熟知的名词，文化全球背景下强势文化对弱势文化的冲击等社会现象，使得文化多样性面临减少甚至消失的危机。《世界文化多样性宣言》指出："尊重文化多样性、宽容、对话及合作是国际和平与安全的最佳保障之一""文化多样性是人类共同的遗产"。在制定保护包括非物质文化遗产在内的所有文化遗产的相关制度时，抛弃以人本利益为中心的可持续发展模式，取而代之以生态为中心的发展模式，将更加有利于维护生态系统的整体利益和实现人与自然和谐相处，保障生态秩序安全。

4.2.2 非物质文化遗产保护的外部法律价值

之所以提出"外部法律价值"，是将其与前文所述的"内在法律价值"形成对比关系。内部法律价值侧重于论述非物质文化遗产的内在法哲学意义上的价值，而此处的"外部"，其所欲论述的是，人类在设计保护非物质文化遗产时所要实现的社会秩序调控方面的法律价值。

随着科技水平的不断提高，人类社会取得了极大的进步，需求不断增长。从某种意义上说，人类对传统知识和生物资源的依赖不减反增。人类利用自然和改造自然的能力急速上升，可以支配的自然因素的范围相对以前拓宽了很多。而绝大多数的自然资源是有限的，不可再生的。在人类滥砍滥伐、疯狂掠夺的情况下，资源大量枯竭，生态系统也遭到破坏，所造成的损失不可挽回。这种情况的发生更加剧了资源的稀缺性，使得资源的价值更加珍贵。生物资源是人类创造文明的基础，对人类的用途十分多样化。这种用途不仅体现在提供最基础的食物或者衣料上，更多的是支持了很多相对高端的行业，譬如医药、美容、化妆品等。然而，由于技术和信息的不对等性，对遗传资源的运用能力相差甚远，尤其是发达国家与发展中国家之间。由于一些历史或者地理原因，很多发展中国家本国内含有很丰富的遗传资源或者丰富多彩的民间文学艺术，这些都具有很大的商业价值，很多发达国家的商人利用这些资源牟取暴利，却不给予提供原始材料的社群或者组织任何回报，这种现象被称为"生物剽窃"。单从已经形成专业术语这一点，我们就可以看出此不良现象的普遍性。因此，在非物质文化遗产的保护制度设计的过程中,其保护要体现追求正义、秩序、平等的法律价值。

4.2.2.1 非物质文化遗产保护的正义价值

正义价值一直以来都是一个历久而常新的话题,西方法律思想史中蕴含着丰富的正义史。苏格拉底将法律分为自然法和人定法,其中的人定法是国家颁布的法律、条例、规定,具有易变性。无论是自然法还是人定法,都是正义的表现,正义即是立法标准,也是立法的共同本质,"守法即正义"是苏格拉底最核心的思想。正义论是柏拉图国家和法律思想的出发点和归宿点,《理想国》就是从讨论正义问题开始的。柏拉图认为,正义国家存在于社会有机体各个部分间的和谐关系之中,如果每个阶级的成员都致力于本阶级的工作,且并不去干涉另一个阶级的工作,那么就是正义的。一个人只有作为理想国的一员才是正义,各个阶级的人只有各司其职才是正义,每个人完全献身于理想国才是正义。柏拉图又将正义分为道德正义和法律正义,道德正义是个人和国家的最高美德,社会行为的普遍道德标准。法律正义对于统治者来说就是严格按照社会各阶层和个人的天性分配其工作,惩办不轨分子,以维持社会的正常秩序;对于被统治者来说,就是安分守己,严守社会分工,俯首帖耳地服从统治者的统治。柏拉图还认为,法律应该是同正义相一致的东西,维护法律就是维护正义,守法就是服从正义。因为正义应该在法律中获得体现,法律必须体现正义的要求,必须根据正义的原则制定。亚里士多德表达了相类似的观点,他认为,法律和正义是形式与内容的关系,法律是正义原则的具体化,是人们根据正义原则制定出来的行为准则。他认为,正义特别是政治正义就是以法律规定的正义,又叫法律正义,立法的根本目的就是要促进正义的实现。非物质文化遗产的保护应体现正义价值,如果法律不加以干涉,非物质文化遗产可以随意让任何人使用,而真正的利害关系人不能获得任何的受益,这样是违背正义观念的。所以要制定相应的法律赋予利害关系人相应的权利,使得其利益得到法律的认可。也只有这样才能提高他们的积极性,更有助于对非物质文化遗产的保护。法律的作用就是要促进正义的实现,首先,要分配权利以实现正义。例如,大多数非物质文化遗产都是集体智慧的结晶,有时只能分辨出主要的权利人应该是谁，但是为了非物质文化遗产更好地传播和利用，在赋予非物质文化遗产人权利时要考虑群体内外其他主体的合理使用权，不可以将所有的权利都赋予单纯的一个或某个主体，权利的分配要符合正义的一般要求。其次，要惩罚罪恶以伸张正义。非物资文化遗产的保护仅仅依靠私人的力量是远远不够的，应该依靠法律和国家强制力予以支持，通过惩罚滥用非物质文化遗产的行为表达正义观念，恢复社会心理秩序。出于正义的要求对于不满足非物质文化遗产保护理念和法律要求的恶的行为要给出否定的评价，这也是基于道义要求所产生的正义观念的应有内涵。最后，要补偿损失以恢复正义。前面惩罚罪恶是基于道义的正义要求，这里的补偿损失则是基于功利的正义要求。在非物质文化遗产权利人的权利受到侵犯时，法律力求通过补偿使得受害者蒙受的损失得到一定的救济。

4.2.2.2 非物质文化遗产保护的平等价值

洛克认为，每个人对自己的身体都享有所有权，"他的身体所从事的劳动和他的双手进行的工作，我们可以说，是正当地属于他的。所以只要他使任何东西脱离自然所提供的和那个东西所处的状态，他就已经掺进他的劳动，在这上面参加他自己所有的某些东西，因而使它成为他的财产"，"最高权力，未经本人的同意，不能取去任何人的财产的任何部分"。法律的目的就是保护所有人的财产。洛克的这些话同样论述了保护非物质文化遗产的一个方面。任何人的劳动都应该受到尊重，他的财产也应该受到保护。非物质文化遗产中的民间艺术、传统技术等都是某些人或是某些群体智慧的结晶，对它的传承和维护利害关系人付出了辛勤的劳动和汗水，对他们应该给予法律上的保护。对非物质文化遗产的利用可能存在一些潜在的价值，在现代文明理念下，不能因为利害关系人没有相应的法律意识或者更好的技术手段，就可以随意侵犯本属于他们的利益或者说预期的利益。法律面前人人平等，每个人的劳动和利益都应该得到法律的保护，为了实现这一目的，追求实质上的平等，法律就要赋予利害关系人相应的权利和利益请求权。另一方面，是人身权利方面，非物质文化遗产利害关系人的人身方面的权利（比如表明来源地、注明作者等）也应该得到尊重，法律面前人人平等，任何人不可以侵犯他们的人身权。

4.2.2.3 非物质文化遗产保护的秩序价值

秩序是法的最基本的价值之一，它的存在是人类一切活动的必要前提。秩序是人类的理想要素，构成人类活动的基本目标，法律的实施使得这一目标得到了更好的改善。非物质文化遗产的保护过程充分体现了法律对秩序价值的重要性。一方面，法律可以维护经济秩序。恩格斯说："在社会发展某个很早的阶段，产生了这样一种需要：把每天重复着的产品生产、分配和交换用一个共同规则约束起来，借以使个人服从生产和交换的共同条件。这个规则首先表现为习惯，不久便成了法律。"❶ 这里的"生产和交换的共同条件"指的就是经济秩序。现代的社会已经打破了很早之前的自然经济社会，而变成了商品经济社会。商品经济社会最突出的特点就是交换的普遍存在，只有这样，商品的价值才能得以实现。这就需要对经济社会进行规制，只有这样，经济秩序才能很好地得到维护。法律在这个过程中占据了举足轻重的位置。首先，法律明确权利的主体。在保护非物质文化遗产时，最基础的前提和保障就是要明确谁是非物质文化遗产的合法所有人，只有这样非物质文化遗产的保护才能有合法的起点。其次，对主体权利要加以必要的限制。非物质文化遗产是人类共同的财富，对其进行保护是必要的，也要对其进行合理的限制，因为非物质文化遗产是人类进行创造和发明的源泉，为了推进人类的整个文明向前发展，法律应该赋予其他人合理使用的权利或者法律直接明确法定许可的情形。最后，法律要调控经济活动。为了达到保护非物质文化遗产的目的，什么样的行为是被允许的，什么是被禁止的，什么是应该给予奖励和褒扬的，法律都要进行选择，以规范对非物质文化遗产的利用及其他经济活动。另一方面，法律维护正常的社会生活秩序。首先，法律确定权利义务的界限，避免纠纷。非物质文化遗产具有潜在的价值，其独特的性质使其更加稀缺而成为珍贵的资源，可是人类的欲望是无限的，这种有限性与无限性之间的矛盾正是纠纷冲突的重要原因。如果法律不加以限制，非物质文化遗产的权利人很有可能为了实现自己的最大利益，而作出违背非物质文化遗产保护宗旨的行为，比

---

❶ 马克思. 马克思恩格斯选集（第二卷）[M]. 北京：人民出版社，第211页。

如将非物质文化遗产转让给外国人。所以法律要直接设定权利义务，赋之以明确的内容，或者提供一些标准或依据，由当事人按此标准确定自己的行为是否满足权利义务要求，或者只是作原则性的规定，以弥补可能存在的漏洞。其次，法律是一种解决纠纷的文明手段。当非物质文化遗产权利人与权利人之间或者与其他人之间发生纠纷时，当事人可以寻求法律的帮助，用比较文明的手段解决纠纷，使冲突得到缓和，保证社会生活的正常秩序。

4.2.3 基于法律价值的保护原则之确立

现代社会是讲究规则与制度的社会，法律在调节社会利益关系方面起着重要的作用，非物质文化遗产同样需要法律的手段加以保护，保护可以防止人类的非物质文化遗产的流失和灭失。非物质文化遗产作为一种特殊的法律关系的客体，在保护的理论基础、基本原则和具体的保护规则等基本法律问题方面具有其自身的特性，而这些问题的研究是建立和完善非物质文化遗产法律保护制度的基础。

我国是一个非物质文化遗产资源非常丰富的国家，面对保护非物质文化遗产这一世界性的课题，在对保护非物质文化遗产进行法律制度设计时，必须借鉴国际社会对非物质文化遗产保护的立法实践，重视和遵循非物质文化遗产保护的基本原则。构建非物质文化遗产保护的基本原则，应有助于承认非物质文化遗产的固有价值，培养对非物质文化遗产的尊重以及对保存和维护非物质文化遗产权利人的尊重，促进非物质文化遗产的持续发展；应有助于维护非物质文化遗产权利人的利益，确认非物质文化遗产权利人有效的行使权利，包括适当的精神与经济权利，可以避免其利益受到不当侵害，制止非物质文化遗产的不当利用及其他不公平的商业活动；应有助于鼓励、奖励并保护基于非物质文化遗产的创造和革新，促进非物质文化遗产的交流，促进因非物质文化遗产的利用产生的经济与非经济利益的公平公正分享，并与其他适用的国际制度相一致。

国内有学者在研究《保护非物质文化遗产国际公约》的基础上，把国家主权、利益分配和知情同意的要求解读为非物质文化遗产保护的基本原则。但是，我们认为，这些只是非物质文化遗产权利的内容

第4章　我国非物质文化遗产保护的基本理念和原则

与权利行使限制的一方面，并不能上升到基本原则的高度。相反，如果从国际社会对非物质文化遗产保护的理论基础出发，我们认为基于非物质文化遗产保护的法律价值，把人权原则、族群利益原则、利益平衡原则和生态可持续发展原则作为非物质文化遗产保护的基本原则更具有合理性。重视和坚持这四个基本原则对正确保护非物质文化遗产，促进传统文化的发扬光大，增进原住民群体的福祉及整个社会的文明进步具有重要意义。我国应把这些原则贯彻落实到《非物质文化遗产保护法》起草、内容设计和实施的各个环节。

4.3　人权原则

在非物质文化遗产保护的四项基本原则中，人权原则是首要的原则。可以说，人权的普世价值，对各个法律领域里任何权利的保护都具有深刻的影响，其对文化权利的影响自然也不例外。对非物质文化遗产保护而言，其意义尤为重大。非物质文化遗产保护的基本理念和保护的法律价值，都集中体现了人权思想，而从其国际公约的立法来看，则直接将对人权的尊重和实现作为追求的目标，将非物质文化遗产保护视为一项关于人权的科学工作。

4.3.1　国际人权法视野下的文化权

维护人权的主张，最早产生于自然法和自然权利的思想中。近现代意义上的西方人权理论，源于13~14世纪，兴起于意大利，15世纪扩张到整个欧洲，文艺复兴运动中进入传播高潮。文艺复兴时期最重要的思潮是人文主义。以个人为核心的人文主义思想，以自由、平等为核心的人道主义，以唯心史观为基础的抽象人性论，成为人权理论最早的思想渊源。17世纪提出"天赋人权"口号成为人权理论最主要的思想基础，使人权理论开始走向系统化。英国思想家洛克系统提出了包含"天赋人权"思想的自然权利学说，法国的孟德斯鸠和卢梭，美国的潘恩和杰弗逊都继承和发展了洛克的自然权利学说，并开始了人权的规范化、法律化工作。

当今国际社会的人权概念包括公民权利和政治权利，经济、社会和文化权利，《世界人权宣言》指出："人人生而自由，在尊严和权利上一律平等；人人都有资格享受本宣言所载的一切权利和自由，不论其种族、肤色、性别、语言、财产、宗教、政治或其他见解、国籍或其他出身、身份。这些权利和自由可分为公民权利和政治权利以及经济、社会和文化权利两大类。"但是与其他方面的人权相比，文化权利相对来说不是很成熟，没有达到足够的重视，常常被称为人权中的"不发达部门"，也被当成其他人权的"远亲戚"。❶《宣言》第 27 条规定："人人有权自由参加社会的文化生活，享受艺术并分享科学进步及其产生的福利；人人以由于他所创作的任何科学、文学或美术作品而产生的精神和物质的利益，有享受保护的权利。"这是国际社会最早提到文化权利的国际文件了。《宣言》中还规定了文化权利其他方面的内容，比如教育权；"每个人、作为社会的一员，有权享受社会保障，并有权享受他的个人尊严和人格的自由发展所必需的经济、社会和文化方面各种权利的实现"；"人人有权享有主张和发表意见的自由；此项权利包括持有主张而不受干涉的自由；和通过任何媒介和不论国界寻求、接受和传递消息和思想的自由"，这里提到的信息权利也是文化权利的一部分。1966 年通过的《经济、社会和文化权利国际公约》确认并发展了文化权利，除了重申人人有平等的受教育权利以及政府应采取相应措施使之得以充分实现、自由发表意见的信息权利之外，还强调要尊重作为法定监护人的父母有"保证他们的孩子能按照他们自己的信仰接受宗教和道德教育"的自由（第 13 条）。第 15 条特别强调：人人有权参与文化生活，有权享受科技进步及其应用所产生的利益，以及有权使其科学、文学或艺术作品所产生的精神上和物质上的利益受到保护等。并要求缔约各国尊重进行科学研究和创造性活动的自由。❷ 同一年通过的《公民权利和政治权利国际公约》对文化权利的规定有新的发展。其第 27 条规定："在那些存在人种的、宗教的或语言的少数人的国家中，不得否认这种少数人同他们的

---

❶ 雅努兹·西摩尼迪斯. 文化权利：一种被忽视的人权［J］. 国际社会科学杂志（中文版），1999（4）.
❷ 徐家林. 人文发展与文化权利［J］. 上海师范大学学报：哲学社会科学版，2007，36（5）：26.

第 4 章 我国非物质文化遗产保护的基本理念和原则

集团中的其他成员共同享有自己的文化、信奉和实行自己的宗教或使用自己的语言的权利。"[1] 该条规定赋予语言上的少数人群和民族宗教享有自己文化、奉行自己宗教和运用自己语言的权利。从上述介绍中我们可以看出,《世界人权宣言》《经济、社会和文化权利国际公约》以及《公民权利和政治权利国际公约》在文化权利的规定方面可以互相补充,但任意一个都不能作为独立完整的文化权利国际法律文件。除了以上联合国有关文化权利的文件之外,一些地区性的文件也有关于文化权利的规定。另外,联合国教科文组织经过不懈的努力也制定和通过了大量关于文化权利的文件,其中最重要的三个文件有《国际文化合作原则宣言》(1966 年)、《关于广大人民参与文化生活并为此做贡献的倡议书》、《关于艺术家状况的倡议书》(1980 年)。

  社会权利和经济权利是有关物质的权利,而文化权利是有关精神的权利。从一定意义上说,社会权利和经济权利解决的是人最基本的生存问题,而文化权利则是发展权,对于人类的存在来说,社会权利和经济权利是基础和生存的前提,此种意义上的社会权利和经济权利是文化权利的基础。但是从另一方面来说,社会权利和经济权利也依赖于文化权利,当人类的社会权利和经济权利无法得到实现时,人们往往从争取文化权利开始引发革命,从而夺回自己的社会权利和经济权利。即使在社会变革时期之外,文化权利的重要性也是毋庸置疑的,比如,只有文化权利中的知识产权得到了保护,人们的财产权才能得到相应的保护,再比如文化权利中的教育权的实现是人们实现其他社会权利和经济权利的基本前提。所以说,社会权利、经济权利和文化权利是相互依存、相互渗透的。

  另外,我们也不难发现,一些社会权利和经济权利内容中本身就包含文化权利。比如,一个人享有房屋所有权,那么就意味着这个人可以随意地安排自己房屋的摆设,随意添置自己喜欢的家具等,完全按照适合自己的文化方式安排自己的生活环境,也就是享有文化权利的内容;一个人的财产权应该受到尊重,就意味着这个人可以自由支配自己的财产,随意按自己喜欢的文化传统方式生活,只要不侵犯其他人的权利,这个人的财产权可以给他带来很多精神方面的便利,实

---

[1] 引自《经济、社会和文化权利国际公约》。

现自己的文化权利。

虽然文化权利是人权中的不发达部门，但是我们可以看出文化权利和其他权利息息相关，和它们共同构成完整意义上的人权。所以我们要格外重视文化权利，付出更多的关注以彰显其对人类生存发展的意义，以达到充分实现文化权利的目标。

非物质文化遗产的各个要素，包括风俗习惯、工艺技巧、文学艺术、价值观念等均与人权密切相关。从各个有关文化权的国际公约及国内法来看，对文化权的保护包含了对民间文学艺术的保护。《经济、社会和文化权利国际公约》规定，成员国在实施参与文化生活的权利过程中必须就以下方面提供信息：提供资金，促进文化发展与大众参与；建立公共基础设施，贯彻大众参与促进文化认同的政策，使文化认同成为个人、团体、国家或地区间相互了解的因素；促进对国内各民族、少数人群以及土著民族文化遗产的了解和欣赏；大众传媒与通信媒体对促进参与文化生活的作用；对文化遗产的保护与展示；保护艺术创造与表演自由的立法；文化艺术领域的专业教育；保护、发展和传播文化的其他措施。这里所指的各项措施也包括了对非物质文化遗产的保护，可见，国际人权法视野下的文化权包括了非物质文化遗产在内的文化权利。

4.3.2 与非物质文化遗产相关的人权

在全球化和商品化日益发展的背景下，人权与非物质文化遗产保护近年越来越成为国际社会感兴趣的话题，人民关注的不仅仅是土著民族、少数民族或发展中国家人权意识的觉醒及其运用人权维护自己的冲动，更重要的人权为非物质文化遗产的法律保护提供了一种清新的道德力量和新颖的保护视角，为非物质文化遗产的发展引入了新的价值观。

2001年通过的《世界文化多样性宣言》是为了"充分实现《世界人权宣言》和1966年关于公民权利的两项国际公约等其他普遍认同的法律文件中宣布的人权与基本自由"的基础上制定的，并特别强调了人权和文化权利是文化多样性的保障和有利条件。2003年通过的《保护非物质文化遗产公约》前言指出，条约是在"参照现有的国际

第 4 章 我国非物质文化遗产保护的基本理念和原则

人权文书的基础上制定的。"在有关非物质文化遗产的定义中,该公约强调,"在本公约中,只考虑符合现有的国际人权文件,各群体、团体和个人之间相互尊重的需要和顺应可持续发展的非物质文化遗产。"该定义可以看出,公约实际上是把很多有悖于人权理念的非物质文化遗产排除在其承认和保护的范围之外的。

由此可见,非物质文化遗产的保护体现了对人道主义精神和普遍人权理念的尊重,国际社会关于非物质文化遗产和文化多样性的保护是建立在人权的理念之上的。人权原则主要是指非物质文化遗产的保护必须遵循维护人权和发展公民文化权利的原则。人权主要包括两个方面,一个涉及公民和政治权利,另一个涉及经济、社会和文化权利。《世界人权宣言》《公民和政治权利国际公约》《经济、社会和文化权利国际公约》和其他权利公约一起统称为国际人权宪章,构成了人权理论的主要框架。在国际人权架构形成之后,文化权利作为一种"独立的、可实施的权利"受到了国际社会的重视。联合国教科文组织立足于发展人权和落实文化权利,制定了系列的文化发展规划以及《武装冲突情况下保护文化财产公约》(1966年)、《关于全民参与文化生活并为此做贡献的倡议书》(1976年)、《关于艺术家状况的倡议书》(1980年)等20多部维护文化权利的国际公约、宣言、劝告书和解释性文书,形成了一个关于文化权利的理论系统,而保护非物质文化遗产是联合国教科文组织实现公民文化权利系列项目的一个重要组成部分。一般来说,文化权利主要包括文化参与权、文化平等权、文化自决权和保护少数人群体的文化认同权。保护文化多样性是我们保护非物质文化遗产的核心,保护文化权利是保护文化多样性的有利条件,保护非物质文化遗产将有利于促进文化参与权、平等权与认同权,有利于保护平等文化人的权利,从而发展公民的文化权利。

国际社会将保护非物质文化遗产、文化多样性与发展人权和文化权利紧密联系在一起,是因为非物质文化遗产涉及人类活动,一些传统的社会实践方式必须符合道德标准,比如人权,才可以得到保护。那些具有妇女歧视、种族歧视、虐待等内容或对自然与非人类生命具有破坏性、敌视性、征服性态度和行为的非物质文化遗产,也就必然因不符合现代人权的自由、平等、尊严等主流观念而被排斥在保护范围之外。因此,人权原则是非物质文化遗产保护的基本原则之一。在保护非物质文化遗产的立法中必须贯彻人权原则，将受法律保护的对象限制在尊重人权和基本自由的范围之内，立足于现代人权理念，批判地继承非物质文化遗产，从而促进特定文化权利的实现，维护文化的多样性。在人权法的视野下，与非物质文化遗产相关的人权主要包括以下权利内容：文化自决权、文化认同权和发展权。

4.3.2.1 文化自决权

根据国际人权宪章以及其他文件的规定，文化权包括的权利内容有参与文化生活、文化认同的权利、享受科学进步的权利、参与创造的权利、其创作成果受知识产权保护的权利、受教育的权利、获得信息的权利、国际文化合作的权利等。1977 年，第 32 届联合国大会通过了由发展中国家提出的关于人权新概念的决议案，强调国家主权、民族自决权和发展权是基本人权，人权的主体范围由个人拓展到集体，极大丰富了人权的内容。其中，自决权主要包含政治自决权、经济自决权和文化自决权。与非物质文化遗产相关的主要是文化自决权。文化自决权是文化主体有权决定自己的文化地位，有权自主决定自己的文化事业发展道路，有权自主决定自己传统文化遗产的命运，有权反对文化同化。文化自决权的集体权利性质和自主决定文化遗产命运的内涵要求，正好迎合了传统族群或社区维护和控制非物质文化遗产利益的需要。联合国大会于 1992 年通过的《属于民族或种族、宗教以及语言少数群体的人的权利宣言》规定国家有义务保护少数人群体的生存和认同，这种少数人的权利包括：享有自己文化的权利；信仰和实施自己宗教的权利；使用自己语言的权利；有效参与文化、宗教、社会和经济生活，以及有关其所属的少数群体的决策过程；建立和协调自己的交往；建立并不加歧视地保护与其团体内其他成员或其他公民，或与他们在民族、宗教或语言上有联系的其他国家的自由和平往来。1993 年，联合国促进和保护人权小组委员会起草的《土著人权利宣言》草案中曾指出："土著居民有资格被承认对其文化和知识产权的完全所有、控制和保护。他们有权采取专门措施，控制、发展和保护其科学、技术与文化表现形式，包括人与其他基因资源、种子、医药、动植物特性知识、口头传统、文学、设计及视觉与表演艺术。"在世界知识产权组织主持的关于传统知识、民间文学艺术、遗传资源保护的讨论会上，土著组织的代表人就明确指出，传统知识、民间文学艺术和遗传资源同他们的群体和土地有着精神上、文化上甚至是宗教上的密切联系。剥夺土著民族的这些知识和资源，将侵犯土著民族的民族自决权。

当今社会，发达国家的部分文化艺术团体利用文化强势地位，不经民间文学艺术来源群体同意，随意无偿利用甚至歪曲性使用民间文学艺术的事例不胜枚举。这些又何尝不是践踏人权的行为。将非物质文化遗产纳入保护范围，不仅仅是非物质文化遗产利益分享机制是否公平合理的问题，更直接关系到有关群体是否能对非物质文化遗产的命运有所掌控、有关群体文化自决权这种基本集体人权是否实现的问题。自决权强调各个民族或者群体有选择自己的发展道路和生活模式的权利，文化模式关系到人们生活的方方面面，文化的选择权得到实现，自决权才能得到完整的保护。

4.3.2.2 文化认同权

文化认同权是文化权利的核心，其目的是维护文化的多样性，它是第二次世界大战以后随着民族解放运动以及"福利国家"的兴起才广泛被认同和接受的一项新兴人权，相比于公民权、政治权以及经济和社会权利而言，在范围、法律内涵和可执行性上最不成熟。同时出于政治的考虑，文化认同权往往被国家忽视甚至否认。但文化认同权对个体、民族和国家保持独立的主体性存在以及其他人权的实现至关重要。

文化认同权可以解读为权利主体享有表达和发展自己的文化特性，包括他们的语言、宗教、传统习俗等的权利，有自由选择、享受、提高和分享本民族传统的权利。文化权利，特别是与保护文化遗产、具体人民的文化认同和文化发展相关的那些权利，被视为"民族的权利"。文化相对主义者提出在任何社会都有主流文化与多数人文化，少数人因受主导文化的影响，采用主流文化的模式。人文中心主义者将自己的文化作为中心和标准，认为他们的文化优越于其他的文化，为了抬高自己的文化而贬低其他的文化，所有与自己的规范、习俗、价值观、习惯和行为模式相偏离的东西都被认为是低劣的、值得怀疑的，甚至通常是变态的和不道德的。文化认同权的一个很重要的方面是保护少数人的存在以及他们的民族或种族、文化、宗教和语言特性，并促进那一特性的环境，创造有利条件使少数人得以表达自己的特性和发展自己的文化、语言、宗教、传统和习俗。非物质文化遗产中蕴含的文化，相对于"主流文化"和"多数人的文化"，显然属于弱势地位，是一种"少数人的文化"，其权利往往不被重视，没有得到应有的尊重。尤其是城市化步伐的加速，现代工业的发展和网络的普及，各族群耕制度和生产方式发生了巨大的变化，对民歌、编制手工艺品、参与民间文艺表演等这些传统的生活生产方式不再是人们生活的主要内容，城市文化的冲击使非物质文化遗产的受众越来越少。同时，农民外出打工改变了乡村非物质文化生存的社会基础。由于外出打工的个体所接受的都是社会的主流文化、都市文化，他们大多背离故土的传统和价值观念，民族文化认同悄无声息地正在发生改变。

　　文化认同是同一民族的成员公有的文化心理或文化归属感，它是民族精神文化认同的内在要求和前提条件。民族由于民族成员的认同和民族情感的凝聚而存在。每一个人都出生、成长于自己无法选择的民族或族群之中，受到自己所属的民族文化的熏陶、涵养，共同的文化背景使每个人集合为所谓的"民族"，以区别其他民族和族群。而民族文化又孕育、形成于民族生活土壤中，民族由其自身的文化所标识，没有自己的文化，民族的意义也就不存在，至多具有种族的意义。❶ 从文化层面上看，民族的凝聚力和归属感或者说是个体民族身份的确认是建立在对其民族文化认同的基础之上的。对自身民族的文化认同，可以产生强大的心理力量，带给个体安全感、独立意识和自我尊重。文化认同其实是本民族精神文化被本民族全体成员所接纳、内化、弘扬和升华的过程。非物质文化遗产作为民族文化的一部分，其生存空间也受到挤压，对它的保护首先应该是全民族的一种文化认同。对非物质文化遗产的认同也是对民族精神文化的认同，非物质文化遗产体现了各个国家和族群长期以来形成的共同心理结构、意识形态、生活生产方式和习俗等特点，是民族精神的载体，也是维系民族情感的纽带，是我们可以退守和栖居的精神家园。从这个意义上讲，

---

❶ 栗志刚. 民族认同的精神文化内涵 [J]. 世界民族, 2010（2）: 3.

保护和利用好非物质文化遗产对于培养民族认同感，增强社会的凝聚力和创造力是至关重要的。非物质文化遗产始终贯穿着一条抵御时间消磨性、保持民族文化绵延性的根脉，其中所蕴含的民族的强烈认同感是一条超越社会变迁和维系情感交融的坚韧的特殊纽带。个体接受了族群的独特文化，也就是对这个社会进行了价值认同，从而有效地融入社会而促进了社会的和谐。作为鲜活的、多样丰富的文化资源，非物质文化遗产有利于民族精神的凝结和绵延，具有重要的社会认同、社会和谐的价值和作用。

4.3.2.3 发 展 权

对非物质文化遗产的保护也体现了人权原则中的发展权。发展权是人的个体和人的集体参与、促进并享受其相互之间在不同时空限度内得以协调、均衡、持续地发展的一项基本人权。发展权作为一项不可剥夺的权利，它是所有个人和全体人类应该享有资助其经济、社会、文化和政治全面发展并享受这一发展成果的人权，它要求各国、各民族都能平等、自由、友好地交流合作，均等地享受发展的机会。从发展权的内容来看，发展权是政治、经济、文化和社会发展的统一。非物质文化遗产是具有文化、经济和政治价值的重要传统文化遗产，保存和发展非物质文化遗产是实现发展权的重要保障。WIPO 把促进传统部族和传统社区的发展作为传统知识保护的政策目标之一，其中文化的发展也应该是发展权的应有之义。在文化的交流合作过程中，非物质文化遗产能够得到尊重和保护，相应的权利人能够与其他人平等地对话和合作，其精神利益和经济利益得到实现，各种文化才能更好地发展。在发展中国家和不发达的民族地区，现代科学技术相对落后，传统知识等非物质文化遗产是他们的主要文化资源和基本生存方式的反映。对这些非物质文化遗产的保护，不仅对现有的非物质文化进行记录和保存，也可以利用现有的知识产权制度，通过权利转让和许可模式建立控制非物质文化遗产资源、排斥他人歪曲性利用或不正当商业利用的法律机制，从而实现自己的经济、文化和社会的发展目标。这种依靠知识产权制度控制非物质文化遗产的利益分享权和话语权的模式，是实现发展权的重要途径。

4.3.3　我国非物质文化遗产保护中人权原则的内容

非物质文化遗产是属于文化的范畴，故对其加以保护，首先自然体现的最重要的一点，就是对人权中的文化权利的尊重。文化权利是属于特定文化的人因这些文化而形成的权利。我国现行的《非物质文化遗产法》虽然未直接规定人权原则，但作为《保护非物质文化遗产公约》缔约国，对这些文化权利的保护，同样体现着人权原则。其保护文化多样性是我们保护非物质文化遗产的核心，保护非物质文化遗产对文化权利的促进作用，主要表现在以下几个方面：

首先，保护非物质文化遗产有助于促进文化平等。人类的文明是由各种各样的文化形式组合而形成的，不同的文化都有其独特的存在价值。但是文化之间存在价值和势力的冲突，弱势文化有可能面临被侵蚀被统治的危险。非物质文化遗产就属于弱势文化中的一种，它们面临着文化空间被挤压，甚至被文化灭绝的威胁。[1] 我国作为发展中国家，经济和综合国力与发达国家之间都存在很大的差距。在经济强势的发达国家面前，我国的非物质文化遗产也更容易随着各种经济活动，而遭受不公平的对待或者滥用。为了保护我国的非物质文化遗产，我们一直以来积极参加国际上保护非物质文化遗产的活动，国内立法也在不断完善立法，明确非物质文化遗产的权利人，明确责任制度，紧跟国际上保护文化遗产和保护文化多样性的步伐，反对文化帝国主义，最大限度地维护和实现文化的平等。在国内各民族之间，总体上平等保护，但是，《非物质文化遗产法》第6条第2款也特别规定："国家扶持民族地区、边远地区、贫困地区的非物质文化遗产保护、保存工作。"这种对需要保护而欠缺保护能力的地区倾斜的立法政策，更是体现了对促进文化平等追求的努力。

其次，保护非物质文化遗产有助于促进文化认同。文化不仅是一个国家和民族的历史成就的象征，更多时候它也是许多民族、社区、群体的标志。世界上各不同国家之间，甚至一个多民族国家内部之间

---

[1] 苏卫军，邱丽娟，王仁卫. 论非物质文化遗产保护的必然性和对实现公民文化权利的意义 [J]. 歌海，2009（3）：93.

都会存在各种各样的文化形态，属于不同文化形态的人们在各自的文化氛围影响之下，在生活方式、语言、价值观等基本方面都会形成基本一致的观念。现代人权学说一般均认为，人们对自己文化的认同感应该得到尊重。非物质文化遗产的形成也是一个长期的过程，它也反映了一个民族、一个社区或一个群体对自身生活方式的认可及自豪感。毫无疑问，非物质文化遗产的保护可以促进各族人民和各族群或社区对自身文化形式的认同，我国《非物质文化遗产法》第4条对保护方面提出的"有利于增强民族的文化认同"，即是体现了人权原则在促进民族文化认同方面的具体要求。

最后，保护非物质文化遗产有助于促进文化经济权利的实现，而这种权利的实现显然是文化发展的重要保障。非物质文化遗产常常具有一定的经济价值，其潜在的经济利益如果得不到有效的保护，有可能会被漠视甚至被大肆破坏，拥有该非物质文化遗产的民族或族群的原住民的文化发展权就无从谈起。现实生活中，某些非物质文化遗产的形成群体之外的商业组织，比如，发达国家的某些生物技术公司利用其科技优势、信息优势等肆意破坏经济落后地区的文化资源，然后恶意利用立法漏洞申请为知识产权保护的权利，从而使得该文化资源的来源地人民的利益受损。此类现象曾经屡见不鲜，特别是非物质文化遗产资源丰富的发展中国家和欠发达地区，近年来对此已经有一定经验教训。不过随着各国保护措施的不断完善，此状况也必将有所改善。因此，重视非物质文化遗产的经济权利的保护，也是国际社会在保护非物质文化遗产时普遍关注的重要问题之一。我国为尊重和促进文化权利的发展，也考虑到其经济权利的实现，《非物质文化遗产法》第37条专门规定："国家鼓励和支持非物质文化遗产资源的特殊优势，在有效保护的基础上，合理利用非物质文化遗产代表性项目，开发具有地方、民族特殊和市场潜力的文化产品和文化服务。"

4.4 族群利益原则

族群利益原则作为非物质文化遗产保护的基本原则，主要涉及两个与此有关却容易混淆的问题：一是它和国家文化主权之间的关系；

二是它和族群的"惠益分享"之间的关系。正如前述，基于国家文化主权的政治考虑是非物质文化遗产保护的动因之一，非物质文化遗产是一个和民族与国家紧密相连的概念，但非物质文化遗产究竟应属于国家权力的管辖对象，还是族群的权利对象，这是保护非物质文化遗产的法律不能回避的重大难题。至于"惠益分享"，强调重在确保族群原住民的利益，固然有其自身的意义，其重要性也不言而喻，但是经常有人将它和国家文化主权一样，分别作为非物质文化遗产保护的基本原则对待，应该说存在一定的误解。这主要是从利益的归属关系看原则的确立，应该是族群利益原则而非国家主权原则。同时，强调族群的利益，如果仅仅以"惠益分享"作为原则，远远不足以担当，故而需要反思。

4.4.1 族群利益原则的内容

前已述及，《保护非物质文化遗产公约》将"非物质文化遗产"定义为："被各社区、群体，有时是个人，视为其文化遗产组成部分的各种社会实践、观念表述、表现形式、知识、技能以及相关的工具、实物、手工艺品和文化场所。这种非物质文化遗产世代相传，在各社区和群体适应周围环境以及与自然和历史的互动中，被不断地再创造，为这些社区和群体提供认同感和持续感，从而增强对文化多样性和人类创造力的尊重。"同时该公约在第1条第2项同时指出，应当尊重社区、群体和个人的非物质文化遗产。由此可以看出，非物质文化遗产始终与社区或群体等这些特定族群联系在一起。除极个别例外情况下，当然也不排除涉及个人，但绝大多数情况下，非物质文化遗产来源于社区群体，并且是为这些社区群体提供认同感和持续感。所以说，群体性是非物质文化遗产的本质特征，但也不可否认，后文将会分析，非物质文化遗产的客体具有复杂性，这种复杂性决定了对此问题不能一概而论。从公法的角度看，对任何法律关系的客体，国家固然都应有行使管理方面的权力，而在私法层面，涉及具体的私的利益，则应视具体情况而定。国家在某些特殊情况下，可能作为权利主体的身份出现，但是，绝大多数情况下，应该并非如此。

国内有学者基于《保护非物质文化遗产公约》第11条规定各缔约国应该"采取必要措施确保其领土上的非物质文化遗产受到保护",认为该规定体现了国家在非物质文化遗产国际保护中所具有的主体地位,从而把国家主权原则作为保护非物质文化遗产法律的基本原则。他们为国家对本国的非物质文化遗产处于权利主体的地位享有管辖权,作为一个国家管辖权的范围,国家应当采取合适、必要的措施予以保护,其他国家不得干涉。但是,我们更认同这种观点:"其领土上"不能等于所有关系,这样的措辞不能表明国家是非物质文化遗产的所有人。❶ 而该公约第11条实际上表明了国家在非物质文化遗产国际保护的义务和责任,非物质文化遗产是各国的文化遗产,并不意味着非物质文化遗产的所有人是国家。在全世界所有的非物质文化遗产中,绝大部分非物质文化遗产都是各族群在自己特殊的生活生产方式中为解决某种特定的社会问题或者规避某种特定的社会问题而创造产生的,它体现了族群独特的思维方式和问题处理技巧,彰显了其智慧和创造力。因此,我们认为非物质文化遗产真正的权利主体应该是产生它的族群,涉及的是族群的利益。族群利益原则是指非物质文化遗产保护立法要充分反映客观现实,最大限度地满足原住民、部落、民族以及一定范围的群落等正常生存与发展的需求,反映其根本利益与意志。

在保护非物质文化遗产的法律中,如果忽视族群利益原则,一味强调国家主权,其所调整的国家权力之间、族群享有的非物质文化遗产权利之间及其相互关系极易错位,极易出现权力对权利的忽略,会导致族群的非物质文化遗产权利成为国家权力的附属物和派生物,甚至成为政府的恩赐或者施舍,非物质文化遗产权利的保护也将沦为国家公权力任意干涉人民私权的借口。在这种情况下,非物质文化遗产与其真正的权利人被分隔,权利人的利益得不到保障,非物质文化保护也就无从谈起了。

非物质文化遗产多数是鲜为人知、未为人关注、极为珍稀的少数民族、少数族群、特定信仰群体或者弱势群体的文化。在2001年联合国教科文组织宣布的第一批"人类口头和非物质文化遗产代表作"

---

❶ 李墨丝. 谁的非物质文化遗产:以国家主权为视角[J]. 求索, 2009 (4): 138.

的19个项目中,少数民族和部落的非物质文化遗产占有相当的比重。这些非物质文化遗产普遍面临着文化空间被挤压甚至被歧视的威胁。因此,就保护对象而言,对非物质文化遗产保护的法律明显不是对社会中多数人的保护,只是少数人的权利。为了确保少数人非物质文化遗产权利法律保护,立法必须贯彻族群利益原则。在非物质文化遗产的调查和普查工作及珍贵的非物质文化遗产实物和资料名单确定、非物质文化遗产代表作名录的确定、文化生态保护区的设置以及非物质文化遗产传承人的认定等涉及广大民众甚至是族群利益的非物质文化遗产的保护工作中,必须保障族群作为利益主体有效参与并能获得相应救济的权利。

4.4.2 对所谓"利益惠益分享原则"的反思

4.4.2.1 惠益分享的起源

目前有很多学者在非物质文化遗产保护领域,提出所谓"惠益分享原则"。在我们看来,这可能是一个被误解的认识,有重新反思的必要。"惠益分享原则"最初的提出和运用,主要集中在传统知识和生物资源领域。充分了解该原则在这一领域的运用现状,对我们借鉴其至非物质文化遗产的保护,当然有一定的意义。但也必须清楚地认识到,所谓"惠益分享"原则和非物质文化遗产保护中的"族群利益原则"或"利益平衡原则",不论在视角的切入点,还是基本理念和具体内容上均存在比较明显的区别,不宜混为一谈,也不能将该原则视为非物质文化遗产保护的基本原则。

从惠益分享的起源看,最初的时候,发达国家利用自己先进的科学技术和雄厚的资金力量,从发展中国家低成本获得宝贵的传统知识和生物资源,稍加改进和处理研制出新的产品并将其进行商业化利用或者申请专利,从中牟取暴利。而作为传统知识和生物资源提供者的发展中国家和社区,却得不到任何精神或物质上的回报,甚至自己世代拥有的地方知识被商业公司的专利独享。这种现象是严重违反正义和公平的价值要求的,而且会挫伤地方社区保护传统知识和生物资源的积极性。后来这些国家和社区意识到这种不公平,开始对传统知识和生物资源采取措施加以保护。但是由于发展中国家有丰富的传统知识和生物资源，发达国家和其他商业机构想要研制新产品或者发展相关科技均离不开对这些资源的运用，此类运用必须与这些发展中国家和社区通过谈判而非当然免费获得。在这个利益博弈的过程中就慢慢形成了惠益分享原则。根据菲律宾《为生物和基因资源勘探建立规制框架指令规则》的规定，惠益分享是指采集者公平合理地与土著文化社区、地方社区、保护区、私地拥有者和政府分享由生物勘探行为所带来的利益和对生物基因资源进行利用和商业化所带来的利益。惠益分享的形式有：获取物种的费用、使用费，数据、技术交换，能力建设和培训，联合研究。《生物多样性公约》在此基础上又提出了其他几种表现形式，比如，信息反馈，对研究开发成果的优先获取使用权等，后来理论上又增加了采集方的"事前知情同意"义务。

4.4.2.2 惠益分享的模式解析

到目前为止，在生物资源领域已经形成了四种具有代表性的惠益分享模式，总体上它们都是基于"合同机制"而产生的，应该说，这对非物质文化遗产的保护有一定的借鉴意义。

（1）格式合同模式

1939年，美国政府为了对癌症进行预防、诊断和治疗，成立了美国国家癌症研究院（NCI）。20世纪60年代，NCI与美国农业部签订了年度采集协议，以实现植物采集和筛选的目的，成为癌症药物研究的主要方式之一。从1985年起，NCI进入热带雨林进行植物采集活动，由美国专业机构和地方采集机构合作进行。当时国际社会和相关的地方团体已经开始关注生物资源使用和保护的权益，所以NCI为了调节和平衡双方的利益冲突制定了一种标准合同格式，即采集协议书。这份协议书主要包括了两方面的内容：资源采集方的权利义务和资源提供方的权利义务。资源采集方的权利主要包括获取生物资源及其相关数据和知识，就某些成果有权申请专利等；义务包括促进生物资源的保护、与资源提供方分享利益、在技术上培训和支持资源提供方以及保密义务等。资源提供方的权利包括获得正当的利益和正当保护生物资源和传统知识的权利等；资源提供方的义务包括允许对方在合同范围内采集资源，并在其他事项上提供必要的帮助等。这种格式合同模式，在合同中明确规定了资源提供方和采集方的权利义务，并且内容上做到了权利义务大致对等，利益分配相对公平，所以受到国际上的好评。但是这种模式主要用于机构和组织之间，不适用于有个人或者社区参与的场合。

（2）回馈社区模式

谢尔曼医药公司是美国的一家相对年轻的医药公司，位于旧金山，该公司主要从有医用历史的植物中提取有效活性成分，以研制新的药物类型。为了实现这个目的，谢尔曼医药公司成立了一个实地考察研究队伍，主要成员有生态植物学家、经过训练的医学博士、地方植物合作者、土著医士和草药士。该队伍主要的工作就是，从各地挑选和采集可能含有有效医药成分的植物，然后将其运回总部进行进一步的筛选和提取。通过这个过程，谢尔曼医药公司在医药领域将新的产品推向临床试验，其研究成果有的已经申请了专利，获得了巨大的商业利益。为了报答和回馈社区，谢尔曼公司制定了一个互惠项目，将部分收益返回给他们的地方合作者，以实现共同发展和进步。该项目被分成了三种安排，短期、中期和长期安排。其中短期安排包括修建机场跑道延伸段，组织森林保护工作组，向社区提供医疗服务和饮用水清洁设备等；中期安排包括为当地从事传统医药研究的科学工作者提供奖学金和资助，增进用于科学研究的基础设施建设等；长期安排包括成立拯救森林保育组织，这个组织是非营利非政府性质的，主要致力于文化和生物多样性保护，为人类的共同珍贵遗产的维护出一份力。

（3）利益分享模式

该模式的一方哥斯达黎加是一个拉丁美洲国家，国土面积只相当于美国的一个州，但是它的四分之一都被热带雨林所覆盖，热带雨林里蕴含了丰富的陆地生物资源，相当于全美洲的总和。为了保护如此丰富的资源，哥斯达黎加政府于1989年正式成立了一个非营利公益私立组织，即国家生物多样性研究所（INBio），该研究所致力于保护和发展生物多样性，对生物资源进行记录、存册、生物勘探、信息管理和公共宣传。另一方默克医药公司是一家很大的跨国医药公司，总部位于美国。1991年，双方签订了一个为期两年的生物勘探协议，协议规定，INBio向默克公司提供100份物质样品，这些样品是从各种植物、昆虫和微生物中提取的，很有可能成为新药物的研发基础，

INBio 还承诺不向任何其他的医药公司提供相同的样品。默克公司的交换条件是：支付 100 万美元的使用费；捐赠 135 万美元的科研设备；派遣 2 名科学家帮助 INBio 建立相关化学设施并进行人员培训；如果推出新产品，给予 INBio 一定比例的提成金。关于这种模式的合理性现在存在两种相互对立的观点，争议的焦点集中在两个问题上：INBio 是否有权代表国家对生物资源的主权；关于提成金的约定能否真地反映生物资源的价值。在此，我们可以看到，INBio 虽然是私立的组织，但是建立在公益基础之上的，而且该组织由国家政府成立，所以在一定程度上被认为代表了大多数国民的利益。关于提成金的数额问题，则是可以根据双方协商自由约定的，这种方式是成本最小也最简单地反映生物价值的手段，不能因为钱多钱少而否定这种方式存在的合理性，而且后来的事实也证明，这个数目也是一笔为数不菲的财富，这为支持哥斯达黎加的生物多样性保护作出了较大的贡献。

（4）跨领域合作模式

提到这种模式不得不提国际生物多样性合作组织（ICBG）。最初，这个组织只是美国政府资助的一个独特的框架复杂的合作项目。该项目后来在美国国家科学基金、美国国际开发署和美国国家健康协会的努力下，正式启动。该项目最基本的理念是：经过合理计划和设计的自然产品研发活动可以给自然资源国和地方社区带来短期和长期的利益；对利益进行合理分享可以大大刺激对生物多样性保护的积极性；提供一种方式代替掠夺性消费自然资源。ICBG 项目有三大目标：通过鼓励新药品的研发以促进人类健康；通过对各类生物体进行价值评估和增强地方能力建设以促进生物多样性保护；通过对药品研发的利益分享提高欠发达地区的经济水平。三大目标互相影响，互相促进，体现了跨领域合作、共同发展的宗旨。该项目的结构和具体操作大致如下：项目主持机构首先确定一套关于项目目标、知识产权和利益分享的原则，然后开放申请。参与申请的小组一般要求有一位学术负责人，小组成员包括研究机构、资源国的合作伙伴、大学、当地非政府环境组织等自愿组合。在小组负责人的带领下，各小组成员通过一个或者多个科学研究、产品研发和利益分享合同互相联系组成一个整体。然后 ICBG 成立的评审委员会从申请者中挑出合适的小组在一定期限内接受 ICBG 资助者的资助开展活动。ICBG 不仅希望可以通过这种方式推动医药研究开发的进步，而且希望能够通过这种方式给医药事业欠发达的国家和社区带来实质的物质帮助，一方面促进其经济发展，另一方面推动其保护生物多样性的事业。目前为止，ICBG 已经资助了 11 个项目，范围扩展到了南美洲、亚洲等地，涉及十多个国家和地区。这说明 ICBG 模式是很具有创造性和潜力的。

通过分析上述惠益分享原则的起源和几种主要模式，我们可以看到其具有明显的几个特征，而与非物质文化遗产的保护原则，特别是与族群利益原则和利益平衡原则有很大的不同：

第一，该原则的适用范围仅仅或最多集中在传统知识和生物资源领域，而不能涵盖非物质文化遗产的所有领域，故不具有对后者普适的原则价值。

第二，该原则的视角切入点在于，作为发达国家或地区的企业或个人等，基本是作为民事主体的身份，在获取传统知识和生物资源的权利人的许可，就其获得许可的部分进行研发，从而获取相应专利权后，在该专利受益的前提下，将部分收益依照法定或约定反馈给传统知识和生物资源的族群权利人，而并非该族群权利人就该传统知识或生物资源本身获得利益。此点类似于在著作权领域的非著作权人的作品改编，在此，著作权人获得的利益，主要基于被许可者改编的新作品，而非自身直接对原作品的支配获取财产利益。

第三，从某种意义上说，该原则的基本理念应该以被许可人的利益为主，而作为专利素材提供者的传统知识和生物资源的权利人（不论其主体以何种形式出现），因该惠益分享到的利益关系是从属的或后生的，故而不是当然的。如此而来，如果将该原则作为非物质文化遗产保护的基本原则，则是缺乏强劲的力度的。

第四，从内容上看，作为基本原则的族群利益，不仅仅包括经济利益，精神领域里的文化认同感、归属感等，无不是重要的不可或缺的组成部分。而惠益分享所涉及的则不过是经济上利益分享关系。

第五，从逻辑关系和顺序上看，应该先有保护非物质文化遗产的基本原则，如先确立族群利益原则和利益平衡原则，此后方有被许可人开发利用相关非物质文化遗产其中的某些部分，如传统知识或遗传资源等。只有该原则确立之后，基于此原则，被许可人又因后续研发而获利，则原族群作为传统知识或生物资源的权利人，可以在经济上惠益分享。所以，所谓惠益分享是作为一种具体的操作规则，则可能更为妥当一些。并且在操作中也应贯彻利益平衡的基本原则。

总体而言，如果将惠益分享作为整个非物质文化遗产的基本原则而不是一种操作规则对待，则有可能不当地扩张其适用范围，不当地提升其作为指导原则的地位，并且在指向对象或客体上可能导致错位，同样地，最后可能也会在逻辑关系上增加混乱。

4.4.2.3 惠益分享对保护我国非物质文化遗产的启示

尽管将惠益分享作为一个基本原则，可能失之得当，但作为原适用在有限领域内一种规则，对整个非物质文化遗产的保护，仍不乏可借鉴之处。

在国际层面上，现在对于如何运用惠益分享保护传统知识和生物资源有两种不同的观点，一种是"立法机制"，另一种就是"合同机制"。立法机制建议通过磋商和谈判，将有关各方的权利和义务明确化并纳入有关的国际文件中，此法旨在通过法定途径解决惠益分享问题，更加侧重国际法的"公法"性质。当然，有关各方仍然可以通过合同或者协议的形式实现权利义务，但是此处的"合同"不得违背通过立法机制确定的准则，因此与上文提到的合同的地位是不同的。合同机制就是上文提到的众多模式，是有关主体以合同的形式确定惠益分享实现途径的方案，主张在合同中规定当事人的权利和义务，侧重国际法的"私法"性质，旨在通过主体的意思自治来实现惠益分享的目的。非物质文化遗产的保护也离不开国际合作与交流，非物质文化遗产的运用也要渗入不同国家或国家与社区之间的权利义务的分配问题，同样会面临上面所提到的选择"立法机制"还是"合同机制"的问题。本书认为，相对于发达国家而言，我国的非物质文化遗产的保护还处于起步阶段，而且经济实力和技术运用方面都不如发达国家，如果运用合同机制很有可能会处于弱势地位，发达国家这种所谓的追求"个案正义"的说法在实施过程中反而会导致不正义。所以，我国在面对保护非物质文化遗产的国际合作和惠益分享时应该选择"立法机制"，以寻求国际法的公法性质的保护。而且这种将权利义务固定下来的模式也有助于降低谈判成本。

在国内层面上，从上文讲到的惠益分享模式中得到启示，宜将非物质文化遗产具体区分情况来不同对待。假如某种非物质文化遗产的权利人很明确，某种民间技艺有传承人，国家就可以立法将相应的权利赋予该明确的权利人。当权利人以外的人或者组织要利用该非物质文化遗产时，法律可以只是进行一些原则性的规定，具体的权利义务分配和利益分享模式由合作的双方进行协商确定。当然，法律还是要设有一些禁止性的条款，比如不得将非物质文化遗产转让给外国人等。只要不违反原则性的东西，不损害非物质文化遗产的保护目的，就可以赋予双方当事人充足的自由权。还有一种非物质文化遗产，它没有明确的权利人，或者权利人不易认定，比如，民族舞蹈、民族歌曲等，它们是属于一个民族的财富，将权利赋予其中哪个人或者哪些人都不是很合理。这种情况下，就可以充分发挥当地群众的力量，使得它们组成代表这个群体整体利益的民间组织，法律赋予该组织一定的权利义务和一定范围内的自由裁量权。在该组织内部与外部合作过程中，具体的惠益分享方式由双方来谈判。获得的收益属于这个群体所有的主体，可以用于这个群体的生活设施的改善或者其他有利于全体的活动。还有一些非物质文化遗产是属于国内所有公民的共同财富，这种非物质文化遗产的潜在利益就应该由国家专门的机关进行保护。政府可以设立全国性的或者地方性的非物质文化遗产保护部门，用法律明确规定这些部门可以行使哪些权利，应该承担什么义务。在非物质文化遗产的使用过程中，利益如何分配以及获得的收益如何使用，都由法律作出明确的规定。

4.5　利益平衡原则

4.5.1　非物质文化遗产利益平衡原则的含义

在人类经济活动中，由于社会资源具有稀缺性，为追求自身利益最大化而产生利益冲突不可避免。法律通过利益平衡来实现对利益冲突的调整，从而达到社会控制的目的。一般认为，现代知识产权制度建立在利益平衡的理论之上。知识产权理论中的利益平衡的基本内

第 4 章 我国非物质文化遗产保护的基本理念和原则

涵,一是以私权保护作为利益平衡的前提,以利益平衡作为私权保护的制约机制,在立法上进行权利义务的合理配置;二是以利益平衡原则贯穿整个知识产权法的解释和适用过程。❶ 在知识产权法的平衡机制中,主要保障的是知识产权人利益与社会利益之间的平衡,正如国外学者安图伊奈特·威克加所指出,"传统上,知识产权保护平衡了两类集团的利益:公众获得新的、创造性思想与发明的利益,以及作者、发明者通过有限的垄断权形式提供激励或从其思想与发明中获得的收益。"❷ 知识产权法通过授予知识创造者和其合法受让者的专有权利,激励其从事知识创造和知识扩散活动,同时也通过权利限制、保护期限制等一系列法律机制,确保社会公众对知识产品的合理需求,在总体上维持对知识创造的激励与知识传播和利用之间的平衡,维持知识产权人的利益与公共利益之间的平衡。利益平衡论强调知识产权的专有性和社会对于智力产品的合法需求这对矛盾的平衡,在保护产权人获取竞争优势以维持创新动力的前提下,尽可能促使知识资源社会化以促进生产力的发展。

在保护非物质文化遗产的过程中,也存在利益冲突。非物质文化遗产保护法律同样要以利益平衡为基本原则,通过法律的权威来协调各方面的冲突因素,使相关各方利益在共存和相容的基础上达到合理的优化状态。非物质文化遗产不仅仅体现的是一种经济资源,更重要的是反映了一个民族、族群、社区对自身特性的认同和自豪感以及被世界认可的程度,是维系一个群体或民族文化认同的重要纽带。非物质文化遗产之所以需要保护,某些时候可能更多的是出于文化安全,维护文化的多样性或者原住民群体的民族情感等因素。由此可见,非物质文化遗产中的利益平衡原则并不局限在私法领域内经济利益的平衡,它的外延比知识产权理论中的利益平衡原则更广,经济因素是重要的考量基础,但更多的是涉及非经济利益,如文化安全、民族感情等方面的利益,该利益的范围扩张到全世界范围内不同的民族和国家之间。因此它的保护主要包括三个方面:继承人(文化宿主)的保

---

❶ 任寰. 论知识产权法的利益平衡原则 [J]. 知识产权, 2005 (3).
❷ Antoinette Vacca. The Architectural Works Copyright Protection Act: Much Ado About Something [J]. Marq. Intell. Prop. L. Rev., 2005 (9): 1118.

护、非物质文化遗产本身的保护、相关精神与经济权益的保护。同时，非物质文化遗产保护中利益平衡标准的确立和平衡手段的运用有其特殊性。在保护非物质文化遗产法律中的利益平衡原则是指，在非物质文化遗产的保护与利用中，必须平衡权利主体利益与社会利益、权利主体之间的利益、物质利益与精神利益，以公平和正义的方式来处理利益纷争，保障非物质文化遗产的利益格局，从而实现非物质文化遗产权利的全面保护。

尽管利益平衡原则意义重大，但从我国《非物质文化遗产法》的立法条文来看，其对利益平衡原则的体现似乎并不明显和全面，只是在涉及对列入国家级非物质文化遗产项目的评审要求时，第22条第2款规定："评审工作遵循公开、公平、公正的原则"。但是我们认为，作为对非物质文化遗产保护对象确定的前提性工作，评审工作的公开、公平和公正的要求，确保了此后保护的公平和公正。同时也应该认识到，对非物质文化遗产的保护，也不只是一部《非物质文化遗产法》独自担当之任务，如涉及知识产权利益，则将援引相关知识产权法律法规，而知识产权的利益分配机制则更为明显地体现了利益平衡原则。

4.5.2 社会利益与权利主体利益的平衡

社会的利益并非各个权利主体利益简单相加，二者的冲突时常存在。一味强调非物质文化遗产的社会利益高于一切，忽视对于权利主体合法利益的保护，是对权利主体利益的侵蚀。社会利益指的是社会上不特定多数人的利益。非物质文化遗产所体现的社会利益主要是指非物质文化遗产作为特定国家或者群体文明的组成部分，是全社会乃至于全世界共同的精神财富，其保护涉及维护国家文化主权、民族文化财产权、民族文化传承性等社会公众的利益。建立在文化普遍性认识和国际文化合作基础上的非物质文化遗产保护事业，有利于消解文化冲突，建立不同文化之间的真正对话，增强国际团结与合作，维护世界文化安全。

非物质文化遗产权利主体利益是指，作为非物质文化遗产的创造者、保有者以及传承者应享有的人身权和财产权。人身权包括表明非物质文化遗产出处和保护非物质文化遗产完整性的权利，前者旨在表明非物质文化遗产的原生环境和来源群体的权利，后者是防止他人对非物质文化遗产进行歪曲、篡改的权利。财产权主要包括权利人对非物质文化进行商业利用并获取收益，或者从他人的商业利用中获得报酬的权利。《保护非物质文化遗产公约》规定了订立该公约的宗旨，其中之一就是"尊重有关群体、团体和个人的非物质文化遗产。"同时，该公约规定，"承认各群体，尤其是土著群体，各团体，有时是个人在非物质文化遗产的创作、保护、延续和创新方面发挥着重要作用。"这些都说明在非物质文化遗产的保护中不仅重视非物质文化遗产对于社会的利益，还应当兼顾权利主体即非物质文化遗产的创作群体、族群以及非物质文化遗产的保有者、传承者的利益，给予他们充分的尊重，保障其所应当享有的精神权利和经济权利。

在保护非物质文化遗产的过程中，不能肆意用维护公共利益为借口任意干涉权利主体私的利益。非物质文化遗产保护要依靠其拥有者积极主动地传承自己的文化，权利主体的积极性的内在动力主要来源于精神满足和物质利益的需求。在社会利益与权利主体的利益之间寻求平衡，有利于引起非物质文化遗产保有者、传承者对自身技艺或者技能的重视和保护，保证非物质文化遗产能够更好地传承和发展。我们不能要求在保护非物质文化遗产的时候，强制地使传承主体处于一种物质匮乏的落后状态，并且认为这是纯粹的原生态的保护，这种不考虑权利主体利益的保护思路是一种强盗逻辑。我们在强调非物质文化遗产承载国家和民族的精神文化的同时，不能忽视其权利主体的利益，应当尊重传承主体摆脱贫困状态，追求较好物质生活和精神生活的要求。

在对非物质文化遗产保护的制度设计过程中，有必要对遗产涉及的公的利益与私的利益进行分析。为涉及私的利益的非物质文化遗产设计合理的市场轨迹，借助知识产权制度保护其权益，保障非物质文化遗产的创造群体、保有者以及传承者的精神利益与经济权利；同时为涉及公共利益的非物质文化遗产设计合理的制度规范与引导，将其纳入文化事业的运行范畴，维护文化安全。通过分析非物质文化的公私利益，寻求公法保护与私法激励的有效平衡点，实现公共利益与权利主体利益的平衡。总之，要考虑当地特定民族、团体和个人的生存和发展问题，结合社会公众的利益和权利主体的利益，听取文化传承者的意见和建议，激发特定传承主体努力保护非物质文化遗产的热情，实现国家和民族精神文化的可持续发展。

4.5.3 各个权利主体之间的利益平衡

非物质文化遗产尤其是口头文化遗产具有广泛性和共享性的特点。非物质文化或通过一方悉心传授、另一方认真学习，或通过民众之间自发地文化交流得以流传到其他的民族、地区或者国家，这使得非物质文化遗产的共有共享成为可能。许多口头和非物质文化正是通过文化的交流与传播，已经不再是特定民族、特定地区、特定群体独创或者独享的文化，可以被不同的社会群体或者国家所享用。非物质文化遗产的传播是一种继承和变异，在传播的过程中常常与当地的历史、文化和民族特色相互融合，韩国的江陵端午祭与中国的端午节就是一例。端午节起源于我国对于爱国诗人屈原的纪念，但在历史的中外文化交流过程中传播到韩国，融入了许多韩国人的风俗习惯、民族特色和文化传统，形成了由舞蹈、萨满祭祀、民间展示等内容构成的江陵端午祭，也成了韩国人自己的民俗节庆活动。

但是，韩国政府将端午江陵祭申请为人类口头和非物质遗产代表作，引发了我国的"端午保卫战"。保护非物质文化遗产，其目的就是人类多样性文化得到更好的生存和发展。无论出于什么样的考虑，文化保护的过程都不应该成为文化垄断的过程。即使江陵的端午祭与中国的端午节是同一回事，韩国人也有资格申报，只要江陵端午祭本身是具有保护价值的人类非物质文化遗产。所以，在非物质文化遗产的保护中必须平衡各个权利主体之间的利益，不能把文化的保护变成争夺、变成垄断、变成影响社会和谐的障碍。其实，早在"端午保卫战"之前，国内的各个地方势力基于各种政绩或经济等方面狭隘的利益考虑，就已经开始争夺诸如"梁祝故里""董永故里"之类的所谓"文化名片"。而所谓中韩之间的"端午保卫战"，只不过把国内文化资源争夺的恶劣习气扩散到了国际社会，把内讧扩张成了外讧。[1] 非

---

[1] 施爱东. 从保卫端午到保卫春节：追踪与戏说［J］. 民族艺术，2006（2）：13.

第 4 章 我国非物质文化遗产保护的基本理念和原则

物质文化遗产保护的目的是使世界各国的优秀民族文化得到充分健康的发展，我们不能以狭隘的民族主义去理解民族文化，进而引发对文化的争夺和垄断。因此，各个权利主体在申请非物质文化遗产保护的过程，要尊重其他权利主体的利益。同时，相关部门在认定非物质文化遗产的过程中，兼顾各方的利益，在公平公正的基础上确定非物质文化遗产的归属问题。

此外，在同一非物质文化遗产的权利主体之间也存在利益平衡问题。由于绝大多数的非物质文化遗产是集体智慧的结晶，是由特定团体创作完成的，并且由这些特定团体或者其继承人保有和传承。在这些特定团体内部，有一些个体，由于其有特定的天分或者独特的技艺，对本团体非物质文化遗产的创作、传承或者发展作出了不同于其他一般个体的特殊、主要贡献或者具有突出的代表作用。在这种情况之下，我们应该对这些有特殊贡献或者代表作用的个体给予特殊的权利保障。例如，我国的剪纸艺术，虽然其在一定地域范围内流行并往往作为当地节目或者嫁娶风俗的部分表现形式而存在，但是具有独到、精湛的剪纸技艺，能够使剪纸上升到艺术高度，并作为一种非物质文化遗产而存在的艺术大师却是寥寥无几。如果只注重对于剪纸风俗存在的地域团体的权利保护，而忽视对这些剪纸艺术真正保有者和传承者权利的保护，那么这种非物质文化遗产是难以继续传承并发展的。所以，在非物质文化遗产权利主体之间，我们要协调不同主体的利益，主要是运用知识产权保护制度来保护他们的精神利益和经济利益，确保非物质文化遗产的创造者、保有者和传承者的权利不会受到不公正的待遇和非法的不合理侵犯。

4.5.4 物质利益与精神利益之间的平衡

此处所谓物质利益主要指非物质文化的经济利益，许多非物质文化遗产承载了特定群体的集体性文化创造，具有经济价值或者潜在的经济价值，比如，传统医药、传统音乐、表演、礼仪等文化表达形式。数年前我国东北赫哲族的《乌苏里船歌》著作权纠纷案就是因非物质文化遗产精神和经济权益而引发的。非物质文化遗产的精神利益，主要指非物质文化作为民族的情感基因，包含了对民族文化的了解与传承，有助于提高族人的文化认同感和自豪感，增强民族自尊心和自豪感，促进人类文化的多样性。这是因为非物质文化遗产作为特定群体情感与价值的文化标识，表征了特定群体的文化身份与价值观，这使得它超出了文化商品的概念范畴，涉及民族情感和价值认同领域。

在经济全球化的背景下，在地方政府的具体操作层面，直至具体的遗产传承人层面，特别是在非物质文化遗产保存丰富的地方，往往首先要解决的问题是经济发展问题。有些国家或者地区过分看重非物质文化遗产的经济利益，看到非物质文化对眼前的发展有利，在经济利益的驱使下，把保护变成一种品牌和产业效益，采取过分注重经济效益的做法，带来了文化遗产被过度地、破坏性地开发与利用。虽然物质利益是非物质文化遗产的社会意义之一，但是，盲目、大肆地商业开发会带来许多异化、歪曲甚至会导致非物质文化遗产的变质乃至消亡。对非物质文化遗产进行商业开发过程中，导致非物质文化遗产的内涵和价值最终被扭曲。当我们过于强调蕴涵其间的经济价值时，人们就会在可以展示的技艺之外，忽视蕴含其间的代代相传的生存智慧和持有者的深厚情感。这种外在价值对内在价值的遮蔽，实际上构成对非物质文化遗产的最大破坏，因为失去了情感和价值的技艺与实践，非物质文化遗产只是一具空壳而已。[1]

保护非物质文化遗产本意是保护文化的多样性，这使得我们社会更具创造力，使世界的发展更具活力。文化的多样性不仅是促进经济增长的因素，而且还是享有令人满意的智力、情感、道德精神生活的手段。因此，在保护非物质文化遗产的实践中，必须正确处理好非物质文化遗产的保护利用与维持文化多样性，维系民族感情之间的关系，平衡物质利益与精神利益。在强调文化转化为利益的同时，不要仅把保护非物质文化遗产作为实现经济利益的手段，更应充分考虑文化安全、原住民群体的民族感情等因素，端正文化心态，正确处理文化保护与经济利益的关系，铸造民族自尊心，尊重和维护少数人群体的文化认同权，从而保护处于弱势地位的少数人群体的集体文化权利。

---

[1] 牟延林，王天祥. 诉求与可能：中国非物质文化遗产保护的制度选择［J］. 民族艺术，2009（1）：17.

4.6 生态可持续发展原则

4.6.1 生态可持续发展原则的内涵

保护非物质文化遗产还应当秉承生态可持续发展原则，立足现代社会，不断为其注入新的活力和生机。可以说，《保护非物质文化遗产公约》对非物质文化遗产本身的定义即已经包含了生态可持续发展原则的基本内涵，这种生态具有自然生态和文化生态双重意义。因为它世代相传，在各社区和群体适应周围环境以及与自然和历史的互动中，被不断地再创造，为这些社区和群体提供认同感和持续感，也只有可持续发展，才可增强增强对文化多样性和人类创造力的尊重。我国《非物质文化遗产法》虽未在定义中直接表明此原则，但在第4条关于保护中则是明确指出"有利于促进社会和谐和可持续发展"。传统法律经济效率至上，确保人类对于自然资源和文化资源开发利用的最大效用，超出自然的供养力、恢复力、净化力等负载力，生产者、消费者、分解者比例失调、生态系统物质与能量输出与输入失衡，文化生态系统中文化基因断裂，造成生态资源有限性和稀缺性。传统的发展模式对自然只有开发没有保护，人类的需求要远远超出自然的承载能力，导致严重的资源耗竭、环境污染、生态破坏的后果，特别是使不可再生的非物质文化遗产濒危，是违背生态规律的不可持续发展模式。

可持续发展模式的内涵是人、自然、社会生态系统和谐平衡发展，遵循生态自然规律，人的发展不超出生态系统整体平衡，人与自然和谐共生，实现生态的良性发展。生态可持续发展原则，根本的宗旨是人、社会、自然的可持续发展，要求按照生态整体利益可持续发展为标准进行衡量，而不是以人的利益可持续发展为标准。国际社会在强调非物质文化遗产全人类价值的同时还突出了文化生态法则。文化生态法则和全人类文化观在人本主义和生态主义哲学理念上深化了对非物质文化遗产价值体的认识。在非物质文化遗产保护中，应以生态科学观、生态哲学观、生态伦理观为基础，重构人与自然、文化的关系，确定非物质文化遗产的自然属性和自然权利。保护自然是发展的前提，发展必须建立在自然的承载能力之上。非物质文化遗产的保护应当遵循生态可持续发展原则，遵循其发展的规律，确保非物质文化遗产及其文化生态的正常传承和可持续发展。

4.6.2 对文化发展规律的尊重

非物质文化遗产的生态可持续发展要尊重文化发展的规律。发端于农耕时代的非物质文化遗产，不管是信仰还是习俗、手工技艺都是人们同自然、外来入侵进行抗争以维护和扩展生存环境的过程中产生和发展的。先人们依靠它获取物质利益并获得精神安慰。但是随着社会的发展，上层建筑的不断革新，不同族群之间生产力发展失衡，社会资源的利益分配格局出现了变化，部分族群所秉持的传统文化失去了寻求财富增长的竞争优势，生存空间被挤占。固有的传统文化或者被融入新的内容以适应新的生产力发展的要求，或者改变了原有的发展轨迹而走向衰弱直至消亡，这就是文化发展的规律。尽管以非物质文化遗产为代表的传统文化，在当代社会转型时期走向衰弱是文化规律使然，但是这并不等于人类不能有所作为，作为人类所创造的非物质文化遗产，我们都应当给予保存和维护，作为一本生动的教科书供后人参考借鉴。人类在构建有利于生产力发展的各种制度之时，以实现生产力发展的需要做取舍，不利于现实生产力发展的文化要素未必将来不需要，所谓以可持续发展眼光保护非物质文化遗产正是此意。在文化规律的作用之下，传统文化的自身发展有一个进化和淘汰的过程，那些不符合人类发展趋势和前进方向的文化，必然要逐渐被淘汰或自身消失。我们现在保护它们，正是从文化多样性和历史延续性的角度出发。在非物质文化遗产的保护工作中，我们应当尊重文化发展的规律，对不同形式的非物质文化遗产确定不同的保护方法，采取不同的保护政策。有些非物质文化遗产自身可以摒弃制约其生产力发展的文化要素，以求得生存和发展的积极条件。对于这些文化我们可以结合时代精神加以传承下去，如满族服饰精粹旗袍的继承和发展即是一例。而有些非物质文化遗产只是作为一段历史的记忆，只适合进博物馆。例如，夏商时期的农耕技术，我们应当遵循文化发展的规律，不可能也不必要刻意去复活它。我们更多的是了解它的历史地位和历史局限性，把握人类文化前进的方向。因此，在遵循文化发展规律的基础上，我们要避免急功近利的"一刀切"做法，对于不同的非物质文化遗产，我们要根据不同的属性分别采取不同的技术保护形式，如录音、录像、文本加以固定存放于博物馆，使用"静态保护"和"动态保护"相结合的措施进行整体性保护。对于其中有技术创新和经济价值的部分，我们可以辅以知识产权法律制度加以保护；对于其中不具有技术创新价值，但有文化传承意义，历史延续至今的优秀传统文化，我们应当加以宣传和弘扬。

第 5 章
非物质文化遗产保护的法律关系

国际社会对非物质文化遗产的保护，虽已有《保护非物质文化遗产公约》作为纲领性的权威法律文件，许多国家，特别是各缔约国也都以此为依据，结合本国国情进行国内立法保护，我国也是如此，尽管也有部分涉及知识产权方面的保护规定，但是，从前几章介绍和论述的情况看，它们主要都是将非物质文化遗产的保护纳入公法的保护框架之下，着重点是国家对它的管理职能，对民事保护方面的认识则有待加深，其具体的保护更是需要进一步完善。这也正是包括我国在内的各国，在非物质文化遗产保护中存在的问题和困境之一。事实上，非物质文化遗产的保护和利用过程中产生的各种关系十分复杂，而绝非仅仅局限在国家的行政管理关系层面。第 4 章关于其保护的原则即是从基本理念和法律价值等方面论证了非物质文化遗产的保护原则，其中有族群利益原则和利益平衡原则，说明了这种利益关系对于非物质文化遗产来源地的族群的重要性。基于此种利益关系，是否可作为一个私法意义上的权利对象，被诸如某些特定族群之类的利益主体享有，从而形成某种私法意义上的法律关系，值得研究。

5.1 非物质文化遗产法律关系的含义

5.1.1 基于法律规范的法律关系

所谓法律关系，是指人类社会生活关系中，受法律法规支配的关系。它和其他社会关系的区别在于，它是法律规定在当事人之间发生的权利义务关系。❶ 法律关系多种多样，依照其据以形成的法律规范本身不同，形成的法律关系也不同。公法所规定的各种权利义务关系，比如，税法调整的税收关系，行政法调整的各种行政关系或者诉讼法调整的各种诉讼关系，虽都属于公法范畴，但是它们之间也是各不相同。公法和私法调整的法律关系如民事法律关系，更是不同，众所周知，民事法律关系是调整平等主体之间的财产和人身关系。但是不论何种法律关系，总体而言，在构成要件上，无不是以主体、客体和权利义务的内容等三者为实质性要素。但是，也应该认识到，法律关系的分类常常是为了法学研究的便利或者司法实践的需要而作出的，在现实生活中，针对同一客体常常有不同的法律在不同的领域同时进行调整，于是便有多重的法律关系交叉或重叠存在。比如遗产，从继承法的角度看，相关的民事主体之间可形成继承法律关系，这是一种平等主体间的民事法律关系，但是如果从遗产税法的角度看，则可能会构成一种税收法律关系，这种关系作为行政法律关系显然不同前者民事法律关系。诸如此类，不胜枚举。所以，严格地说，论述某一法律关系及其含义构成要素，必先确定其赖以形成的法律规范本身，否则极易造成混淆。

非物质文化遗产既然被法律所规制，自然也形成了由该法律规范所调整的法律关系。非物质文化遗产法律关系，大体上说，即是被与非物质文化遗产有关的法律法规所调整的在各相关主体之间形成的各种权利义务关系。但是，非物质文化遗产作为被法律法规调整的客体有其复杂性，法律对它的调整也是从多方面进行的。所以，论述其法律关系和构成要件，也需要区分其所赖以形成的法律规范本身的性质。

5.1.2　非物质文化遗产多重法律关系的并存

我们知道，从目前国内外非物质文化遗产保护的实际情况看，不论《保护非物质文化遗产国际公约》，还是包括我国在内的各国国内

---

❶ 梁慧星．民法总论［M］．2版．北京：法律出版社，2005：55.

立法，基本都是以公法规范为主。例如，我国《非物质文化遗产法》第2章规定由文化主管部门对非物质文化遗产组织调查；第3章规定对非物质文化遗产代表性项目初评和审议，建立项目名录；第4章规定的非物质文化遗产的传承和传播，则是为体现国家的鼓励和支持而采取相应的措施。以上这些规定作为我国《非物质文化遗产法》的主要内容，显然都是从行政管理的角度进行的，从而也形成了相应的行政管理法律关系。但是，这同样不妨碍非物质文化遗产作为法律关系的客体被私法规范所调整，我国《非物质文化遗产法》第6章的附则中援用性条款也明确规定，在涉及知识产权和传统工艺美术等时，也适用有关知识产权或其他的法律法规等。同时也不可忽视，各地方性法规、规章在其各自的管辖范围和权限内，也从各个不同方面对本地区的非物质文化遗产保护进行了补充性的规定，这些也都将对各种不同的法律关系起到重要的作用。

由此可见，我国非物质文化遗产保护的法律关系，既包括行政法律关系，也包括民事法律关系。其行政法律关系表现得相对清晰明确，体现为国家文化主权的色彩较为突出，主要调整的是对非物质文化遗产评审和建立名录，以及给予国家扶持等。而民事法律关系主要调整各平等主体间，特别是作为非物质文化遗产来源地的族群的利益关系，以及与相关其他主体的开发利用等形成的利益平衡关系。而这部分的法律关系则显得比较复杂，其主要原因是：首先，不论是国际社会还是我国国内，目前对非物质文化遗产保护的立法，直接的法律渊源常主要表现为公法规范，直接的私法规范则显得较为欠缺。我们知道，法律关系本就是由法律规范支配形成的社会关系，故即使有某些零星的立法，毕竟不够详尽完备，或虽有援用性的条款，但与被援用的法律如何衔接常缺乏理论研究的支持，从而使得这些条款的实际意义大打折扣。所以法律规范本身不明确或者存有歧义，其所调整的法律关系自然也不免令人困惑。其次，作为客体的非物质文化遗产种类繁多，虽然有一定共性，但也差异明显，这种差异决定了其作为权利对象，在权利主体对其行使相应权利时，其具体权能是有所不同的，从而使得其权利义务关系各不相同。在著作权法领域里，不同的作品类型，因其传播和演绎的途径和方法不尽一致，也即权利支配方式不一，使得其著作权的权能不同，从而形成的权利义务关系也有所不同，并非著作权人对所有类型的作品都可以享有所有同样的权能。非物质文化遗产因客体的复杂性可形成权利义务关系不同的法律关系，此种情形就与此有类似之处。

总之，非物质文化遗产法律关系，尽管由于客体的原因而显得复杂，但是，其复杂性也同样有来自其主体和内容的原因，因为在非物质文化遗产法律关系中，其主体多元化，而内容则具有综合性。这些主体、客体和内容构成了非物质文化遗产法律关系丰富多彩却又错综复杂的立体图景。

5.2　非物质文化遗产的客体

法律关系的客体，又称权利客体，是权利主体的权利与义务所指向的对象。对非物质文化遗产而言，确定其保护的法律关系客体是一个重要的课题。非物质文化遗产的权利客体是指非物质文化遗产权利人所享有的权利和负担的义务所指向的对象，即非物质文化遗产。前文已经介绍了非物质文化遗产概念的形成以及其独特的历史背景，了解此进程，无疑也有助于我们理解非物质文化遗产的权利客体。

5.2.1　客体的复杂性

在解读非物质文化遗产的权利客体的过程中，我们了解到不同机构和国家，甚至同一国家的不同地方，对非物质文化遗产的概念和分类都有不同的理解。此问题在第1章非物质文化遗产概念的基本问题中已经涉及，联合国教科文组织通过的《保护非物质文化遗产公约》将保护对象划分为五大类：（1）口头传统和表现形式，包括为非物质文化遗产媒介的语言，即诗歌、史话、神话、传说及对文化群体具有重要意义的其他叙事的表演和公开表述；（2）表演艺术，即在文化群体的节庆或礼仪活动中的表演艺术，其中包括肢体语言、音乐、戏剧、木偶、歌舞等表现形式；（3）社会风俗、礼仪、节庆，即人一生中的各种仪式（出生、成长、结婚、离婚和殡葬等仪式），游戏和体育活动，亲族关系与亲族关系的仪式，定居模式；烹调技术，确定身份和长幼尊卑的仪式，有关四季的仪式，不同性别的社会习俗，打猎、捕鱼和收获习俗，源于地名的姓名和源于父名的姓名，丝绸文化和工艺（生产、纺织、缝纫、染色、图案设计），木雕，纺织品，人体艺术（纹身、穿孔、人体绘画）；（4）有关自然界和宇宙的知识和实践，即有关大自然（如时间和空间）的观念，农业活动和知识，生态知识与实践，药典和治疗方法，宇宙观，航海知识，预言与神谕，有关大自然、海洋、火山、环境保护和实践、天文和气象的具有神秘色彩的、精神上的、预言式的、宏观宇宙的和宗教方面的信仰和实践，冶金知识，计数和计算方法，畜牧业，水产，食物的保存、制作、加工和发酵，花木艺术，纺织知识和艺术；（5）传统的手工艺技能。❶

我国非物质文化遗产的保护，在其发展过程中，最先是出现在地方性法规中的，而且更多时候我们使用的名词是"民俗""民间文化""民俗文化""民族民间传统文化"等。根据现有资料，我国最早保护非物质文化遗产的是2000年制定的《云南省民族民间传统文化保护条例》，该条例明确了"民族民间传统文化"概念，指出其包括以下几个方面：（1）少数民族的语言文字；（2）具有代表性的民族民间文学、诗歌、戏剧、曲艺、音乐、舞蹈、绘画、雕塑等；（3）具有民族民间特色的节日和庆典活动、传统的文化艺术、民族体育和民间游艺活动、文明健康或者具有研究价值的民俗活动；（4）集中反映各民族生产、生活习俗的民居、服饰、器皿、用具等；（5）具有民族民间传统文化特色的代表性建筑、设施、标识和特定的自然场所；（6）具有学术、史料、艺术价值的手稿、经卷、典籍、文献、谱牒、碑碣、楹联以及口传文化等；（7）民族民间传统文化传承人及其所掌握的知识和技艺；（8）民族民间传统工艺制箔技术和工艺美术珍品；（9）其他需要保护的民族民间传统文化。❷

2002年制定的《贵州省民族民间文化保护条例》在云南地方性法规的基础上，增加了"保存比较完整的民族民间文化生态区域"。广西、福建、江苏、浙江等都通过了非物质文化遗产的保护条例。地

---

❶ 李宗辉. 非物质文化遗产的法律保护：以知识产权法为中心的思考[J]. 百家言, 2005（6）：55.

❷ 朱祥贵. 非物质文化遗产保护法的价值理念[J]. 湖北民族学院学报：哲学社会科学版, 2004（3）：27.

方性立法工作的开展有效地推动了国家对非物质文化遗产保护的立法进程。

2005 年，国务院办公厅下发的《关于加强我国非物质文化遗产保护工作的意见》中，"非物质文化遗产"被定义为各族人民世代相承的，与群众密切相关的各种传统文化表现形式（如民俗活动、表演艺术、传统知识和技能，以及与之相关的器具、实物、手工制品等）和文化空间。

5.2.2 我国对非物质文化遗产客体的分类

新颁布的《非物质文化遗产法》将非物质文化遗产定义为"各族人民世代相传并视为其文化遗产组成部分的各种传统文化表现形式，以及与传统文化表现形式相关的实物和场所。包括：传统口头文学以及作为其载体的语言；传统美术、书法、音乐、舞蹈、戏剧、曲艺和杂技；传统技艺、医药和历法；传统礼仪、节庆等民俗；传统体育和游艺；其他非物质文化遗产。同时，《非物质文化遗产法》规定属于非物质文化遗产组成部分的实物和场所，凡属文物的，适用《中华人民共和国文物保护法》的有关规定。

总体来看，非物质文化遗产法律保护的客体是各种文化表现形式，以及与之相关的器物、工具、工艺品和文化空间，具体来说可以分成以下几类：第一，口传文学及语言、传统表演艺术、传统手工艺，以及社会风俗、礼仪、节庆；第二，传统科技，主要包括有关自然界和宇宙的知识与实践；第三，与非物质文化遗产表现形式相关的工具、实物、工艺品等；第四，文化场所或文化空间。

非物质文化遗产的第一、第二类客体属于人类智力创造成果，虽然不如知识产权要求客体的独创性程度高，但通说认为这几类客体可以获得相应的知识产权保护。非物质文化遗产的这几类客体与知识产权的客体存在一定的联系与共性，如两者都具有无形性、地域性、可复制性等，所以运用知识产权制度对这类非物质文化遗产进行保护是比较理想的选择。本书的后两章将重点论述非物质文化遗产的知识产权保护。

第三类客体与非物质文化遗产表现形式相关的工具、实物、工艺品等，严格来说并不属于非物质文化遗产，而属于非物质文化遗产赖以表现的物质载体。这些物质载体对于保护和记录非物质文化遗产具有重要的意义，因此对其保护也是非物质文化遗产保护的措施之一。对这类客体的保护可以作为有形财产适用民法中所有权、他物权等物权制度予以保护。

第四类客体，是我国提出的比较创新的一类客体，包含抽象意义的空间概念，如保存比较完整的民族民间文化生态区域、文化空间，诸如我国春节期间传统的庙会。文化空间是某个民间传统文化活动集中的地区，或某种特定的文化事件所选的事件，是一个人类学概念，只指传统的或民间的文化表达方式有规律性进行的地方或一系列地方。一般情况下，非物质文化遗产都是在一定的地域产生并传播的，该地域独特的地理环境、人文因素和生活方式等从各个角度对非物质文化遗产的形成和发展产生或大或小的影响。离开了该地域，该非物质文化遗产就失去了其生存的土壤，成为无土之苗、无根之水。根据通常理解，这些地域空间应属于有形财产的范畴，但这些文化场所或文化空间和有形文化遗产不同。如果属于有形文化遗产，可以采用《文物保护法》加以保护。文化场所或文化空间与非物质文化遗产的表现形式紧密相关，对非物质文化遗产的保存和利用具有重大影响。在本书的前面也讨论过，非物质文化遗产的产生和发展都依赖于特定的自然环境、社会环境和人文环境，本身也具有整体性，不能将其与周围的环境割裂开来进行保护。对于这类客体的保护，可以将其作为公共文化领域的特殊部分而受《保护非物质文化遗产公约》和各国国内专门立法的全面保护，主要是行政法保护。

5.3 非物质文化遗产的权利主体

5.3.1 非物质文化遗产权利主体的多元性

法律关系的主体，又称权利主体，即法律关系的参加者，是法律关系中权利的享受者和义务的承担者，享有权利的一方称为权利人，

第5章 非物质文化遗产保护的法律关系

承担义务的一方称为义务人。法律通过权利义务模式来规范人们的行为,从而实现法律所追求的公平与正义。非物质文化遗产寻求法律保护,也摆脱不了权利义务这种模式的运用,这就需要我们分析权利主体问题。如果说明确非物质文化遗产保护的客体是非物质文化遗产保护法律关系中的基础,那么明确非物质文化遗产归属问题则是非物质文化遗产保护中的关键。非物质文化遗产的形成和发展是个长期的、多元的、反复的智力劳动过程,更多凝结了群体的情感和集体的制度,绝大部分的非物质文化遗产已难以确定原创人和原创组织,使得确定非物质文化遗产的权利主体变得十分复杂和困难。

我们前面已经阐述了非物质文化遗产在产生和发展的过程中,其创作主体具有不特定性,其内涵和外延在传承过程中不断被丰富,同时,这种不特定性也决定了其权利主体的多元性。例如口头艺术,在传播过程中经过了无数传承者的增减、修饰,然后逐渐形成为众人、为传统族群所接受的样态。也就是说,被传承下来的非物质文化遗产,已经是经过许多人加工、渲染以后的结果,因此,它所代表的是集体智慧的结晶,是传统群体中的集体认知或情感。具体到某一非物质文化遗产,其最原始的创作者可能是个人,但随着时间的推移,它通过口头流传逐步变成某一地区、某一民族全体的作品,当地人对其不断修改和完善,最后形成了群体性的作品,成为该族群文化遗产的有机组成部分。而对于当初首创该作品的个人是谁则难以判断。但是,如果说在该非物质文化遗产上产生的任何财产性利益,该利益属于产生这些作品的某一地区或某一族群。

界定非物质文化遗产的权利主体,要从分析非物质文化遗产的概念和内涵着手,分析不同非物质文化遗产传承主体和传承特点,区分非物质文化遗产的母体以及非物质文化遗产的子体分布和流传脉络,不宜将非物质文化遗产笼统地归属于某一主体。而在实践中,非物质文化遗产可能被某个个体拥有,也可能被某个群体所有,还有可能是属于某个国家的全体民众所有。所以,有必要对非物质文化遗产的权利主体进行必要的分析、梳理和归纳。《保护非物质文化遗产公约》明确规定"承认各群体,尤其是土著群体,各团体,有时是个人在非物质文化遗产的创作、保护、延续和创新方面发挥着重要作用,从而为丰富文化多样性和人类的创造性作出贡献"。公约将非物质文化遗产视为特定民族、群体或者特定地域的人们在长期历史过程中传承下来的智力成果，因此，权利主体主要可以分为两类：一类是团体型权利主体；另一类是个人型权利主体。如果某项非物质文化遗产同时为几个传统社区或者传统部落所持有，则应把非物质文化遗产确定为这几个社区或者部落所有，也就是团体型主体。例如在口头传说和表演艺术、传统的手工艺技能等方面，行业协会性团体或特定族群、社区可以作为主体。个体型主体是指通过对持有某种技能的个人认定，让其成为某种非物质文化遗产的主体。如果个体本身就可以独立完成某种民间工艺品的制作，这类人就可以获得其主体地位。当然，上述区分只是个大致的分类，并不能涵盖权利主体的全部。当某项非物质文化遗产无法明确权利主体或者明确某一特定族群或个人为权利主体将与保护该项非物质文化遗产的根本目的和宗旨相违背的情况下，国家也可以作为权利主体。[1] 我们根据法律关系中主体的一般分类，将非物质文化遗产权利主体分为自然人主体、团体主体和国家主体三种。

5.3.2 自然人主体

首先，自然人主体中最重要的就是非物质文化遗产的传承者。个体传承者作为非物质文化遗产的权利主体，是指通过群体传承、家庭传承或社会传承方式掌握非物质文化遗产中的自然人。从广义上讲，作为原始材料提供者的讲述人、演唱人、制作人、表演人都应当是非物质文化遗产的传承人，正是通过某个社会群体几代人的不断模仿而进行的非个人的、连续的、缓慢的创作活动过程才培育了非物质文化遗产这朵奇葩。他们通过自己的生产和生活实际，在保持、传承非物质文化遗产，不断丰富并发展非物质文化遗产的文化内涵。在非物质文化遗产的传播和发展过程中，传承者的作用至关重要，他们是非物质文化遗产的核心载体。一些具有悠久历史的剧目、精湛的传统手工技艺或者独特的表演形式都是依附于某个或某几个艺人身上。从某种意义上说，这些艺人决定着此类文化的兴衰存亡，若不及时抢救，这

---

[1] 刘俊，邹权. 论非物质文化遗产法律保护的几个主要问题 [J]. 华东理工学院学报：社会科学版，2008（3）：42.

些非物质文化遗产就会随着艺人的离去而走向灭亡。所以法律应该赋予这类自然人合法的权利主体地位。从积极角度分析，这样也有助于增加他们的积极性，然后通过他们，更加有力地保证非物质文化遗产的言传身教、世代相传。对这类权利主体的保护，我国已经有了相应的措施。目前，我国按照省市分布公布了两批国家级非物质文化遗产项目代表性传承人名单，涵盖了民间文学、杂技与技艺、民间美术、传统手工技艺和传统医药等五大类内容。

其次，是传承者之外的一些相关的自然人主体，他们的作用也是不容忽视的。第一种权利主体是非物质文化遗产的收集记录整理者。非物质文化遗产的内容庞杂、种类繁多，而且多产生于田间地头，遍布山野。对其进行收集记录和整理又是对其进行保护必不可少的一项准备工作，故从事此类工作的自然人主体为此也付出了辛勤的劳动。但是，由于对非物质文化遗产的收集记录和整理必须忠实于其原貌，不能随意改变，技术含量不高且缺乏独创性，难以给予其知识产权法方面的保护。尽管如此，其劳动仍然应该受到尊重，针对此种情况，国家可以给予其精神奖励或财务上的补偿。其中的整理者可以表明自己作为整理者的身份，有权从发表的整理作品中获取一定的报酬。不过，应该注意的一点是，对于收集记录和整理的非物质文化遗产的发表要经过原权利享有者的同意，必要时支付一定的报酬；第二种权利主体是表演者，如杂耍演员、马戏演员等。对于这类权利主体，可以给予其著作权法上的保护。第三种权利主体是改编者，比如把民间传说改编成电影剧本的自然人、在民族音乐中加入流行因素的自然人等。这类改编者赋予非物质文化遗产与时俱进的特点，使人们的精神文化生活多姿多彩。当然这类主体可以是全社区群体权利人，也可以是社区群体之外的人。改编者赋予非物质文化遗产新的活力，是具有独创性的，可以给予其版权法保护。但是，其权利是受到一定限制的，即不得歪曲篡改，而且要经过原社区群体同意，必要时支付一定报酬。

5.3.3 团体主体

绝大多数的非物质文化遗产是集体智慧的结晶，是由特定的团体创造、保有及传承的。联合国教科文组织《保护非物质文化遗产公约》中明确规定："承认各群体，尤其是土著群体各团体，有时是个人在非物质文化遗产的创作、保护、延续和创新方面发挥着重要的作用。"团体主体包括特定社区、族群、家族或行业组织。基层社区和族群是各民族和各地方社会生活方式的主要基础，是非物质文化遗产得以产生、传承和发展的土壤，离开了这一生长的土壤，非物质文化遗产之树就不能枝繁叶茂，开花结果。家庭机构和行业组织相对于社区和族群更加具有团队的凝聚力和向心力，对于发展非物质文化遗产更容易取得成果。家族作为通过血缘关系连接的自然人结合，在传统手工艺、传统知识的传承方面具有不可替代的作用。以传统技艺知识为主要特征的非物质文化遗产，从技艺知识归属的角度来讲，家族家传绝艺的传承人应该是该家族或者某个家族成员。同样，以传承和发展非物质文化遗产为宗旨而开展活动的组织，既包括取得法人资格的企业或事业单位，也包括社会团体和民办非企业单位，他们依法发掘和研究并持有非物质文化遗产，也属于权利主体。在口头传说和表述、表演艺术、传统的手工艺技艺方面，行业组织性团体可以作为主体，对非物质文化遗产通过著作权、商标权、地理标志权、对民间文学艺术作品保护等法律制度途径享有相应的权利，尤其是使用权并对非物质文化遗产进行保护。同时，行业组织性团体应当负有保护口头传说和表述、表演艺术、传统手工艺技能等非物质文化遗产的义务。

但是由于这类主体的群体性特征，使得这类权利主体更容易出现缺失，尤其是社区和族群，非物质文化遗产的权利归属认定也是一个理论难题。实践中，我国目前采取的措施中有一项是，建立中国非物质文化遗产代表作国家名录，这个方式在一定程度上对于权利归属的认定，起到了一定的积极作用。另外，由于某些非物质文化遗产的权利归属不明确，认定上也很难，有学者就提出让政府去行使部分权利，来防止团体内或者团体外的主体的不当利用。但是，这个毕竟不是长久之策，而且由于政府不是真正的利益相关人，有出现监管不力或懈怠的风险。如何保护团体主体在非物质文化遗产方面的权利依旧是一个尚待解决的问题，需要理论界和实践工作者的共同努力。

5.3.4 国家主体

有学者认为，非物质文化遗产的真正权利主体是国家。他们从法律经济的角度进行分析，指出地区、族群及个人作为非物质文化遗产的权利主体存在许多问题：第一，不利于非物质文化遗产所产生的利益在全社会进行分配。从而使一部分暂时显示不出经济价值的非物质文化遗产得不到有效的保护；第二，造成了非物质文化遗产开发利用上的垄断性、排他性，为权力寻租提供了可能性，增大了制度的风险成本，也扭曲了非物质文化遗产的真正属性。第三，单纯对利益最大化的追求将造成某些非物质文化遗产不可逆转的破坏；第四，国家作为制度的集合体，得不到构建、维护、更新制度的必要资源，只有投入没有产出，最终造成国家利益遭受损害；第五，造成权力寻租等腐败现象的发生，增加了国家发展进步的成本。基于此，他们认为，国家是非物质文化遗产的主体。既然非物质文化遗产是国家、民族中广大民众所创造、享用和传承的生活文化，它就类似于一种"自然资源"，那么无论从直观的经济利益来讲，还是从宏观的国家文化战略安全角度来讲，它理所当然应该属于国家运营资本的组成部分。[1] 我们认为，这些观点有失偏颇，不能一概认定非物质文化遗产的权利主体是国家，而忽视个人、族群和社会团体的利益。当然，在一定条件下，国家可以作为非物质文化遗产的主体。那些对国家和社会公众具有重大意义并且非少数民族持有的传统工业、民间文艺，应当为国家所有，以维护国家的文化安全。有些时候，非物质文化遗产，例如传统春节等节庆，在一国的大部分地域内广泛流传，甚至跨国流传，是国家文化遗产不可分割的一部分，从国际层面来讲，就可以把一个国家的全体人民作为传承主体。基于此，国家作为非物质文化遗产的权利主体有其独特性，这可以从国际和国内两个层面进行理解。

在国际层面上，由于非物质文化遗产国际保护的国家主权原则，国家理所当然应该是非物质文化遗产的权利主体。国家享有对自己国

---

[1] 王鹤云，高绍安. 中国非物质文化遗产保护法律机制研究［M］. 北京：知识产权出版社，2009：300.

内非物质文化遗产保护事业和事务的自主管辖的权利,还可以在国际上享有其他一些权利,譬如,有权组织将本国的非物质文化遗产申报为人类口头和非物质文化遗产代表作;有权同意和保证本国非物质文化遗产被其他国家或组织、个人的合理开发和利用等。有些时候,某些非物质文化遗产不属于自然人所有、也不属于某个团体所有,是整个国家所有民众的共同财富,这时由国家来行使权利更加有利于保护它们。在与国际上其他国家或组织交流的过程中,由于国家主权及其国家其他配套措施的存在,可以争取更大的保护力度。

在国内层面上,又可以分为公法和私法两个层次。在公法层次上,中央行政机关、地方行政机关或者政府机构可以运用行政权力,集中人力和物力等资源优势对非物质文化遗产进行保护,相应地就应该享有非物质文化遗产保护的立法权或进行收集、整理、评判的权利等;在私法层次上,主要是考虑到与非物质文化遗产的传承者共同行使权利。非物质文化遗产具有很强的公共属性,赋予某些特定主体权利主体地位是为了更好地维护和发展非物质文化遗产,并不是让其形成垄断以获取更大的经济利益。但是人都具有趋利性,如果不加以限制,很有可能使得非物质文化遗产被商业利用而丧失其原有风貌和核心价值,这样更可能加速非物质文化遗产的消亡。基于这方面的考虑,有学者提出可以将国家和自然人列为共同主体,行使补充性的权利,对自然人的行为进行监督和引导,形成一道权利屏障,在国家权力的介入下保证非物质文化遗产的健康发展,此种观点有其积极的意义,应该值得重视。

5.4 非物质文化遗产权利内容

非物质文化遗产法律关系的内容,是非物质文化遗产权利主体针对客体享有的权利和承担的义务。由于非物质文化遗产保护对象具有复杂性的特征,非物质文化遗产保护涉及的权利也具有综合性的特点。

口头传说与表述、表演艺术、传统的手工艺技能和有关自然界和宇宙的知识及实践等非物质文化遗产保护对象,往往凝聚了特定民

第5章　非物质文化遗产保护的法律关系

族、群体的智力成果，可能会涉及著作权、专利权、地理标志权、商标权和商业秘密权等知识产权性权利。我们可以将这些权利与传统知识产权中的著作权、专利权、商标权等专有权利比照而设计其权利义务内容。在非物质文化遗产的权利内容中，对于其中涉及的特殊性问题，则可以在特别法中予以明确规定，例如，对传统手工艺技能及有关自然界和宇宙的实践知识等对象进行专利法保护，需要突破专利法规定的"新颖性、创造性"等实质条件的限制；在对民间文学艺术作品适用著作权法保护时，必须调和著作权保护期限的有限性与民间文学作品存在的长期性矛盾。对于非物质文化遗产，法律首先可以发挥的作用是，保护传承者及保有者在一定范围内的专有权，以对其进行补偿，鼓励其进行保存、传承、发展、利用和传播，建立非物质文化遗产激励机制。由此可见，非物质文化遗产的权利内容的核心是，通过赋予非物质文化遗产传承者和保有者一种无形财产权来激励其保持非物质文化遗产的可持续发展。

在分析非物质文化遗产保护中涉及的权利内容之前，有必要分析权利人对于非物质文化遗产的保护问题上的诉求。以民间文学艺术为例，传统社区、原住民在传统文化表现形式的保护问题上主要有以下几种诉求：一是保护传统文学艺术产品和手工艺品，制止未经授权复制、改编、散发、表演和其他类似行为的发生；二是防止侮辱性、减损性和精神上的冒犯性使用；三是防止对其来源和真实性的虚假、误导性声明或不承认其来源；四是防止未经当地社区、原住民的同意对传统标记和符号进行注册商标使用。❶ 我们所设想的非物质文化遗产的权利内容，既要尊重并充分保障非物质文化遗产的传承者或保有群体的合法利益，激励其传承、保存、发展非物质文化遗产，同时也要使公众可以欣赏、了解非物质文化遗产，保障非物质文化遗产资源的分享或共享，维护文化的多样性，促进社会文化的进步。同时，非物质文化遗产的传承者或保有群体可以许可他人对非物质文化遗产进行商业化利用并获得利益分享。由此可见，作为非物质文化遗产的权利主体，其享有的权利内容包括人身权利和财产权利，具体涉及以下内容。

---

❶ 梅术文. 非物质文化遗产保护与知识产权保护 [J]. 国际学术动态，2007 (5)：39.

5.4.1 非物质文化遗产的人身权利

非物质文化遗产的人身权利是与非物质文化遗产的权利主体紧密相关的基于主体身份所产生的不可转让的人身权内容。根据我国地方法规规定及司法中的实践,可以分为以下几个方面:

第一,要求标明来源地的权利。特定民族、群体或者区域的非物质文化遗产归该民族、群体或者区域所有,对非物质文化遗产及其演绎成果进行利用时必须以适当方式表明出处,并不得对非物质文化遗产进行任何歪曲、篡改或者其他有损非物质文化完整性的行为。这体现了对创造非物质文化遗产的族群的尊重。北京市第二中级人民法院受理的赫哲族有关人士状告歌唱家郭颂纠纷案,正体现了这一点。法院判决,《乌苏里船歌》不是创作作品,在使用《乌苏里船歌》时,应当注明"根据赫哲族民间曲调改编"。此权利类似于著作权中的署名权,是一种向世人昭示权利归属的权利,表明了权利主体与非物质文化遗产之间在身份上的联系,体现了法律对非物质文化遗产所有人和传承人的尊重。非物质文化遗产的权利人有权:(1)在非物质文化遗产的运用中标明身份;(2)要求其他人在非物质文化遗产运用中标明自己身份;(3)放弃标明身份或放弃要求他人标明自己身份。但是,这种权利又与著作权中的署名权有很大的不同:首先,著作权中的署名权可以署真名也可以署笔名等假名,但是非物质文化遗产基于保护的目的,必须标明真实的身份,这也不同于著作权中署名权可以同意别人署名的情况;其次,著作权中署名权可以变更,而非物质文化遗产权利人表明身份的权利只能放弃,不可以变更,不能与真实身份不符。此外,任何人在利用非物质文化遗产进行创新时,不得违背该遗产流传地的传统习惯,在就相关成果申请专利时,应当披露其创新的来源。

第二,发表权。非物质文化遗产的权利人有权决定是否将非物质文化遗产公之于众。非物质文化遗产权利通常情况下是一种群体权利,对这个群体之内的人来说这种非物质文化遗产可能并不陌生,甚至妇孺皆知,但群体之外的人并不一定了解,这也是发表权存在的意义。权利人可以决定是否将非物质文化遗产对外发表,以及何时在何地以何种方式发表。赋予非物质文化遗产的权利人发表权是赋予其他人身权利或财产权利的基础，同时也体现了对非物质文化遗产权利人的尊重。

第三，防止贬损、侵犯或歪曲的权利。非物质文化遗产的传播范围有大有小，现实生活中，有的非物质文化遗产可能远离来源地，这时就有可能贬损或者歪曲使用，其特有的特征会被其他的本土文化不合理侵犯，从而破坏其形象或者导致信誉降低。很多商家看中非物质文化遗产的商业价值，对其进行商业利用的过程中，将其本来面貌进行修改以符合其商业目的，这样可能会影响非物质文化遗产在消费者心中的价值。这种种行为都会伤害到非物质文化遗产人的精神利益，伤害他们的感情，也可能导致非物质文化遗产的原本含义丧失，使得其传播受到阻碍。所以，要赋予非物质文化遗产人防止贬损、侵犯或歪曲的权利，保证非物质文化遗产的本真特色。

第四，改良权。随着社会的变化，非物质文化遗产人为了使得非物质文化遗产更具有实用性、适应性和欣赏性，需要对其进行适当的加工或者改良。而非物质文化遗产是权利人智慧的结晶，对它的改良不是一个简简单单的行为就可以完成的，有可能需要很长一段时间的不断积累。赋予非物质文化遗产权利人改良权，有利于非物质文化遗产的健康发展、合理改变。在此，改良权与著作权法中的修改权类似，在著作权法中，修改权是作者本人或授权他人修改自己作品的权利。在作品发表前，作者修改自己的作品本身是行使修改权的体现；作品发表后，他人阻碍作者修改自己的作品和不经过作者同意擅自对作品进行修改，都是侵犯修改权的行为。同样，他人不得阻止非物质文化遗产的传承人和保有人对非物质文化遗产的修改和完善，也不能不经过非物质文化遗产权利主体的同意而擅自对非物质文化遗产进行改良。

第五，保存和传承权。非物质文化遗产权利人是最了解和熟知非物质文化遗产的特征和形成背景的，什么方式最有利于对其保存和传承、什么程度的保护既可以不损害其原有的风貌又有助于对其健康发展，非物质文化遗产权利人对于这些问题最具有发言权。即使国家立法机关在制定相关法律法规时，也应该充分听取他们的意见和建议，而且从一定意义上说，由他们对非物质文化遗产进行直接保存和传承是最有效且成本最小的方式。为了达到这个目的，就需要赋予非物质文化遗产权利人保存和传承权，当然这也是他们的一项义务。

5.4.2 非物质文化遗产的财产权利

非物质文化遗产的财产权利是指非物质文化遗产人对非物质文化遗产进行使用、处分及获得利益分配的权利。由于非物质文化遗产客体的特殊性，权利主体不可能享有类似一般知识产权人那样广泛的权利。但是，非物质文化遗产作为自由创作之"源"，我们不能为保护其"源"而断其"流"，即不能阻截公民获取非物质文化遗产信息和根据素材进行再创造的自由。因此，尽管非物质文化遗产的权利内容比一般知识产权权利内容少，而且受到的限制多，然而，根据其自身的性质，权利主体仍然可以对其享有相应的权利，具体体现在以下几个方面。

5.4.2.1 使用权

这类权利包括两方面的内容：非物质文化遗产权利人自己使用；许可他人商业性使用非物质文化遗产。"他人"既可以是自然人，也可以是法人或者其他组织。"使用"指权利人自己或者许可他人对非物质文化遗产进行记录、传播、复制、发行、表演、演绎等，也包括将非物质文化遗产相关的文字、标志、符号、名称等要素当成商标、商号、地理标志、互联网域名等使用或注册。对非物质文化遗产超过传统习惯范围的复制、发行、表演、广播、展览，通过信息网络或以其他方式向公众传播的权利是非物质文化遗产的权利体系中最基本的财产权利，体现了权利主体将抽象的非物质文化遗产，通过某种形式具体表现出来以获得财产。通过各种途径传播非物质文化遗产，将单一的非物质文化遗产衍生出丰富多彩的系列活动，不仅可以促进文化的传播与交流，提高非物质文化遗产的影响力，而且可以促进经济的发展，从而达到社会效应和经济效应的双赢。将非物质文化遗产中相关的文字、标识注册为商标、商号的，可以借鉴商标法中有关地理标志的规定，申请为证明商标或者集体商标。用商标法保护非物质文化遗产，不仅能够表明非物质文化遗产的来源及其品质，而且还可以保证非物质文化遗产在利用时不被歪曲、变形。非物质文化遗产权利人在商标法上的权利，体现在保护消极权利和积极权利两个方面。前者包括将非物质文化遗产私权化后作为在先权利阻却他人将之注册成为商标，以及对他人已经取得的注册商标申请撤销的权利，对他人的商标侵权予以制止和请求赔偿的权利；后者包括商标的使用权、标识权、许可权和转让权。非物质文化遗产中的某些传统工艺技术获得专利后，权利人就可以享有独占实施和许可他人实施的权利；某些传统工商业标记被注册为商标或者地理标志，权利人即可使用或者禁止他人使用。贯穿整个使用权的一个基本原则就是：不得对非物质文化遗产进行不当使用。不管是营利使用还是非营利使用，都要尊重非物质文化遗产的特色，不得歪曲或者贬损。

为充分保障非物质文化遗产传承者和保有群体的利益，他人对非物质文化遗产的使用可以采用"知情同意+利益分享"的方式。也就是说非物质文化遗产的传承人和保有群体之外的人，包括族群外部的人员或者政府，在族群范围外复制、发行非物质文化遗产或表演非物质文化遗产，都应当告知非物质文化遗产的传承人或保有群体，并将所获利益的一部分反馈给传承人或保有群体。"知情同意"指的是，他人对非物质文化遗产的使用应当履行一个告知行为，原则上应征得非物质文化遗产的传承人或保有群体的同意。具体的费用、使用方式、期限等内容由使用者和保有者进行协商，进行利益共享。同时，他人对非物质文化遗产的使用中必须尊重非物质文化遗产传承者或保有群体人身权的义务。我们也注意到，族群内部对与非物质文化遗产的使用，只要不违反习惯法，可以随意利用非物质文化遗产，不必与族群分享利益，例如非物质文化遗产某一传承人将自己的民间艺术作品馈赠于他人。凡是族群内按照习惯法进行的利用不需要规制，例如逢年过节大家表演民间歌舞或平常制作民间手工艺品出售。只要这些使用方式没有外界的介入，也不向外界发行，就不必进行约束。

5.4.2.2 转 让 权

转让权是指非物质文化遗产权利人享有的转让其非物质文化遗产财产权的权利。之所以将此权利归属到财产权，而将人身权排除在外，是因为非物质文化遗产的人身权与群体性是紧密联系在一起的，因此不可以转让。而财产权属于经济权利的范畴,为了使得经济利益达到最大化,赋予权利人转让权似乎是可行的。但是这种转让权并不是没有限制的,因为非物质文化遗产的群体性特征,在转让时,权利人要考虑其他相关人的意见和利益,而且受让人对非物质文化遗产也要有最起码的尊重和维护。不过,应注意的是,从理论上看,作为具有财产利益的非物质文化遗产,其转让权似乎不成问题,但实际上不论相关国际公约还是其他各国的立法目前都不曾直接予以明确,故而操作中仍留有极大疑问,我国也不例外。我国非物质文化遗产法尽管规定,使用非物质文化遗产涉及知识产权的,适用有关法律和行政法规。知识产权无疑是可以合法转让的,非物质文化遗产财产权利的转让在逻辑上也是顺理成章,但是非物质文化遗产不能简单类比知识产权本身,其毕竟常常涉及民族、族群和社团的群体的利益和认同感,甚至在某些时候,也可能事关国家的文化主权,其利益关系常比通常意义上纯私权领域的知识产权复杂和重大。所以,涉及此类权利转让之时,我们认为应在制度设计上需要更为明确和严格的要求予以规范,比如,向文化主管机关申报核准等措施,主管机关可基于国家文化主权或公共利益等公法规范的规定,酌情予以准予或批准。

5.4.2.3 改 编 权

改编权是著作权法上的一个概念,指著作权人享有的许可或禁止他人以改编形式使用自己作品的专有权利。非物质文化遗产权利主体,尤其指民间文艺权利主体是否应当享有改编权,是一个有争议和敏感的问题。在著作权领域,改编是对现成的原创作品进行改变或改动以变成一种新的表现方式的行为,改编应得到原作作者的同意并尊重著作权。他人未经许可公开改编著作权人的作品会构成侵权。在获得著作权人许可的情况下,改编作品可以因付诸独创性而享有著作权。在非物质文化遗产领域,有学者不同意赋予非物质文化遗产权利主体改编权,原因是不能限制创作自由。但是,我们认为,这一目的完全可以通过对权利人的改编权作出限制而达到。也就是说,只要对改编权实施法定许可、合理使用等限制,同样可以保证文化的自由交流和创新。同时,赋予非物质文化遗产权利主体改编权,并不约束一切与非物质文化遗产有关的创作活动。例如我国著名的民歌歌手腾格尔，创作了富有蒙古风格的《天堂》等歌曲，这些歌曲并不是改编某一首或者几首蒙古民歌而来，而是吸收、蕴涵了蒙古族民歌的综合元素，我们可以认为它们都是原创性歌曲。又例如在美术领域，现代服装或者手工艺品的制作中，通常可以看到民族、民间传统元素被融入现代时尚风格的例子，谁也不会怀疑这些服饰或手工艺品的原创性。

如果不赋予非物质文化遗产权利主体的改编权，文化的使用和交流虽然方便和自由了，但是其不利后果也是显而易见的：首先，改编作品是原作品派生出来的，尽管改编作品和原作品享有几乎相同的包括改编权在内的著作权，改编作品仍从属于原作品，改编还可能涉及原作保护作品完整权的问题，不适当的改编行为可能会伤害非物质文化遗产权利主体的精神性权利。其次，第三人有时难以区分改编与重新创作的关系，他们更容易与改编者达成作品商业化合意并分享其利益，而不会千方百计寻找非物质文化遗产的真正权利主体去磋商。也就是说，改编者将非物质文化遗产权利主体应有利益占有的不合理现象难以避免。因此，我们认为，非物质文化遗产权利主体应当享有一定程度的改编权，即改编人的改编、发表及一般商业化后续利用行为，虽然不必事先征得同意，但利用该作品商业化的人应反馈使用费之一部分给非物质文化遗产的权利主体。从现实意义上说，非物质文化遗产的改编者很多是族群内部的传承人，或者说改编在某种程度上是非物质文化遗产的一种传承方式。

5.4.2.4　获得报酬的权利

获得报酬的权利是各国对非物质文化遗产保护的通常做法，主要指对任何人正当商业化利用非物质文化遗产的演绎成果的许可权及由此所获收益的分享权。凡以营利为目的，在本民族、群体、区域以外使用非物质文化表现形式，需经权利主体或法律规定的行政主管部门、民族自治机关许可，并支付一定使用费用。利益分享制度最早是源于《生物多样性公约》针对生物资源的有效利用而设立的一种机制。借鉴《生物多样性公约》对利益分享机制的相关规定，针对相关主体在利用非物质文化遗产进行营利性活动而获得利益时，在权利主体之间进行利益分配。在进行利益分配时要先把非物质文化遗产的维持、创新以及保护费用提前提取出来，剩余的再根据权利人之间的利益大小进行合理分配。非物质文化遗产的权利人有权从他人对非物质文化遗产的使用中获得一定的报酬。在非物质文化遗产的创作、保存和传播过程中，非物质文化遗产来源地的人们付出了很多时间和精力，基于对他们的辛勤劳动的尊重，使用者获得的利益也应该与他们进行分享。这种权利的赋予也有助于提高实践中非物质文化遗产权利人的积极性，激励他们更好地保护和发展非物质文化遗产。发达国家的自然人或者组织利用发展中国家丰富的遗传资源，将其稍加改造就变成具有巨大商业价值的药品或者生物资源，该组织或者自然人就可以从中牟利，但是很多遗传资源的提供者却得不到任何的利益，这种情况有违公平和正义的要求。所以为了平衡权利人和使用者之间的利益，就应该赋予权利人获得报酬的权利。

5.4.2.5 其他知识产权

法律赋予非物质文化遗产权利主体知识产权性质的财产权，并不限于与著作权类似的方面。我们在讨论非物质文化遗产权利内容时，还要注意到其他知识产权法的作用。非物质文化遗产除了民间文学艺术作品的表现形式之外，还在日常生活和生产实践中积累了很多智慧并将其运用到现实生活中，这种有形表达的典型代表就是传统手工艺。同样，出于生产和生活交换的需要，非物质文化遗产的权利主体通过制作并出售这些手工艺品获得收入，从而将这些手工艺品带入市场，而这种民间手工艺产品的商业价值被外界所知悉以后，就可能产生商业领域的各种竞争行为。在此情况下，我们需要为非物质文化遗产传承人或保有群体提供更为全面的法律保护。

首先在商标与不正当竞争领域，我们首先考虑的是商标品牌方面的利益。与非物质文化遗产有关的商标可能被用在任何意图与该非物质文化遗产特色建立联系的商品或服务上，例如服装、手工艺品、旅游等。这类商标与地理因素密切相关。当然除了赋予权利主体类似于地理标志的权利之外，我们还应当考虑尽可能多的、以商标法保护传统文化表达的方式，如允许非物质文化遗产权利主体将自己的名称、称谓、特色标志、象征性符号等作为商业性标识使用并注册，同时以抗衡不正当的竞争行为。非物质文化遗产权利主体应对标志性的文化称谓等非物质文化遗产构成要素享有一定禁止性权利，有权阻止他人将其抢注为商业性标识。在非物质文化遗产走向商业化的过程中也衍生出一系列的产业，例如旅游业、工业品业、食品业、服务业等，这些产业的发展与市场经济下其他产业的发展一样，也要遵守公平竞争的规制。在实践中，与非物质文化遗产有关的产业中违反诚信和商业道德的假冒行为通常是虚假标识、误导来源等欺骗性行为，许多打着非物质文化遗产旗号的产品实际上都是族群以外机器设备加工制作的，这种标识行为已经构成了不正当竞争。同样，非物质文化遗产的传承人或者保有群体对非物质文化遗产的文化表达方式采取保护方式的情况下，任何人通过不正当方法获悉该表达方式的，都可能侵害保有该秘密信息的传统社区族群的权利。

在专利领域，非物质文化遗产几乎没有可以获得保护的条件。有些非物质文化遗产，例如手工艺作品等，由于长期流传，很难满足"新颖性"要求。这类客体往往处于著作权与工业产权交叉的部分。非物质文化遗产更看重的是"艺术性"，类似于著作权法中的"原创性"。尽管如此，在不破坏现有知识产权制度的框架结构下，非物质文化遗产的权利主体对这类产品行使权利时虽然难以主动寻求专利权的专有权保护，但可以采用防御性保护的方式。法律可以在总体上规定非物质文化遗产权利主体对这些客体享有特殊的权利，据此否定第三人对非物质文化遗产中的这些客体的内容申请专利。从这个意义上说，非物质文化遗产权利主体对这些客体的特殊权利可以成为阻却他人获得专利合法性的理由。当然，将非物质文化遗产加以改造后申请外观设计保护的做法并不是全部都要受到法律的制止。对那些对非物质文化遗产进行创新的人来说，他们与那些以无形的口头表现形式衍生作品的人一样受到法律的保护。此外，非物质文化遗产中的新设计或生产工艺是可以获得专利保护的。具体来说，非物质文化遗产人对自己的民间文艺产品及特殊的制作工艺享有特殊的权利。在与非物质文化遗产有关的专利申请过程中，申请人有披露来源的义务，以防止直接或间接占有民间文艺产品或制作工艺，同时为今后就确有"创新性"的专利实施所获得的利益在权利人与保有群体之间的分配打下基础。

5.4.3 对非物质文化遗产权利行使的限制

权利之行使，应依权利人的自由意思，一般应不受干涉。但权利毕竟系法律制度之产物，说到底即是为平衡社会利益关系，其行使应有一定范围，如果权利之行使完全无视他人及社会利益，自属违反权利存在之理由，因此权利的行使应受到一定的限制。所以，权利不得滥用或者应有一定限制，也是权利行使的普遍原则。非物质文化遗产是在前人的智慧和文化遗产的基础上逐渐形成，又是文化的发展和提高所必需的，因此其权利行使也不应当是绝对的和无限制的。以上各种权利都是从私权的角度进行论述的，但是非物质文化遗产的保护目的显然不是仅仅为了维护非物质文化遗产人的利益，而是寻求一种通过合理设计的制度，最终使得非物质文化遗产能够得到更好的利用和发展。如果仅仅靠私权利制度保护，由于人的趋利本能，很有可能导致原本属于社会公有的精神财富私有化。非物质文化遗产是人类发展和创新的源泉，过度强调私有，限制群体以外的人的任何使用，最终将不利于社会的发展。为了协调传承人的利益和社会公众的利益，非物质文化遗产权利行使也应遵循现代民法之基本原则，受到一定的限制。具体来说，权利的限制有外部限制和内部限制两种途径。所谓内部限制，目的在于实践公益优先的原则，必要时牺牲个人利益以维护社会公益；所谓外部限制，是在承认权利之不可侵犯性，权利行使之自由性的前提下，以公法的措施适当限制权利的不可侵犯性，以民法上的诚实信用原则、权利滥用之禁止原则及公序良俗原则限制权利行使之自由性。[1] 概而言之，非物质文化遗产的权利主体在行使私权时，应遵循诚实信用原则，受到国家利益、社会公平正义与公序良俗的限制，不能片面强调个人利益，必须兼顾社会和第三人的利益。

在国际社会上，非物质文化遗产的权利内容要受到适当限制。在这方面，国际上已早有规定。1982 年《示范条款》第 4 条规定了授权使用民间文学艺术的例外情形：（1）为教育目的而利用；（2）在合理范围内，在作者或者作者们的原创作品中以例证（插图）的形式

---

[1] 梁慧星. 民法总论 [M]. 北京：法律出版社，2007：257.

第 5 章 非物质文化遗产保护的法律关系

使用；(3) 为创作原创作品而使用民间文学艺术表现形式。

授权使用也不适用于附带产生的偶然使用，尤其不适用于下列情况：(1) 在符合新闻报道目的的合理使用范围内，以摄影、广播或者录音录像方式使用时事中可见或可听到的民间文学艺术表现形式，以便进行时事报道；(2) 在摄影、电影或电视制片中，收录了长久放置于公共场所的含有民间文学表现形式的客体。

另外，《保护传统文化表达/民间文学艺术的政策目标与核心原则(草案)》第 5 条"例外与限制"规定：(1) 民间文学艺术的保护措施：a. 不得限制或阻碍相关社区的成员按照习惯法和惯例，在传统和习惯范围内对民间文学艺术进行常规使用、传播、交流与发展；b. 应仅适用于在传统或习惯范围外对民间文学艺术的利用，无论其是否以营利为目的；c. 不适用于利用民间文学艺术的情形：为教学和学习目的而使用；非商业性研究或私人学习；批评或评论；报道新闻或时事；在法律程序中使用；为纳入非商业性文化遗产保护档案或名录而制作民间文学艺术的录音制品和其他复制品，以及附带的偶然使用。在任何情况下，上述使用应当符合合理使用的原则，相关社区是被认可的民间文学艺术可实行和可能的来源地，并且上述使用不会对相关社区造成损害。(2) 民间文学艺术的保护措施应当允许社区的所有成员，包括一个国家的所有国民，按照习惯和传统无限制地使用民间文学艺术或其中某些特定的部分。❶ 此外，新颁布的《非物质文化遗产法》规定使用非物质文化遗产，应当尊重其形式和内涵，禁止以歪曲、贬损等方式使用非物质文化遗产。

以上条款的规定具有很大的借鉴意义，我国在制定保护非物质文化遗产的措施时可以结合我国的实际情况选择使用。由于非物质文化遗产的群体性特征，非物质文化遗产权利人在行使自己的权利时，偶尔会和国家、集体或他人的利益发生冲突，有时不同的权利人之间也会产生这样或那样的冲突。究其原因，是因为个人利益、集体利益和国家利益之间的利益不均衡所致。所以，我们认为，在对非物质文化遗产的权利内容进行限制时，可以考虑以下几个方面：

---

❶ 李墨丝. 非物质文化遗产保护法制研究：以国际条约和国内立法为中心 [C]. 上海：华东政法大学，2009：211-212.

第一，对非物质文化遗产权利人行使自身权利的限制。非物质文化遗产的保护最终目的是保存和维护人类文化的多样性，而且一般情况下，非物质文化遗产首先是属于一个国家的共同财富，所以，权利人不可以因为一己私利，将非物质文化遗产的权利让与外国人，这主要也是为了保护国家利益。另外，得到使用许可的权利人要表明来源地，不得私自篡改。群体之内的其他主体在传统或者习惯范围内可以自由复制或者表演具有其群体特色的民间文学艺术表现形式。权利人不得要求他们必须经自己同意或者索取报酬。

第二，非物质文化遗产群体以外的人使用相关的非物质文化遗产时，法律可以参照著作权法规定一些合理使用或者法定许可的情形。合理使用情况下，使用人既不用支付费用，也不必经权利人的同意，情形包括：（1）为个人学习、研究和欣赏而使用；（2）为课堂教学或科学研究目的而少量使用；（3）出于新闻报道目的而不可避免地使用，但是涉及来源群体予以保密的非物质文化遗产的部分不得使用；（4）为了介绍、评论某一作品或说明某一问题，在一部原始作品中适当引用，涉及来源群体保密的部分不得引用；（5）免费表演，该表演未向公众收取费用，也未向表演者支付报酬；（6）图书馆、博物馆、美术馆、纪念馆等为了存档而复制；（7）国家在执行公务范围内使用非物质文化遗产；（8）出于非营利目的对非物质文化遗产进行收集、记录、整理和改编。❶ 法定许可时，使用人不需经权利人的同意，但需要支付相应的费用。这些规定主要集中在为国家教育编写教材，在新闻报道、期刊上引用已经公开的非物质文化遗产，但是权利人声明不得转载、摘编的除外，还有，进行再创作而借用非物质文化遗产或者为国家利益而使用等。

第三，非物质文化遗产涉及的私权既然是权利，就可以放弃。当权利背后涉及的利益少于当事人申报该权利之前的利益时，或者不足使当事人申报该权利时，权利主体可能选择放弃该项权利。例如，一些特殊的非物质文化遗产，由于家族传承的要求，或者传承人基于自身利益的考虑，不愿将非物质文化遗产拿来申报，也不愿适用知识产

---

❶ 刘胜红.再论民间文学艺术权［J］.中央民族大学学报：哲学社会科学版，2006（1）：47-49.

权对其加以保护，而是将非物质文化遗产据为己有。对于这种行为我们应该尊重传承人的个人意愿，但从国家文化主权的战略角度上讲，权利主体放弃权利很有可能使非物质文化遗产因为天灾人祸而流失。因此，不能因为个人的利益而置民族的利益于不顾，从公共利益的角度来讲，国家的公权力必须干涉私权的行使，但是公权干涉私权必须有度，不然就容易构成权力的滥用。何为这个度，我们建议法律可以规定政府可以对某些关乎国家文化安全的非物质文化遗产、即将灭失的实物或者文献进行强制收购，以限制私权利的不受约束的过度泛滥。❶ 在强制收购时，必须通过公平公正的程序来认定什么样的情形才算是"关于国家文化安全，即将灭失"，合理确定收购的价格。强制收购并不意味着否定权利人的权利，而是在充分保障传承人利益的前提下，使该项非物质文化遗产发挥其在国家文化战略中的作用，充分体现其文化价值。

要为非物质文化遗产的权利人设立法律保护，在理论上，首先应当辨明围绕非物质文化遗产的商业性利用产生的法律关系的性质。本章通过对非物质文化遗产保护法律关系（主要阐述私法法律关系）所包含的客体、主体及权利内容分析，发现与知识产权制度所包含的客体、主体和内容具有一定的相似之处，但也有所区别。总体而言，非物质文化遗产私权性法律保护的实质特征仍是符合知识产权制度发展规律的，尤其是非物质文化遗产权涉及的权利内容，基本上与现行知识产权制度拟定的权利形式相重合，或者关系到现有知识产权权利规则的重新调整，本书下一章就将重点论述非物质文化遗产的知识产权保护。

---

❶ 吴安新，杨玉钢. 非物质文化遗产私权保护探析［J］. 法制建设，2008（10）：69.

第6章
非物质文化遗产知识产权保护的导入

6.1 非物质文化遗产中的知识产权权益

从第 5 章关于非物质文化遗产法律关系的分析中可知，在其客体中，除了文化场所或空间，以及存在于文化场所或空间的工具、实物等外，其他诸如口传文学及语言、传统表演艺术、传统手工艺、社会风俗、礼仪、节庆，以及传统科技，主要包括有关自然界和宇宙知识与实践，几乎都可以作为知识产权的客体而予以保护。之所以如此，是因为这些客体属于人类智力创造成果，尽管其知识产权要求客体的独创性程度高，而这几类对象则在创造性问题上有一定的特殊性，但毕竟与知识产权的客体存在一定的联系与共性，如两者都具有无形性、地域性、可复制性等。其中最为本质的是，这些客体中所蕴含的利益关系，是知识产权方面的利益关系，即针对这些无体物进行复制、演绎和传播等使用过程中产生的私法意义上财产利益关系。所以，从利益关系看，非物质文化遗产中部分客体与知识产权客体的同一性，构成了其可为知识产权制度调整的现实基础，而知识产权制度的激励机制和利益平衡机制则为非物质文化遗产的知识产权保护提供了最基本的理论支持。基于此，在私法领域，导入知识产权制度用以调整非物质文化遗产的法律保护，不仅是必要的而且也是切实可行的。当然，非物质文化遗产的私法保护，也不仅仅局限在知识产权方面，由于其客体的复杂性，除了绝大部分可以由知识产权保护之外，也有诸如文化场所或空间，以及工具、实物等，可由民法中物权制度等予以保护，但这些保护在法律上相对简单明了，此与普通的物权保护并无二致，故不予以特别论述。

6.1.1 非物质文化遗产知识产权保护的现实意义

非物质文化遗产的抢救和保护关系到国家的文化安全、民族的文化传承，需要多方面、全方位的保护。从各国非物质文化遗产保护的实践来看，很多国家都在积极实施对非物质文化遗产行政性保护，将非物质文化遗产视为国家文化遗产的一部分，采取登记制度的保护方法，通过登录认定其遗产资格，确定其历史文化价值，用法律法条加以规制，并通过媒体宣传，提高公众保护意识，从而推动非物质文化遗产的保护。在公法层面上，保护的客体是非物质文化遗产的创造能力，其实质是动态的保护，保护非物质文化在历史空间里自由地发展，传承民族代代相传的思想、创造和生存的印记。面对现今经济高速发展和社会观念推陈出新的背景下，非物质文化遗产受到强势文化的冲击，特别是其传承和发展的能力受到挑战，而公权力的介入就是要保护这种非物质文化遗产的创造能力。但在商品经济发达的当今时代，仅仅从外部加以引导或者从国家层面上强行保护，即便是弱势文化得到一时的关注和养护，也不过是"昙花一现"，因为非物质文化遗产内部缺乏一种驱动机制，其生存的空间难免狭窄。从根本上说，非物质文化遗产还需要通过利益机制来驱动其保护的内在"造血"能力。

可见，由于非物质文化遗产所体现具有的经济价值的文化多样性，有必要将其保护的视野伸展至私法的领域，通过保护非物质文化遗产的外在形式，使其文化传承主体获得充分尊重和分享利益。换句话说，就是通过保护非物质文化遗产的形式，使其在开发和利用过程中，其产生的经济效益对非物质文化遗产的传承人或权利主体起到一定的促进作用。然而，由于非物质文化遗产私法保护的缺位导致其面临民事权益保护的尴尬。一些拥有资金和技术实力的公司通过创新传统文化中的精华，形成专利、版权产品后，进行市场垄断，而传统文化的提供者并未因贡献关键的传统知识而获得利益的回报。诸如此类的问题在中国并非罕见，由于国内没有相应的法律保护，在一些少数民族地区，传统文化知识被盗用的现象经常发生，例如以侗族大歌、苗族服饰、反排木为代表的传统民间艺术，以鼓楼和侗族风雨桥为代表的传统建筑艺术，都遭到了国外的占用和盗用。如今，传统的艺术形式不断受到威胁，传统的手工艺制品和传统音乐也面临盗用、滥用的困境。

面对非物质文化遗产资源被盗用，资源拥有者却被排除在利益之外，实难谓公平。造成这一困境的原因主要在于目前法律对非物质文化遗产私法保护的缺位。"法律没有明确规定予以保护的智力成果，从一开始就处于公有领域之后，任何人都可以自由使用、抄袭或者模仿。创造者的任何辩解，包括资金、人力和创造性智力劳动的投入，都不能改变这种情况。"❶ 然而，什么样的保护模式可以最大限度保护这些珍贵的文化遗产，其衡量的标准是否可以解决资源提供者和使用者的利益平衡方面，保障这些非物质文化遗产所蕴含的财产权益，并利用权力制约和监督权利，使非物质文化遗产得到适度、合理的利用？纵观相关的法律制度，非物质文化遗产作为一种实践活动过程和表现形式，与现代知识产权制度存在一些必然的联系和共性。知识产权制度以其利益作为杠杆机制，特别关注对各类主体合理利益机制的建立，能体现对价原则且公平分配权利、义务和责任，为这些非物质文化遗产的相关利益的扩展与整合提供制度保障。因此，运用知识产权制度实施对非物质文化遗产的保护，是其保护过程中最重要的私权保护形式。

6.1.2　对非物质文化遗产知识产权方面权益的认识

非物质文化遗产是多样、动态、系统的，构成了一个多维度的、立体的价值体系，其所蕴含的价值及其体现的利益可以从不同层面加以认识：既有历史、文化、精神的历时性价值，又有科学、审美的共

---

❶ 田圣斌，蓝楠，姜艳丽. 知识产权视角下非物质文化遗产保护的法律思考［J］. 湖北社会科学，2008（2）.

第6章 非物质文化遗产知识产权保护的导入

时性价值,还有在当今信息消费社会日益显著的教育、经济价值。❶这些价值与时代条件相互作用,凝结并外化成各种利益,其主体包括个人、公众乃至整个社会。

在知识产权的理念和制度引入之前,非物质文化遗产以价值信仰为核心,其保护的侧重点在于保护文化多样性资源以保护人类的多元文化价值形态,其强调审美,属于理性价值;而知识产权制度下的现代知识以功利信仰为核心,追求经济效益,属于工具理性,保护的目的在于知识的私权秩序从而促进文化的传播交流。两者在性质和保护的目的上虽有所差异,但也存在共性。非物质文化遗产的产生和发展目的不是商业需求,而是源于人类生产和生活的实践,因此对其保护应关注其文化资源的保护机制本身,而在这类机制中引入工具理性的思考,通过追求功利的动机驱使,追求非物质文化遗产的经济效益,以激发非物质文化遗产保护的积极性。

在法学研究中,对利益问题的探讨是个永恒的话题。法律作为一种重要的社会现象,应公正地判断各种需要和主张,调和各种利益冲突。从法律层面上说,公法重点保护非物质文化遗产的创造能力,通过对传承人的保护,以延续非物质文化遗产的生命力,而私法保护的是非物质文化遗产的具体形式。非物质文化遗产的本质是特定民族、族群或团体的生活方式,其体现出来的是一种被表达的文化信息,用现行的知识产权制度对其保护应该说具有一定的正当性。

在经济活动中,主体在对人性的充分了解和尊重的基础上,以追求利益的最大化为目的,并外化对人的主体性、趋利性的法律认同以及为其实现提供相应的制度保障。在知识经济社会,知识信息是一种特殊的利益资源。人类所流传下来的非物质文化遗产在漫长的传承过程中,通过创新和发展,有相当一部分具有知识经济物品的属性,例如某民族特有的手工艺而积聚的口碑,都蕴涵着巨大的社会经济价值。

在强势文化的冲击下,非物质文化遗产面临着失去自然传承的社会环境和基础的困境,如果不重视非物质文化遗产潜在的经济价值,发掘并固化其可能产出的知识产权利益,那么其传承人或者享有者可

---

❶ 王文章. 非物质文化遗产概论 [M]. 北京:文化艺术出版社,2006:81.

能失去最基本的生活保障，在很大程度上将会失去自我延续、自我发展的条件和能力。因此，在非物质文化遗产的权益体系中，相关传承者或者享有人的私权权益，包括人身权益和财产权益，应该是私法最为关注的，这一部分的权益也就是所谓非物质文化遗产中可以知识产权法律调整的权益。

在知识产权的整个历史发展中，利益平衡始终是知识产权发展的主题，知识产权制度是平衡知识产权人的垄断利益和社会公共利益而作出的制度设计。当今知识产权理论和制度也提供了对非物质文化遗产的文化资源权利保护的可能。从知识产权角度理解，其主要目的是排除他人非经正当授权的使用，或者防止非物质文化遗产被不正当的使用，防止对其滥用对社会生活和文化产生负面影响。但是，企图依靠市场经济和法律机制对非物质文化遗产进行利用和配置，似乎隐没了植根其中传统内在的核心价值，但问题在于，如果忽视了传承人或享有者的利益，不尊重其现实的需要，将阻碍非物质文化遗产的传承和继续发展，只有通过产权利益才能从根本上盘活这些非物质文化遗产的内在动力。

因此，以经济价值为落脚点，以私人权利为杠杆，将非物质文化遗产中有"知识产权化"可能的那一部分文化资源，转化为现实经济生活中的"文化发展力"，创造经济效益，利用市场经济和法律保障，去调适这些文化资源的环境，为其自我延续和发展创造积极的条件，是我们保护非物质文化遗产，正确认识并合理利用其价值、利益体系所必须重视的问题。

6.2　知识产权法调整的现实基础

6.2.1　非物质文化遗产保护理念的转变

非物质文化遗产承载着宝贵的文化基因，肩负着弘扬文化多样性的使命。然而随着人类生产力与生活方式的更迭，非物质文化遗产赖以生存的社会物质基础发生了变化，导致其脱离了原有的生存轨迹而

第6章 非物质文化遗产知识产权保护的导入

逐渐衰弱甚至消亡。在非物质文化遗产保护的初期，人们重视公益性保护，强调维护文类文化的多样性，保存民族的记忆，保护国家文化主权。但是在一味被动的公益性、行政性保护的背后，却带来一系列问题：许多地方重开发而轻保护，重申报而轻管理，用申报结果作为衡量政绩的标准，却对实质性保护缺乏热情；有些地方经费有限，投入不足，缺乏专门性机制和专业性人才；有些地方保护意识淡薄，许多文化遗产破坏、滥用现象严重，未重视对非物质文化遗产的挖掘。这些古老的文化遗产在经历了生存环境的变迁，又面临着保护不力、破坏性保护的困境。非物质文化遗产要"活"，但更应当关注"如何活"，如何使其可以在保护中得以传承和发展，真正被不断地再创造，为这些社区和群体提供持续的认同感，从而增加对文化多样性和人类创造力的尊重。

为此目的，非物质文化遗产保护的目标，不仅在于维护国家文化主权、保存民族文化记忆和文化多样性，而且要促进文化资源向经济效益转变。因此，由公益性保护向产业化保护转变，将非物质文化遗产纳入产业化轨道不失为一种良好的选择。只有将非物质文化遗产中的文化资源不断壮大，形成产业化规模以后，才能实现传统文化的社会文化价值和经济价值的双赢，并且使非物质文化遗产更具凝聚力。因而，在正确认识非物质文化遗产内涵的基础上，将其推入市场，通过相关法律为其设定利益主体、客体以及平衡利益体系，从而推动非物质文化遗产的保护。

在一些易于产业化发展的项目中，知识产权保护与非物质文化遗产的产业化高度关联。尤其是属于生产性的非物质文化遗产的手工艺类，历史上天然与市场关系紧密，在其产生之初，就被当作简单的商品用于交换。在近年来市场经济高速发展的背景下，这些手工艺类的非物质文化遗产项目由于蕴含民族特色，受到了国内外游客的追捧，成为较受欢迎的旅游商品，逐步脱离了简单的商品交易市场，走上产业化发展之路。例如水族的马尾绣在2006年成为首批国家级非物质文化遗产项目后，许多商人看准商机，开始收购马尾绣，目前已基本形成规模化的市场化运作模式，政府资金和外来资金在马尾绣产业化过程中起到了关键作用，以利益最大化为目标，产品的样式与种类因市场化需求而变化，这些都符合产业化特点。此外，为充分挖掘非物质文化遗产内的文化信息利益,对非物质文化遗产进行各种包装,配以其曲艺设计、电视制作、软件开发等项目,通过著作权、商标、专利及商业秘密等制度,将这些利益以"信息产权资本"的形式推入市场,在交换中获取产权利益,从而实现产权价值。从经济学角度来看,这种非物质文化遗产产业化的发展,有利于扩大文化信息的生产和输出,促进文化的交流和发展,加速文化的流动,实现利润最大化,符合效率要求。

  在非物质文化遗产产业化发展方面,我国近年来也进行了积极有益的探索,取得了令人欣喜的效果。山东潍坊重视对非物质文化遗产品牌的保护,带动传统文化市场繁荣,逐步形成了风筝批发地下商城、年画一条街等众多手工艺品集散地;传统的景泰蓝手工艺重视其对生产原料、材料品质、生产流程,采取保护性生产模式,防止粗制滥造,使丧失其文化内涵和艺术品质;福建大约有20%的非物质文化遗产项目走上产业化生产之路,沙县小吃、肩膀戏以生趣盎然的独特魅力、别样妖娆的地方风情闻名全国;云南原生态歌舞被搬上艺术的舞台,展示独特的纳西文化,云南十八怪脍炙人口;江苏南京的打金箔、织云锦,扬州的玉雕、漆艺、雕版印刷,苏州刺绣等传统手工艺大量进入工业制造领域,饮誉八方。非物质文化遗产的产业化保护,主要是针对传统手工技艺、传统美术、传统医药等能将非物质文化资源转化为文化产品的项目而言的。将非物质文化遗产信息化、知识产权化,实现产业化运作的模式,已经成为我国非物质文化遗产保护的经验之一。

  从产业化角度审视非物质文化遗产,其不仅是传承文化信息、维系文化基因,维护文化多样性的文化资源,更是能成为一种特殊生产力以促进社会财富的积累。通过资本化运作,产权化投入,非物质文化遗产的知识产权利益也可以按照市场的方式得到回报,让这些濒临消失的文化资源具备生命力,重新进入人们的视野,并以一种全新的方式重新焕发光彩。

6.2.2 非物质文化遗产的利益博弈

  古人有云:"天下熙熙,皆为利来;天下攘攘,皆为利往。"利益

第 6 章 非物质文化遗产知识产权保护的导入

是人类社会中的重要现象，对利益的追求是人类社会活动的动因。在社会资源有限的情况下，而所有成员都对社会资源有所需求时，社会就不得不通过某种社会控制将因该资源而产生的利益在全社会成员中进行合理分配。但随着社会经济、政治、文化等环境变化，各个利益之间存在此消彼长的力量对比关系，由于利益总是属于一定的主体，而不同利益主体追求的价值目标不同，常常存在利益冲突现象。利益冲突的根源在于有限社会资源对不同利益主体需求满足的有限性和条件性。

非物质文化遗产作为人类智力活动的产物，已逐渐成为一种资源财产，在其具备稀缺性的前提下，利益冲突不可避免，任何制度安排都是相关各方利益博弈的结果。非物质文化遗产植根于人类生产与生活实践，大多来源于不甚发达的国家和地区，然而这些地方由于经济条件落后，其创新能力又有所欠缺。当非物质文化遗产的经济价值逐渐被人们所认识，尤其是人们意识到通过知识产权这一个途径，可以使非物质文化遗产产业化，成为促进财富增长的特殊生产力，将非物质文化遗产中的信息价值作出最大限度的诠释。与此同时，对于许多落后的国家和地区而言，现有知识产权制度对非物质文化遗产调整的范围有限，保护力度不足，直接导致了经济获益能力的悬殊。

从财产属性上看，知识产权制度形成的动因是在智力成果上占据显著优势的发达国家对财产权利的热烈追逐，知识产权实质上是源于人类智力成果的物质财富进行利益分配。但与此同时，许多发展中国家由于知识产权制度起步较晚，知识产权意识不强烈，在相当长的一段时间内处于整体上的劣势地位，在时间维度上产生强者愈强、弱者愈弱的马太效应。现行知识产权法建立在利益平衡机制在 TRIPS 协定中并没有得到充分的体现，设置出现利益失衡的现象。因为 TRIPS 协定代表了发达国家的利益，极大限度地保护了发达国家的利益，却无视发展中国家的感受，无视其具体国情，对于发展中国家来说，加强知识产权保护流于形式。发达国家在各民族地区或村寨大肆收集文化资源，然后通过制成文化产品或者申请专利，打着知识产权的旗帜，反过来向文化资源原产地倾销，掠夺文化资源，谋求巨额的利润。在这种背景下，非物质文化遗产的经济利益在发达国家和发展中国家之间存在失衡现象。

发展中国家如果想要改变现行知识产权制度下举步维艰的困境，可以通过两种途径：第一，争取降低国际上现有的版权、专利权及商标权等制度的保护标准；第二，争取把自己有优势的，但在国家上尚未提供普遍性保护的客体纳入国际知识产权制度保护的框架之下，或者在现有的知识产权制度范围内，提高这类客体的保护力度。显然，发达国家很难在现行知识产权制度的保护标准下做出让步，那么，可行的途径只有通过丰富知识产权制度的内涵和拓展其外延来保护发展中国家的优势产品。❶ 同时，为了修正现行知识产权制度中利益失衡的现象，国际社会对非物质文化遗产知识产权进行保护时也充分考虑到保护文化多样性的需要和发展中国家具体的国情，使知识产权制度尽可能符合各国的经济、文化和科技等因素，给予适度保护，促进文化多样性。

面对发达国家和地区利用其经济、科技优势对非物质文化遗产进行知识产权开发和无偿利用，榨取巨额的经济利润，同时非物质文化遗产的资源提供者的生存空间被挤压，遭受竞争压迫，发展中国家和地区作为弱势的一方，必然要求通过设置相应的权利和制度设计将其利益内化，尽可能赋予非物质文化遗产传承人或享有者以排他性的财产权利，以获得相应的利益回报，扭转利益失衡现象。

推进非物质文化遗产的知识产权保护，不可忽视相关利益方的利益博弈与角逐。知识产权作为平衡知识产权人的垄断利益与社会公共利益而作出的制度设计，旨在激发社会知识创造和对知识产品需求的社会利益之间实现理想的平衡，不能使其沦落为部分发达国家掠夺发展中国家资源，保有其产业竞争优势永久化的工具。因此，需要改变这种部分发达国家的优势地位，防止社会财富的单向流动。知识产权制度在以"可量化"的方式激励非物质文化遗产转化为生产力，从而实现文化、经济一体化服务的利益驱动机制，不能偏颇从博弈论的角度为发展中国家和不发达地区寻求知识产权本身的一种突破，应在现行的知识产权框架体系之下，用法律和经济手段来推进发展中国家的技术进步与文化创新，以专利为诱因，给非物质文化传承者或享有者

---

❶ 蒲莉. 传统资源与相关传统知识的民法保护研究［M］. 北京：人民法院出版社，2009：43.

添上利益之油，促进非物质文化遗产的文化创新，从而使其公平参与国际竞争服务。

6.2.3 非物质文化遗产与知识产权客体的同质性

非物质文化遗产是否可以作为知识产权的客体获得其保护，在学术界也有不同的见解，这也是影响非物质文化遗产保护国际协调和非物质文化遗产保护立法的重大问题。国际社会一致认为有必要将非物质文化遗产提供某种形式的保护，但关于给予何种保护，是否以知识产权为基础，以及如何在知识产权框架下进行保护等方面尚存在分歧。

概括起来，目前反对或认为难以对非物质文化遗产提供知识产权保护的理由，主要有以下几个方面：一是认为知识产权的本质特征是它的民族性和传统性，不符合知识产权的"创新性"标准；二是认为非物质文化遗产是一个社区的共同财产，历代相传，其权利是一种集体权利，不具有知识产权私权的性质；三是认为非物质文化遗产已经处于公有领域，不属于知识产权保护的专有知识。这些认识上的分歧，使非物质文化遗产是否具有知识产权利益备受争议。尽管上述区别十分明显，但事实上，稍加分析，我们便可知，非物质文化遗产中的绝大多数可谓与知识产权客体在内在性质上具有相同或类似的特质，两者之间的同质性相比较于其相异性，似乎应该更为明显和重要，这也为非物质文化遗产以知识产权制度予以保护，奠定了直接的客观基础。我国是一个非物质文化遗产方面具有较大优势的发展中国家，故对此应有必要的清醒认识，这也有助于推动我国在非物质文化保护的国际协调中发挥更积极的作用。

6.2.3.1 作为智力成果的表现形式

因为非物质文化遗产作为特定族群经过世代相传和积累的文化表现形式，无疑是群体的智力成果，同时也是其思想的表达。非物质文化遗产与物质文化遗产总是借助一定物质材料为载体不同，非物质文化遗产依靠口授相传和行为模仿而形式，其表现形式或许也需要以一定的物质资料为介质，但其最为精髓的价值内涵与有形的介质无关，且难以用民法中的物权法制度予以保护。非物质文化遗产反映一定思想和情感的信息，是抽象的，不具备可感知的形式特征，但只要被描述出来，在空间上就可以无限地复制。非物质文化遗产的自然属性，使之无法像对物那样占有和利用，也无法与他人约定对抗第三人对非物质文化遗产的利用，这与知识产权完全相同。知识产权制度在建立之初的宗旨就是有条件、有期限地保护人们的智力成果和经营成果，以激励社会的创新机制，促进科技进步和社会的发展。知识产权制度是私法领域中财产"非物质化"革命的结果，❶ 知识资源可以对"文化遗产信息"予以囊括，权利对象形态的契合为非物质文化遗产的知识产权保护提供了合理的基础。同时，尽管非物质文化遗产所具有"活态性"，其带有某个族群或群体深刻的文化烙印，与人的生产实践活动密切相关，但也表明非物质文化遗产权利主体是存在的。严格来说，非物质文化遗产在传承的过程中，传承主体不仅仅是简单的信息传递，更是对既有知识的吸收与创新，汲取了每个时代不同的时代特征，凝结了个人或群体的智慧。但是无论如何，这种个人或群体的智慧最终都是以一种外在思想表达的方式展现出来，这与知识产权制度主要保护智力成果在性质上几乎完全相同。

6.2.3.2 非物质文化遗产的"创新"特质

从法律意义上说，物和知识产权是民法领域中关于民事法律关系客体的一组基础概念。罗马法上关于物的分类标准有很多，最具有争议的就是无体物与有体物的划分。罗马法区分有体物与无体物的目的在于将无体物排除在物权客体之外，而以有体物为基础设计出物权法律制度。罗马法上的有体物是指，具有物质属性并且可以凭感官触及的物，包括土地、房屋等；无体物则是指没有物质形态，是法律所拟制的物，即权利，例如债权和用益物权等。罗马法提出有体物的观点极大影响了大陆法系的物权立法。1988 年北川善太郎先生在《半导体集成电路的法律保护——新的知识所有权的诞生》中首次倡导了"知识财产"这一概念，认为"知识财产"可以更好地与物等基础概念相对应，构成财产的一类，"知识财产"的本质是信息。郑成思先

---

❶ 吴汉东. 知识产权法 [M]. 北京：中国政法大学出版社，2002：22.

第 6 章 非物质文化遗产知识产权保护的导入

生认为，专利是新技术信息，商标是用以说明商品来源的信息，作品是作者意欲向他人表达自己的某种思想或情感的信息。而在 TRIPS 协定中商业秘密被称为"未被披露的信息。"❶ 知识产权中的"知识"指具有创造新的智力成果，"产权"指权利人排他地依法占有、使用、收益和处分其财产的权利。因此，知识产权是指就其创造性的智力成果所依法享有的专有性权利。由此可以说智力创造是知识产权产生的内在根据，专有权利是法律赋予智力成果的外在形式，两者是构成知识产权产生的基础，智力成果的创造性和专有权利的法定性之间的统一是知识产权的本质特征。知识产权制度作为一种激励创新的制度设计，将创新性作为一切智力成果获得知识产权保护的正当性之前提。在现有的知识产权制度中，这种创造性在专利领域内表现为专利的新颖性、创造性和实用性，在著作权领域表现为作品的独创性，在商标权领域表现为标记或标记组合的显著性。❷ 智力成果所具有的不同程度的创新性，构成了其依法享有法定之专有权利的内在根据。因此，非物质文化遗产要获得知识产权意义上的保护，也必须具有一定程度的创新性。

那些反对将非物质文化遗产纳入知识产权保护框架的观点认为，非物质文化遗产是代代相承，缺乏创新性的传统知识。但是，事实上，非物质文化遗产是特定社区世代相传的、作为该社区的文化和社会特性的组成部分的智力活动成果。传承性是它区别现代知识的特征。然而，虽然属于世代相传的知识，但并非是古老或者一成不变的知识。非物质文化遗产知识的获得与使用方式属于特定民族或地区文化传统的一部分，它们基于传统的生活方式或生产实践，通过口授代代相传，具有传统群体的文化特色，反映了特定群体的生活方式。在承袭的过程中，非物质文化遗产并非墨守成规，机械地继承，而是在适应生存环境变化中，不断改良，经历了特定群体的不断调适和创造，改变相关的形态和内容。因此，非物质文化遗产源于传统，同时又顺应时代而发展，适应环境而变更，是对传统的超越，基于传统的创新。从这个意义上说，非物质文化遗产也具有创造性，在其动态发

---

❶ 郑成思. 知识产权：应用法学与基础理论 [M]. 北京：人民出版社，2005.
❷ 古祖雪. 论传统知识的可知识产权性 [J]. 厦门大学学报，2006（2）：12.

展中已经具备了获得知识产权保护的前提,即具有创新性。

6.2.3.3 非物质文化遗产的"私权"性质

非物质文化遗产的拥有者通常是传统群体,非物质文化遗产所有者的权利通常来说属于一种集体权利。这种群体属性,与现有知识产权制度保护客体所具有的个体特征存在不同,运用现有知识产权法律制度保护非物质文化遗产可能存在一定的困难。有学者认为,按照TRIPS协定的规定,知识产权本质上属于私权,其权利的主体必须是一个可以确认的作者、发明者或者其他创造者,以激励个人进行创新,因此不能为传统群体所持有的非物质文化遗产提供保护。在这里,私权等同于个人权利,知识产权被归结为特定个人的财产权,非物质文化遗产作为一种集体权利难以作为知识产权保护的客体受到保护。然而,这种观点显然是不正确的,与知识产权保护的实际也不相符。

在理论上,"私权"与"个人化的权利"不能画上等号。"私权"与公法上的"公权"概念相对,是私法意义上的概念。自罗马法以来,法律在传统上分为公法与私法。公法与私法的划分一直为大陆法系所沿用,公法以强制或约束为内容,须有法律依据及相应的权限,私法强调自主决定,以个人自由决定为特征。公法以国家或机关公权力主体地位作为法律关系的主体,规范隶属关系,私法强调平等主体之间关系的法律。因此,私权强调主体之间的平等和独立,侧重于自由意志支配。在私权关系中,权利主体可以是个人或法人,也可以是一个团体。因此,私权作为私法意义上的权利,不仅包括个体权利,还包括集体权利。

非物质文化遗产的权利主体可能是一个地域或社区、一个民族,甚至是一个国家。社区、民族或国家在行使权利时,只要不是出于职权或者社会管理的需要,而是以平等主体的身份参与,它们就可以作为私权的主体,去分享非物质文化遗产经济价值所产生的适当利益。因此,这些群体对非物质文化遗产享有的权利也属于私权。同时,承认非物质文化遗产的集体权利,不要求准确地确定作者或者创造者,也不会与知识产权的私权属性产生抵触。知识产权作为一种财产权,并不是特定个人的财产权,群体或者集体作为权利主体的现象在知识产权制度中也存在,例如商标法上的地理标志,著作权领域中创作作品的主体可以是法人或者其他组织，专利领域也允许法人或者其他组织成为专利权的主体。此外，许多国家也在积极探索采用知识产权集体所有权体制保护非物质文化遗产。因此，作为群体持有的非物质文化遗产，其也具备"私权"的特征。

6.2.3.4　非物质文化遗产"专有"性质

长期以来，有观点认为非物质文化遗产处于公有领域，不适合运用知识产权制度予以保护。按照现代知识产权保护的规则，处于公有领域的知识，任何人可以根据自己的需要自由地使用、抄袭及模仿而不支付报酬。公有领域的知识主要包括无主知识，即没有权利主体的知识；为大众熟知而丧失新颖性的知识；法定保护期限届满的知识。由于非物质文化遗产的具体创造者与创造时间无法确定，并且在一定地域或民族内广泛被人所熟知，因此有观点认为非物质文化遗产处于公有领域，不适合用知识产权保护。

然而，非物质文化遗产虽然是在长期历史积淀中逐渐形成并世代相传，被一定区域内的族群所熟知，表现为相当的公有性，特定民族或区域群体共同的文化财富，但并不意味着其已处于公有领域。原因在于：首先，非物质文化遗产是由特定的族群所创造，有相对应的权利主体，不属于无主的知识形态。非物质文化遗产虽然被冠之以"人类共同财产"之美誉，但它不是所有人的财产，它有其特定的主体，不能允许他人打着"人类共同财产"的旗号进行巧取豪夺。特定的族群或个人作为非物质文化遗产的权利主体，与自然人一样，也可以通过一定的方式对其创造的非物质文化遗产进行权利的支配。其次，非物质文化遗产基于传统的生活生产实践所产生，在特定区域范围内为特定的群体或族群所熟知，公开之限于特定区域内的公开，并不能据此认定其处于公有领域。只要非物质文化遗产相关知识没有在不特定的领域内被广泛知晓，就不能认定其已经进入公有领域。相对于其他领域以外的主体来说，非物质文化遗产仍是属于特定区域内的特定群体所拥有的专有知识，并且属于该群体不可或缺的组成部分。在现代知识产权领域中，商业秘密也在一定区域内为特定群体所熟知，由于特定群体之外的人并不知晓，仍认为其处于秘密状态。非物质文化遗产与之类似，在群体中的公开性和公有性并不能作为否定其新颖性的标准。

在现有的知识产权制度中,对于不同知识产权客体的新颖性判断标准各异。在判断非物质文化遗产的新颖性标准时,应结合非物质文化遗产的特征,从保护非物质文化遗产角度加以认定。我们认为,一项非物质文化遗产在它的创造群体中广为人知,或者由于传统的物物交换活动,该知识同时为两个或者更多群体所熟知,我们也不能据此认定其处于公有领域,只有广泛地被不特定的他人所利用或者在传统社区以外被广泛知晓的非物质文化遗产才处于公有领域。因此,"区域性公开"并不代表非物质文化遗产进入公有领域,相反是其新颖性的标准之一,它们共同构成了非物质文化遗产的可知识产权性,是对非物质文化遗产提供知识产权保护的正当性理由。

综上所述,虽然非物质文化遗产与一些典型的知识产权客体之间存在差别,运用现有的知识产权制度来单独保护非物质文化遗产,可能在理论层面上存在一些分歧,但这并不妨碍非物质文化遗产的知识产权保护之途径。如果说现代知识产权制度在保护非物质文化遗产方面还存在制度的障碍,那么我们就应当从知识产权制度自身进行完善和突破。从方法论上讲,我们应该量体裁衣,用一种全新的视角审视非物质文化遗产,深入探寻非物质文化遗产的知识产权保护体制,而并非一味简单否定非物质文化遗产的知识产权保护。就整体而言,知识产权法律是一个开放的,不断发展的法律体系,当某些既存的机制不能适应新的客体时,应当创新机制以提供对新客体的保护,而不是固守原来的规则,将其排除在知识产权保护的范围之外。面对非物质文化遗产这样不同于现代知识的新客体,我们应该持开放的态度,将其纳入知识产权保护的范围,探索建立适用于非物质文化遗产的知识产权保护体制。

6.2.4 非物质文化遗产与知识产权客体外部的契合性

前文论述了非物质文化遗产与知识产权具有同质性或者一致性,如果说这种同质性是蕴含在其内在的性质中的,那么这种同质性体现在外部,则是在两者在客体方面的某种契合,具体而言:

第一,知识产权保护范围与非物质文化遗产保护对象存在一定程度的交叉。就我国《非物质文化遗产法》第2条规定的关于非物质文

第 6 章　非物质文化遗产知识产权保护的导入

化遗产的保护对象而言，具体来说，其第一类传统口头文学以及作为其载体的语言，其中传统口头文学虽然在内容上可能具有同源性和相似性，但每一个具体的传承者个体在表达方式和表述过程中自然存在差别，同时也会融入某些即兴的创作，我国《著作权法》第 3 条列举中的口述作品，可以涵盖此类口头表述的创作成果而予以著作权保护。第二类形式中除传统美术、书法、音乐、舞蹈、戏剧、曲艺和杂技的创作作品也可受著作权法保护，其表演者可以受邻接权制度保护。第三类传统技艺、医药和历法，其中历法虽然就目前看来似乎并不能直接为知识产权的客体范围所涵盖，但传统技艺和医药，如果在某些场合被援引或使用，仍可能发生一系列知识产权法上权利义务关系。譬如，这种传统医药与该特定族群区域的遗传资源有关，则按我国《专利法》第 26 条的规定："依赖遗传资源完成的发明创造，申请人应当在专利申请文件中说明该遗传资源的直接来源和原始来源；申请人无法说明原始来源的，应当陈述理由。"又按我国《专利法》第 5 条第 2 款的规定："对违反法律、行政法规的规定获取或者利用遗传资源，并依赖该遗传资源完成的发明创造，不授予专利权。"该条文中所谓法律和行政法规对遗传资源的获取或者利用者的规制，即是从反面体现了对遗传资源所在地的族群传统医药知识的保护。又譬如，传统技艺，尽管流传久远，但该技术的使用仍然可能只是局限在特定族群的少数人（尤其是传承人）身上，特别是所谓关键技术，仍可能属于非公开状态，这也就是前文所述的区域性公开的新颖性问题。而如果以这种传统技艺和医药为基础发明专利，也同样涉及族群的惠益分享问题，至于族群利益原则和惠益分享的问题，前已述及，兹不赘述。至于第四类传统礼仪、节庆民俗和第五类传统体育和游艺等形式，似乎与知识产权关系并不明显和直接，其保护主要通过公法进行，但实际上在具体的活动中，其可能与表演有关，而表演如果具有创造性，则仍涉及著作权法的相关保护。而最后第六类其他非物质文化遗产作为兜底的概括性规定，其是否与知识产权保护范围存在重叠或交叉，可能应视具体的实际情况而定。

第二，非物质文化遗产的内容是多元化的，与知识产权客体类似。对象的自然属性不同，能给人带来利益的方式也有所区别，这也造成了利益内容的不同。非物质文化遗产同物权相比，自然属性存在很大区别，各自权利内容和给人类带来利益的方式也不同。受二元统一体之限制，物权对象是特定的、唯一的，对物的利用不能脱离特定物，只能一物一权。无论是占有、使用、收益和处分，都只能是单一的权利。而非物质文化遗产需要知识产权保护的是它的形式，是一元的。虽然非物质文化形式需要借助一定的物质载体予以表现，但它的表现形式却不受特定载体的制约。无论何种介质，只要在材料中刻画对象的形式，都是对非物质文化遗产的利用，就有可能产生利益。由此可见，现实中存在非物质文化遗产"一形多用"的现象。对非物质文化遗产的这种利用，与知识产权保护客体的利用类似，其不受时间和空间的限制，可以合法共存，都可以给权利人带来利益。例如纯造型艺术既可以用作产品的外观设计和包装装潢，也可以作为工商业标记，还可以成为著作权的对象等。同样，对非物质文化遗产的利用既可以由权利人行使，也可以授权他人与权利人共同行使。与物的唯一性相比，非物质文化遗产需要知识产权保护的是一种形式，它既可以无限地复制自己，也可以经过再创作地再现自己。所以非物质文化遗产与知识产权所要保护的权利内容吻合，既是多元性的，也是多重的。

第三，知识产权制度可以兼顾非物质文化遗产主体精神权益。尽管知识产权制度主要在于保护知识产权权利人的财产权利，但并非不重视对其精神权利的保护，特别是在著作权中作者有表明身份、保护作品完整权利等人身权利，在专利制度中专利权人则是可在专利文献上注明发明创造者的身份。非物质文化遗产的权利主体也具有人格利益。因为非物质文化遗产一般通过神话故事、语言符号、象征符号、民俗活动来表达其民族意识和民族情感，反映特定的民族价值观念和伦理规范。许多非物质文化遗产都有民族的技艺，具有特别含义，体现对祖先的尊重。因此，传承群体很重视保护其文化的形象和民族思想感情，非物质文化遗产中所反映的人格利益希望被尊重和保护。我国《非物质文化遗产法》第5条第1款和第2款分别规定了"使用非物质文化遗产，应当尊重其形式和内涵"和"禁止以歪曲、贬损方式使用非物质文化遗产"既是对非物质文化遗产本身的尊重，也是对其权利主体的精神权利的尊重，这与知识产权法律制度极大关注了对权利主体的精神权益诉求相似。可见，对于非物质文化遗产的知识产权保护，与其内在保护诉求是契合的，知识产权法可以给予非物质文遗产主体以精神权利而保护其人格利益。这样的保护机制有利于保护族群的民族情感,激发传承主体"优秀文化传承于斯"的自豪感和积极性,有利于文化的传承和保护。

值得一提的是,目前国际社会对于非物质文化遗产传承主体的精神权益保护,主要体现在事先知情权的认可和保护,即在开发和利用非物质文化遗产之前应事先通知非物质文化遗产利益权利群体或者传承人,使其知晓非物质文化遗产开发和使用的具体情况,并在征得其同意后才可以进行。我国对于民间文艺类的非物质文化遗产采取事后经济利益补偿的措施,并不要求事先征得同意,这与我国长期以来民间文艺领域的传承和创作习惯相关。由此可见,法律并不禁止任何人对于非物质文化遗产的开发利用,而是要求与权利主体利益分享,这一措施类似与著作权法中的法定许可制度,同时要遵循不损害权利人的精神利益,这也从侧面反映出知识产权法对于非物质文化遗产传承主体人格利益的尊重和保护。

当然,虽然非物质文化遗产与知识产权客体存在某些共性,但这并意味着知识产权机制可以为非物质文化遗产提供完整的保护。保护非物质文化遗产的目的是多元化的,既要尊重、传承和保护非物质文化遗产,在传承者或享有者同意和参与下促进其开发和利用,以及公平分享非物质文化遗产所得之利益,还需要和其他非知识产权的法律或实践手段并用。但其他非知识产权保护手段只能作为非物质文化遗产保护的辅助工具,无法取代非物质文化遗产的知识产权保护。知识产权保护方式通常能赋予非物质文化遗产持有者排他使用的权利,以及对受保护的传统知识授权使用或撤销授权的权利。对于利益分享的谈判和公平分享的方式,知识产权保护机制可以为其提供法律指导原则。

6.3 知识产权法调整的理论基础

6.3.1 非物质文化遗产知识产权保护方式的法理分析

探讨非物质文化遗产的知识产权保护的合理性和正当性,除了基于此两者在客体或对象上具有同质性和契合性，以及相关利益方基于非物质文化遗产本身的利益博弈等诸多现实基础之外，也需要分析非物质文化遗产客体的"可知识产权化"的理论基础。从非物质文化遗产的客体属性出发，我们认为可对其实施双重的权利保护，即非物质文化遗产的文化权利和文化表现形式的知识产权。非物质文化遗产的文化权利是一种"集体人权"，即"集体的权利"（群体或人民的权利）。作为不同的生活共同体，每个民族在历史发展中都形成了自己独特的风俗文化、宗教信仰。基于此，这些特定的社会群体形成了自己的文化认同和民族认同，并产生期望社会尊重和理解的法律诉求。非物质文化遗产的文化权利，实际上涉及文化传承的权利、文化发展的选择权和文化身份的尊重，即"以种族、民族为构成的集体人权"。

　　非物质文化遗产表现形式的知识产权实际上是一种"集体产权"，奉行的是以全体为特征的权利主体制度。在知识产权领域内，其主体制度由单项主体向多项主体演进。从横向来说，同一权利体系内，主体既是经济权利主体，同时也是精神权利主体；从纵向来说，在不同权利体系内，一种发明创作物可以同时产生不同种类的知识产权，使同一主体享有不同种类的知识产权。从权利形式上看，非物质文化遗产与现行知识产权客体并无不同，但实质上，两者的客体存在巨大的差异，其中最主要的差异在于，大部分非物质文化遗产的创作者或者发明者是不确定或者不明确的，因为它们是基于世代传承下来的成果，最多只知道其归属于某个社区、部落、民族或者国家，从而导致非物质文化遗产难以用现行的知识产权规范。因此，有人提出创建一个创新的制度，例如社区权、社区知识产权或者传统资源制度来解决这个问题，而且现在有些国家正在这样做。❶ 由此，可导致知识产权主体的在范围进一步扩大：现行的知识产权的主体是明确且具体的，而非物质文化遗产的一部分主体可能是概括性的，不明确且不具体的。❷ 作为集体产权的客体，非物质文化遗产与特定民族、部落和社区关系密切，当然在某些特殊情况下，文化表现形式的权利归属也包括个人享有的形式，但从整体来看，集体所有权是其基本原则，并处于核心地位。在国外立法中，澳大利亚的"土著文化集体所有权"，

---

❶❷ 曹新明．知识产权主体制度的演进趋向［J］．法商研究，2005（5）：12．

第6章 非物质文化遗产知识产权保护的导入

巴拿马的"原住民权利",菲律宾的"土著人权利"等,都是以群体主义的主体制度为基础的,是集体产权式的知识产权。❶

基于非物质文化遗产的权利形态,在权利保护模式的立法选择上,不仅要强调公权保护,即"规定政府国家保护非物质文化遗产的责任和行为,而不涉及平等主体之间财产的归属、利用、转让而产生的法律关系",而且要主张私权保护,即"采用知识产权法律规范和调整传统文化在其利用和传播中所发生的社会关系",旨在"保障相关知识产权人精神权利和财产权利的实现"。前者主张基于公权力对非物质文化遗产实施统一行政保护,后者解决了特殊群体对非物质文化遗产享有何种权益,强调非物质文化遗产保护所采用的权利形态。非物质文化遗产的复杂性决定了对它的保护需要依赖多种保护手段,采取非物质文化遗产表现形式知识产权与非物质文化遗产文化权利的双重保护。从文化产业的角度来看,两者都涉及文化产业和文化事业的政策法律问题;从法律部门来看,两者归属于私法领域和公法领域。在国际上,纵观目前世界知识产权组织和联合国教科文组织的立法走向,两大国际组织从不同的角度开展非物质文化遗产的保护。世界知识产权组织着眼于私法领域,关注特殊群体的精神利益和物质利益,将非物质文化遗产视为一种新型的知识产权或者与知识产权相关的"传统资源权";而联合国教科文组织着眼于公法领域,关注特殊群体的文化遗产、文化多样性等文化权利,强调国际互助和合作,鼓励各国开展非物质文化遗产的调查研究活动,通过申报、确认、建档、补助等行政手段促进非物质文化遗产的保护。非物质文化遗产所产生的文化权利和知识产权在本质上是相通的,其共同的价值目标都在于承认非物质文化遗产在社会发展和人类进步过程中的作用,维护文化多样性,鼓励文化的传承和创新,促进不同文化之间的交流和合作,防止对非物质文化遗产不正当利用等侵权行为。

利用知识产权制度是保护非物质文化遗产的重要手段之一。世界知识产权组织强调非物质文化遗产表现形式的财产性,它既包括语言表现形式(例如传说、诗歌、民间故事),行动表现形式(例如杂技、

---

❶ 吴汉东. 传统文化保护制度的法理学分析 [EB/OL]. [2012-04-12]. http://www.chinesefolklore.org.cn/web/index.php? Page=2&NewsID=8906.

213

舞蹈），音乐表现形式（例如民间歌曲、器乐），也包括有形表现形式（例如壁画、纺织、陶器、乐器等艺术品和建筑形式）等。从思想表现形式来说，非物质文化遗产中的民间文学艺术表达，与现代作品类似，其不同在于，前者存在于特定群体、部落或社区的文化之中，它们构成新作品创作的"源泉"，而不是现代知识产权保护的客体。从客体的财产价值角度，世界知识产权组织更多的是调整非物质文化遗产在其利用与传播中的利益关系，防止对其不正当的利用和侵害行为。在民事客体理论中，非物质文化遗产的表现形式不同于传统所有权意义上的有体物，也不完全等同于现代知识产权的客体，其属于一种特殊性质的客体。其特殊性表现在，第一，文化表现形式的客观性。非物质文化遗产是知识形态的精神产品，是一种可以客观化的知识体系，具有可认知性和可再现性；第二，非物质文化遗产表现形式对新的智力创造的本源性。非物质文化遗产是一种智力源泉，与一些知识产品是一种本源性与依赖性的对应关系。❶ 权利的客体属性影响了权利本体的形态，非物质文化遗产客体的特殊性表明，传统所有权制度与现代知识产权制度对非物质文化遗产文化表现形式的私权保护，都是有待完善的。

  非物质文化遗产的知识产权保护是知识产权国际协调中的热点。在此问题上，发达国家和发展中国家意见分歧颇大。非物质文化遗产资源丰富的发展中国家，如印度、巴西，已经通过建立国内立法对非物质文化遗产资源进行了保护。我国历史文化底蕴深厚，地理环境复杂多样，非物质文化遗产资源也是我国的优势领域，但非物质文化遗产的知识产权立法滞后，直接导致了我国文化资源的外流。美国好莱坞把中国传统文化中的"木兰辞"改编为电影，赚取数亿美元的票房收入，而且改编中还存在歪曲之处，由于我国没有民间文艺知识产权立法，被钻了空子；我国中医药中的许多药方，也被发达国家用现代生物科技加工后申请知识产权保护；日企在获得中国宣纸工艺秘方后，在国际上垄断高端宣纸市场；"西游记""水浒传""三国志"被日韩数十家公司分别注册为计算机网络游戏商标，以后中国企业要开

---

❶ 吴汉东. 传统文化保护制度的法理学分析 [EB/OL]. [2012-04-12]. http://www.chinesefolklore.org.cn/web/index.php?Page=2&NewsID=8906.

发此类游戏，需要向商标权人支付巨额的使用费。我国一直很重视非物质文化遗产的维护和传承，但却无视对它的知识产权保护。建立起相应有效的保护制度，对增强我国在知识产权领域的竞争力具有战略性作用。

6.3.2　知识产权激励理论与非物质文化遗产

知识产权制度以国家法律形式赋予知识产品的创造者或者所有者在一定期限内对知识产权排他的权利，赋予知识产权创造者或者所有者以"产权"的形式来激发其创新，通过对"产权"的保护实现其利益。探讨非物质文化遗产的知识产权保护，我们不仅需要分析知识产权制度与非物质文化遗产保护的契合点，而且也需要探索非物质文化遗产是否可以通过知识产权激励来实现保护，并以此作为理论基础和法律制度支持，分析非物质文化遗产知识产权保护的可能性。

6.3.2.1　知识产权激励机制的理论诠释

知识产权制度是保障和激励技术创新，促进科技成果的产业化，加快科学技术和市场的接轨，提高科技竞争力和经济效率的一项重要的法律制度。法律经济学认为，交易成本是任何交易必不可少的，不存在零交易成本。而界定产权有助于降低交易的成本，促进效率的提高。著名经济学家保罗·萨姆尔森在1854年《公共支出的纯理论》中提出了公共产品，其指出："每个人对这种产品的消费，都不会导致其他人对该产品消费的减少。"萨姆尔森以数学形式表达了私人产品和公共产品之间的区别。相对于公共产品，私人产品是在消费领域或使用上具有排他性的物品。根据消费的竞争性，私人产品的生产效率最高，公共产品的生产效率最低。由于公共产品的消费不具有竞争性和排他性，一般不能通过或不能有效通过市场机制由企业和个人来提供，主要由政府提供。同时，公共产品在消费上还存在"搭便车"现象。在缺乏排他的财产性权利保障的情况下，产权不清晰，各种物品都会成为公共产品，这会使人们不愿意去生产这类物品，自然也不存在效率问题。知识产品作为一种无形的财产，不能像有形的财产那样被人所控制，同时传播速度快，在消费上不具有排他性和对抗性，因此更容易成为公共产品。同时,知识产品的创造需要大量的技术、资金和人力,需要在制度上保障知识产品创造者或所有者的利益,否则会极大打击人们创造知识产品的积极性,不利于知识产品的创新和积累。知识产品又关系着社会公共利益,公用的需求量非常大,其生产依赖于政府提供不现实也不可行。因此,知识产品由私人来生产并提供是最符合效率和最可行的。但是,如果不重视知识产品的创造者和拥有者的利益,不保护其智力成果,就不会有人愿意去研发并生产这些智力成果并使社会受益。因此,知识产权的激励机制的核心,就是把知识产权作为一种生产要素与收益分配,激励科技人员以知识产权为目标,促进其研发新技术,加速科技成果的转化,实现产业化,使知识产权贯穿于科技创新、知识产品的生产与经营过程。简言之,知识产权激励机制就是把知识产权制度所确定的暂时的排他性和独占性权利作为对发明者或生产者付出劳动的回报。然而,这种暂时性的垄断可能会对社会造成损害,因为对知识产权过分保护会影响社会对知识产品的消费,正如有学者提出:"没有合法的垄断就不会有足够的信息生产出来,但是有了合法的垄断又不会有太多信息被用"。[1] 所以,知识产品的生产和消费之间会存在博弈,而知识产权制度的目的在于平衡两者的利益,实现利益的最大化。

同时也有学者提出,专利的激励理论可以分为强激励理论和弱激励理论。[2] 强激励理论主张,既然专利保护被视为发明者的一种回报,专利审查机关和专利司法机关应区分专利制度保护诱发的发明和非专利制度所诱发的发明。[3] 专利只能授予那些专利保护所诱发的发明。弱激励理论认为,授予发明者的专利仅仅意味着通过在好奇之外附加另一种诱因来刺激发明。[4] 事实上,有些发明是在不考虑回报的基础上意外发明的,只有一部分发明是在专利制度所保护的经济利益激励

---

[1] 罗伯特·考特,托马斯·尤伦. 法和经济学 [M]. 张军,译. 上海:上海三联出版社,1994:185.

[2][3] 严永和. 传统知识知识产权保护正当性的经济分析 [J]. 知识产权,2006(2):11.

[4] Lester I. Yano. Protection of the Ethnobiological Knowledge of Indigenous Peoples [J]. UCLA L. Rev., 1993 (41):443. 转引自:严永和. 传统知识知识产权保护正当性的经济分析 [J]. 知识产权,2006 (2):11.

下所创造的。弱激励理论知识强调激励是专利制度的基本目的。专利制度合理的激励理论分析，获得理论和实务的支持。有人认为激励理论是知识产权制度的理论基础。

激励创新，是现代知识产权制度激励技术创新和文化发展的主要原则，其在《著作权法》中主要体现在著作权取得条件的规定和客体规则，在《专利法》中主要体现在专利的"三性"，即新颖性、创造性和实用性，在商标法中主要体现在商标客体的显著性要求和对商标上聚集的商誉的保护，在反不正当竞争法中主要体现在对虚假宣传、商业诽谤和假冒的禁止。激励理论的目的是鼓励创新，但其对于已有知识——非物质文化遗产的保护，在功能和作用上是有限的。在过去的知识创新过程中，传统社区并不认可知识产权法对其有何激励，他们又能获得何种激励。无论是强激励理论还是弱激励理论，学者都认为其不适合解释非物质文化遗产的可专利性和专利保护。❶ 根据强激励理论，由于非物质文化遗产的产生没有受到专利利益的诱导和激励，不是在专利法框架下被创造出来的，因而不能对非物质文化遗产授予专利保护。而根据弱激励理论，非物质文化遗产的发展动力是为了满足相关族群的生产和生活需要，用专利来促进其创新作用不大。唯一受到专利保护的知识创新，是西方国家在非物质文化遗产基础上的再创新。

6.3.2.2 激励机制在非物质文化遗产保护的新诠释

在知识信息时代，非物质文化遗产可以通过发展相关权利或获得类似的激励机制来维系和传承，使非物质文化遗产的相关主体获得现实的利益回馈，激发其进一步传递、创新这些文化信息成果。非物质文化遗产的知识产权保护符合知识产权制度的激励机制，知识产权可以成为发展非物质文化遗产的进一步动力。

就创新而言，非物质文化遗产属于过去某一时期的某个族群的传统知识产品，产生的目的是满足当时人们生产和生活的需要，不需要

---

❶ Lester I. Yano. Protection of the Ethnobiological Knowledge of Indigenous Peoples [J]. UCLA L. Rev., 1993 (41): 443. 转引自：严永和. 传统知识知识产权保护正当性的经济分析 [J]. 知识产权, 2006 (2): 11.

知识产权的激励和保护。但是随着物质生活条件的变迁，非物质文化遗产逐渐失去了生存的土壤，需要人为加以保护，若任其自然发展，必定会走向消亡。确定相关族群或传承人对有关非物质文化遗产的财产性权利，有助于非物质文化遗产的维持和保存，具有一定的激励作用。现在对非物质文化遗产提供知识产权保护，主要是对激励相关族群和传承人进一步保存、创新非物质文化遗产，实现非物质文化遗产的传承和发展。与现代知识产权激励创新有所不同，非物质文化遗产的知识产权保护是保护型的激励。因而，非物质文化遗产的知识产权保护与现代知识产权的理论基础契合，两者不存在本质的冲突。

非物质文化遗产所体现的利益是对其现实和潜在价值的肯定。从知识产权角度观察，非物质文化遗产知识产权利益主要体现在两个方面：一方面是非物质文化遗产所蕴含的思想内容及其载体、衍生物，例如民间文学艺术表达及其艺术创作成果，传统的手工技艺；另一方面是非物质文化遗产在其传承中留积累和获得的良好口碑或声誉，这些声誉可以在市场经济的环境下进一步发展为被公众所认可的商业信誉等无形财产利益。这两方面的利益是非物质文化遗产知识产权利益的两种价值实现形式，是传统族群或传承人对非物质文化遗产享有权利制度的利益。非物质文化遗产所体现的这些信息资源是一种无形财产，对权利人而言，其财产属性表现为对非物质文化遗产的使用权和收益权，即传承和维系非物质文化遗产的权利，以及利用、发展这些文化资源获得商业利益的权利，后者是知识产权制度关注的焦点。

在知识创新的过程中，非物质文化遗产可被认为是创新资本的先期投入。[1] 知识产权在研发前通常需要大量的资源投入和付出大量的重复劳动，而且存在巨大的风险，有时候在付出极大努力之后无法获得任何收获。就发明和商标而言，一项专利可能在付出巨大创造性努力之后收获甚微，一个商标可能在投入巨大成本以后无法被公众所熟知和认可。因此，从非物质文化遗产中检索并获取有价值的信息，从而进一步完成发明创造，其投入的资金和人力较少，承担的风险也小而获得成功的可能性极大，是创造者完成发明创造的"捷径"。例如，

---

[1] 龙文. 论传统资源的财产权 [EB/OL]. [2012-04-12]. http://www.chinesefolklore.org.cn/web/index.php?Page=4&NewsID=6544.

民间文学艺术表现形式是现代文学艺术创作的灵感源泉,有的作品甚至直接在民间文学艺术的基础上创作出来。显然,非物质文化遗产的保有族群或传承人在知识创新的过程中也付出了努力,贡献了价值,而这一价值在创新成本中有所体现,构成创新的丰富原料,推动了知识创新的发展。但是在目前的知识产权制度框架下,创新的垄断利益需要获得保护,作为创新源泉的非物质文化遗产的利益却未能获得回报。❶ 非物质文化遗产可以作为参与商品和服务的生产资本。非物质文化遗产作为一种智力资本参与商品生产和商业服务,在产品价值形成中作出了经济贡献,增加了边际收益,应获得合理的利润回报。如果他人使用非物质文化遗产不给予权利主体以利益回报,那么非物质文化遗产作为生产资本的价值便被掠夺了,违背了商品经济等价交换的原则。在市场经济下,非物质文化遗产权利主体向他人提供传统知识信息、传统手工技艺、表演服务等非物质文化资源时,应根据市场按劳分配和按生产要素分配原则,凭借知识产权参与价值的分配。❷

在知识产权的激励下,一些非物质文化遗产开始关注知识产权制度所能产生的良好效益,特别是在激励创造、有效运用和非物质文化遗产市场化等方面的积极作用。国家级的非物质文化遗产南京云锦,技术精湛且价值昂贵,每天在手工织机上织出的作品不过寸许,可谓是"寸锦寸金"。近年来,南京云锦制作技艺及工艺设计方面的创新成果已申请国家专利20多件,其中发明专利2件,其在云锦图案中提炼出独特的中国元素,在生产工艺上也逐步实现产业化。在知识产权的保护和激励下,一些非物质文化遗产纺织品开始向海外推广,例如云南云锦制作成的床品,售价高达一百万人民币一套,获得很好的经济效益和市场前景。江苏省的苏绣是来自民间的传统技艺,一直受到人们的喜爱并得以发展和延续,其根源在于历代能工巧匠在针法、图案等方面不断创新,适用社会发展的需要。苏绣在新技法、新图案方面每年都有创新成果,为传承传统技艺,实现其经济效益和社会效益,符合条件的苏绣都已经提交了专利申请。目前,苏绣在技法、图

---

❶ 龙文. 论传统资源的财产权 [EB/OL]. [2012-04-12]. http://www.chinesefolklore.org.cn/web/index.php?Page=4&NewsID=6544.

❷ 李发耀. 多维视野下的传统知识保护机制 [M]. 北京:知识产权出版社,2008:140.

案等方面已申请了近百件的中国专利。在技术与经济结合日趋紧密的今天，技术的发展离不开专利等知识产权的保护和激励。苏绣、云锦等优秀的非物质文化遗产，无论是在走向市场还是依法维权的过程中，知识产权都发挥着重要的作用，通过申请专利、商标等知识产权，将非物质文化遗产与知识产权保护相结合，正成为非物质文化遗产保护的新途径。知识产权不仅为非物质文化遗产的传承提供了法律保障，也为非物质文化遗产提升自身可持续发展能力、增加文化产业国际竞争力奠定基础。

6.3.3　知识产权利益平衡机制与非物质文化遗产

伴随着全球文化产业的兴盛，各国文化产业工作者往往从非物质文化遗产资源中汲取素材，这导致了国内外非物质文化遗产的各种利益纷争，其结果往往由于无法可依而对侵权行为束手无策，同时加剧非物质文化遗产权利人和公众之间的紧张关系，不利于非物质文化遗产的保护和传承。非物质文化遗产的保护一方面要通过对其权利主体的财产权利和精神权利进行保护，给予一定的垄断权和利益分享权以激励其文化的传承和创造；另一方面，也要防止由于这种保护超过一定限度而带来的权利垄断和阻止文化多样性发展和传播、抑制文化进步和社会发展的后果。这也就是说，非物质文化遗产的法律保护也要解决一个利益平衡问题。

6.3.3.1　知识产权法视野下的利益平衡机制

从法经济学角度看，法律规范的着眼点或立法考量在本质上就是分配、协调与平衡各个主体之间的利益，在正义的天平上认识、衡量所涉及的相关利益，根据一定的社会标准去确保其中最为重要的利益处于优先地位，最终达到平衡。一般情况下，利益是与权利直接相关的。所谓权利，指的是享受特定利益之法律之力。❶ 权利的本质体现为某种特定的利益和法律之力两个要件。利益属于一种客观的范畴，是一种社会主体对客体的需求，并由此产生各种诉求。在一个社会特

---

❶ 梁慧星. 民法总论［M］. 3版. 北京：法律出版社，2007：69.

定的历史时期会存在不同的利益表现方式,有矛盾冲突的可能。法律的主要作用则是调整及调和种种相互冲突的利益,表现为通过颁布一些评价各种利益的重要性和提供调整利益冲突标准的一般性规则来实现调整目的。所谓利益平衡,是指通过法律的权威来协调各方面的冲突因素,使相关各方利益在共存和相容的基础上达到合理的优化状态。❶ 利益平衡是法律长期存在的基础,也是所有法律制度的创设者所追求的立法目标。

利益平衡是知识产权制度的基本原则,其逻辑起点在于法律需要妥善解决"没有合法垄断就不会使太多的信息被生产,但有了合法垄断又不会使太多的信息被使用"这样一个产权理论的著名悖论。❷ 在知识产权中,围绕着知识产品的生产、传播和利用而形成不同的利益主体,不可避免地会引发冲突,其中最为明显的就是个人利益和社会利益,个人利益主要体现为创新者要求法律对其创新成果保护的诉求,而社会利益则表现为公众希望从创新成果中获得利益,例如公众可以从公开的专利申请文献中了解技术领域的最新研究进展或者享有在特定条件下使用知识产品的权利等。知识产权制度致力于调和知识产权人和社会公众的利益,构建对知识创造的激励和知识传播利用之间的平衡,最大限度地防止因知识产权人的权利垄断而损害公众获得知识产品的利益,也同时避免因知识产权保护不足而损害权利人的利益,阻碍知识产品的创新和生产。

6.3.3.2 利益平衡理论在非物质文化遗产保护中的适用

就非物质文化遗产而言,其一方面具有知识信息的特征,另一方面又因传统的特点有着不同的保护需要,其公众权利存在的重要性及与权利主体间的利益平衡矛盾更为突出。选择将非物质文化遗产资源知识产权化不可避免地需要解决利益平衡矛盾:如何在知识产权的制度范围内,就同一非物质文化遗产资源,对主体权利和公共权利作出相对平衡的利益安排。在非物质文化遗产知识产权保护的模式中,法

---

❶ 陶鑫良,袁真富. 知识产权法总论[M]. 北京:知识产权出版社,2005:18.
❷ 罗伯特·考特,托马斯·尤伦. 法和经济学[M]. 张军,译. 上海:上海三联出版社,1994:185.

律需要调整非物质文化遗产权利人和公众之间的利益平衡，强调对权利人利益保护的同时，也对公众获取和利用非物质文化遗产进行合理的保护。最重要的是要考虑到维护文化的多样性和有利于非物质文化遗产的传承和发展，不能因为权利人对非物质文化遗产资源的垄断而妨碍文化的交流、传播和进一步的发展。

非物质文化遗产的利益涉及个人、社区或族群、国家的文化权利和资源财产权益，比普通的知识产权利益要复杂得多。非物质文化遗产知识产权立法的难点何在？主要是长期以来存在的一个认识上的误区。有一种观点认为，非物质文化遗产是集体创作的，公众均可以无偿使用，故无所谓知识产权问题，所谓以非物质文化遗产的群体性特征来否定私权。实际上，在非物质文化遗产上存在知识产权，这一客观存在是任何人都无法否定的，例如，手工技艺、民歌、传说、戏曲等非物质文化遗产是广大群众千百年来智慧的创造，凝聚着民族精神和道德情感。又例如，在非物质文化遗产方面，各种代代相传的民间手工艺，如剪纸艺术、张小泉剪刀，或是一个地方的特产如涪陵榨菜、狗不理包子等，都形成了自己的品牌，这些无疑都是具有知识产权的，他人若是要生产销售，必须尊重这些品牌的知识产权，要获得授权，必须支付一定的费用。但是，由于过去存在认识误区，意识不到非物质文化遗产的知识产权，以致侵权的事情时有发生。如今，非物质文化遗产已经进入文化市场，是市场交易的目标和市场利润的源泉，成为商品经济的重要组成部分，对非物质文化遗产必须予以保护，其保有群体或传承人"私有"的资源利益必须得到法律的尊重，同时这些利益分配也必须体现社会的公平和正义。

在知识产权的语境下，对非物质文化遗产的保护，不能只凭一些概念和想象闭门造车，而是要根据非物质文化遗产的实际情况，统筹兼顾各方面的利益。非物质文化遗产虽然往往是集体创作的，如果从概念出发就很难认定权利主体，继而否定非物质文化遗产的知识产权保护，但是在事实上，非物质文化遗产的创作主体和权利主体却是客观存在的，尽管不只某个个体的自然人或组织，但也并不难以认定，所以把非物质文化遗产笼统看作集体创作难免失之偏颇。非物质文化遗产是民族智慧的结晶，但现实中却常常由特定的人或特定的群体具体创作体现出来。所以，非物质文化遗产的创作实际上是集体和个人的结合，因而它的利益也应由集体和个人共享。特别是在个人创新的部分，在传统基础上的大胆创新，这些创新都凝聚了个人的智慧和努力，当然拥有知识产权。

非物质文化遗产中集体部分的知识产权如何保护，利益如何分配，各国还仍处于不断探索之中。西方国家屡次利用发展中国家的非物质文化遗产资源进行商业文化发展，获得巨额利润的同时，却不给予它们任何回报，完全否定和无视发展中国家非物质文化遗产的集体知识产权，这是非常不合理和不公平的。因此，不能忽视对非物质文化遗产集体知识产权的保护。在确定权利主体的时候，需要我们对非物质文化遗产的流传地区和发源地进行科学的调查研究。有时可能会发生发源地和流传地的纷争。一般来说，发源地应占较大份额，但流传地区对非物质文化遗产的创造也有一定贡献，故也应享有相应的知识产权。非物质文化遗产是流传地区人民的集体创造，也是当地文化的重要组成部分，因此他们应成为当地非物质文化遗产知识产权的受益者。这些收益对进一步保护和传承当地的非物质文化遗产是有促进和激励作用的。因此，在对非物质文化遗产知识产权保护中，要尊重当地集体的知识产权。

非物质文化遗产的利益平衡还涉及相关精神和经济权益的保护。知识产权制度通过划定利益归属的方式分配各项权利内容和相关利益。由于非物质文化遗产的创作机制和传承机制的特殊性，在利益分配时，要兼顾各方面的利益，一方面要尊重权利主体的知识产权利益，另一方面还要兼顾非物质文化遗产资源开发利用中管理者、创新者、开发者和社会公众的相关利益，对相应的权利主体进行一定范围的权利限制，实现文化资源利益分配的平衡。

第7章
非物质文化遗产知识产权保护的具体制度分析

7.1 非物质文化遗产保护和知识产权制度的兼容和互动

虽然人们对非物质文化遗产进行保护已经取得了共识，但是在当前的制度框架下，以法律的手段，特别是知识产权制度对非物质文化遗产进行调整，以何种方式保护、如何具有针对性和可操作性，仍然值得我们思考和探究。在对非物质文化遗产进行法学研究的过程中，学者普遍关注非物质文化遗产保护与知识产权法的关系。当前非物质文化遗产保护和知识产权法共同面临的重大课题在于：一方面，为非物质文化遗产的保护与发展提供知识产权屏障与支持；另一方面，又以非物质文化遗产保护的理论与实践修正知识产权的理论基础和应用边界。知识产权作为一项开放的法律制度，其是否可以给予非物质文化遗产的积极、有效的保护，首先应当分析非物质文化遗产与现行知识产权制度及其保护客体之间的冲突与契合。

7.1.1 现行知识产权制度保护非物质文化遗产利益的障碍

非物质文化遗产的保护是在维护全球文化多样性的背景下提出

第 7 章 非物质文化遗产知识产权保护的具体制度分析

的，其首要的目的在于保护文化遗产的生命力，强化文化认同感和自豪感，而非确立某些法律（知识产权）主体对文化遗产利益的垄断。因此，以现行的知识产权制度来调整非物质文化遗产必然存在制度上的瓶颈和理论的障碍。一些学者借此反对利用现行知识产权制度来保护非物质文化遗产。他们认为，非物质文化遗产是世代传承并发展的文化遗产，是集体参与的结果，其涉及主体范围广泛，权利主体难以确定，同时其历史久远，内容陈旧，与知识产权制度要求的创新性特征和保护期限制不相符合。当然，绝大部分学者对利用知识产权保护非物质文化遗产持肯定态度。他们认为，非物质文化遗产的保护对象与知识产权保护客体存在共性，都属于知识财产，适用于知识产权保护。同时由于知识产权制度的开放性，为非物质文化遗产的知识产权制度提供了可能性。

不可否认的是，由于非物质文化遗产保护的宗旨与知识产权的立法宗旨存在差异，前者目标是保护文化多样性和延续文化传承，后者的目标在于激励知识产品的创新，导致现行知识产权制度在调整非物质文化遗产利益时存在局限性，涉及的问题主要包括：传统与创新的冲突、公权与私权的矛盾、保护期限与公有领域的制约等。面对非物质文化遗产这一新客体的挑战，如何协调上述问题，是整个国际社会和理论界面临的重要难题。

7.1.1.1　传统与创新的冲突

知识产权制度主要是对创新的激励机制，以鼓励创新和激励不断推出有创造性的智力成果为宗旨，若将非物质文化遗产纳入知识产权的范畴，那么其必须满足知识产权制度的"创新性"要求。但是，非物质文化遗产无法满足上述条件，其"新颖性"和"原创性"难以考察，采用知识产权制度保护非物质文化遗产会产生传统与创新的冲突。就著作权而言，著作权法以激励和保护具有原创性的文字作品为目的。非物质文化遗产通常依靠口传身授的方式世代传承和延续的，虽然在发展的过程中，受到社会环境的影响和传承主体的再创造，不断融入新的文化观念和个性化特征，但这些个性化表达在传承过程中被吸收和融合，最终会成为非物质文化遗产的组成部分，而无法表现出其个体的创造性。作为非物质文化遗产的主要组成部分的民间文学艺术，虽然已被纳入著作权法保护的范畴，但是其具有的传统性特征仍很难满足现代著作权法对于作品的独创性要求。就专利制度而言，其保护对象必须符合专利三性，即新颖性、创造性和实用性。在申请专利制度保护的过程中，非物质文化遗产要证明其"新颖性"和"创造性"在实践中存在难度。非物质文化遗产中的大部分传统科技长期为传统部族使用而广为人知，其可能会导致因不具备新颖性和创造性的特征，而丧失获得专利权的机会，只有极少数的传统科技能够申请专利法的保护。

非物质文化遗产是人类在认识自然和改造自然中所形成的文化与社会实践方面的信息和利益，其客体具有无形性的特点。非物质文化遗产尽管与现代知识产权制度保护的客体存在传统与创新的冲突，但在宏观框架下寻求知识产权制度的保护并非不可逾越。事实上，非物质文化遗产的保护机制与知识产权制度存在一定的兼容性，可以通过现代知识产权制度予以适当变革来实现对非物质文化遗产的保护，从而促进非物质文化遗产的传承和创新。

7.1.1.2 公权与私权的矛盾

知识产权制度是商品经济和科学技术发展到一定阶段的历史产物，随着社会的发展该制度逐渐成为知识产权资源配置的最佳方式。作为一种由法律所创设的产权制度，知识产权制度自产生之初，就存在合理性和正当性的争论。目前理论界一般用洛克的劳动财产论、黑格尔的自由意志论、历史唯物主义理论及经济分析的方法论证知识产权制度存在的合理性与正当性。其中，洛克的劳动财产论是最为经典的理论。洛克在其《政府论》中对财产权的起源作出了论述，劳动财产论为私权观念的形成以及普通财产的权利保护提供了理论基础。依据此理论，智力劳动所产生的创造性劳动成果如果符合知识产权法规定的保护要件，即可以成为私权的客体，成为权利人的财产，具有高度的私权属性，这一结论也得到了国内外普遍认同并被各国国内法所接受。

而非物质文化遗产是由特定群体在长期的生活和生产实践中积累而形成的，属于集体智慧的创造。正因为如此，非物质文化遗产的权属难以划分，权利主体难以确定，任何一个成员很难对本族群所拥有的非物质文化遗产独立主张创造者的权利。在世界各国的知识产权法

第 7 章 非物质文化遗产知识产权保护的具体制度分析

中，没有具体的权利主体的智力成果无法获得知识产权法的保护。知识产权是对创造性劳动进行保护的产权制度，法律通过给予创造者对于创造性劳动有期限的独占性权利使创造者能够获得充分的经济利益，前提是创造主体必须明确。由于非物质文化遗产难以与特定的权利人联系起来，无法体现知识产权的私权属性，造成了其适用知识产权保护的障碍。同时，国际社会保护非物质文化遗产之初的目的是维护文化多样性的需要，主张通过公权力的介入，积极开展国际合作，以延续文化基因，强调非物质文化遗产是人类共同的财产，并没有赋予非物质文化遗产以私权属性。非物质文化遗产是一个国家文化和民族精神的体现，关系着国家文化主权和国际竞争战略，具有浓厚的公权色彩。并且各个国家和政府目前也主要通过行政手段保护非物质文化遗产的延续和发展，在一定程度非物质文化遗产的私有属性被淡化了。在这种背景下，非物质文化遗产的利益保护问题会牵涉行政色彩浓厚的公权力，并成为私权调整的潜在障碍。如何协调公权与私权之间的矛盾，如何划分非物质文化遗产私益与公益，是非物质文化遗产知识产权保护面对的现实问题。

7.1.1.3 公有领域、保护期限的制约

在知识产权制度产生之前，人类智力劳动所产生的一切成果均进入公有领域，成为人类共同的财富。在知识产权制度产生以后，法律赋予智力劳动所产生的创造性劳动成果私权属性，成为相关权利人的财产，但是基于这种创造性劳动成果的公共产品本质以及来源于公有领域知识积累的事实，法律并非赋予权利人以绝对的无限制的私权保护，而是以一定期限作限制，保证知识产权公有领域的延续和发展。知识产权超过法定的保护期限，权利人将失去对其智力成果的垄断权利，相关智力成果将进入公有领域，成为全社会的共同财富，为社会成员自由利用。

但是，对非物质文化遗产来说，知识产权的保护时间限制将成为其获得知识产权保护的又一障碍。如果依据现行知识产权法律，几乎所有的非物质文化遗产都已进入公有领域，这样无论从逻辑上还是法理上都将使非物质文化遗产法律保护的目的无法实现。非物质文化遗产的形式具有时间上的延展性，其多是世世相传、代代延续的，其传

播的过程就是其传承和再创造的过程,自身价值形成的特殊性决定,我们对其保护是否应受时间限制有待研究。即使那些可以落入知识产权调整范围的对象,是否可以参照知识产权法的保护期限,仍需要综合考虑各方面的利益,在各种社会要素之间寻找平衡点。以著作权为例,著作权中的财产权的保护期限一般是作者有生之年加上去世后的50年,但大多非物质文化遗产(主要指民间文学艺术)已超过保护领域,并已进入公有领域,任何人可以不经著作权人的同意且无须支付任何费用自由使用该作品。然而,这样会导致非物质文化遗产被滥用甚至歪曲,丧失文化利益,不仅会伤害创造群体的感情,损害其权利,而且不利于非物质文化遗产的传承和发展。倘若对非物质文化遗产的保护期限过长,则会造成不合理的垄断,妨碍这些文化信息的传播与创新。另外,各国的专利法也对专利的有效期进行了规定。例如在我国,发明专利的保护期不超过20年,实用新型不超过10年。对于传统科技来说,采用专利保护的期限过短,超过保护期以后,传统科技就进入公有领域,将会导致传统技艺和知识被其他国家无偿使用,甚至滥用。可见,一般的知识产权制度,除了商标权允许续展,商业秘密不受保护期限限制外,均给予相关知识产权以固定的、较短期限的保护。知识产权这种"期限性"的保护方式,在满足非物质文化遗产这种线性发展事物的保护要求是存在障碍的,因为按照现行的知识产权制度,非物质文化遗产已进入公有领域,将被排除在知识产权保护范围之外,而且非物质文化遗产期待获得的是一种长期的甚至是无期限的保护。

综上所述,知识产权的私权调整模式与非物质文化遗产保护诉求存在差距,现行知识产权制度的保护标准与非物质文化遗产资源利益的调整并不完全相符,完全移植现有的知识产权制度来保护人类的非物质文化遗产存在法律上的障碍。因此,需要突破知识产权现有的框架,以非物质文化遗产保护的理论与实践修正现代知识产权的理论基础和应用边界,以实现非物质文化遗产的私权保护。

7.1.2 知识产权与非物质文化遗产保护的兼容性

以知识产权为视角,审视非物质文化遗产的保护,是当前理论和实践的热点。一方面,知识产权作为一个开放的制度体系,在当今社会发挥的作用已经不再局限于制度创新,开始服务于贸易自由、食品安全、环境保护、文化多样性等全人类共同的政策目标。给予非物质文化遗产知识产权保护正契合知识产权制度促进文化多样性的目标和发展方向。另一方面,现行知识产权并非完全排除非物质文化遗产,知识产权制度与非物质文化遗产保护还存在兼容的空间。虽然完全套用现行知识产权制度来保护非物质文化遗产,在法律适用上还存在许多困难,但这些障碍可以通过修正现代知识产权的理论进行协调。知识产权与非物质文化遗产保护的兼容性,主要体现在知识产权客体与非物质文化遗产保护客体的关系之中。

在国际社会中,联合国教科文组织与世界知识产权组织在保护民族、民间、传统文化方面一直有良好的合作关系,联合国教科文组织鼓励在知识产权框架下的非物质文化遗产的保护。《保护非物质文化遗产公约》中对非物质文化遗产采如下定义中提到的"各种社会实践、观念表述、表现形式、知识、技能",实际上揭示了非物质文化遗产的本质特征是"无形性";"以及相关的工具、实物、手工工艺品和文化场所"则表现了非物质文化遗产与物的关联,则是表现出其"物质性"。由此,揭示出"非物质文化遗产的对象"纳入"知识产权保护的客体"范围主要可分为两大类型:一种表现于有规可循的文化表现形式,例如传统民间文艺、传统习俗或各类节庆仪式;另一种表现为一种文化的空间,这种空间是民间或传统文化获得的集中地域,是文化现象的传统表现场所,又可称作"文化场所"。《保护非物质文化遗产公约》基于非物质文化遗产的"文化表现形式",将其分为五类,包括口头传统和表现形式,即作为非物质文化遗产媒介的语言;表演艺术;社会实践、仪式、节庆活动;有关自然界和宇宙的知识和实践;传统手工艺。对于联合国教科文组织通过的《保护非物质文化遗产公约》,世界知识产权组织也提出"遵循其使命,关心知识产权意义上的传统文化形式保护"。世界知识产权组织主要是围绕"民间文学艺术"和"传统知识"来开展对非物质文化遗产的保护工作。世界知识产权组织和联合国教科文组织《保护民间文学艺术表达形式、防止不正当利用和其他损害性行为国内示范法条》(以下简称《示范法条》)对民间文学艺术使用的是"民间文学艺术表达形式",

其基本含义是指由传统艺术遗产的特有因素构成的，由某国的某居民团体（或反映该团体的传统艺术发展的个人）所发展和保持的产品。在列举民间文学艺术表达形式时，《示范法条》将其分为四类：语言表达，如民间传说、诗歌、谜语等；音乐表达，如民间歌曲和乐器；形体表达，如民间舞蹈、表演以及艺术形式体现的宗教仪式等；有形表达或并入物品的表达，如绘画、雕塑、雕刻、瓷器、竹编、微雕、织品、地毯、服装、音乐器具和建筑样式等。❶ 根据世界知识产权组织的定义，传统知识是指以传统为基础的文学、艺术和科学著作，表演，发明，科学发现，外观设计，标志、名称和象征符号，未披露信息，以及所有其他来源于工业、科学、文学或艺术领域内的智力活动所产生的基于传统的革新和创造。❷ 世界知识产权组织于2001年发布的《传统知识持有者的知识产权需要和期望：WIPO知识产权和传统知识事实调查团报告》，将传统知识分为民间文学艺术表达（包括创作和表演）、传统科技知识（包括生活知识）、传统标记（包括符号和名称）、与传统知识相关的生物资源、有形文化财产（可移动和不可移动的）和传统生活方式及其要素六大类。据此，民间文学艺术、传统知识和非物质文化遗产在定义、范围上存在交叉，具体见表1。

表1 民间文学艺术、传统知识和非物质文化遗产的定义对比

	教科文组织（UNESCO）	世界知识产权组织（WIPO）	
概念	非物质文化遗产	民间文学艺术表达形式	传统知识
1	口头传统和表现形式	语言表达	民间文学艺术表达
2	表演艺术	音乐表达、形体表达（民间舞蹈、表演等）	民间文学艺术表达
3	社会实践、仪式、节庆活动	形体表达（民间舞蹈、艺术形式体现的宗教仪式等）	传统生活方式、民间艺术表达

---

❶ 德利娅·利普希克. 著作权和邻接权 [M]. 联合国教科文组织，译. 北京：中国对外翻译出版公司，2000：68.

❷ WIPO, Intellectual Property Needs and Expectations of Traditional Knowledge Holders: WTO Report on Fact-Finding Missions on Intellectual Property and Traditional Knowledge (1998–1999), Geneva, April 2001, p25.

续表

概念	非物质文化遗产	民间文学艺术表达形式	传统知识
4	有关自然界和宇宙的知识和实践	—	传统科技知识
5	传统手工艺	有形表达或并入物品的表达（雕塑、雕刻、瓷器、竹编、微雕等）	民间文学艺术表达
6	文化空间	—	传统标记、与传统知识相关的生物资源、有形文化财产

由此，我们可以得出以下结论：非物质文化遗产和民间文学艺术表达、传统知识的保护范围存在交叉，这为知识产权制度在保护非物质文化遗产中提供了有效的空间或者根据。由于三者范围存在重叠，在对非物质文化遗产进行知识产权保护的同时，可以吸收和借鉴民间文学艺术表达形式，传统知识中的传统文化表达的知识产权保护。例如，民间文学艺术受《著作权法》的保护，非物质文化遗产包括民间文学艺术，因此非物质文化遗产中的民间文学艺术可以纳入著作权保护的范围。同时，我们也发现三者的保护对象存在差异，不能用知识产权保护制度替代非物质文化遗产法律保护制度。非物质文化遗产中的仪式、节庆活动、文化空间等不能在知识产权法律制度保护的框架之内。

从我国非物质文化遗产保护的实践来看，政府在推动公法保护中，把《保护非物质文化遗产公约》（以下简称《公约》）中非物质文化遗产的范围具体化，细化以国家级非物质文化名录的认定为主要表现形式。我国《国务院办公厅关于加强我国非物质文化遗产保护工作的意见》（以下简称《意见》）遵循了《公约》的分类方法。在已公布的国家级非物质文化遗产名录推荐项目名单中，我国将非物质文化遗产具体分为十类，具体包括民间文学、传统音乐、传统舞蹈、传统戏剧、曲艺、传统体育或游艺与杂技、民俗、传统医药、传统美术以及传统技艺。在讨论非物质文化遗产与知识产权兼容性问题，需要对出台的名录进行实证分析（见表2）。

表 2 我国对非物质文化遗产的分类

类别	序列	公约	意见	推荐项目名单	可以适用的知识产权制度	具体事例
文化表现形式	1	口头传统和表现形式，包括作为非物质文化遗产媒介的语言	口头传统，包括作为文化载体的语言	民间文学	著作权	藏族史诗《和萨尔王传》、苗族古歌
	2	表演艺术	传统表演艺术	传统音乐	著作权	蒙古族传统民间长调（民歌）
				传统舞蹈	著作权	龙舞、锅庄舞❶
				传统戏剧	著作权	昆曲、秦腔
				曲艺	著作权	二人转、伊玛堪
				传统体育、游艺与杂技	著作权/商业秘密	吴桥杂技、少林功夫
	3	社会实践、仪式、节庆活动	民俗活动、礼仪、节庆	民俗	著作权/商标/商业秘密	春节、黎族三月三节❷、麦西来甫❸

❶ 锅庄舞，又称"果卓""歌庄""卓"等，藏语意味圈圈歌舞，是藏族三大民间舞蹈之一，分为大型宗教祭祀活动的大锅庄、用于民间传统节日的中锅庄和用于亲朋聚会的小锅庄等几种，包含丰富的藏族文化内涵和地域特色。
❷ 黎族"三月三"节是海南黎族人民悼念勤劳勇敢的祖先、表达对爱情幸福向往之情的传统节日。
❸ 麦西来甫是维吾尔族群众性的传统娱乐聚会，是维吾尔族民间艺术的总汇。

第7章 非物质文化遗产知识产权保护的具体制度分析

续表

类别	序列	公约	意见	推荐项目名单	可以适用的知识产权制度	具体事例
文化表现形式	4	有关自然界和宇宙的知识和实践	有关自然界和宇宙的民间传统知识和实践	传统医药	商标/专利/商业秘密	中医对生命与疾病的认知、藏医药
	5	传统手工艺	传统手工艺技能	传统美术	著作权/商标	木雕艺术、安塞剪纸、热贡艺术❶
				传统技艺	商标/专利/商业秘密	南京云锦木机妆花手工制造技艺、苗族蜡染技艺
文化空间	6	文化空间	与上述表现形式相关的文化空间	实际公布的名录中未包含文化空间	—	—

❶ 热贡艺术流传于青海省同仁县，是藏传佛教的艺术流派之一，形成于13世纪。主要包括绘画、雕塑、堆绣、建筑装饰图案及酥油花等多种形式。

233

在名录中，民间文学、传统音乐、传统舞蹈、传统戏剧、曲艺、传统体育或游艺与杂技、传统美术与著作权保护的客体有很大的契合性。我国《著作权法》所保护的作品包括以下列形式创作的文学、艺术和自然科学、社会科学、工程技术等作品：文字作品；口述作品；音乐、戏剧、曲艺、舞蹈、杂技艺术作品；美术、建筑作品；摄影作品；电影作品和以类似摄制电影的方法创作的作品；工程设计图、产品设计图、地图、示意图等图形作品和模型作品；计算机软件；法律、行政法规规定的其他作品。关于民间文学作品，我国《著作权法》第6条规定其著作权保护由国务院另行规定。由此可以看出，民间文学作品是作品的特殊形式，也是受著作权法保护的。在实践中，在此方面曾经较有代表性和影响力的一些案件，例如陕西白秀娥剪纸案，以及关于改编作品《乌苏里船歌》案等，都是通过以侵犯著作权为由进行相关诉讼程序的。

名录中的传统体育、游艺与杂技、传统医药、传统技艺等几个类型中，有些可以根据我国《商标法》第8条、第9条的规定，为之提供一定的商标保护，另外有些也可以根据其性质可给予专利和商业秘密保护，甚至著作权保护。如传统医药方面，我国的"同仁堂"商标在1989年就被国家工商行政管理总局商标局认定为驰名商标，受到特别保护。"同仁堂"商标也是我国第一个申请马德里国际注册的商标，大陆第一个在台湾申请注册的商标。世界知识产权组织曾指出地理标志是保护民间文学艺术的有效措施之一。从经济的角度，非物质文化遗产不仅是一种文化现象，也是一种具有市场竞争力的宝贵经济资源，可以使当地的地理名称成为地理标志。在实践中，人们对体现非物质文化遗产的有关产品的判断除了依据商标以外，还可以根据地理信息，例如江西景德镇陶瓷协会注册的"景德镇"地理标志、浙江省青田县石雕行业管理办公室注册的"青龙石雕"。传统医药和传统技艺除上述商标法保护之外，如获取专利或成功配制相关秘制配方等，则也可以纳入专利法和商业秘密保护的范畴。杂技作为艺术作品，在我国甚至还可以获得著作权保护。我国现行的《非物质文化遗产法》对这些其实并没有直接明确，只是在第44条第1款规定"使用非物质文化遗产涉及知识产权的，适用有关法律、行政法规的规定。"同时在该条第2款规定："对传统医药、传统工艺美术等的保护，其他法律、行政法规另有规定的，依其规定。"由此也可见，现行立法完全认识到非物质文化遗产中有相当部分可能会涉及知识产权保护，同时立法者也清醒地意识到在《非物质文化遗产法》里具体规定其知识产权保护，可能会失之庞杂，不具操作性，故而只得规定援用性空白条款。

由于非物质文化遗产保护客体和知识产权保护客体内容上存在共性，现有的知识产权制度框架能够为多数非物质文化遗产类型提供较为充分的保护，但显然也不能完全涵盖所有非物质文化遗产，这其中主要是"民俗"和"文化空间"，最典型的例子就是"春节"和"端午节"等节庆习俗，由于其本身的性质，客观上其不可能成为知识产权保护的客体。关于文化空间，联合国教科文组织公布的公约中将其纳入非物质文化遗产范围，虽然在分类中并没有将其包括在其中，我国《非物质文化遗产法》颁布实施前公布的国家级非物质文化遗名录中也没有包含它，但并不意味着其不需要保护，事实上2011年颁布实施的《非物质文化遗产法》第2条关于非物质文化遗产定义中所指的"场所"即是文化空间。虽然在现有的知识产权框架下，不能为之提供有效的保护，我们需要另辟蹊径，从其他法律层面（公法）上对其进行保护。总之，由于知识产权制度与非物质文化遗产的保护机制存在一定的兼容性和协调性的可能，非物质文化遗产与知识产权保护客体之间的障碍不足以构成对现代知识产权制度的根本冲击，法律适用的障碍并非不可解决，可以考虑非物质文化遗产制度与知识产权制度的互动和协调，以实现对非物质文化遗产的知识产权保护。

7.1.3 现行知识产权制度的变革和回应

从现行知识产权制度的调整方法来看，当非物质文化遗产被合适载体承载或者以恰当方式表达时，可以作为知识产权的客体受到保护，但知识产权制度在保护非物质文化遗产工作中仍存在一些不足，需要知识产权制度为接纳这个新型的客体在制度上作出一些变革和回应。主要包括以下几个方面：第一，权利主体的确定问题。知识产权作为一项私有的财产权，需要有明确的主体，非物质文化遗产世代承继，凝聚了群体的情感和集体的智慧，在确定权利主体方面需要明确。第二，赋予条件与机制问题。现代知识产权对于保护客体有严格的条件限制，独创性是获得知识产权的主要要求，而非物质文化遗产尽管本身的"独创性"具有历史性，而且还在不断创新和发展之中，但却由于其传统因素，社区或群体之间共享而被广为熟知，使非物质文化遗产在实体条件上与知识产权的赋权条件还存在差距。同时，保护期限的限制，也是非物质文化遗产在知识产权框架下需要解决的问题。第三，惠益分享与限制问题。非物质文化遗产在不同主体之间，权益如何分配，如何分享与限制，才能最有效地促进非物质文化遗产的保护，也是非物质文化遗产在知识产权框架下遇到的难题之一。

从构建非物质文化遗产保护机制的角度，可以参照非物质文化遗产的特性，对现代知识产权制度进行适当调整，可以建立知识产权框架下的专门非物质文化遗产保护制度。例如，在知识产权权利主体和客体范围方面，对其作扩大解释，不仅权利主体的范围从个人、法人、非法人团体拓展到特定的民族、族群或者社区等，必要时可以授予非法人团体代表非物质文化遗产的相关权利主体主张权利，而且将适合利用知识产权保护的非物质文化遗产纳入知识产权的客体范围。对传统手工艺品可以考虑一定的专利保护，在判断非物质文化遗产及其特定的载体、工艺的可专利性时，应充分考虑到原有专利"三性"的局限性。对于存在特定地区和民族的传统手工艺作品符合工业应用要求的，可以考虑授予外观设计保护。在非物质文化遗产权利属性和权利归属问题上，应明确权利主体所享有的人身利益和财产利益及权利人与非物质文化遗产资源利用人之间的利益分享机制，可以参考《生物多样性公约》中确认的生物多样性获取与惠益分享机制来确定遗产资源的利用者和提供者的权利义务。

通过对现行知识产权制度予以适当变革实现对非物质文化遗产的知识产权保护，是非物质文化遗产保护的重要途径之一。有学者提出建立一种全新的专门立法模式实现对人类非物质文化遗产的保护，他们认为鉴于当前世界上保护非物质文化遗产的法律体系主要由国际条约和国内专门法组成，而没有采取传统的知识产权制度，可以考虑在知识产权制度之外建立专门法来实现对非物质文化遗产的保护。也有学者提出从知识产权制度本身的突破来构筑非物质文化遗产的保护体系，他们认为知识产权制度主张创新，而非物质文化遗产以群体性、延续性和公有性为基本特征,不符合现代技术标准和法律,因而现有知识产权机制无法为非物质文化遗产提供法律保护,恰当的做法是在知识产权制度下建立一个全新的制度或者在知识产权制度中创建一个特殊的分支,以满足非物质文化遗产保护的客观要求。[1] 无论是哪种保护模式,都需要我们审视现行知识产权制度在保护非物质文化遗产方面的不足,探索非物质文化遗产保护的合理模式。

7.2 现行知识产权法调整模式的分析

前文比较分析非物质文化遗产知识产权保护的可能性,知识产权保护体系能够对非物质文化遗产提供适当的保护。正如郑成思教授所言:"现有知识产权制度对生物科技等高技术成果的专利、商业秘密的保护,促进发明创造;计算机软件、文学作品的版权保护,促进了工业与文化领域的智力创作。但它在保护各种智力创作与创造之'流'时,在相当长的时间里无视了对'源'的知识产权保护,这不能不说是一个缺陷。"[2] 非物质文化遗产正是这个"源"的重要组成部分。非物质文化遗产已具备现行知识产权的基本特征,同时两者存在一些关联性与相似性,例如都具有"无形性",属于人类智力成果的范畴,具有一定的价值和存在形态。长期以来我们把这些非物质文化遗产作为公共产品加以利用,忽视了其背后作为非物质文化遗产来源群体的文化和经济权益。通过知识产权保护,非物质文化遗产的创造、维持和记录都可以得到经济上的鼓励,权利人会更加重视和珍惜非物质文化遗产。因此,知识产权在保护非物质文化遗产方面有积极的意义。但同时,我们也应看到非物质文化遗产与知识产权之间的差异:知识产权通常是给予创作者激励创新权利的私权,具有垄断性,而非物质文化遗产需要运用知识产权制度来维持和保存知识而非创新知识,两者在制度设计上的初衷大相径庭。同时,非物质文化遗产的

---

[1] 唐广良,董炳和. 知识产权的国际保护 [M]. 北京:知识产权出版社,2006:504-554.

[2] 郑成思. 知识产权文丛(第8卷)[M]. 北京:方正出版社,2002:3.

传统性特点，例如创造的群体性和传承的个体性、变异性、口头性等，导致非物质文化遗产的知识产权保护存在一些局限性。所以，讨论现行知识产权制度保护非物质文化遗产的制度空间，必须进行具体的制度分析。

7.2.1 非物质文化遗产的著作权保护模式

7.2.1.1 非物质文化遗产著作权保护的相关立法

在现行的知识产权保护框架中，利用著作权对非物质文化遗产进行保护是较为常见的方法。著作权调整的模式主要适用于以民间文艺表达为主的非物质文化遗产，包括《非物质文化遗产公约》中第一类口头传统和表现形式（主要指在民族民间流传的口传文学、诗歌、神话、故事、传说、谣谚等）和第二类表演艺术（主要指在文化群体的节庆或礼仪活动中的表演艺术，包括肢体语言、音乐、戏剧、木偶、歌舞等表现形式）。到目前为止，世界上在著作权法或者地区性著作权条约中明文规定保护民间文艺的国家已超过40个。[1] 但各国对民间文学艺术保护的态度和立场不同，所以在国际和区域层面上，对民间文学艺术直接提供著作权保护的条约数量很有限。在国内层面上，利用著作权保护民间文学艺术的国家大部分是发展中国家。国际条约和国内立法虽然没有对民间文学艺术提供直接的著作权和邻接权保护，但是其通过保护民间文学艺术衍生作品以及整理、汇编作品等方式对民间文学艺术进行间接保护。

在国际层面上，直接涉及民间文学艺术著作权保护的公约主要有《保护文学和艺术作品伯尔尼公约》和《世界知识产权组织表演和录像制品条约》。《伯尔尼公约》第15条第4款是国际上最早涉及非物质文化遗产知识产权保护的规定，该条规定：（a）对作者的身份不明但有充分理由推定该作者是本同盟某一成员国国民的未出版的作品，该国法律得指定主管当局代表该作者并有权维护和行使作者在本同盟成员国内之权利。（b）根据本规定而指定主管当局的本同盟成员国应

---

[1] 齐爱民. 非物质文化遗产的知识产权综合保护 [J]. 电子知识产权，2007（6）：21.

第 7 章 非物质文化遗产知识产权保护的具体制度分析

以书面声明将此事通知总干事，声明中写明被指定的当局全部有关情况。总干事应将此声明立即通知本同盟所有其他成员国。上述规定虽然没有明确提及"民间文学艺术"，但相关背景资料表明，这条规定当时主要是针对在斯德哥尔摩外交会议中与会代表提出"用来保护非洲国家在民间文学艺术领域中利益的特别规定"的回应，同时这一规定普遍在国际层面上被解释为应用于民间文学艺术表达保护的法律规范。也就是说，《伯尔尼公约》将民间文学艺术视为一种特殊的、作者身份不明的作品，即将其作为匿名作品来看待。虽然引起国际社会对民间文学艺术著作权保护问题的广泛关注，但由于其只能保护"作者身份未详且未出版"的特殊"作品"，难以适应民间文学艺术的整体性保护。世界知识产权组织于 1996 年通过针对邻接权保护的《世界知识产权组织表演和录音制品条约》是有关民间文学艺术著作权保护的另一个重要的国际公约。该公约明确规定表演者"是指演员、歌唱家、音乐家、舞蹈家，以及表演、歌唱、朗诵、演奏或以其他方式表演文学艺术作品或民间文学艺术作品的其他人员。"❶ 这表明，通过保护表演者权可以间接保护民间文学艺术作品，也就是说，邻接权可为民间文艺的表演者提供保护。但是，表演者权等邻接权只能保护民间文学艺术的表演人，不能保护民间文学艺术的所有人，因而保护的范围是有限的。同时它只适用于可以用表演、歌唱、演说、朗诵、演奏或其他方式表演的民间文学艺术作品，即民间文学艺术的口头表达、音乐表达和行为表达，而无法覆盖民间文学艺术所有的有形表达。

在区域层面，有关民间文学艺术著作权保护的区域性条约中最为重要的是《建立非洲知识产权组织的班吉协定》（简称《班吉协定》）。《班吉协定》明确规定"民间文学艺术表达及其衍生作品"是著作权保护的客体。❷ 在此，"民间文学艺术表达"是指"由社区或者个人创造并保存的、符合该社区愿望的、以传统艺术遗产特有因素构成的产品，包括民间故事、民间诗歌、民间器乐、民间舞蹈、民间

---

❶ 克洛德·马苏耶. 罗马公约和录影制品公约指南 [M]. 刘波林, 译. 北京：中国人民大学出版社, 2002: 15.

❷ Agreement Revising the Bangui Agreement of March 2, 1977, on the Creation of an African Intellectual Property Organization, Annex Ⅶ: Literary and Artistic Property, Art. 5 (1) (xii), Bangui, February 24, 1999.

娱乐活动及宗教仪式的艺术表达及民间艺术产品"[1],"民间文学艺术衍生品"是指"对民间文学艺术表达进行翻译、改变和其他形式的改变的作品"[2]。《班吉协定》对两类作品规定了不同的保护制度:"民间文学艺术表达"是特殊客体,由特别知识产权制度保护;而"民间文学衍生作品"则是普通客体,由一般著作权法保护。《班吉协定》民间文学艺术保护体系的另一个重要特色是"付费公有领域"制度,即回避了民间文学艺术表达保护期限的问题,效仿已经进入公有领域的作品,要求对民间文学艺术表达进行商业利用者向国家的集体权利管理机构支付使用费,该使用费的一部分应当用于公用福利及文化事业。[3] 该制度的优点在于可以撇开民间文学艺术是否符合著作权法保护要件的争论,通过收费制度使国家从民间文学艺术的利用者中获取相应的利益并将之回报给对民间文学艺术作出贡献的群体或个人。而该制度的缺点在于将民间文学艺术与已经进入公有领域的作品相提并论,会导致那些坚持将民间文学艺术归入公有领域国家更有理由拒绝为民间文学艺术提供知识产权保护。同时,该制度也没有解决民间文学艺术相关权利主体和内容的问题,难以真正实现对民间文学艺术的全面保护。

从世界范围的法律实践来看,在通过国内立法保护民间文学艺术的国家中,大部分国家都是采用著作权保护模式。20 世纪 60 年代以来,突尼斯、玻利维亚、印度尼西亚等非洲、南美洲、亚洲的发展中国家先后通过国内立法确立对民间文学艺术的著作权法保护。[4] 但是各国关于民间文学艺术的权利主体、权利客体、权利内容等具体规定都存在巨大的差异。在权利主体方面,一些国家将民间文学艺术的权

---

[1] Agreement Revising the Bangui Agreement of March 2, 1977, on the Creation of an African Intellectual Property Organization, Annex Ⅶ: Literary and Artistic Property, Art. 2 (xx), Bangui, February 24, 1999.

[2] Agreement Revising the Bangui Agreement of March 2, 1977, on the Creation of an African Intellectual Property Organization, Annex Ⅶ: Literary and Artistic Property, Art. 6 (1) (a), Bangui, February 24, 1999.

[3] Agreement Revising the Bangui Agreement of March 2, 1977, on the Creation of an African Intellectual Property Organization, Annex Ⅶ: Literary and Artistic Property, Art. 59 (1) (3), Bangui, February 24, 1999.

[4] 吴汉东. 知识产权法学 [M]. 北京:北京大学出版社,2000:76.

第 7 章　非物质文化遗产知识产权保护的具体制度分析

利主体规定为国家，也有一些国家规定民间文学艺术来源群体才是权利主体；在权利客体上，玻利维亚于 1968 年制定的著作权法仅涉及民间音乐的保护，❶ 而贝宁和卢旺达对民间文学艺术的界定涵盖了科学和技术方面的"民间文学艺术"，例如自然科学、物理和天文学等领域的理论和实际知识，医药、冶金等产品的生产技能和农业技术；❷ 在权利内容方面，有些国家规定了"付费公有领域"制度，有些国家则没有规定。在这些国家的立法中，最值得关注的是突尼斯的相关立法。突尼斯在联合国教科文组织与知识产权组织的共同协同下于 1976 年共同制定了《突尼斯版权示范法》。该法将"民间文学艺术"界定为"在本国境内由被推定为本国国民的作者或者种族团体创造的、世代相传并构成传统文化遗产的基本要素之一的所有文学、艺术和科学作品"。❸ 该法第 6 条是关于"国家民间文学艺术作品"的规定："除公共机构为非商业目的使用外，有关国家民间文学艺术作品的经济权利和部分精神权利由国家主管当局行使。国家民间文学艺术作品的保护期限不受任何期限限制"。❹ "其规定的目的在于防止对民间文学艺术等文化遗产的不当利用并允许对其进行适当的保护。这些作品的经济权利和精神权利由被授权的本国主管当局代表创造民间文学艺术的民族行使。"❺ 同时，该法第 17 条还规定了"付费公有领域"制度。1994 年修改的《突尼斯文学艺术版权法》有关民间文学艺术的保护仍以《突尼斯版权示范法》为蓝本。《突尼斯文学艺术版权法》同样对所有有关民间文学艺术及其衍生作品的利用进行控制，承认其版权，但该法没有将民间文学艺术及其衍生作品与已经进入公有领域的作品相提并论。该法第 7 条规定："民间艺术属于国家遗产，任何以营利为目的的使用民间文学艺术的行为都应经过国家文化部的允许；这些民间艺术活动的内容，要经过突尼斯保护作家权益机构根据本法进行审核。同样，从民间艺术中吸取灵感创造的作品，要经过国家文化部的许可；对于民间作品的全部或部分著作权在其中发生转移，需

---

❶ 唐广良．遗传资源、传统知识及民间文学艺术表达国际保护概述［G］//郑成思．知识产权文丛（第 8 卷）．北京：中国方正出版社，2002：5.
❷ 米哈依·菲彻尔．通过知识产权监理民间文学艺术国际保护的努力［J］．陈英明，译．著作权，1993（4）：6.
❸❹❺ Tunis Model Law on Copyright for Developing Countries，UNESCO&WIPO，1976.

要国家文化部的特殊许可。"[1] 同时规定，民间文学作品著作权享受无限期保护。

我国也利用著作权制度对非物质文化遗产的部分权利进行保护。1990年，我国颁布的《著作权法》首次确认民间文学艺术作品享有著作权并受法律保护，并在2001年著作权法第一次修正中规定，民间文学艺术作品的保护由国务院另行规定。该条款是我国直接或者间接规定了民间文学艺术的著作权和邻接权保护的依据。然而，文化部和国家版权局先后起草的《民间文学艺术作品保护条例》和《民族民间文化保护法》均未出台，其中一个重要原因是保护对象的内涵和外延难以界定。但是同时，国内法律实践中对非物质文化遗产著作权保护的案例也逐渐增多，例如乌苏里船歌案、白秀娥剪纸案、黔中蜡染第一案等，从而形成了非物质文化遗产的著作权保护。因此从总体看，我国司法实践对于基于非物质文化遗产的有独创性作品是给予保护的。目前我国著作权规定受到保护的作品包括文学作品、传统音乐、戏剧、口述作品等，以民间文学艺术为主。

7.2.1.2　现有非物质文化遗产著作权保护分析

在选择对民间文学艺术这类非物质文化遗产法律保护的方式时，各国都不约而同地将目光投向著作权法。其内在原因在于：第一，就保护客体而言，民间文学艺术与知识产权，尤其是著作权客体之间存在内在的契合。著作权法保护的客体在文学、艺术、科学领域内，具有独创性并能够以某种有形形式复制的创造性智力成果。而非物质文化遗产中也包含大量的传统文学、传统音乐、舞蹈等文学艺术形式，其往往包含多种具体的表现形式，其中的很多通过载体固定下来，并在传承过程中得到创新，这使非物质文化遗产的部分表现形式符合著作权法中作品的特征。第二，就保护的权利内容而言，对非物质文化遗产进行法律保护的目的之一是为了防止他人未经许可的滥用甚至是歪曲性适用，并在使用过程中表明权利主体，以保护非物质文化遗产来源群体精神和物质利益，而著作权中的人身权和财产权正好契合了非物质文化遗产的这种权利诉求。正如世界知识产权组织的相关文件

---

[1] Tunis Law n°94-96 issued on February 24, 1994 in respect of Literary& Artistic Property.

分析的:"著作权保护(许可或防止他人复制,向公众广播等财产权利,署名权、保护作品完整性等精神权利)似乎能很好地满足本土居民和传统群体的许多需求和目标,著作权制度下,针对使用传统文化表达,规定版税的取得或损害赔偿的补偿方式,也获得了特定的需求与目标。"❶ 第三,发展中国家将民间文学艺术纳入著作权保护的范围,是著作权法对于传统民间文艺与知识创新之间关系进行的公平协调,是对发展中国家"文化遗产强势"与发达国家"科技强势"的利益平衡。

利用现有的著作权保护非物质文化遗产,主要优势体现在保护非物质文化遗产的衍生作品上,特别是民间文学、传统舞蹈、传统音乐、传统戏剧、曲艺、民间美术等演绎和汇编作品的著作权保护,这对非物质文化遗产的保护非常有价值,也有利于衍生作品的开发和利用。通过著作权的保护模式一方面可以激励非物质文化遗产发源地、传承人对民间文艺等非物质文化遗产的创造性活动,从而推动非物质文化遗产按自身规律发展,另一方面,以著作权保护非物质文化遗产可以防止第三人侵害发源地利益。但是,著作权因其特有的禀赋使其在部分非物质文化遗产保护上存在很大的局限性,而非物质文化遗产本身的复杂性也决定了对它的保护具有特殊性:

第一,两者的主体存在差异。在著作权法中,作品的作者都是特定的。而非物质文化遗产创作者大多是由群体创作的,其创作者的主体身份不明,是无名的或者归属于一个民族或一个区域群体集体创作,因而属于这一群体所有,群体中的任何人可以主张权利,但任何人皆无权独享权利。权利主体的不明必然造成作品具有的权利义务缺乏归宿。此外,《伯尔尼公约》对作者身份不明但有充分理由假定作者是某一成员国国民发表的作品,该国法律有权指定当局代表作者并据此维护和行使作者在本联盟各成员国内的权利。但该条针对的是未发表的作品,不适用对于不能明确确定创作者身份,同时作品又公开流传的情况。民间文学中大部分可能属于这种情况,例如流传千年的藏族史诗《格萨尔》。《伯尔尼公约》对此未作规定,存在遗漏。

---

❶ WIPO, Consolidated Analysis of the Legal Protection of Traditional Culture Expression/Folklore, published on May 2, 2003, p31.

第二，保护客体存在差异。著作权制度中获得著作权的条件之一是作品必须有原创性。然而，非物质文化遗产曾经是原创的，但在现实中它基于世代传承和模仿，被广泛人所熟知，因而非物质文化遗产形式往往达不到著作权保护所要求的标准。同时，非物质文化遗产中的内涵和外延也难以界定，使保护范围难以确定。具体到某种形式的传统文化，能否纳入非物质文化遗产同样难以确定。就其存在形式，民间文艺类中的大部分内容，可以根据《伯尔尼公约》及我国《著作权法》的相应规定获得著作权保护，例如口头或文字流传下来的口述作品（民间传说、神话、寓言故事等），可以作为口头或文字作品受到保护；民间音乐、舞蹈、曲艺、戏剧、杂技等可以作为音乐、舞蹈、曲艺、戏剧、杂技作品受到保护；民间的版画、年画、编制品设计、纺织品设计、民族服装、挂毯、木雕、石雕、陶瓷等其他用品的设计和装饰以及具有特色的民居，可以作为美术、建筑或实用艺术作品受到保护。但著作权只保护具有作品形式的民间文艺，许多达不到作品独创性、可复制性要求的民间文艺只能游离在作品之外。

第三，保护期限存在差异。著作权保护的是原创作品，世界上绝大多数国家的著作权均伴随着作品的创作完成而自动产生，无须履行任何注册登记手续。但绝大部分的民间文艺都是长期流转的历史，这就牵涉著作权保护期限的问题。著作权保护的特点是作者对于作品享有的权利受到时间的限制。著作权保护期限是法定的，因为其本身具有人身权和财产权的双重属性，关于法定期限的规定又有所不同。著作权财产权一般为作者有生之年加上去世后50年（美国国会1998年通过的《Sonny Bono著作权期间延长法案》，个人著作权的保护期限由50年延至70年，企业著作权保护期限由75年延长至95年），而对于著作权的人身权保护没有期限限制。著作权保护的时间性使著作权保护非物质文化遗产不具有永久性。任何知识产权都是根据知识对社会的贡献和对收益的预期回报效率而赋予权利主体一定的保护期限，这也是著作权与其他知识产权期限各不相同的原因，但民间文学艺术具有延续性，经过长时间的积累和沉淀，并处于不断发展创新之中，对它的商业开发或者其他利用无法预期，因而其无法适应著作权保护的时间性要求。从现有的法律依据看，绝大多数的民间文学艺术作品从财产权角度都已经进入公有领域，任何人都可以使用这些作

第 7 章 非物质文化遗产知识产权保护的具体制度分析

品,而无须著作权人的同意和向其支付报酬。当然,民间文学艺术作品的人身权是受到永久保护,包括署名权、修改权和保护作品完整性权利等。但是,若仅给予民间文学艺术作品人身权的保护还远远不够,对其财产权的保护十分必要。著作权保护的初衷在于保护原创者的利益和促进作品的传播,而非物质文化遗产的保护还有第三方面的考虑,即保护文化的多样性。因此,如果仅仅重视非物质文化遗产的利用和传播,无视对原创群体财产权的保护,将不利于非物质文化遗产的延续和传承,更谈不上保护文化的多样性和可持续发展问题。然而,即使非物质文化遗产在现有的著作权框架下可取得著作权的保护,但按照现代著作权保护制度,对非物质文化遗产的保护还是不充分的。以我国的史诗类作品为例,我国少数民族英雄史诗数量庞大,分布广泛,就其作品,有享誉国际的著名三大史诗《萨格尔》《玛纳斯》《江格尔》,还有傣族《召树屯》、纳西族《黑白之战》、维吾尔族《乌古斯传》、赫哲族《满斗莫日根》等。❶ 其中最具代表性的是《格萨尔》史诗,它经过宋、元、明、清四朝和民国、抗日战争时期,是几代人共同创造的,是藏族历史、社会、生活、文化的百科全书,也是藏族宗教、信仰的百科全书,若对其保护期限只有区区几十年,肯定是不充分的。

第四,保护功能存在差异。非物质文化遗产侧重于该族群在长期的生产生活实践中所形成思想情感的特殊表达方式和传统,它的形成是一种积累的构成,其创作性来源于整个族群的劳动,因此,其保护的内容具有群体性特征,保护的核心在于延续和传承这种历史文化产物,而著作权的核心是鼓励创新,维护个人的利益,两者的保护功能存在冲突。

可见,著作权制度在保护非物质文化遗产方面还存在一些弊端,不能充分体现非物质文化遗产的群体性和传承性的特点,不能充分保护非物质文化遗产的来源群体的权利。实践中,一方面要给予基于非物质文化遗产而创造的能够被固定下来的作品著作权保护,另一方面也要促进非物质文化遗产的进一步创新,防止以个人享有著作权为由

---

❶ 吴晓东.中国少数民族民间文学[M].修订版.北京:中央民族大学出版社,1999:63.

对其他人基于非物质文化遗产而进行的创造不当干涉。因此，有必要根据非物质文化遗产的特征，对现有的著作权制度加以调整，利用特别制度加以保护。本书认为，利益分享制度和公有领域付费制度❶有助于克服著作权制度在保护非物质文化遗产方面的某些弊端。

7.2.2 非物质文化遗产专利权保护模式

7.2.2.1 非物质文化遗产专利权保护内容

专利之本意有垄断和公开双重含义，在法律意义上，专利制度是国家依法授予发明创造人享有的一种独占权，是保护科技发展和促进科技创新而设置的。现代专利制度考虑了社会进步和公共利益等方面因素，对专利权人的权利内容作了较为严格的限制，这种限制反映了专利法促进科技进步、兼顾公众利益的立法宗旨。在我国，专利包括发明专利、实用新型专利和外观设计专利三种类型，根据我国《专利法》第22～23条的规定，授予专利权的发明和实用新型，应当具备新颖性、创造性和实用性。而授予专利权的外观设计，则要求具备新颖性。与其他知识产权相比，专利最本质的特点在于以法律的手段实现对技术实施的垄断和以书面的方式实现对技术信息的公开。❷ 一方面，专利法中规定的垄断并非技术的全面垄断，而是仅仅限于对技术的营利性实施方面，同时鼓励专利技术的广泛传播，例如各国专利制度中的公告程序。另一方面，专利的公开性体现在技术信息的公开和专利权利内容的公开，通过权利要求书，全面、清楚地公开其技术细节明确权利的范围。保护技术成果权利人的权益和促进技术信息尽早公之于众，是专利法的两项基本职能。国家或社会对于发明创造提供保护，给予发明人以一定的回报，鼓励其从事发明创造活动，从而促进国家的技术进步和社会的文明进步。同时，国家又限制专利权人的权利，防止其利用垄断地位滥用专利权利，从而对技术进步构成障

---

❶ 公有领域付费制度是澳大利亚学者卡迈尔·普里提出的，是指对于进入公有领域的作品可以不受限制地加以实用，但需从使用该作品或其改变所产生的收益按某一百分比进行付费。

❷ 吴汉东. 知识产权法 [M]. 2 版. 北京：法律出版社，2007：135.

碍。从这个意义上看，现代专利法兼顾发明人和公众两方面的利益，从而促进技术进步和社会发展。

根据现代专利法的特征，专利保护主要适用于《保护非物质文化遗产公约》中的第四类和第五类的非物质文化遗产保护。根据《保护非物质文化遗产公约》，第四类非物质文化遗产是有关自然界和宇宙的知识和实践，即有关大自然如实践和空间的观念，农业知识和实践，生态知识和实践，药物知识和治疗方法，宇宙观，航海知识，语言与神谕，有关大自然、海洋、火山、环境保护和实践、天文和气象的具有神秘色彩的、精神上的、预言式的、宏观宇宙的和宗教方面的信仰和实践，冶金知识，计数和计算方法，畜牧业，水产，食物的保存、制作、加工和发酵，花木艺术，纺织知识和艺术；第五类为传统的手工艺，主要指世代相传的具有鲜明的民族风格和地区特色的传统工艺美术手工技艺，传统生产、制作技艺等。我国《非物质文化遗产法》关于此方面的客体，则是体现在第2条定义中的第（三）类，即传统技艺和医药。

但通过将非物质文化遗产与专利法要求取得专利必备的条件进行对比和分析，我们发现非物质文化遗产在大多数情况下无法满足专利授予的条件，非物质文化遗产的创造者和传承人要想通过获得专利的方式对自身拥有的传统技艺和知识的相关权益进行保护还存在许多难点，同时创造者和传承人在以非物质文化遗产为基础的创新又有保护的需求。一方面，存在专利法上难以逾越的技术性问题；另一方面，专利方案的充分公开反而可能造成传统科技知识的流失，保护期限过短不利于为非物质文化遗产提供充分的保护，申请手续的烦琐都给非物质文化遗产专利保护带来难题。因此，有必要进行深入的分析探讨。非物质文化遗产可能面临专利法上的技术性难题主要体现在以下方面：

一是新颖性方面不足。新颖性是授予专利的最基本条件之一，也是必要条件。从一般意义上理解，新颖性的核心在于"新"字。在专利法上，判断新颖性的参照系是现有技术。这里指的现有技术是在某一时间之前，在特定技术领域内的已有技术和知识的综合。若申请专利的方案属于已有的技术范围，则该方案不具备新颖性。判断一项技术是否属于已有技术范围，关键是看该技术的内容是否已经公开、为公众所知。判定一项技术的公开状态有公开的地域（空间）标准和公开的时间标准。这里的地域标准是判定一项技术在怎样的地域范围公开才算进入现有技术领域；而时间标准是判定什么时候公开的技术才可在特定申请案的新颖性审查中作为现有技术。❶ 我国《专利法》曾经规定，我国专利法对于发明或者实用新型在时间上采用以申请日划分现有技术的标准，即将申请日前的技术作为现有技术，而将申请日或申请日之后公开的技术不作为现有技术。在公开方式上，我国采用混合新颖性标准，对于以出版物公开的方式采用绝对新颖性标准，凡在国内外出版物上发表过的申请不具有新颖性；在"公知、公用"的公开方式上，采用相对新颖标准，即在国外公开使用或为公众所知的技术方案，在中国仍具有新颖性，只有那些已在中国国内公开使用或为公众所知的发明或实用新型或共享状态，有的传统知识甚至在时间范围内的出版物公开，包括从古到今的所有书籍，也就不具备专利法所要求的新颖性。据统计，我国的中医药古籍中记载了一万余种药物和几十万个方剂，许多传统的中医药由于它们可能出现在我国古代的药典或医书中，因此其不符合绝对新颖性标准，可能会失去受专利制度保护的可能。同时，传统医药知识的大量文献记载和国际广泛传播使得大量的传统医药知识已经进入公众公开状态，从专利法角度讲这些知识已经在一定领域内为公开使用或为公众所熟知，不符合相对新颖性标准。非物质文化遗产中的传统科技是经历了长期的应用，很难满足现代专利制度对于新颖性的要求。例如，我国布依族、苗族、瑶族和仡佬族等少数民族地区流传和使用很广的蜡染技术就可能因为已绵延使用了上千年而丧失了专利法上的新颖性。我国《专利法》2008年第三次修订后，采用绝对新颖性标准则要求更为严格。

二是创造性和实用性方面的欠缺。我国《专利法》将创造性的定义为，同申请日以前已有的技术相比，该发明有突出的实质性特点和显著的进步，该实用新型有实质性特点和进步。所谓"实质性特点"是指发明创造与现有技术相比具有的本质性的区别特征，且这种区别特征应当是技术性的；而所谓"进步"是指发明创造与现有技术的水平相比必须有所提高。专利权的另一特征是实用性。专利法中的实用

---

❶ 吴汉东. 知识产权法 [M]. 2版. 北京：法律出版社，2007：173.

性，是指一项发明创造能够在产业上制造或者使用，并获得积极的效果。判断实用性要遵循以下原则：具备实用性的发明创造应当能够制造或使用，及具备可实施性；具备实用性的发明创造必须能够带来积极的效果，即具备有益性。非物质文化遗产世代流传，经历了历史的积累和多年的变迁，其中的传统科技和传统技术与现代技术相比，很难说具有突出实质性特点和显著的进步，要符合专利对创造性和实用性的要求也并不容易。同时，一些非物质文化遗产并不能进行产业化生产或适用，也不具有大规模生产的价值，只能作为一种文化的记忆，通过保护其文化内涵来满足文化多样性的要求。例如我国传统农业技术、畜牧技术、狩猎技术与现代科技相比，谈不上显著的进步，甚至有点落后，更不具备工业实用性。

三是受到专利授予消极条件的约束。授予专利不仅要满足新颖性、创造性和实用性，即人们通常所说的专利"三性"，还要受到消极条件的约束。法律为防止专利滥用侵害社会公共利益，保护社会公共秩序和道德伦理，还设有专门条款，将一些客体排除在授予专利的范围之外。我国《专利法》第5条规定："对违反法律、社会公德或者妨害公共利益的发明创造，不授予专利权。对违反法律、行政法规的规定获取或者利用遗传资源，并依赖该遗传资源完成的发明创造，不授予专利权。"第25条规定："对下列各项，不授予专利权：科学发现；智力活动的规则和方法；疾病的诊断和治疗方法；动物和植物品种；用原子核变换方法获得的物质；对平面印刷品的图案、色彩或者二者的结合作出的主要起标识作用的设计。对前款第四项所列产品的生产方法，可以依照本法规定授予专利权。"如果按照以上规定，我国非物质文化遗产中的很多内容将会被排除在专利法保护之外，例如传统技能中对疾病的治疗和诊断方法就不能以专利法来进行保护。

在现有的知识产权制度下，发达国家由于经济与科技的领先优势，往往在发展中国家非物质文化遗产的基础上进行改造后申请新的专利反过来限制发展中国家利益。非传统意义上的使用者利用现代技术对非物质文化遗产中的传统科技加以改造，然后将改造后的技术作为"发明"申请专利。这种改造后的技术与非物质文化遗产中的传统科技相比在形式和内容上都会发生改变，从而被认定符合新颖性标准而授予专利。这说明，发达国家利用自己对知识产权制度熟知的便利以及知识产权制度本身设置上的漏洞，不当占有和掠夺发展中国家的传统资源，使专利制度在某些方面会成为非物质文化遗产保护的陷阱，为一些人掠夺基于非物质文化遗产利益提供便利。例如在美国发生的印度姜黄案❶、HOODIA 仙人掌案❷等，侵权人就在非物质文化遗产基础上开发出来的技术在国外申请专利，虽然有关国家和群体在发现之后提出了异议，但漫长的复议程序，复杂的诉讼程序，巨大的经济压力以及维权结果的不确定性都给有关国家和群体的维权之路带来了巨大的困难和压力。而在更多的不当占有中，侵权人略作改动或变化就可以获得专利权的案例更是屡见不鲜。这些对发展中国家非物质文化遗产资源的掠夺正在加剧国际层面知识产权利益分配的不平衡，必将引发对知识产权制度合理性的怀疑，破坏和摧毁知识产权保护的国际合作基础。国际社会已经意识到这一点了，一方面，一些发展中国家通过将相关传统知识文献化并公示以阻止不法利用，例如我国及印度正在组织建立中医药或印度药数据库；另一方面，在许多发展中国家的要求下，在国际知识产权合作会议上已将传统知识专利化保护纳入讨论议题。

在实践中，专利制度对非物质文化遗产的保护主要体现在传统科技和传统手工艺领域，其保护有积极性保护和防御性保护两个方面。

---

❶ 姜黄（Curcuma longa）是一种姜类植物，可以在香料、医疗、化妆品以及燃料中使用。印度人几千年来就知道姜黄可以用来治疗多种疾病和创伤。1995 年密西西比医学中心的两位印度公民被授予名称为"姜黄在伤口愈合中的应用"的美国专利（US5401504）。印度科学与工业研究委员会（CSIR）要求美国专利和商标局（USPTO）重新审查该专利；CSIR 指出姜黄被用于伤口愈合和皮疹已经有数千年，因此其医药用途并不是新的，他们主张得到传统知识书面证据的支持，包括一份古代梵文文本和 1953 年印度医学协会出版的一份文献。尽管专利权人反对，USPTO 支持了 CSIR 的异议并撤销了该专利。据印度政府计算，印度在此案中负担的诉讼费用大约是 10 000 美元。

❷ 南非喀拉哈里沙漠周围，生长着一种名为 Hoodia 仙人掌，原居民桑人用于消除饥饿和口渴。1995 年南非科学与工业委员会从这种仙人掌中找到了抑制食欲的成分，并获得了专利。1997 年他们将专利许可给英国生物技术公司 phytopharm。1998 年，美国辉瑞制药公司以高达 3 200 万美元的使用费得到了该专利开发和销售该专利的权利，并打算将其开发成减肥药和治疗肥胖症的药品，预计市场价值超过 60 亿英镑。有关研究开发机构并没有遵守《生物多样性公约》的规则，事先征得桑人群体的知情同意。桑人得知后提出他们的传统知识被偷窃，提出要对其"生物海盗"行为进行诉讼。2002 年 3 月，南非科学与工业委员会与桑人达成谅解，与桑人共享开发 Hoodia 植物的利润。

第 7 章 非物质文化遗产知识产权保护的具体制度分析

积极性保护就是非物质文化遗产相关权利人对符合专利法要求的非物质文化遗产积极申请专利,以获得在一定范围内专有权利。这主要包括两方面。一方面,原生态境内传统技艺和传统知识的保持者基于非物质文化遗产所包含的知识和技艺所作出的创新,可以申请专利;另一方面,在某项技艺或某类知识一直在没有以出版或其他方式公开过而鲜为人知,则可以申请专利并获得专利权的保护。由于非物质文化遗产的共享性和公开性,其很难达到新颖性和创造性的要求,因此对基于非物质文化遗产的对产品的形状、色彩、图案或其他组合所作出的富有美感并适用于工业应用的新设计,可以采取外观设计专利进行保护。在不符合专利授予条件不能通过采取积极保护措施时,可以通过利用现有知识产权制度下阻止他人申请相关专利的途径对非物质文化遗产进行消极保护。消极保护是指以在先权利或缺少新颖性和创造性为由,阻止相关专利的申请或使现有的专利无效,特别是防止非传统意义上的拥有者对传统技艺和知识进行不正当的利用甚至掠夺,以保护这些群体的精神权益和物质权益免受侵害,也可以通过阻止一些人企图申请专利垄断传统技艺和知识来维护非物质文化遗产族群利益。

7.2.2.2 非物质文化遗产专利法保护模式分析

尽管专利保护模式可以使非物质文化遗产传承人获得很大优势,在积极性和防御性保护方面能够发挥作用,在其他方面具有诸多明显的优势,但该模式在对非物质文化遗产进行保护方面也存在很多局限性:第一,正如前面所述,大部分非物质文化遗产是祖辈世代相传下来的,很难满足专利审查的新颖性要求,对于传统社区或者传承人来说,按照专利法的要求,对非物质文化遗产创造性和新颖性进行阐述,十分困难。第二,申请、维持和实施专利权的成本过高也是实际的困难。在申请专利时,申请人要向专利局提交各类书面文件,包括专利请求书、权利要求书、说明书、附图、照片或图片、摘要等。除了必要的申请文件外,在专利申请时还可能需要根据申请人的具体要求另外提交各种附加申请文件,例如优先权证明、发明提前公开申明、实质审查请求书、外观设计简要说明等。这些专业申请文件技术性较强,对传统社区或传承人来说申请的技术难度较大。同时,专利被授予之后的维持费用也比较高。第三，专利要求信息公开，对非物质文化遗产可能会产生负面效应。正如世界知识产权组织文件所述："单独采取防御保护会适得其反……传统知识的公开披露会极度加剧对传统知识不当或有害的利用……在许多情况下，防御保护实际上会损害到传统知识持有者，尤其当这种保护方式使公众能够获得原本处于非公开、秘密或者无法获得状态下的传统知识。"❶ 根据现行专利制度，申请专利的非物质文化遗产的技术信息和专利权利内容必须公开，通过权利要求书，全面、清楚地公开其技术细节明确权利的范围。这种信息的公开会给非物质文化遗产的收集、利用者提供便利，从而导致对非物质文化遗产的不当利用甚至滥用，对非物质文化遗产保有人的长远利益而言会造成巨大的损害。鉴于此，就必须对专利的相关规则和标准进行变通和调适，可以通过修改现行专利实体规则和专利申请信息披露制度，引入小专利制度和事先知情同意原则，为非物质文化遗产提供更全面的保护。

7.2.3 非物质文化遗产商标权保护模式

7.2.3.1 非物质文化遗产商标权保护立法和实践

商标是指能够将不同的经营者所提供的商品或者服务区别开来，并可作为视觉感知的显著标记。❷ 其具有标示来源、保证品质、广告宣传和彰显个性的功能。商标作为一种符号，是信息传递的媒介，代表商品的声誉。保护商标的目的在于保护经营成果和劳动回报，通过酬劳机制鼓励经营者正确表明商品来源以保护消费者，并促进经营者提高产品和服务品质。虽然也有部分商标的标记可来源于公有领域，即所谓弱商标，但商标的价值来源却在于对商标的持续使用和各种生产要素的投入，以及由此积累的商业信誉。非物质文化遗产通过载体表现出不同的形态，表现出丰富的价值和意义，被广大群众所认同，

---

❶ "Recognition of Traditional Knowledge Within the Patent System", a document prepared by the Secretariat for the WIPO GRTIF committee, WIPO/GRTIF/IC/7/8. 转引自：王鹤云，高绍安. 中国非物质文化遗产保护法律机制研究 [M]. 北京：知识产权出版社，2009：333.

❷ 吴汉东. 知识产权法 [M]. 2版. 北京：法律出版社，2007：199.

第7章 非物质文化遗产知识产权保护的具体制度分析

可以被人们所感知,进而可以借以识别和选择商品和服务,可以作为商标使用。非物质文化遗产的商标权保护模式是通过保护含有非物质文化遗产符号或标记的商品或服务而间接地保护非物质文化遗产。

商标权模式适用于商业开发中的一切非物质文化遗产,尤其适用于保护土著社区特殊符号和标记。本土及土著社区的工匠、技师、艺匠等艺人,或代表他们或代表他们所属的团体所制造的产品和提供的服务可因商品商标和服务商标不同而被区别开来。许多原住民的手工制作品和艺术品可以直接注册商标,而很多类型的表演等可以通过注册服务商标,获得商标权的保护。

在国外立法和实践中,许多国家、传统社区和族群正在积极寻求商标法的保护。1990年,美国通过了《印第安人艺术和手工艺保护法》,设立了印第安艺术和手工艺委员会,以确保印第安艺术和手工艺品的真实性,防止那些不是印第安人制造的产品使用"印第安制造"的标记。[1] 在美国新墨西哥州的印第安部落,当地的印第安人手工艺人在其制造的陶器或珠宝上标示象征当地部落的特别图案等标记,每年可以在这些手工艺品的商业销售中获取8亿多美元的收入。加拿大的土著居民注册了从艺术品到食品、服装、旅游服务等类别上的商标,所使用的商标标识为其传统的标记或名称;澳大利亚的土著人(Aboriginal)和托雷斯海峡岛上居民(Torres Strait Islander)在艺术品上取得了证明商标;越南在其传统的止痛植物药使用"Truong Son"商标。[2] 新西兰最近注册了一个证明商标"toi iho",以确保当地土著居民利人艺术和手工艺品的真实性和品质。[3]

从我国的情况来看,虽然我国现行商标法及相关法律规范中并没有明确规定非物质文化遗产保护问题,但在实践中我国存在通过注册集体商标和证明商标的方式振兴非物质文化遗产的做法。目前,已经

---

[1] Wend Wendland, Intangible Heritage and Intellectual Property: Challenges and Future Prospects, Museum International, 2004, Nos. 221-222. 转引自:徐辉鸿,郭富青. 非物质文化遗产商标法保护模式的构建 [J]. 法学, 2007 (9): 97.

[2] 朱雪忠. 传统知识的法律保护初探 [J]. 华中师范大学学报(人文社会科学版),2004 (5): 36.

[3] 徐辉鸿,郭富青. 非物质文化遗产商标法保护模式的构建 [J]. 法学, 2007 (9): 97.

有很多含有非物质文化遗产相关要素的商品和服务，在中国注册了商标，例如，少林寺注册了"少林""少林寺"商标，注册类别为武术表演；景德镇陶瓷协会注册了"景德镇"陶瓷证明商标，用以证明具有景德镇特色的陶瓷产品；铜梁县高楼镇文化服务中心注册了"铜梁火龙"为商品商标，核定服务项目为文娱活动、组织表演、演出、节目制作、录像等，权利人取得了"铜梁火龙"的注册商标在铜梁火龙的龙具造型、队员着装、龙舞套路、火花施放、吹打乐等在表演、节目制作、录像等核定服务项目上的独占使用权。

7.2.3.2 非物质文化遗产商标权保护内容

纵观国内外的立法和实践，商标权模式对非物质文化遗产的保护主要体现以下几个方面：

一是通过注册普通服务或产品的专用商标保护非物质文化遗产。从理论上讲，非物质文化遗产是无形的，但它却可通过有形的载体表现其特有的形式。这些载体的形状、色彩、图形要素等的组合，只要可以被人类所感知，传达商品信息，符合可视性和显著性，且在此之前没有任何人将其作为商业标志，均应能够作为商标获得注册。商标不仅包括平面商标，也包括立体商标和声音商标。截至目前，我国《商标法》经过三次修订，在商标构成要素中不仅增加了三维标志，也增加了声音商标，同时对这种标志的可注册性进行必要的限制，以防止不适当的注册。以工具、实物、工艺品和文化场所作为载体的非物质文化遗产就比较适合三维立体图形商标。某些商品容器、包装和形状如果是设计新颖、富有美感，可以获得外观设计专利的保护。同时，这些标记如果是知名商标所持有的还可以获得不正当竞争法的保护。一些非物质文化遗产工业化大规模生产后，会将许多凝聚非物质文化遗产价值的商品推出市场。通过将这些商品的非物质文化遗产相关要素注册为专有商标，非物质文化遗产主体可以对其注册的商标依法享有在自己制定商品或服务项目上独占使用的权利，也可以许可他人使用自己的商标，并控制他人在同一商业领域内的仿冒。目前，"同仁堂"中药、"茅台"酒、"张小泉"剪刀等与非物质文化遗产相关的中华老字号都在中国注册了商标。

二是通过注册集体商标和证明商标保护非物质文化遗产。从世界

第7章 非物质文化遗产知识产权保护的具体制度分析

各国的实践经验来看,将非物质文化遗产及其相关要素注册的商标主要是集体商标或证明商标。所谓集体商标就是指以工商业团体、协会或者其他组织名义注册、供该组织成员在工商业活动中使用,以表明使用者在该组织中的成员资格的标志。例如合作社、行业协会等组织注册的商标供合作社、协会成员使用。集体商标的作用是向消费者表明使用该商标的集体组织成员所经营的商品或服务项目具有共同的特点。证明商标是指由对某个具体商品或者服务有检测和监督能力的组织注册,而由注册以外的人适用于商品或服务,用以证明该商品或者服务的原产地、原料、制造方法、质量或者其他特定品质的标志。[1] 证明商标注册人不得使用,只能进行商标管理。使用证明商标须经过商标注册人认证许可,被许可使用人经营的商品必须符合证明商标使用章程规定的条件。非物质文化遗产的保有群体或者个人可以成立民间团体、协会或其他组织通过将与非物质文化遗产相关的商品或者服务申请集体商标和证明商标,来对商标进行管理,防止第三人不当利用该商标,将其作为引人误解的商品或服务的来源标志。

三是利用地理标志保护非物质文化遗产。地理标志保护制度与非物质文化遗产联系紧密。俗话说,一方水土养一方人,商品或服务的特定质量、信誉或者其他特征主要由来源地的自然环境或人文因素所决定的。根据TRIPS协定,地理标志指标示某商品来源于某成员地域内,或来源于该地域中的某地方或某地区,该商品的特定质量、信誉或其他特征,与该地理来源相关联。"涪陵榨菜""吐鲁番葡萄""烟台苹果"都是我们耳熟能详的地理标志。地理标志就是一个地名,将它用在商品和服务的经营活动中,特别是用在农产品和地方特色产品上,就会产生重要的经济意义。地理标志具有表明商品质量、信用的作用,一旦和产品结合起来就可以产生品牌效应,使产品的附加值增加。地理标志可以用作商标,但和普通的商标相比,它可以表明商品产地、商品质量和特色品质,可以作为集体商标或证明商标所使用。地理标志的合法使用者有权阻止其非来自地理标志指示地的商品使用该标志。一些传统社区或者传承人依据TRIPS协定第22条第(1)款和《保护原产地名称及其国际注册里斯本协定》注册地理标志,还有

---

[1] 吴汉东. 知识产权法 [M]. 2版. 北京:法律出版社,2007:208.

一些发展中国家谋求修改 TRIPS 协定中有关地理标志的规定以更加有利于对非物质文化遗产进行保护。❶ 非物质文化遗产与生存的地理环境、人文环境相互依存与作用，凝聚着该地域生存与发展所拥有的自然特点、风俗习惯、生活方式、价值观念、理想信念等因素，其形成是自然因素和人文因素共同影响和作用的结果，具有强烈的地域特征。因此，相关产品和服务也就与地理位置有关。从经济角度上说，非物质文化遗产在长期历史发展中形成，不仅是一种文化现象，也是代表地区传统文化和传统特色，是一种促进商品走向市场参与市场竞争的经济资源，能够使当地的地理名称成为地理标志。因此，人们对体现非物质文化遗产的相关产品的判断除了依据商标外，还依据地理来源进行。同时，地理标志是特定领域内生产者集体劳动和共同智慧的结晶，是当地生产者的集体财产，与非物质文化遗产集体权利属性相吻合，这为利用地理标志保护非物质文化遗产提供了可能。作为地理标志的非物质文化遗产归特定地域的所有生产同类产品或提供同类服务的企业或个人共同拥有，这将较好地调和了注册商标的独占性与非物质文化遗产权利主体群体性的冲突。在我国，地理标志属于商标法领域，主要是作为证明商标或集体商标申请注册。在已注册的地理标志中，基本上属于农副产品，也有民间工艺品，例如浙江省青田县石雕行业管理办公室注册了"青田石雕"。加强对非物质文化遗产地理标志的保护，对于维护具有重要经济和文化意义的非物质文化遗产特别是民间文学艺术的利益，保护文化传统具有积极的意义。

四是利用商标的非冲突性特征保护非物质文化遗产。商标的非冲突性是指商标不得违反公序良俗和不得与在先合法权利相冲突。商标附着于商品行销市面，又借助广告宣传使公众知晓，必然兼有传递信息、引导时尚和推广风气的社会功能，因此必须符合社会公共秩序和善良公德。一些国家还规定禁止传统社区以外的人使用土著文字、肖像或其他符号注册商标。如在哥伦比亚，以"TAIRONA"为标志的商标注册申请被驳回，因为"TAIRONA"是西班牙统治时期的哥伦比亚土著社区的名称。在国外，如果商标侮辱了少数民族群体，它可能会被告上法庭，如华盛顿红皮肤足球队就是因为这个原因惹上官

---

❶ 齐爱民．非物质文化遗产知识产权综合保护［J］．电子知识产权，2007（6）：22．

司。我国《商标法》第 10 条规定了八种不得作为商标使用的标志，其中"带有民族歧视性的"标志不能作为商标。非物质文化遗产突出特点是民族性，属于民族群体的文化，与民族生活相伴，是民族心理意识、信仰、价值观念、审美情趣、道德规范的反映，是民族生活的纽带。当申请注册的商标损害非物质文化遗产的声誉时，相关部门可以据此制止，以保护非物质文化遗产。同时，我国《商标法》规定"申请商标不得损害他人现有的在先权利"，"不得以不正当手段抢先注册他人已经使用并具有一定影响的商标"。在先权利指在申请商标注册之前他人已有的合法权利，包括其他知识产权或者民事权利。不与在先权利冲突，它要求申请人遵循诚实信用原则，在从事商标法律行为时，兼顾他人的合法利益。从非物质文化遗产角度来说，尊重在先权利应当始于商标的设计与选材，凡是商标主题涉及非物质文化遗产相关权利人利益的，商标申请人应征得权利人的许可再加以使用。将非物质文化遗产及其相关要素注册为商标，应事先征得相关权利主体的授权许可。如果擅自将非物质文化遗产用作商标使用，则可能导致注册失败或者注册被撤销的后果。例如，地理标志是一种可以对抗商标注册的在先权利，如果商标中含有与非物质文化遗产有关的地理标志，而该商品并非来自该地理标志所标示的地区，构成虚假产地名称商标，不仅损害非物质文化遗产保有群体精神利益和经济利益，还会欺骗和误导公众，使其将商品与具有良好信誉的非物质文化遗产联系在一起。对于此种商标的注册行为，与该地理标志有利害关系的人可以行使请求权，阻止不当注册，阻止他人对非物质文化遗产的滥用，从而在一定程度上保护非物质文化遗产的尊严。

7.2.3.3 非物质文化遗产商标权保护模式评析

对非物质文化遗产采取商标权保护的优势在于，第一，有利于实现非物质文化遗产的经济利益。非物质文化遗产在历史进程中逐渐被人民所认识、熟悉以及认同，其彰显了与特定族群或地区相联系的符号功能。在市场经济背景下，非物质文化遗产的这种特性使其蕴涵着巨大的商业价值，可以通过注册商标的方式得以实现。第二，商标权可以有效解决非物质文化遗产的保护期问题。采用著作权或者专利权无法解决非物质文化遗产的保护期问题，而商标权可以通过续展而不断延长,可以为非物质文化遗产提供长期的保护。第三,商标权可以为集体所有,适合非物质文化遗产的特点。非物质文化遗产的群体性特征,通常为集体所有,难以将具体权利落实到个人,注册集体商标和证明商标可以解决非物质文化遗产的权利主体问题。使用这些商标的商品必须是来源于拥有该商标权的社区,或者是按照该社区特有的方法或标准生产的。第四,将非物质文化遗产作为符号应用到商品与服务上,有助于非物质文化遗产文化基因的传承和弘扬。作为商标的非物质文化遗产会赋予某一商品或服务丰富的文化内涵,同时也在无形中宣扬了非物质文化遗产的精髓,使非物质文化遗产被更多人知晓和认同,有助于非物质文化遗产的保护。

但是,商标保护仍然存在局限性。首先,非物质文化遗产作为商标注册会带来不利的后果。根据注册商标的专有性,除了注册人及其许可的主体之外,包括非物质文化遗产所在地的居民都无权使用该商标。这与非物质文化遗产主体的不特定性相矛盾,一定程度上妨碍了非物质文化遗产发源地居民对该非物质文化遗产的合理使用。例如铜梁火龙作为一个广泛流传于铜梁地区的传统舞龙艺术,排除包括高楼镇人在内的铜梁人民使用"铜梁火龙"的商标是不合理的,将独占利益赋予高楼镇火龙文化服务中心也是缺乏事实上的依据。其次,非物质文化遗产在各个领域注册需要较高的费用,不合乎经济原则。由于进行商标注册必须缴纳费用,在全部类别中都予以注册,虽然给予非物质文化遗产全方位的保护,但显然其成本较大,可能实践中无法使用而致使作废。再次,利用地理标志保护非物质文化遗产会在价值理念方面存在冲突。地理标志属于经济范畴,非物质文化遗产属于文化范畴。在非物质文化遗产的商业利用中难以避免的问题是将其纯粹商品化,这也是现今各地热衷于申报非物质文化遗产的原因之一。若过分强调非物质文化遗产的商品性,强调其经济价值,将会使非物质文化遗产失去本来的意义,与实现文化多样性等价值目标相背离。此外,美国学者宾格尔指出了地理标志保护非物质文化遗产的缺陷:"商标法具有赋予集体权利和提供永久保护的优点。然而,为了获得此种知识产权的保护,本土的艺术、文化作品必须包括商品和服务的内容。因此,本土人民有权阻止在本土以外的商品使用诸如'土著制造'或'印第安人制造'等标记,但却不能保护不在洲际间商业活动

中使用宗教作为诸如舞蹈、宗教礼仪或宗教书籍。"❶

综上分析，商标权保护模式在保护非物质文化遗产方面能够发挥一定的作用，但也存在一些不足。为了使非物质文化遗产在商标制度下获得更好的保护，应该对商标制度进行适当的调整。我国现行《商标法》以加强商标管理，保护商标专用权，促进生产、经营者保证商品和服务的质量，维护商标信誉，保障生产者和消费者的利益，促进社会主义市场经济发展为宗旨，保护非物质文化遗产并非商标法应有的任务之一。我国《商标法》没有直接规定保护非物质文化遗产的专门条款。非物质文化遗产的商标化与之特定生产者、经营者的商品和服务联系起来，对商标和服务起到标识作用，彰显商品、服务的质量和特点。通过将非物质文化遗产的文化精髓与商品、服务的特征相结合，开发出质优的民族产品，也是对非物质文化遗产资源的合理开发利用的可行途径，也有利于对非物质文化遗产保护和传承。但是由于商人追求利益最大化的动机，容易造成非物质文化遗产在商标法保护下出现的利用重于保护的现象，还可能会出现经济外部性现象，使非物质文化遗产过于商业化损害其内在的文化价值。我们认为，应该将现有的商标法制度设计与非物质文化遗产以商标为依托的利用和保护相衔接，利用防止滥用非物质文化遗产的防御性措施，要求商标注册需保有群体知情同意，同时对关系保有群体精神权利的商标注册予以限制，使非物质文化遗产的商标法保护模式更具有可操作性。具体来说，要求由具有地缘性的非物质文化遗产人文因素构成的商标，应当采用集体商标或注册商标的形式，与该地理区域无关的商品或服务不得申请商标注册，申请商标注册需要得到来源地保有群体的知情同意；违背非物质文化遗产保护的精神，不利于其保护与合理利用的，不得作为商标的构成部分；当申请人未经保有群体同意而擅自利用非物质文化遗产的部分注册商标时，保有群体有权撤销商标注册。

7.2.4 非物质文化遗产的商业秘密权保护

早期的手工业者一旦掌握了某种技术诀窍，为避免因被他人获得

---

❶ 张耕. 民间文学艺术的知识产权保护研究 [M]. 北京：法律出版社，2007：248.

诀窍而丧失竞争和营利优势，就自然会产生保密的意识，以便维持这种技术诀窍的垄断性占有。这种自我保护在信息不对称、竞争不激烈的环境下可能尚有作用，但在信息社会就显得捉襟见肘。商业秘密在市场竞争的浪潮中被商品化、价值化，逐渐走出了个体经济的狭小圈子，其保护不再是简单的秘密进行嫡系转让。❶ 基于此，一种新的知识产权类型——商业秘密权得以萌生。TRIPS 协定将商业秘密界定为"未公开信息"，只要求"其在某种意义上属于秘密，即其整体或者要素的确切体现或组合，未被通常涉及该信息有关范围的人普遍所知或者容易获得；由于是秘密而具有商业价值；是在特定情势下合法控制该信息之人的合理保密措施的对象。"❷ 商业秘密包括企业现有的以及正在开发或构想之中产品设计、工具模具、设计程序、产品配方、制作工艺、制作方法、经验公式、试验数据、管理诀窍、企业的业务计划、产品开发计划、财务情况、内部业务规程、定价方法、销售方法、客户名单、货源情报、产销策略、招投标中的标底及标书内容。商业秘密具有秘密性、价值性和保密性，即不为公众所知悉，能够给权利人带来经济利益，秘密持有人对其技术信息或经营信息采取的合理保密措施。商业秘密权是权利人享有的对其商业秘密的占有、使用、收益和处分的权利，是法律赋予商业秘密持有人的一项知识产权。

一些非物质文化遗产是以家族或者族群内部世代相传的，而且只传内不传外，往往具有保密性，比方说我国一些传统工艺、传统配方、绝活、绝技、家传秘方等并未进入公有领域，只有被少数人或者少数地区的行业特定人群所知悉。根据现行的商业秘密保护权模式，大多数国家的法律要求权利人应采取必要的保密措施使该商业秘密处于保密状态，这要求权利人不仅有保密的意图，而且具有保密的行为。事实上，一些非物质文化遗产相关权利人已有保密意识，行为上也采取了保密行为，不愿意向公众透露非物质文化遗产的相关信息。同时该非物质文化遗产又能为权利人带来经济利益，具有商业秘密的性质，因此对它们可以给予商业秘密保护。商业秘密权保护模式与专

---

❶ 吴汉东. 知识产权基本问题研究［M］. 北京：中国人民大学出版社，2005：717.
❷《知识产权协定》第 39 条第 2 款的规定.

利权保护模式的使用对象一致，即主要适用于《保护非物质文化遗产公约》中的第四类和第五类的非物质文化遗产保护，我国《非物质文化遗产法》则是在第 2 条规定定义中的第三项有传统技艺和医药之中。鉴于专利制度在保护非物质文化遗产的不足，例如申请时间长，成本高，受到保护期限的限制和必须向社会公开专有技术等，我们可以采取商业秘密保护方式来弥补其不足。商业秘密权具有知识产权的本质特征，是对创造性成果给予保护的权利形态。相比于专利权保护，商业秘密保护方式有如下优势：一是商业秘密对于客体（技术信息、经营信息）的创造性要求低。在商业秘密中，技术的创造性有高有低，经营信息通常无明显的创造性。非物质文化遗产世代流传，经历了历史的积累和变迁，其中的传统科技和传统技术与现代技术相比，很难符合专利对创造性和实用性的要求。而商业秘密创造性要求低，甚至不要求具有创造性。判断一项信息是否属于商业秘密时，主要看重的是价值性和保密性，这使得非物质文化遗产虽然不满足专利的创造性标准，但仍然可以作为一种商业秘密或 TRIPS 协定第 39 条所知的"未公开信息"得到确认和保护。二是商业秘密权的保护期限具有不确定性，有利于为非物质文化遗产提供长期的保护。商业秘密权的保护期限在法律上没有规定，期限的长短取决于权利人的保密措施是否得力及商业秘密是否被公开，只要商业秘密不被泄露出去，其一直受到法律的保护。专利权有法定的期限，当保护期限届满，该权利就不再受法律的保护。对于非物质文化遗产来说，专利权法定的保护期限是其获得专利权保护的障碍。非物质文化遗产世代相传的特殊性决定其保护不应受到时间的限制，商业秘密权的这一特点契合了非物质文化遗产保护的要求，只要该非物质文化遗产中的技术秘密一直处于保密情况下，就一直受到法律的保护。三是商业秘密权的确立无须国家审批，自商业秘密产生之日自动取得，免除非物质文化遗产获得商业秘密保护的复杂程序，以及降低了保护成本。专利权的取得，往往要经过国家机关的审批，具有国家授予的特点。商业秘密之所以无须国家审批，是因为其具有秘密性，不可能由国家来审批。此外，专利必须公开，这使得非物质文化遗产中的技术信息更容易遭受他人的损害，专利权人在寻求法律保护时要付出较高的代价，而商业秘密的秘密性、保密性防止了第三人知悉技术信息。总之，以商业秘密权保护非物质文化遗产的优势在于成本低，并可以通过合同进行转让以获得经济利益，相比于其他类型的保护模式，适用的范围更广。因此，相比与专利权，那些不愿意被公开的非物质文化遗产比较适合商业秘密的保护。

在我国，《反不正当竞争法》《合同法》和《刑法》中均有对商业秘密提供保护的条款。其中1993年通过的《反不正当竞争法》是我国规范商业秘密的一部重要法律，它规定了侵犯商业秘密的主要不正当竞争的行为，即通过不正当手段获取商业秘密或违反保密义务而擅自披露商业秘密。在非物质文化遗产商业秘密保护模式中，侵犯作为商业秘密的非物质文化遗产行为的表现形式主要有：以盗窃、利用、胁迫或者其他不正当手段获取非物质文化遗产中的商业秘密；或者披露、使用或者允许他人使用以前项手段获取的权利人的商业秘密；第三人明知或应知侵犯非物质文化遗产中的商业秘密是违法行为，仍然从那里获取、使用或者披露权利人的商业秘密；或者违反与非物质文化遗产权利人签订的保密协议，披露、使用或者允许他们使用所掌握的有关非物质文化遗产的商业秘密，泄露或者不正当使用该商业秘密。当出现了以上侵犯商业秘密的行为，给非物质文化遗产相关权利人造成损失的，侵权人应当承担损害赔偿责任。

综上所述，现行的知识产权制度在保护非物质文化遗产方面可以起到一定的积极作用。由于非物质文化遗产本身的特殊性，与现行知识产权保护制度存在一定的冲突与矛盾，其保护与现代知识产权保护的原则、条件、现状甚至基本理念仍存在较大的差距，但依然可以通过修改立法的形式，赋予相当一部分整体上符合知识产权保护宗旨的非物质文化遗产以特殊形式的知识产权保护。而且，它们与知识产权客体作为智力资源的相似本质，也决定了可以通过改革现代知识产权制度体系，完善现行知识产权体系实现对非物质文化遗产的民事权利保护。

7.3　基于对非物质文化遗产保护的知识产权制度创新

知识产权制度作为一种利益调整和平衡工具，各国的立法无不是首先服务于本国的经济目标，这和非物质文化遗产的保护首先着眼于文化多样性有所不同。但也正如前述，因为存在现实基础和理论基础，非物质文化遗产对象中多数部分也可以知识产权制度加以调整，并且事实上也确实已经有相当多的非物质文化遗产保护对象，分别以著作权、专利权和商标权，以及商业秘密等不同模式进行保护，只不过是在不同模式的保护过程中，有些仍需要进一步的整合，有些则是不乏留有一定的疑问而需要作指导上的完善而已。所以非物质文化遗产的知识产权保护模式，必须根据其自身的特殊性，在制度安排上偏向作适当选择，政策取向上有所侧重有所倾斜。这就需要对非物质文化遗产的保护采取不同于一般知识产权保护的策略，进行制度创新，以满足非物质文化遗产的特殊要求，从而全面保护非物质文化遗产，促进文化的多样性发展。但是，从我国 2011 年颁布的《非物质文化遗产法》来看，并没有直接规定知识产权方面的相应内容，而只是在第 44 条规定了援用性的规范。所以，如果涉及非物质文化遗产的知识产权保护问题，实际上仍是需要有其他的知识产权法律规范来调整，而这些知识产权法律法规所涉及的相应制度正是我们需要拓展适用空间，或者说需要制度创新的部分。

7.3.1　多元化保护的思路

正是非物质文化遗产与知识产权客体之间深刻的内在联系，使知识产权制度应当成为非物质文化遗产保护的重要组成部分。近年来，知识产权制度在保护非物质文化遗产方面的价值逐步被各界认可，并也得到各国的立法和司法实践的肯定。但是也应该看到，现行的知识产权也的确无法解决非物质文化遗产的全部问题，所以，将知识产权保护制度引入非物质文化遗产领域，并结合非物质文化遗产的特殊性进行必要变革，可谓是保护非物质文化遗产的重要方式。非物质文化遗产的不同表现形式，决定了其保护应当遵循多元化保护的思路，综合考虑非物质文化遗产的特殊性和著作权法、专利法、商标法客体之间的联系，以此为起点根据具体情况分别予以制度上的创新，即使是有限的创新，也可能具有突破性的意义。比如，传统文学艺术、基于传统技艺等产生的智力创造成果及商业标记、与传统社区的生存和发展有密切关联的文化资源都有不同的产生和利用方式，它们对特定社区、族群都体现了不同的经济或文化方面的价值。但是不论如何，这种不同的表现形式，在知识产权体系之内予以保护时，旨在实现非物质文化遗产的经济价值时则是首先予以考虑的问题，从而建立防止被不当利用的制度乃属必须。它并不要求建立任何与传统的实践和价值观相冲突的垄断形式，而是防止第三人违反法律规定而获取、使用有关的非物质文化遗产或者在违法习惯法的情况下获取、使用有关知识产品。在此，对非物质文化遗产实施知识产权保护可以采取多层次的保护形式，这种所谓多层次，即是除公法保护之外，在私法领域尤其是知识产权法体系中，应通过分析非物质文化遗产的特点，分解其客体，判断其性质，分别研究适用著作权法、专利法、商标法中何者规范进行有效保护。当然，这种多元性或者多层次性本身，也需要私法领域中的其他法律来综合进行保护，已如前述，非物质文化遗产客体中也有诸如文化场所或空间以及工具、实物等，可由民法中物权制度等予以保护，这与普通的物权保护并无不同，故在此不详论，但是在确定权属或权利受到侵害需救济之时，其保护的意义则无疑不可轻视。

但是，毋庸置疑，我国非物质文化遗产保护的宗旨在于文化多样性，而知识产权制度则是重在经济利益的私权保护，所以需要更多地考虑兼顾知识产权与非物质文化遗产保护宗旨和制度的契合性，如何在符合知识产权制度宗旨的前提下加强对非物质文化遗产的保护，需要立足于现有知识产权制度框架，对知识产权制度进行创新，兼顾非物质文化遗产的各方面的利益，平衡来源地、消费地，非物质文化遗产的持有人、传承人和使用者的利益。协调不同国家、地区之间的利益，特别是在由发达国家掌控当代国际知识产权保护体系的话语权、非物质文化遗产在国际知识产权保护体系中受到弱化的背景下，作为发展中国家的我国应努力在国际知识产权谈判和合作中改变这一不合理的格局，为包括我国在内的发展中国家谋求更大的利益。

7.3.2 利益分享制度的尝试

客观地说，上述多元化的保护思路，毕竟只是一种较为抽象的或

第7章 非物质文化遗产知识产权保护的具体制度分析

宏观的思路而已,针对知识产权制度保护非物质文化遗产时存在的缺陷,其欲在制度上有所创新性以起弥补作用,仅凭这些思路则显然不足以解决,于是,在操作的具体措施便成为一个重要的问题。然而,也正如前面分析已经指出:非物质文化遗产保护的对象纷繁复杂,在适用诸如专利、商标和著作权等各个不同的知识产权具体制度时,均有可能在各个领域碰到各不相同的传统理论和制度方面的障碍,所以,当然有必要对这些理论和制度加以具体分析,并在此基础上分别应对。尽管在实践上可能比较复杂和烦琐,似乎一时也难有现成的可被各方普遍接受的方案,问题的解决进度也似乎仅仅停留在人们可能看到了病因症结,却不易获得相应的有效药方。但是,有一点必须不能忘记,知识产权保护的本质说到底毕竟还是在于经济利益关系的分配,既然以知识产权制度保护非物质文化遗产,自然不能忽视经济利益关系的平衡,这在本书关于非物质文化遗产保护的基本原则之族群利益原则部分即有论述。所以,问题的解决似乎还是不可回避利益的平衡问题,而所谓制度上的创新也应当是基于这种利益平衡和分配关系展开。冯晓青教授曾提出:"知识产权制度是对知识资源社会分配正义的实现,是通过设定知识产权法上的权利和义务来实现的,即通过确定知识产权人和其他权利义务以分配立法者所追求的正义。在设定权利和义务方面,实现知识产权人和使用人之间的平衡,始终是一个根本性的指导原则。利益平衡理论反映了一个根本性的政策目标,也是激励创新,促进知识的生产、扩散和使用的重要保障。"[1] 此种利益平衡理论是当今知识产权领域的主流观点。事实上,在这样的利益平衡机制下,非物质文化遗产的价值没有得到应有的尊重和补偿,特别是当非物质文化遗产被其族群或群体之外的人用于商业活动而受益时,现行的知识产权制度常常只保护挖掘和改编者的利益,而非物质文化遗产的真正创造者没有得到合理的回报。发达国家把知识产权作为维持其优势的工具,通过掠夺发展中国家的传统文化资源获得可观的收益,却不重视发展中国家利益的保护。国家之间存在知识产权保护的争端,发达国家倡导过高的保护标准,使得知识产权权利人挤压社会大众的利益。

---

[1] 冯晓青.知识产权利益平衡理论 [M].北京:中国政法大学,2006:34.

多哈宣言曾提出文化多样性的保护，表面上是有利于发展中国家的，但是我们知道，传统知识的保护其宗旨与传统的专利、商标和版权的保护，存在重大的区别。因为它们重在维护传统，是一种守旧的形态。它们作为资源是有限的，可以被挖掘穷尽的，正像地下的煤炭和石油一样。对它们的保护，是往历史追溯的，是从有限走向有限。而发达国家主导的对专利、商标、版权的保护是一种创新的保护，是一种开拓的形态。它们由于经济和科技上的优势，马太效应在那里得到发挥，他们一步领先步步领先的事实，决定了对这些资源的开发和利用是无限的。如果说，对发展中国家的传统知识、传统文化进行保护类似于挖掘地下既成的石油煤炭资源，那么对发达国家的科技文化创新保护，则可类比于开发无穷尽的太阳能等新颖资源，它是往未来扩张的，是从无限走向无限的。[1] 知识产权领域的不公平既体现在国际社会上不同国家之间，也体现在某个具体的知识产权权利人与其他社会大众之间。国家本身不可能是作为私权的知识产权的主体。所以，最终，利益的平衡关系还要落实到具体的知识产权权利主体和社会公众之间。现行的知识产权制度不仅成为发达国家和一些跨国企业所利用的工具，也为其无情掠夺传统族群的非物质文化遗产提供了法律依据，例如传统族群创作的民歌被收集起来进行改编，并制作成音像制品和图书向社会发行并且因此而获益。后者可以依据著作权保护其改编作品而受益，而传统族群并没有因为他们所贡献和创造的价值而得到任何补偿。一些法学家认为族群的歌曲已经流传了几代甚至更长的时间，早已成为众所周知的事实，已经属于进入公有领域的知识，因此不需要付费。而传统族群却面临这样的处境，一方面自身群体经过几代人甚至更多人努力创造的成就免费为他们所享用，另一方面未因自己的劳动得到任何尊重和报酬，至此，利益平衡机制存在失衡。现行知识产权制度的利益平衡机制主要考虑的是公众对现代知识的惠益共享，无视了对非物质文化遗产持有群体的利益分配。因此，需要在知识产权法上建立非物质文化遗产的利益分享制度。当非物质文化遗产导致商业受益时，文化的创造群体应该获得合理的经济利益。

---

[1] 蒋万来. 知识产权与民法关系之研究［M］. 北京：中国社会科学出版社，2010：203-204.

第7章 非物质文化遗产知识产权保护的具体制度分析

非物质文化遗产是传承人类文明的重要符号，创造它的群体依然在不断更新和发展它，其付出的努力必须得到承认和尊重。目前，一些国家已经依照《生物多样性公约》的要求制定了获取遗传资源的法律，赋予相应之传统知识的持有人或传统社区以排除权、取得报酬权和防止盗用权。根据这些权利，获取遗传资源方通常负有以下义务：提供从其获得的传统知识中所得到的新产品或知识的全部信息；资源提供国有优先获取这些新产品或知识的权利；资源提供方有权分享从该资源的商业利用中所获得的经济利益和其他利益；对每次获取的材料都有寄存样品的义务；只有经许可后才能转移给第三方；在收集和研究活动中保证当地科学家的参与等。❶ 这些立法和实践为知识产权利益平衡机制下的非物质文化遗产的利益分享制度提供了参考和依据。只有将有关非物质文化遗产利益分享制度上升到法律高度，并得到知识产权国内外立法的支持，才能约束西方发达国家对发展中国家非物质文化遗产的掠夺和权利的侵害。

从我国现行立法情况看，《非物质文化遗产法》对此既无明文规定，各相关知识产权法律法规至今也同样缺乏相应条款。其既有非物质文化遗产因其本身客体庞杂繁复致使人们对其认识不够深刻，从而法律规范也一时难以对其清晰而有效调整的因素，也可能由于非物质文化遗产保护的历史尚属短暂的原因，毕竟这是在新近几十年里，尤其是最近一二十年里国际社会才予以逐渐重视的。现在我们需要制度上的创新当然也并非闭门造车凭空杜撰，它既要立足自身的国情和法律框架基础，同样也要借鉴国外的成功经验，比如在国际社会中广泛应用广泛惠益分享模式。一般意义上说，不论个体的还是团体的权利人主体，其针对非物质文化遗产的权利享有的内容，除了人身权利，即表明来源地权、发表权、防止他人贬损侵犯或歪曲使用权、改良权和保存传承权等外，财产权利包括使用权、转让权、改编权和获得报酬权等。但是关键的问题是，就知识产权法的严格意义而言，这些财产权利很难说即是知识产权，因为不论从著作权的独创性、专利的新颖性、创造性等各种基本要素去考虑，还是从保护期限等方面考虑，

---

❶ 杨明. 传统知识的法律保护：模式选择与制度设计［J］. 法商研究，2006（1）：117.

均有难以吻合之处。即使是我国《非物质文化遗产法》第29条规定的传承人制度中的传承人，从其实质内容看，也并不能直接等同于知识产权人，该法第30条规定的也只是政府相关部门支持从事传承传播活动，而非确认其为所谓知识产权人。所以，此处可能存在一定的回旋空间。这种回旋空间可以使得我们在日后立法补充中，将它规定为某种知识产权的特殊类型，其内容可以区别考虑以下几点：

首先，在认定有传承人的情况下，国家就可以进一步明确将相应的知识产权权利赋予该传承人，但知识产权独占性方面的效力应作适当限制，即其不能被赋予与传统知识产权相同的独占性和对抗效力。比如，某种民间技艺有传承人，当传承人和其所在的族群和社区成员以外的人（包括组织）要利用该非物质文化遗产时，法律可以只是进行一些原则性的规定，传承人可以代表该非物质文化遗产项目的权利人行使相应的许可使用方面的权利，具体的权利义务分配和利益分享模式由合作的双方进行协商确定，许可获得的利益由传承人或基于其所在族群和社区成立的团体享有。在此，法律同时也有必要设置禁止性的条款，比如传承人不得将非物质文化遗产转让给外国人等。在不损害该非物质文化遗产的保护目的时，就可以赋予双方当事人充足的自由权。

其次，未认定传承人时，比如民族舞蹈、民族歌曲等，它们是属于一个族群或社区的集体的共同财富，将权利赋予其中哪个人或者哪些人均非合理。这种情况下，团体主体一定范围内应享有一定程度的自治权利。目前关于团体主体的设立和运作，其是否为法人团体等，诸如此类相应问题，我国尚无直接的规定，但理论上，我国物业管理司法实践中的业主委员会类似的团体，对此可能有一定的参考或启发意义。当然，也不能简单类比，一个小区的地域和范围以及业主人数不论如何，规模上总是相对有限，但是非物质文化遗产所在地及族群规模，小则局限在特定的一个社区或一乡一村，甚至范围更小，但也可能大至跨越数县数省，甚至不同民族，有些甚至是我国整个中华民族的共同的非物质文化遗产。但不论如何，如有团体主体，则应该由该团体作为权利主体对外行使相应权利，具体的惠益分享方式由他们来磋商谈判，获得的收益属于这个群体所有的成员，可以用于这个群体的生活设施的改善或者其他有利于该族群或社区团体对非物质文化遗产的保护活动。此种情形，不同于前述第一种有传承人，相对复杂，所以国家应有指导性的规范介入。

再次，某些非物质文化遗产项目属于国内所有公民的共同财富，这种非物质文化遗产的潜在经济利益，不能由某些个人或团体享有，而是应该由国家专门的机关比如文化行政主管部门代表国家直接行使相应职权和享受利益。政府可以设立全国性的或者地方性的非物质文化遗产保护部门，用法律明确规定这些部门可以行使哪些权利，应该承担什么义务。在非物质文化遗产的使用过程中，利益如何分配以及获得的收益如何使用，都由法律作出明确的规定。

有人可能会认为，非物质文化遗产既然在历史长河中不断演进的，而非某人独创的，并且其独创性、创造性等也和严格意义上的著作权法和专利法等要求不符，故从知识产权的一般标准来看，以知识产权制度保护是不合适的。他们认为这些非物质文化遗已经处于公有领域，将它们划入专有领域会阻碍知识的获得和传播，不利于社会整体的发展和进步，从社会效用上说应该把权利配置给能再生产出财富的人。但是，我们认为这种观念实只是注重一种短期效应，虽然在一定程度上可以积累财富，促进社会进步，而从长期来看，则将会危害社会的长足发展。利益失衡意味制度的不公平，因不公平的制度导致财富分配会导致人们对社会和法律制度的不信任。在经济学上效率优先于公平，但法律信仰公平，效率不能代替公平。根据法律公平理念，非物质文化遗产的创造者付出的努力必须得到尊重和获得回报。所以，即便非物质文化遗产不能完全吻合严格意义上的知识产权制度保护要求，也可以创新改造知识产权制度本身来对其进行相应的保护，惠益分享制度无疑是其中之一。

7.3.3 公有领域付费制度的引入

与惠益分享相关的是"公有领域付费"制度，也可以对知识产权制度保护非物质文化遗产方面有所帮助，反过来也就是说，现行的知识产权制度可以根据对非物质文化遗产保护的需要，引进"公有领域付费"制度。如果说"惠益分享"制度主要针对传统技艺和传统医药等与技术有关的非物质文化遗产在专利法领域内的保护，引进该制度是对专利制度有益的改造和创新，那么"公有领域付费"则是主要针对传统口头文学、传统美术、音乐舞蹈、戏剧曲艺等艺术类的非物质文化遗产而言的，所以其更多的是与作品和著作权有关，从而该制度的引进和改造，可能会对著作权法在保护此类非物质文化遗产时将会有一定的裨益。该制度最早是由澳大利亚学者卡迈尔·普里提出的，它是指"对于进入公有领域的作品可以不受限制地加以使用，而只需从使用该作品或其改编所产生的收益中按某一百分比付费。"《班吉协定》《突尼斯版权示范法》以及突尼斯、摩洛哥、加纳、智利等一些国家的版权法吸收了这一概念。不过，也有学者提出"公有领域付费"制度存在严重的缺陷，它的建立是以承认非物质文化遗产属于公有领域文化遗产的前提之上的，与发展中国家非物质文化遗产知识产权保护的主张是不相符的，同时逻辑上也不严密，既然属于"公有"，为何又要"付费"？

在此应有必要先界定"公有"本身的定义，然后再根据非物质文化遗产保护的需要，进行具体的制度设计。尽管一般认为公有领域是被认为不受版权保护或已经超过版权保护期的智力要素，但事实上"公有"领域并非像我们通常想象得那么简单，相反却常常充满了争论。比利时纳穆尔大学 Séverine Dusollier 教授认为公有领域是当今知识产权领域内最有争议的议题之一，公有领域内容的范围并不明确，并且其维度也不停地变动。从他对公有领域在版权中的地位、公有领域的构成以及对公有领域的使用和保护等诸多问题进行的细致研究，作为结论性的观点其提出了对公有领域的保护建议，其中之一便是健全公有领域的核心目标，认为"（公有领域）作为版权保护的对立面，并不必然等同于知识产权中没有价值的部分。由于知识产权具有独占性和对抗性的特征，公有领域应与之相反，在非独占性和非对抗性的基础上运作。这些特征是任何其价值源于集体性、无对抗性使用和不受侵占性的公共财产具有的典型特征。"❶ 尽管他把民间文艺和传统知识的表达从公有领域中排除出去，但他关于公有领域的特征为与知识产权特征相反的非独占性和非对抗性，特别是其价值源于集体性等方

---

❶ Séverine Dusollier. 版权及相关权与公有领域界限初探 [EB/OL]. [2014 - 05 - 25]. http://www.wipo.int/freepublications/en/archive.jsp?year=2013.

第 7 章 非物质文化遗产知识产权保护的具体制度分析

面的论述，无疑也给了我们一定的启发。说到底，一项智力要素是否属于公有领域，虽在理论上可以存在不同争议，但在实定法的框架内，它毕竟是属于法律基于利益平衡取舍而作出的规定而已。就非物质文化遗产而言，它的价值来源于特定族群或社区所在的集体。显然，这只是个"小集体"，明显比著作权法中公认的不能处于著作权保护的公共领域这个全社会的"大集体"更为具体和微小，同时也就更具有个体的色彩。如果说，价值来源于大集体的其他普通的作品可以实施公有付费制度，那么，来源于小集体的非物质文化遗产的"公有领域付费"则可以说相比之下具备了更充分的理由。其尽管可被称为"公有"，但其实质含义可能更多的只是说明其在知识产权严格意义上的创造性和独占性方面的不足而已，所以，拘泥于这些形式上的称呼似乎已无多大意义。

公有领域付费制度，原本并非首先针对非物质文化遗产，而是针对过了保护期限的作品。公有领域作品使用者被要求支付法定许可费以复制或传播该作品，其主要目的也不是基于该作品原作者或继承人的利益，而是主要为资助当代的创作者。不过，如果将该制度引入到非物质文化遗产保护时，则情况应有所变化，使用者付费的目的在此应该转而主要是基于该非物质文化遗产的权利人的经济利益，从而具有有偿使用的报酬性质。但这种付费制度也不可避免地涉及两个主要问题：一个是如何确定受益的权利主体，二是如何确定支付费用的方式方法。

关于权利主体问题，我们认为，此处受益的权利主体与惠益分享制度中利益分享者一样，也应作分别对待，也即应首先将非物质文化遗产的权利人按传承人主体、族群团体主体和国家主体三类区分，虽然惠益分享制度一开始主要适用于传统技艺和传统医药等技术方面，而公有领域付费制度则主要适用于传统口头文学等艺术类著作权领域而言，但也并非绝对泾渭分明，两者实际上相互交叉，故可同时结合实施，相得益彰。不论惠益分享制度也好，公有领域付费制度也好，其实质为私权利益关系的确定和分配，所以应充分体现其自治精神，只有自治未能达成一致时，方适用国家强制性的规范。从上面的论述来看，惠益分享制度更多地表现出自治的特征，而公有领域付费制度性质上则似乎更接近法定许可。

第一，如果该非物质文化遗产项目已经被确定了传承人的，应该首先适用惠益分享制度，已如前述，传承人虽不是直接明确的知识产权权利人，但他可以代表该非物质文化遗产项目的权利人，行使相应的许可使用方面的权利，具体的权利义务关系由其和使用者双方进行协商确定，获得的利益由传承人或基于其所在族群和社区成立的团体享有。在遵循该非物质文化遗产保护的宗旨和目的前提下，赋予传承人一定的支配权，以体现其自治精神。唯有在就惠益分享的权利义务关系难以协商确定时，再转而适用公有领域付费制度，这有点类似于强制许可，也即使用人正当许可要求未被满足而求助于国家规定的强制许可。

第二，未认定传承人时，则应该由族群或社区团体作为权利主体对外行使相应权利，具体的惠益分享方式也由该团体与使用者磋商谈判，获得的收益属于这个群体所有的主体。与上述传承人主体的情形一样，只有其与使用者无法就惠益分享的权利义务关系达成协议时，再转而适用公有领域付费制度。

第三，既未认定传承人，也不适宜由团体享受的非物质文化遗产，应该由国家文化主管部门或其主导的全国性非物质文化遗产集体管理机构代表国家行使相应权利。前面论述惠益分享制度时已经提到此种情形，但是在惠益分享模式一般都是基于合同机制产生的，尤其从国际社会中已经比较成熟的，同时也比较有借鉴意义的传统知识和生物资源的惠益分享运作模式来看，尤其如此。事实上基于合同机制的谈判，在此适用的空间可能比较小，所以直接以公有领域付费模式可能更为务实些，这些收取的费用并非像前两种情况属于传承人个人主体和族群或社区团体，而是属于国家财政所有，但其用途应用于福利或文化的目的。

从适用的顺序来看，基于合同机制谈判的惠益分享制度常常优先于法定性质的公有领域付费制度，而从"公有"的严格程度来看，则显然是传承人个体主体弱于族群团体主体，而族群团体主体又弱于国家主体。所以综合看来，可以认为，惠益分享制度应该会优先于公有领域付费制度适用，后者是前者的有益补充，但两者也并行不悖。

至于在公有领域付费制度如何确定支付费用的方式方法问题，严格来说，并非一个法律问题，而纯粹是一个操作上的技术问题。各国

第 7 章 非物质文化遗产知识产权保护的具体制度分析

在公有领域付费制度上，其付费金额是不同的。非洲知识产权组织建议收费标准为对受保护作品通常适用的报酬的一半，当然对通常报酬本身的数额也比较难以确定。❶ 我国在对非物质文化遗产以保护以公有领域付费制度保护时，我们认为这个需要平衡各方面的利益，综合考虑收费的标准问题。将公有领域付费制度回归到承认有关非物质文化遗产来源群体的集体著作权，使用费是著作权财产利益的实现层面上，与知识产权制度的利益平衡机制及其立法宗旨相一致，可以更好保证非物质文化遗产法律保护制度逻辑上的一致性和连贯性。因此，我国可以确立公有领域付费制度，从而保障我国非物质文化遗产来源群体的财产权利。除了公有领域付费制度，也有学者建议引入"再次销售的利益分享制度"，来克服知识产权在保护非物质文化遗产方面的某些弊端。❷ "再次销售的利益分享制度"是指作者可以获得在其原创作品首次出售后的所有再次出售中所获利润的部分利益。这项制度如被引用到非物质文化遗产保护领域，其实即可被包含在利益分享制度之中，因为其内容无非是非物质文化遗产在被使用人开发利用获有受益时，按使用者对该开发利用的非物质文化遗产销售份额而对原族群和社区进行利益回馈分配而已，而这些分享比例关系，在以后的立法设计上可以按实际情形灵活处理，既可按照合同约定，也可直接按法定要求进行支付，而假如按法定比例的要求支付，其也可以将该制度融合消解在公有领域付费制度之内。所以，严格来说，这种制度在以知识产权领域创新保护非物质文化遗产时，也很难说是一种独立的制度，但不可否认，它的确立和实施将大大推动非物质文化遗产知识产权保护的发展，必将也有一定的积极作用。

7.3.4 专利授权特殊形态："非物质文化遗产专利权"的设想

非物质文化遗产欲以专利制度保护，正如前面论述的，确实存在

---

❶ Séverine Dusollier. 版权及相关权与公有领域界限初探 [EB/OL]. [2014-05-25]. http://www.wipo.int/freepublications/en/archive.jsp?year=2013.

❷ 齐爱民. 非物质文化遗产知识产权综合保护 [J]. 电子知识产权, 2007 (6): 21.

273

一定的障碍，比如新颖性和创造性要求等现行专利制度中的一些实体性规则。从目前来看，这些规则应该是造成非物质文化遗产难以有效得到专利保护的主要原因。为使这些非物质文化遗产得到专利法的保护，如果对这些规则进行修改，可能会动摇专利法的理论和制度基础，继而可能会造成整个专利法体系的矛盾和混乱，但如果将它排除在专利制度保护之外，显然也有不合理之处。这种两难情况和植物新品种的保护在遭遇专利制度时所遇的尴尬似乎有类似之处，尽管非物质文化遗产和植物新品种在客体上几乎无任何可比性，但各国在处理植物新品与专利制度关系上的某些有益做法，仍可能会有值得借鉴的启发意义。1968 年由法国发起和主导下的国际植物新品种联盟（UPOV）公约自签订生效以来，虽然历经多次修改，但保护育种家的权利的基本宗旨不曾变化，它规定成员国可以采用专利权、品种权或者其他设计的权利予以保护，当然这些保护内容不能低于 UPOV 公约的最低要求。不管各国是采用何种模式，其实际上都不可避免地与专利法发生联系，特别是涉及植物新品种的保护条件和专利法要求的新颖性、创造性和实用性之间的关系。从我国的立法模式看，除了育种方法仍给予专利保护外，对植物新品种本身则是《植物新品种保护条例》另行保护的，其规定的新颖性和创造性要求均与专利法不同，其首先要求是"特异性"，即申请新品种权的植物品种应有一个或数个显著特征，使得其区别于提交申请日前的植物品种，❶ 其新颖性审查的并非技术方案与现有技术相比较，而是"申请日前该品种繁殖材料未被销售，或者经育种者许可，在中国境内销售该品种繁殖材料未超过一年；在中国境外销售藤本植物、林木、果树和观赏树木品种繁殖材料未超过 6 年，销售其他植物品种未超过 4 年。"同时，该条例中规定的"一致性"和"稳定性"也都是相当植物品种自身而言，前者表明同一品种不同植株个体之间的比较结果，而不是不同品种间比较，后者则是同一品种内前代和后代个体间的比较，也不是不同品种间的比较，这和专利技术方案与其他技术方案比较不同。❷ 当然，非物质文化遗产与植物新品种不能简单类比，但是其欲以专利制度保

---

❶ 吴汉东，等. 知识产权基本问题研究 [M]. 北京：中国人民大学出版社，2009：566.
❷ 侯仰坤. 植物新品种保护问题研究 [M]. 北京：知识产权出版社，2007：203.

第 7 章 非物质文化遗产知识产权保护的具体制度分析

护,或者以专利法的特别法形式保护,那么,它是否可以在专利要求的"三性"上作些调整则是应予值得重视的问题。我们认为,非物质文化遗产客体范围广泛,种类各异,其知识产权保护本身即是根据不同的客体,按需要被分解到著作权法、专利法、商标法和反不正当竞争法等各个具体的法律领域的,并且也需要对后者进行制度的创新。就专利部分而言,其保护的主要也是传统技艺和医药之类,它们以专利法的特别法,还是在原专利法的基础上增设新的特别条款来进行保护,其实不过是形式上的问题而已,并非十分重要,为表述方便起见,在此姑且可以称之为"非物质文化遗产专利权",以便区别于专利法一般意义上的专利权,重要的是其新颖性和创造性的要求,应作适当的调整,为此,以下几点值得关注:

第一,关于新颖性和创造性等授权标准问题。在各国的专利法中,新颖性的地域标准主要有绝对标准和相对标准,地域标准是判定一项技术在怎么样的地域范围公开才算进入现有技术领域。所谓相对标准是只把在本国领域内公开的技术作为现有技术,至于仅仅在国外公开而未在国内公开的技术则不属于现有技术范围。在这一基础上建立起来的新颖性概念被称为相对新颖性或国内新颖性。❶ 我国于 2008 年对专利法进行修改,其第 1 条在立法宗旨中,增加了"提高创新能力""促进经济社会发展"的内容,这不仅宣示了中国提高自主创新能力、建设创新型国家的决心,更阐明了专利制度与经济社会发展的内在联系,确立了本法要为实现国家发展目标,提供法律保障的立法宗旨。基于这种立法宗旨,新修订的专利法对专利授权条件、不授予专利权的对象等也作出相应改革。就专利授权条件而言,一个重要特点即是在对发明、实用新型和外观设计专利新颖性标准上,引进了很多国家采用的绝对新颖性标准,取消了现有技术和现有设计的地域限制。绝对性标准的采用,表明了我国对发明、实用新型和外观设计专利质量的要求提高了,有利于提高我国专利授权的质量,提高我国自主创新能力,这与国际通行的做法相一致。但是,这种绝对新颖性标准和相对新颖性标准,对我国的非物质文化遗产保护而言,其结果并无不同。非物质文化遗产常常以实践或者口传身授的方式得以传播、

---

❶ 吴汉东. 知识产权法 [M]. 2 版. 北京:法律出版社,2007:173.

传承，同时虽然也常常缺乏书面的记载，而掌握该技术的使用者也常常局限在特定族群和社区的成员之内，从专利法中关于新颖性的要求看，都难谓之处于非公开状态，而是属于现有技术，从而都不会具有新颖性。而假如采用相对新颖性标准，反而可能使国外的以非出版公开（使用公开）的技术倒是可能在我国取得专利权，同时，随时网络技术的发展和普及，出版公开和非出版公开在实践上也难以区分。所以，不论采用相对标准还是绝对标准，对非物质文化遗产的专利保护都不合适，从本质上说，保护非物质文化似乎主要的并不是在于其创新，而是在于其传统，即其涉及传统技艺和医药，若以专利法新颖性的要求来看，显然勉为其难。在技术的创作性方面也是同样，其中的传统科技和传统技术较之于现代技术，常常很难说具有突出的实质性特点和显著的进步，这种技艺主要注重于一种旧有的传统生活方式，其文化多样性的意义是其首要考虑的任务。同时，其中某些非物质文化遗产由于其社会结构和文化经济等基础发生变化导致其难以进行产业化生产的应用，更不具有大规模生产的价值。面对此障碍，非物质文化遗产如果以专利保护，我们认为，必须在这些专利实质要件上有所突破，比如新颖性方面，在尊重绝对新颖性一般性要求前提下，对非物质文化遗产的新颖性，可以作出特别的另行规定，它不一定像《植物新品种保护条例》对新品种权一样单独另行立法，而是作为专利法的特别条款，诸如规定其新颖性为"申请日前该非物质文化遗产项目未被该传承人或其所在族群社区成员以外的人公开使用，或者经上述人员许可，在中国境内使用未超过×年；在中国境外公开使用未超过××年。"至于其创造性，也不宜简单套用专利法现有规定的要求，而是也要另外作出针对性的特别规定，比如根据传统技艺医药的一般性特征，就其在专利要求上的技术要求，仅仅规定其具备"实质性的特点"和"实际的效用"即可。与现有技术相比，不需要像发明专利一样具有"突出的实质性特点"如此高的要求，也不必有"进步"或"显著的进步"。总之，它不要求与现有技术相比有进步或显著进步，而是只要有自身特点就可，当然与普通专利不同的是，它却要求"实际的效用"。比如，某种传统中药方剂，与现代已有技术的西药相比，疗效可能比较慢，技术上未必比西药进步，但是毕竟也有实际疗效，并且有自己与众不同的实质性特点，即使该实质性特点并

第 7 章　非物质文化遗产知识产权保护的具体制度分析

不突出。这种特点与植物新品种权中的特异性类似，它们都不要求有技术的进步性，而都要求有特异性或实质性特点。不过，植物新品种毕竟只是针对繁殖材料，而不是技术方案，故而也无从谈起技术上的"进步"，非物质文化遗产则不然，它在此处主要是传统技艺和医药，终究还是技术问题，所以，尽管有要求"实质性的特点"而无"进步"，但"实际效用"的要求还是不可缺少，这种"实际效用"在含义上，兼具普通专利的可被商业化的实用性和技术效果上的功能性。

第二，关于小专利制度保护非物质文化遗产的问题。小专利是就小发明而授予的权利，小发明既包括产品也包括方法。我国尚未全面建立起小专利制度。我国专利法规定了实用新型制度，实用新型相比发明专利，条件更为宽松，但我国实用新型这种客体，只能包括产品，而不能包含生产方法或工艺流程等发明创造，这和小专利制度存在一定的区别。有的学者认为，小专利制度在保护非物质文化遗产方面可以表现出更大的适应性。小专利与发明专利相比简化了申请程序，无须烦琐的审查，申请门槛低，类型变化多，费用低廉，申请期限较短。根据小专利制度，尽管一种植物提取物和获得它的方法可能是显而易见的，但它仍可能是新颖的，有用的，就符合小专利的条件。[1] 国际社会中也有采用这种小专利制度来保护非物质文化遗产的，例如，肯尼亚已经通过了一项允许传统医药知识申请小专利的法律。我们认为，关于小专利制度，其本质上和前述第一种情况并无不同，同样不可避免地涉及专利的新颖性和创造性等实质性要件，只不过在创造性的要求方面比发明略低而已。在我国，专利法对其在技术特征上只是要求"实质性的特点"和"进步"，并不像发明专利这样具有更高的要求，即"突出的、实质性的特点"和"显著的进步"。如果新颖性问题未能解决，即使创造性要求降低也是不能最后使得其可以有效解决，而按照前述分析的情况看，对以专利制度解决传统技艺和医药之类的非物质文化遗产的保护，关键其实并不要求技术上的进步，而仅仅是需要有实质性的特点和实际效用，其首要的要素应该是其技术的实质性特点即特异性。至于其新颖性问题，也可以和前述的情形一样，通过诸如下述的特别条款规制，如"申请日前该非物质文

---

[1] 齐爱民. 非物质文化遗产知识产权综合保护 [J]. 电子知识产权，2007 (6)：21.

277

化遗产项目未被该传承人或其所在族群社区成员以外的人公开使用，或者经上述人员许可，在中国境内使用未超过×年；在中国境外公开使用未超过××年。"如此一来，实际上，将这种情形吸收合并从而统一到上述的情形之中。换句话说，在以专利保护非物质文化遗产的时候，不再像以往传统专利法一样，对它们也根据创造性高低的标准不同进行分解为发明专利和小发明专利，而是直接地将它们统一作为一类与传统专利不同的新类型，这正和植物新品种权一样，身上有浓郁的专利的影子，但和传统专利却也有所不同，是一样的道理。有人可能会说，因为植物新品种对象是繁殖材料而非技术方案，虽然对植物新品种本身没有技术进步方面的要求，但植物新品种事关育种家的创造性劳动的回报，所以要赋予其一定的独占权利。而此处的所谓非物质文化遗产，毕竟涉及技术问题，而我们提出的新的制度创新方面的方案，却回避了技术的创造性要求。对于此种疑问，其实不难回答，因为尽管作为非物质文化遗产的传统技艺和医药，在创造性上可能未必比现有技术进步，但毕竟也是特定族群和社区长期以来创造性劳动的结果，并且有自己稳定的实质性技术特点，更重要的是这种实质性特点体现了该族群和社区的文化传统。

第三，灵活运用外观设计保护非物质文化遗产中的传统手工艺。外观设计也被称作工业品外观设计，或者工业设计，是指关于产品的形状、图案或者其结合以及色彩与形状、图案的结合所作出的富有美感并适用于工业应用的新设计。外观设计以产品为依托，以美感为目的，适用于工业应用。相比于专利发明、实用新型，获得外观设计专利的门槛较低，因为外观设计不考虑实用目的，它所解决的不是技术问题，而是美学上的问题，只要外观设计是公众可以接受、不违背社会公德或者公共秩序，便可认为这种外观设计是富有美感的。传统的手工产品，例如家具、木器、皮革、服装等的设计和形状可获得外观设计的保护。哈萨克斯坦已经开始将外观设计保护模式用于头饰和地毯等非物质文化遗产的保护。应注意的是，正如前述，外观设计不涉及技术问题，而作为非物质文化遗产的传统技艺和医药等，其需要保护的恰恰又是技术，尽管这个技术按我们前面的设想与现有技术相比，不一定具有进步性，而仅要求有实质性特点，所以基于此技术标准上的低门槛，其实绝大多数传统技艺和医药已经可以被"非物质文化遗产专利权"保护。但是,此处外观设计方面的保护仍然有一定的必要性,其理由是,根据我国《非物质文化遗产法》第 2 条关于非物质文化遗产对象的规定,其也包括实物和场所。作为非物质文化遗产组成部分的实物,其涉及的传统技艺等,除了可被"非物质文化遗产专利权"外,其不涉及技艺的外观部分,因其体现该特定族群传统文化特色和民族审美价值,具有特殊的审美价值,同时也能应用于工业应用,故而也可以用"非物质文化遗产外观设计权"保护。

第四,修改现行专利申请信息披露制度,引入专利申请中的非物质文化遗产申明、知情同意、惠益分享等制度。1999 年《联合国发展计划署人权发展报告》中指出:"新专利法没有对土著人的知识予以足够重视,很容易让其他人主张权利。这忽视了创造和共享新发明的文化多样性——以及对什么能够拥有和应该拥有什么的观点的多样性,从植物品种到人类生命。结果导致了一种从发展中国家到发达国家数百年知识的无声盗窃。"为了防止这种文化海盗现象,发展中国家提出"保护遗传资源和传统知识"的主张,引起了国际社会的广泛关注和争论。《生物多样性公约》针对遗传资源和相关传统知识的利用,提出国家主权、知情同意、惠益分享等原则。一些国家在此基础上,根据《生物多样性公约》的宗旨,采取了来源地证明、事先同意和许可证明的保护措施。为保护创造"源",关注广大人民在非物质文化遗产发展和传承中的作用,对于基于非物质文化遗产开发的专利权申请者应当说明非物质文化遗产的出处,并提供证据表明该非物质文化遗产的获取和使用是经过来源群体或社区事先知情同意的,并给予来源群体以利益分享,否则专利申请应被驳回。❶ 目前,欧盟的生物技术指令中也有类似的规定,但遗憾的是,没有这样的标注并不会导致不利的法律后果,甚至不会对专利的效力产生影响。❷ 印度在其专利法中规定了就有关生物资源获取专利时应当披露来源地,如果没有标注或错误标注则不可能获得专利权。芬兰已经对该国的专利法进

---

❶ 参见奥德丽·R. 惠普曼的《将知识产权视为人权:第 15 条第(3)项有关的义务》一文,转引自:王鹤云,高绍安. 中国非物质文化遗产保护法律机制研究 [M]. 北京:知识产权出版社,2009:333.

❷ 齐爱民. 非物质文化遗产知识产权综合保护 [J]. 电子知识产权,2007(6):21.

行了相应的修改，要求在该国申请专利需要提供原产国的知情同意证明。我国作为一个非物质文化遗产资源大国，对非物质文化遗产的披露和保护空间也作了相应规定，最新修订的《国务院关于修改〈中华人民共和国专利法实施细则〉的决定》增加了关于遗传资源的条款，要求"依照遗传资源完成的发明创造，申请人应在专利申请文件中说明遗传资源的直接来源和原始来源；申请人无法说明原始来源的，应当陈述理由"。通过建立专利申请中的非物质文化遗产来源申明、知情同意、惠益分享等制度，将在法律上肯定非物质文化遗产作为创造"源"的价值，提高非物质文化遗产的形象，并有助于该来源群体内外形成对非物质文化遗产的尊重。此外，由于专利制度要求专利技术的公开性，向公众披露专利技术信息和专利权利内容，一些不愿意公开技术信息的非物质文化遗产，可以考虑通过商业秘密进行保护，以维护相关族群的利益。

对非物质文化遗产进行专利权保护，为其提供一种机制，使其获得尊重和肯定，有助于非物质文化遗产的传承，促进非物质文化遗产的适用及创新功能。通过专利制度，可以对非物质文化遗产的使用带来经济回报，为非物质文化遗产的存续和创新创造更好的经济基础，对非物质文化遗产保存作出贡献的人进行补偿可以改善他们的经济条件，也有助于吸引该群体的青年学习和发展非物质文化遗产，激发其利用和继续实践这种文化的热情，并在实践中改进和创新非物质文化遗产，从而促进非物质文化遗产的传承。

7.3.5 非物质文化遗产的在先技术化和国际化数据库的建立

由于非物质文化遗产传统性特点，以及专利申请的复杂性和较高的成本，并非所有的非物质文化遗产保有人都可以成功申请到专利权。对于一些不易申请专利法保护的非物质文化遗产，其保护途径在于把该非物质文化遗产转化为专利法上的在先技术，使他人不能就非物质文化遗产获得专利授权，排除他人对其进行不当使用和恶意抢占专利，从而保护非物质文化遗产的消极知识产权利益。在司法实践

第 7 章　非物质文化遗产知识产权保护的具体制度分析

中，印度 Neem 案❶、印度 Basmati 案❷、亚马孙流域 Ayahuasca 案❸都是利用在先技术消极保护了本土的传统知识，阻止了西方一些公司和技术人员利用现行专利制度的漏洞，剽窃传统知识。这种漏洞主要在于各国在先技术认定规则上的差异。

　　在先技术（Prior Art），又称原有技术，是指在有关技术申请专利之前已经公开的技术。落入在先技术范围的一切技术方案均不具有可专利性。各国专利法一般从技术的公开方式、地域范围、时间等角度对在先技术的构成要件作出规定。其中，在先技术认定规则最具代表性的是，以欧洲专利公约、日本专利法为代表的欧日模式与以美国专利法为代表的美国模式。根据《欧洲专利公约》第 54 条第 2 款和欧洲专利局《专利审查指南》的规定，在先技术包括申请日前公众通过书面或口头描述、通过使用或其他方式可获得的任何技术。根据日本《专利法》第 29 条规定，在先技术包括申请日前或优先权日前在日本或日本以外公开知悉的发明、公开运用的发明、在出版物上发表的发

---

❶　在印度，有一项用 Neem 树皮提取液杀真菌的传统知识，该项传统知识产生于几个世纪之前。美国 W. R. Grace 公司在确证、验明 Neem 树皮上的杀真菌活性成分后，就此向欧洲专利局申请专利。1994 年欧洲专利局向其发布了第 0436257 号专利。1995 年，一些国际非政府组织和印度农民代表对该专利提出异议。他们提交了几个世纪来印度农民知晓和使用 Neem 树种子提取液杀真菌的证据。2000 年欧洲专利局撤销了该专利，原因是 Neem 树皮的这个特征印度人已知悉了很多年，该发明不具备新颖性和创造性。欧洲专利局即根据使用公开规则判定印度此项传统知识为在先技术，承认其在先技术地位，从而排除了美国上述公司对 Neem 树皮杀真菌活性成分的专利申请。

❷　1994 年，美国得克萨斯州的 Rice Tech 公司就印度传统的 Basmati 稻的有关杂交种提出了 20 多项专利要求，其中有的权利要求技术方案与 Basmati 稻的传统知识没有区别。同年 9 月，美国专利商标局授予并公布了专利（专利号：US5663484）。为此，印度政府和一些非政府组织即把 Basmati 稻作为在先技术向美国专利商标局、美国联邦贸易委员会提出了抗议和质疑，要求重新审查和撤销该专利。后来，美国专利商标局仅保留了 Rice Tech 公司三项关于 Basmati 稻杂交品种专利权。Rice Tech 公司也把专利名称从"Basmati Rice Lines and Grains"更名为"Rice lines Bas 867, RT1117, and RT1121"。印度 Basmati 稻传统知识的在先技术地位得到了美国专利商标局的承认，从而使 Rice Tech 公司不能就此取得专利。

❸　作为亚马孙流域一种有多种医药和宗教用途的神圣植物——Ayahuasca（死藤水），被当地居民誉为"精神的葡萄酒"。1986 年，美国科学家 Loren Miller 从亚马孙流域传统社区获得该种植物。他把该植物带回美国后，即宣称其发现了一种新的 B. caapi 族植物，因为花的色彩不同。他称之为"Da Vine"。基于此，他获得了一个专利（专利号为 No. 5751）。鉴于对 B. caapi 的描述在该专利公布前是亚马孙流域土著人公知的事实，亚马孙流域土著人组织协调机构（COICA）、亚马孙流域人民及环境联合会、国际环境法中心等请求对该专利进行重审。1999 年，美国专利商标局宣布该专利无效。

明或普通公众通过电信网络可获得的发明。在美国专利法上，在先技术在国内采用使用公开、发表公开标准，在国外采用发表公开标准。我国原《专利法》第 22 条也规定了国外发表公开、国内使用公开和发表公开的在先技术认定标准，属于美国模式。2009 年 3 月第三次修订时对此已作修改，采用了绝对新颖性标准，即是指该发明或者实用新型不属于现有技术；也没有任何单位或者个人就同样的发明或者实用新型在申请日以前向国务院专利行政部门提出过申请，并记载在申请日以后公布的专利申请文件或者公告的专利文件中。

欧日模式与美国模式对于在先技术认定规则的最大不同在于国外使用公开的技术方案是否构成本国的在先技术，前者采取肯定观点，后者相反。对于我国适用公开的非物质文化遗产，在欧日模式下，可认定为在先技术，而在美国模式下，则不能认定为在先技术。

在美国专利法模式下，任何外国公开使用的技术，不构成美国领域内的在先技术的明确规定，是我国非物质文化遗产在先技术地位的最大障碍。同时，在专利司法实践上，当外国有关在先技术与美国申请之专利有关时，美国法院通常把国外的在先知识、在先使用等排除在专利法在先技术之外，对申请专利之技术授予专利。美国专利机构在专利授予的过程中，可以直接依据法律或者借口查询过程中的困难使专利审查员不可能或者很难获得有关我国非物质文化遗产的信息资料，认为我国某些非物质文化遗产符合本国专利新颖性和创造性要求，从而使这种事实上的"在先技术"得不到应有的保护，导致我国某些非物质文化遗产可能为西方国家盗用并获得专利。因此，按照美国专利法模式对我国非物质文化遗产进行文献化、书面化，并利用高科技使之数字化、网络化，建立非物质文化遗产国际化数据库，使我国某些非物质文化遗产成为美国专利模式下的在先技术，是防止他人恶意使用和抢占专利的有效措施之一，也是保护我国非物质文化遗产的重要途径。目前，WIPO 和一些发展中国家正在开发传统知识数字图书馆，要将非物质文化遗产文献化，阻止不当专利的批准。我国国务院办公厅也在积极着手建立非物质文化遗产库，2005 年 4 月，我国国务院办公厅颁布了《关于加强我国非物质文化遗产保护工作的意见》明确提出建立数据库。创建非物质文化遗产

第7章 非物质文化遗产知识产权保护的具体制度分析

数据库,一方面可以收集非物质文化遗产,另一方面可以提供非物质文化遗产的检索。通过建立非物质文化遗产数据库,各国在非物质文化遗产专利审查的过程中,可以查询到相关知识,防止错误授予专利权。

但是,必须注意的是,对于非物质文化遗产在先技术化是一把双刃剑,其会成为阻却非物质文化遗产申请专利合法性和排除其经济利益的正当理由。将我国非物质文化遗产在先技术化,只是为非物质文化遗产从消极角度提供一种最低水平的保护,其动机和目的是通过把非物质文化遗产转化为符合现行专利法要求的在先技术,以阻止西方发达国家和技术人员对非物质文化遗产的剽窃。作为一种保护方式,在先技术化是对非物质文化遗产最低限度的保护,阻止西方国家和技术人员利用我国非物质文化遗产获得专利权,但同时也成为排除我国非物质文化遗产中的经济价值和财产利益的理由。根据现行的专利制度,一旦非物质文化遗产被界定为在先技术而进入公有领域,任何人都可以免费使用。将非物质文化遗产数字化、网络化,并不意味着确立非物质文化遗产的任何权利,也不能保证这些非物质文化遗产的来源群体能分享任何利益。由于该种非物质文化遗产被视为在先技术,它就排除了获利的可能性,这可能会导致我国非物质文化遗产的知识产权保护目的落空。因此,并不是所有的非物质文化遗产都适用于在先技术化,必须严格控制非物质文化遗产在先技术化的范围,同时必须在对非物质文化遗产在先技术化时要作出权利保留。具体来说,由于非物质文化遗产的保护问题,并非纯粹的法律问题,它与民俗学关系密切,涉及国家经济安全、文化主权和国际竞争战略等,对其的保护不仅仅是一个法律问题和知识产权问题,而是各国的知识产权政策问题。这涉及庞大的非物质文化遗产所涵盖的巨大技术利益和经济利益在发展中国家和发达国家之间的分配与再分配问题。对非物质文化遗产给予知识产权保护,需与传统的专利制度作出调整,政策上偏向发展中国家,以形式的不公平实现实质的公平。当非物质文化遗产获得其他知识产权保护时,非物质文化遗产的在先技术化仅视为保存或保护非物质文化遗产的一种行为,即非物质文化遗产在先技术化时,非物质文化遗产的来源群体应作出知识产权的权利保留。在对非物质文化遗产在先技术化时,应征得有关群体的同意,应由来源群体决定

283

其所持有的非物质文化遗产是否文献化、数字化而成为现代专利法上的在先技术。在对在先技术的非物质文化遗产的利用规则上，除了各国专利行政和司法机构的专利审查使用以及教学、个人研究等非商业性使用之外，其他任何商业性利用均需获得有关群体的同意，并支付合理的费用。

第 8 章
非物质文化遗产的公法保护

8.1 国家的行政干预

8.1.1 国家行政干预的必要性

按照罗马法的法律传统，法律有公法和私法之分。私法和公法有不同的规则原则：私法以个人自由决定为特征，公法则以强制或约束为内容，前者强调自主决定，后者须有法律依据及一定的权限。[1] 公法立足于社会本位，私法立足于个体本位。非物质文化遗产具有财产属性，其当然属于私法调整的对象，但是仅仅以私法进行保护则是远远不够的，因为无论从非物质文化遗产私权保护的本身局限性，还是从保护文化多样性、国家的文化产业政策和国际竞争战略的角度出发，公权力的介入都是十分必要的。首先，私法保护主要体现为私人的利益由私人主体以意思自治进行的，而对于作为私权权利人的非物质文化遗产的来源群体，从某种意义上说，相对于外界社会，因其常常是处于经济或文化方面的弱势地位而不足以对抗外界强势文化的侵蚀，所以其保护难免会受到不利的影响。其次，非物质文化遗产的私

---

[1] 王泽鉴. 民法总则 [M]. 北京：中国政法大学出版社，2001：15.

权保护，是在依法确定其权利主体之后，其所支配和享有的财产意义上的具体权利义务主要以意思自治的原则进行，但是非物质文化遗产的意义并不只是在于财产，它也作为特定国家或群体文明模式的重要组成部分，与国家文化自主权、文化多样性的保存和发展等宏观问题密切相关，以意思自治为主的私法保护并不能解决此类超越私法利益之外的利益关系。再次，由于非物质文化遗产客体本身的复杂性，其所包含的种类繁多，除了多数可以被知识产权保护之外，也不乏许多在性质上难以被知识产权等私权所保护的，诸如一些礼仪和节庆习俗等。

从本质上说，人类具有社会性和文化性，同时又具有历史性，这就决定了非物质文化遗产对于人类社会生活的重要性，它既是历史的见证，记录特定族群和社区的文化生活的发展历程，寄托着代代相传的生存智慧和民族情感，对民族认同方面有着不可忽视的精神价值，同时它又是蕴含着巨大经济价值的文化资源，但是其精神价值毕竟远远大它所产生的商业价值。我们知道，对非物质文化遗产的保护最重要的是抢救与弘扬，而不是获利，这就决定了非物质文化遗产公法保护的重要性，这也是以《保护非物质文化遗产公约》为代表的有关国际条约的性质决定的。这些公约对非物质文化遗产的保护，均以保护文化多样性作为最基本的和最主要的目的立法追求，查其条文，其保护措施也多是要求各缔约国从行政规范方面予以落实。从各国家具体的国内立法来看，虽然其中也涉及私法保护，特别是知识产权保护，但是，最终目的仍然是为保护文化多样性而采用的具体立法手段，可以说，以私权保护非物质文化遗产固然也是十分重要，但保护非物质文化遗产权利人私的利益绝非最终目的。所以，纵观国际社会，在对非物质文化遗产强调民事保护的同时，强调对其予以公法保护，这已成为一个基本的共识，事实上，对于非物质文化遗产同时采用私法和公法并行保护不仅不相冲突，而且应该是相辅相成相得益彰的。对非物质文化遗产的公法保护，当然也包括刑法以及有关诉讼制度等方面，但是主要的应该是行政法方面的保护，行政法是政府行政活动的部门法，它规定行政机关可以行使的权力，确定这些权力的原则，对受到行政行为损害的人给予法律救济。[1] 作为行政法，它规范和调整

---

[1] 姜明安. 行政法与行政诉讼法 [M]. 北京：北京大学出版社，2005：15.

的是国家行政机关执行国家法律、政策，管理国家事务的行为。而民法，旨在规范个人间的利益，以平等为基础，其主体均为私人或非基于公权力的地位，对任何人皆可适用。❶ 二者虽然在保护对象上看似重合，但是在法律关系的内容上有着本质的不同。对非物质文化遗产采取行政法保护，旨在规范国家行政保护行为，例如普查、确立、建档、保存等，以及为这些保护行为提供的财政保障。而民法对非物质文化遗产提供的是一种民事保护，保护相关权利人的人身权和财产权的实现。非物质文化遗产涉及的法律关系复杂，法律上的民法保护和行政法保护，各有侧重，也各有局限和难度。

相比较而言，公法的保护模式强调行政法的主动干预，其实质主要在于行政保障，即政府要对保护工作提供财政、政策等各种保障措施；而私权的保护模式旨在解决非物质文化遗产创造者或保有者与利用者和获利者之间的关系，明确其权利主体和权利的内容。从保护非物质文化遗产的法律保护来说，公法可以规定政府与社会组织的职责，制定与非物质文化遗产保护有关的民族、旅游、教育、财政、税收等法律制度，建立非物质文化遗产的行政和刑事救济制度等，成为非物质文化遗产必不可少的辅助性保护手段。

8.1.2　非物质文化遗产保护中的政府责任

在《中华人民共和国非物质文化遗产保护法》未出台之前，《国务院办公厅关于加强我国非物质文化遗产保护工作的意见》对我国非物质文化遗产保护工作提出了其保护的基本工作原则"政府主导、社会参与，明确职责、形成合力；长远规划、分步实施，点面结合、讲究实效。""政府主导"明确提出了政府是非物质文化遗产保护的重要责任主体，在非物质文化保护当中发挥着主导作用。我国除了《文物保护法》外，有国务院颁布的《传统工艺美术保护条例》以及《云南省民间民族传统文化保护条例》《贵州省民族民间文化保护条例》《福建省民族民间文化保护条例》等地方性法规，以及2006年文化部的《国家级非物质文化遗产保护与管理暂行办法》，从性质上说，这

---

❶ 王泽鉴. 民法总则［M］. 北京：中国政法大学出版社，2001：13.

些法律多属于公法，其作用方式主要是通过国家支配公共资源，维护、促进非物质文化遗产的存续和发展。

非物质文化遗产中，有相当部分的遗产不具有经济利用价值，对其保护又耗费巨资，即使某些非物质文化遗产在理论上可以由相关知识产权法律保护，但客观上也几乎无产业化的可能，对其权利主体而言，以私权利益作为激励机制以达到保护的目的似乎失灵。在此，非物质文化遗产所属的族群、社区或其传承人，其有限的个体力量显然不足以担当保护的重任。这些非物质文化遗产虽不具有经济意义上的市场价值，但基于文化多样性的意义的历史和社会价值仍不可忽视，故政府作为公共利益的代表，于是应当担负起上述私权主体难以完成的责任。

从国际社会上看，强化政府对于文化遗产的行政管理职能，鼓励支持社会力量参与保护工作，已成为一种趋势和潮流。2000年联合国教科文组织对成员国进行了一次全球性的调查，有103个国家作出了回答，主要的结果为：57个国家将非物质文化遗产作为国家文化政策的一部分；31个国家具有保护非物质文化遗产的基础设施；49个国家有能力培养收藏家、档案管理员和纪录片制作人员；54个国家在校内外讲授关于非物质文化遗产的课程；47个国家有全国性的民俗协会或相似的社团；80个国家对致力于保护非物质文化遗产的个人和机构提供道义上或经济上的支持；在63个为艺术家和从业者提供支持的国家中，28个给予国家支持，14个给予荣誉或地位，还有5个给予国家职位；52个国家的立法中包含了非物质文化遗产的"知识产权"方面的条款。[1]

总体来说，在非物质文化遗产保护中，政府的责任主要在于，一是对人们普遍关注的非物质文化遗产通过行政手段予以确认和保护，使之能够保持成为人类文化遗产中的一部分；二是在国内和国际层面上制定保护它们所需要的法律，并募集保护基金，特别是弥补知识产权等私权保护的不足。

---

[1] 兰德尔·梅森，玛尔塔·德·拉·托尔．在全球化社会中遗产的保存和价值[G]//联合国教科文组织．世界文化报告：文化的多样性、冲突与多元共存．北京：北京大学出版社，2002：163．

8.1.3　非物质文化遗产保护中国际行政干预的内容

既然明确了非物质文化遗产保护的责任主体是政府，那么政府在非物质文化遗产的保护工作中负担责任的具体内容又是什么呢？面对非物质文化遗产生存状态极其严峻的事实，强调政府在保护中的责任并不是说政府要把所有的责任都包揽，这在事实上也是不可能的。有学者指出："真正的传承主体不是政府、商界、学界以及各类新闻媒体，而是那些深深植根于民间社会的文化遗产传承人。""如果政府、商界、学界以及各类新闻媒体无视这一点，并以自己的强势地位取代民间文化传承人的地位，非物质文化遗产就很可能会因外行的过度介入而变色、走味，非物质文化遗产的好日子也走到尽头。"❶ 这里强调了非物质文化遗产的真正传承还是需要依靠民间传承者去完成。政府的责任是为他们营造良好的环境，帮助他们发展。公权的保护模式主要是通过国家支配公共资源，维护、促进非物质文化遗产的存续和发展。公权保护模式下的保护措施主要是指国家在国际公约的框架内，对非物质文化遗产的保护进行行政规划，采取认定、建档、保存、研究、传承、传播等措施对其进行保护，对搜集、认证、拯救、保存等方面进行行政指导和监督，对濒危的传统文化进行财政补助。具体而言，在非物质文化遗产保护法中，应当明确规定从中央到地方的政府部门在非物质文化遗产保护中相应的职权和职责，其中应强调一下几个方面：

第一，完善非物质文化遗产的认定程序。非物质文化遗产的认定程序大致可以归纳为普查、申报和确定三个阶段。❷ 普查是全面了解和掌握非物质文化遗产资源的种类、数量、分布状态、生存环境及现状，是非物质文化遗产保护的基础性工作。而申报制度是对普查的补充与完善，从而避免文化遗产普查中出现遗漏现象。经过普查和申报工作，地方政府或专业组织根据搜集的资料进行论证，然后提交申请，交由国家权威部门进行确定。对于依法准备确认的非物质文化遗产应组织专家鉴定评估，国家权威部门需要建立科学合理的评估标

---

❶ 苑利. 非物质文化遗产传承人保护之忧 [J]. 探索与争鸣，2007（7）：66.
❷ 王焯. 国外非物质文化遗产保护的理论与实践 [J]. 文化学刊，2008（6）：27.

准，保护具有文化价值、历史价值和科学价值的文化遗产。同时，按照其价值的大小，分别建立国家级、省区级、县市级的非物质文化遗产名录体系的数据库。

第二，协调非物质文化遗产中的保护与利用，防止开发性和建设性破坏。在经济全球化的背景下，非物质文化遗产保存丰富的地区，往往首先要解决的是经济发展问题。有些地方政府看重的不是非物质文化遗产的文化价值，而是仅看重它的经济价值，在经济利益的驱使下，借保护之名，行营利之实。在非物质文化遗产保护法中，应树立保护与利用相结合的立法指导思想，过分强调文化遗产的原汁原味，有可能导致固步自封和抱残守缺；而过分强调文化发展的与时俱进，又有可能导致割断历史并迷失自我。❶

第三，加强对非物质文化遗产的整体性保护。非物质文化遗产和物质文化遗产最大的区别在于前者是活态的，因此要求对非物质文化遗产的原生态保护。联合国教科文组织在《保护非物质文化遗产公约》第13条中规定，鼓励缔约国"采取适当的法律、技术、行政和财政措施，以便建立非物质文化遗产文献机构并创造条件促进对它的利用。"联合国教科文组织建议各成员国使用各种可行的办法（如收藏、编目、抄写等），为所掌握的知识和技能建立档案，为研究、出版与非物质文化遗产有关的音频、视频和多媒体文献提供资助。❷ 在此背景下，日本首推了对非物质文化遗产进行田野日志式描述和影像记录，以客观反映非物质文化遗产的各个层面和衍生的文化空间，这一做法也得到韩国的效仿。

第四，设立专项基金，建立资金保障制度。非物质文化遗产的保护需要一定的资金，政府部门在政策和资金上的支持是非物质文化遗产保护的坚强后盾。由于有些非物质文化遗产的商业价值不大，缺乏市场竞争优势，例如传统的手工业从家庭走向市场因效率低而被工业制作所取代，传统的表演艺术脱离开物质文化空间几乎没有市场，加上公众对这些非物质文化遗产缺乏了解，没有兴趣，所以对这些遗产

---

❶ 彭岚嘉. 物质文化遗产与非物质文化遗产的关系［J］. 西北师大学报, 2006 (11): 104.

❷ 王焯. 国外非物质文化遗产保护的理论与实践［J］. 文化学刊, 2008 (6): 32.

不宜走产权化道路，只能靠行政拨款。国家应将非物质文化遗产保护所需的资金列入财政预算中，同时，政府应广泛动员社会各界的力量，充分发挥民间保护的积极性，多渠道筹措资金，使非物质文化遗产得到有效的保护。

第五，注重对传承人的保护。非物质文化遗产不是"物"，而依存于"人"。很多古老的面临绝迹的非物质文化遗产已经不被现代普通人认同和接受，许多非物质文化遗产的保护都是在举步维艰中蹒跚前行，有的传承和保护人更是忍受着极度的清贫。传承人在非物质文化遗产的延续中起着关键作用，政府应为传承人建立命名和保障制度，为传承活动和人才培养提供资助，并鼓励和支持教育机构开展普及优秀民族民间文化活动。在这方面，发达国家的经验值得我们借鉴。在韩国，政府对传承人设立专项的补贴，一类是文化传承的补贴，这类补贴是韩国政府给予传承人用于公演、展示会等各种活动以及用于研究、扩展技能、艺能的经费。❶ 另一类是生活补贴，并为传承人提供免费的医疗和其他的特殊待遇，提高传承人的社会地位和身份，同时鼓励他们将技艺传给年轻人。

非物质文化遗产的保护工作是一项宏大的系统社会工程，广大的民众是保护非物质文化遗产的主要力量。在政府的主导之下，广泛发动群众、提高民众的保护意识，让更多的人参与非物质文化遗产的保护是非常重要的。但是，在中国，不少群众对传统文化没有感情，认识不到它的价值，对民族文化不自信。从辛亥革命到新文化运动，中国开始了批判传统文化的激烈浪潮，最终成功地把中国文学从旧文学改造成新文学，从文言文到白话，再到新中国成立后的汉字改革，对传统文化的再批判，破除迷信，崇信洋宗教，一度认为外国的月亮比中国的圆。❷ 因此，中国人通过多年的反传统教育，对传统的文化没有认同感，由于经济的落后导致文化的自卑心理。在这种情况下，政府有必要开展大规模的非物质文化遗产保护教育，以提高广大民众的非物质文化遗产保护意识，克服自卑心理，铸造民族自尊心，树立民族自信心，形成文化自觉，实现对优秀传统文化的认同，激发民众保

---

❶ 王焯. 国外非物质文化遗产保护的理论与实践[J]. 文化学刊, 2008 (6): 31.
❷ 李力. 从非物质文化遗产保护到文化自觉[J]. 改革和战略, 2008 (S1): 142.

护非物质文化遗产的热情。非物质文化遗产被国家重视、被其他族群认可和尊重，即外界的积极评价，会使传承人产生自豪感。国家的大力宣传和正确的舆论引导，使人们不再把传统文化与贫穷落后联系在一起，而积极消费传统文化的物质载体，就是对文化拥有者的理解与尊重。❶ 其实，非物质文化遗产保护的实质是文化自觉问题，是中国文化模式从政府到学者到百姓的文化身份认同问题。只有民众对本民族的文明有足够的认识，并上升为一种自觉，这样就会摆脱各种无意义的冲动和盲目的举动，使自己的行为更加理性，懂得如何保护祖先留下来的文化遗产。

当前政府另一个重要任务，就是调动民众的积极性，培养国民的保护意识，恢复国民的文化自信和对传统文化的感情。我国《非物质文化遗产法》从其实质性内容来看，应该是一部公法性法律，其条文的主体部分，即第二章关于非物质文化遗产的调查、第三章关于非物质文化遗产代表性项目名录和第四章关于非物质文化遗产的传承和传播，多体现出国家管理和主动干预的行政色彩，整部法律主要规定国家鼓励和支持公民、法人和其他组织参与非物质文化遗产保护工作，其中政府以行政的力量起着主动的作用，但总体来说，仍还显得比较原则。在今后的非物质文化遗产保护立法完善中，可以建立相关的激励和惩罚制度，调动公民、团体或法人保护非物质文化遗产的自觉性和主动性，鼓励其对身边的非物质文化遗产及时向政府部门申报，并采取合适的保护措施，同时对公民、团体或法人破坏非物质文化遗产的行为给予惩罚，规定相应的法律责任，对其行为进行约束，防止非物质文化遗产的破坏和流失。

8.1.4　对公权力的限制：法律监督

"一切有权力的人都容易滥用权力，这是万古不易的经验。有权力的人们使用权力一直到遇到有界限的地方才休止。……要防止滥用权力，就必须以权力制约权力。"❷ 在公权力介入非物质文化遗产保护

---

❶ 刘云升. 非物质文化遗产保护的理性回归 [J]. 河北师范大学学报, 2009 (3): 164.
❷ 孟德斯鸠. 论法的精神 [M]. 张雁深, 译. 北京: 商务印书馆, 1963: 154.

第8章 非物质文化遗产的公法保护

的过程中,也为防止权力滥用,对公权力进行限制,明确权力的界限,特别要注意强化监督主体对行政行为的监督力度,加强对行政行为的监督。

非物质文化遗产保护工作中对公权力的限制主要通过行政法制监督。行政法制监督是指国家权力机关、国家司法机关、专门行政监督机关及国家机关系统外部的个人、组织依法对行政主体及国家公务员、其他行政执法组织和执法人员行使行政职权行为和遵纪守法行为的监督。[1] 在我国,监督主体呈现出纵横交错、多层次的特点,可分为国家监督和社会监督两大系统。

8.1.4.1 国家监督

国家监督由国家权力机关、司法机关、行政机关依法实施,具有国家约束力,能够直接产生相应的法律效果。国家权力机关的监督主要通过立法监督和对法律实施的监督。在非物质文化遗产的立法监督中,通过全国人大常委会对行政立法的监督、各地人大常委会对地方政府规章的监督、其他地方权力机关对相应地方人民政府规范性文件的监督,通过备案、审查和撤销不适当的法律法规或政府规章的方式,确保非物质文化遗产相关法律法规或行政规章、规范性文件同宪法和其他法律相适应;在对法律实施的监督中,国家权力机关如果发现政府组成人员有渎职、失职行为,可以通过法定程序罢免相应渎职、失职人员。

国家司法机关的监督包括人民法院的监督和人民检察院的监督。人民法院作为监督主体,主要是通过行政诉讼对具体的行政行为进行合法性审查,撤销违法的具体行政行为,变更显失公平的行政处罚行为,以实现其监督职能。人民检察院的监督主要限于严重违法乱纪,可能构成犯罪的国家公务员的监督,对犯有渎职罪、贪污罪、贿赂罪的公务员进行侦查和提起公诉,实现其监督职能。

国家行政机关的监督主要是行政系统内部监督,主要通过行政复议进行监督。行政复议是行政机关依照行政复议程序受理和处理行政争议案件的制度。行政复议机关根据层级监督关系或法律的规定,通

---

[1] 姜明安. 行政法与行政诉讼法 [M]. 北京:北京大学出版社,2005:168.

过审查具体行政行为的合法性和适当性，为受到行政行为侵权的公民、法人和其他组织提供法律救济。❶ 行政复议与行政诉讼都能规范和保障政府的权力。在非物质文化遗产保护工作中，法律应当加强政府履行保护非物质文化遗产职责的监督，确立行政复议和行政诉讼制度，同时明确公民、法人或其他组织对行政机关和法律授权的组织作出的行政行为不服可以提起向行政复议和行政诉讼。此外，还有国家审计机关的监督。保护非物质文化遗产，国家会有相应的经费投入，这部分财政必然会被纳入国家审计机关监督的范畴。审计机关通过审计监督，会发现非物质文化遗产中国家投入的财政是否落到实处，对其中非法挪用或滥用经费等违法行为予以处理、处罚，以保障财政制度。

8.1.4.2 社会监督

社会监督主要是国家机关系统外部的个人、组织对行政主体行使职权和国家公务员遵纪守法的情况实行监督。社会监督要求政府信息公开，保障公众的知情权。非物质文化遗产与文化安全、民族感情等公共利益密切相关，在对其进行保护的过程中，行政机关应当及时公开有关的政府信息，公众有权查阅这些信息，同时政府也应当为公众了解这些信息提供便利的条件。所以，政府必须及时通过电视、报纸、网络等媒体披露相关信息，建立信息处理系统和良好的存档备案制度来进行信息公开。而公众在这些信息的基础上，对非物质文化遗产保护工作进行监督。个人、组织通过向有关国家机关提出批评、建议、申诉、控告、检举、起诉或通过报纸、杂志、电台、电视等舆论工具对违法行政行为予以揭露、曝光，为有权国家机关的监督提供信息，使之采取有法律效力的监督措施、监督行为，实现非物质文化遗产保护监督的目的。

8.2 对传承人的特别保护

一般地说，对传承人的保护问题，特别是对传承人的认定和保障

---

❶ 姜明安. 行政法与行政诉讼法 [M]. 北京：北京大学出版社，2005：409.

第 8 章 非物质文化遗产的公法保护

机制问题，基本上均由行政法律法规调整规范，故广义上也属于行政法保护的范畴，但相对利用行政的力量，制定与非物质文化遗产有关的民族、旅游、教育、财政、税收等行政法律制度，对非物质文化遗产进行保护的行政法保护，它更具有基础性的意义，同时其内容上也有一定的特殊性，故本节先予以独立论述。

我们知道，人是非物质文化遗产的核心载体，非物质文化遗产是以口耳相传、口传心授为其创作和交流的主要方式，拥有或传承这种文化形态人，才是非物质文化遗产真正的灵魂。从根本意义上说，无形文化遗产的保护，首先应当是对创造、享有和传承者的保护；同时也特别依赖创作、享有和传承这一遗产的群体对这一遗产的切实有效的保护。目前，某些非物质文化遗产后继乏人，面临消亡的现象还比较普遍。非物质文化遗产的保护和传承需要付出很大的经济代价，比如某民间艺人决定传承某种手工技艺，但这种手工技艺的实际文化价值与主流社会对所传承的技艺所赋予的价值存在很大的差距，这种代价如果让传承人承担的话，显然不利于非物质文化遗产的保护，所以应该由社会共同承担责任，对非物质文化传承人予以特别保护。

在国际社会上，国外政府都重视对传承人的特别保护，给予传承人经济上的补助与相应激励措施，资助传承人，使非物质文化遗产薪火相传，生生不息。日本的"人间国宝"制度就是个很好的例子。联合国教科文组织也重视对传承主体的保护工作，学习日本的"人间国宝"制度，不仅颁布了《关于建立"人间活珍宝"制度的指导性意见》，而且从 1993 年开始已启动建立"人间活珍宝"项目的保护工程。在我国，近年来也加大了对非物质文化遗产传承人的保护，2007 年公布了第一批 226 名国家级非物质文化遗产项目代表性传承人，2008 年公布第二批国家级非物质文化遗产项目代表性传承人 551 名，范围主要涉及民间文学、杂技与竞技、民间美术、传统手工技艺、传统医药等五大类。但总体而言，目前我国非物质文化遗产传承断代的现象仍是不容乐观，对非物质文化遗产传承人的特别保护也刻不容缓。我国《非物质文化遗产法》第 29 条对传承人认定的规定显得过于原则，在具体的认定问题上，主要还是适用文化部 2006 年颁布的《国家级非物质文化遗产项目代表性传承人认定与管理暂行办法》，不过，也需指出的是，对传承人的特别保护，如仅仅局限在认定方面则是远远不够,除此,仍需要相应的诸如保障机制、激励机制以及利益分享机制等。

8.2.1 认定机制

传承人的认定机制是对非物质文化传承人保护的前提。对传承人认定在建立认真分析传承特点和方式的基础上,明确传承人和传承的认定范围,标准和程序、相关的权利义务。政府对非物质文化遗产的认定起主导作用并负有重要责任。我国文化部制定了《国家级非物质文化遗产项目代表性传承人认定与管理暂行办法》,此办法已经在2008年5月14日文化部部务会议审议通过并发布,自2008年6月14日施行。该办法将"国家级非物质文化遗产项目代表性传承人"定义为指经国务院文化行政部门认定的,承担国家级非物质文化遗产名录项目传承保护责任,具有公认的代表性、权威性与影响力的传承人。同时,此办法对国家级名录项目的传承人的认定标准、认定程序都进行了相关规定。一些地方政府也重视代表性传承人的认定保护工作,不少地区也都制定了非物质文化遗产保护项目代表性传承人的认定与管理办法,并公布了省级非物质文化遗产项目代表性传承人。例如云南省已经命名了三批省级非物质文化遗产项目代表性传承人;辽宁省开展了二批民间艺术家、优秀民间艺人评选工作。对传承人的认定是非物质文化遗产保护工作中的基础性工作,也是保护工作的重点。

8.2.1.1 认定的范围

在立法中规定传承人的认定机制,首先应当明确传承人认定的范围,是否所有非物质文化遗产的传承人全部加以认定。在现有的各国制度中,日本政府对于那些特定的重要无形文化财延续所必需的技艺和技巧的持有者给予特殊的认可,被认可为"国家活珍宝";泰国实施"国家艺术家计划",表彰天才的、作出贡献的泰国艺术家,保存他们的艺术,授予他们"国家艺术家"头衔;罗马尼亚推出"人类活珍宝"的地区性计划,这些"珍宝"被视为保存本行业地方传统的特殊民间艺术家;法国将公认技艺和知识出众的手艺人入选为"工艺大师",要求他们将技艺和知识传授给下一代。联合国将"人间活珍宝"

限定在那些保有使人民的文化生活和使其非物质文化遗产延续下去的特定方面生产所必需的技艺并且具有最高水准的人的范围内。我国在《国家级非物质文化遗产项目代表性传承人认定与管理暂行办法》将传承人限定在国家级非物质文化遗产，具有公认的代表性、权威性和影响力的范围内。可见，各国在对传承人认定过程中，都要求传承人在某一领域具有杰出技艺和作出了突出贡献。

在非物质文化遗产保护工作的现状来看，对全部非物质文化遗产的传承人都进行认定，是一个很浩大的工程，费时费力，实际操作起来不现实也没有必要，国家的财力也很难达到。而非物质文化遗产立法的目的是确认其掌握知识和技能的地位，特别是濒危的非物质文化遗产，促进非物质文化遗产的传承。遴选出创造这些代表作优秀传承人，建立各级传承人名录，明确抢救与保护的对象，可以有的放矢地做好非物质文化遗产传承人的保护工作。因此，在立法时，对非物质文化遗产传承人的认定应限定在具有代表性，工艺精湛，对文化多样性具有贡献的杰出传承人范围内。在非物质文化遗产的不同类别中，对传承人的认定应侧重于传统手工艺、口头文学、表演艺术等比较容易凸现个人作用的领域。这样可以区别一般的传承人，国家给予重点保护。此外，鉴于某些非物质文化遗产的生存现状，对那些濒危的、即将消逝的非物质文化遗产的传承人也要进行认定，以及及时拯救这些濒危遗产，维护文化多样性。

8.2.1.2 认定的标准

非物质文化遗产涉及的领域很广，不同的领域传承人之间不存在可比性，需要依据一个基本标准将其从众多的传承人中甄选出来。在对优秀传承主体的认定标准上，联合国教科文组织颁布的《关于建立"人间活珍宝"制度的指导性意见》中对于遗产提出四条选择尺度：第一，其杰出的、罕见的人类创造性价值；第二，对于一种文化传统和历史来说，它是独一无二的或至少是特殊的证明；第三，它具有一个特定地区或特定流派的显著特征；第四，它正面临消失的危险，或因为从业者和（或）继承数量上严重锐减，或因为历史可靠性意义的丧失，或因为文化意义的重大丧失，或因为无形文化财产的法律地位的重大改变而引起的保护工作的萎缩。同时该指导性意见规定在指定某人或团体为"人间活珍宝"时，应当考虑以下尺度：所持技艺的程度；此人或团体的贡献；发展技艺和技术的能力；将技艺和技术传给徒弟的能力。

在我国《国家级非物质文化遗产项目代表性传承人认定与管理暂行办法》中，公民可以申请或被推荐为国家级非物质文化遗产项目代表性传承人，需符合以下条件：第一，掌握并承续某项国家级非物质文化遗产；第二，在一定区域或领域内被公认为具有代表性和影响力；第三，积极开展传承活动，培养后继人才。从事非物质文化遗产资料收集、整理和研究人员不得认定为国家级非物质文化遗产项目代表性传承人。一些省市也相继开展对本地传承人的认定工作，并对认定标准作出了相应的规定。

《云南省民族民间传统文化保护条例》第15条规定，对于符合下列条件之一的公民，经过推荐批准，可以命名为云南省民族民间传统文化传承人：（1）本地区、本民族群众公认为通晓民族民间传统文化活动内涵、形式、组织规程的代表人物；（2）熟练掌握民族民间传统文化技艺的艺人；（3）大量掌握和保存民族民间传统文化原始文献和其他实物、资料的公民。

《贵州省民族民间文化保护条例》第15条规定，符合下列条件之一的公民，可以申请命名为贵州省民族民间文化传承人：（1）熟练掌握某种民间传统技艺，在当地有较大影响或者被公认为技艺精湛的；（2）在一定区域内被群众公认为通晓本民族或者本区域民族民间文化形式和内涵的；（3）形成了只有本人和徒弟才有的特殊技艺的；（4）大量掌握和保存本民族民间传统文化原始文献、资料和实物，并且有一定研究成果的。

《江苏省非物质文化遗产保护条例》第27条规定，符合下列条件的公民，可以申请或者被推荐为非物质文化遗产代表性传承人：（1）掌握并保持某项非物质文化遗产代表作的表现形态或者技艺；（2）在一定区域内被公认为具有较大影响；（3）积极开展传承活动，培养后继人才。

《广西壮族自治区民族民间传统文化保护条例》第16条规定，对符合下列条件之一的公民，可以命名为民族民间传统文化传承人：（1）通晓本民族或者本区域某种民族民间传统文化形式、内涵、活动程序；（2）熟练掌握某种民族民间传统技艺，在本区域内有较大影响；（3）掌握和保存重要的民族民间传统文化原始文献和其他资料、实物，并对其有一定研究。

《福建省民族民间文化保护条例》第11条规定，符合下列条件之一的公民，可以申请或者被推荐为民族民间文化传承人：（1）在本行政区域或者一定地域范围内被公认为通晓某一民族民间文化形态；（2）熟练掌握某一民族民间文化传统工艺或者制作技艺，在当地有较大影响；（3）保存某一民族民间文化的原始资料、实物，并且有一定研究成果。

《宁夏回族自治区非物质文化遗产保护条例》第26规定，符合下列条件之一的公民，可以申请或者被推荐为非物质文化遗产传承人：（1）在一定地域范围内被公认为通晓某一非物质文化形态的；（2）熟练掌握某一非物质文化传统工艺或者制作技艺，在当地有较大影响或者被公认为技艺精湛的；（3）只有本人及其徒弟才有的特殊技艺的；（4）通晓并保存有某一非物质文化遗产的原始文献资料、实物的。

《陕西省非物质文化遗产项目代表性传承人认定与管理暂行办法》第4条规定，符合下列条件的公民可以申请或者被推荐为陕西省非物质文化遗产项目代表性传承人：（1）完整掌握该项目或者其特殊技能；（2）具有该项目公认的代表性、权威性与影响力；（3）积极开展传承活动，培养后继人才。

从以上规定中，我们发现，各地在认定非物质文化遗产的传承人，着重关注以下几个方面：熟练掌握某项非物质文化遗产；在一定区域内具有代表性、权威性和影响力；开展传承活动的情况；通晓并保存某项非物质文化遗产原始文献资料、实物的。我们认为前三者都是非物质文化遗产传承人认定的基本条件，而第四项并不应该作为认定标准。通晓并保存非物质文化遗产原始文献资料、实物的多寡并不是非物质文化遗产传承人的认定条件，因为非物质文化遗产强调人的因素的作用，是动态传承。基于以上分析，我们认为，非物质文化遗产传承人应是在全国或地区范围内公认的具有影响力，熟练掌握某项具有重要价值的非物质文化遗产的技艺或技能，积极开展传承活动的人物。具体来说，认定的标准在于：第一，通晓或熟练掌握某项非物质文化遗产；第二，在评定的地区和领域内具有公认的代表性、权威性和影响力；第三，具有传承能力，积极开展传承活动。坚持这种标准，才能保证认定的传承人是非物质文化遗产的代表性传承人。

8.2.1.3 认定的程序

符合以上条件的传承人，经过申请或被推荐、专家评审、社会公示、审批等程序可以被相应的文化行政部门认定为非物质文化遗产的传承人。在联合国教科文组织《关于建立"人间活珍宝"制度的指导性意见》中，联合国教科文组织建议建立一个专家委员会，向负责文化事务的部长提出推荐意见。在大多数情况下，应当由部长作出最后的决定，但这只是有关国家正常行政管理运作的问题。委员会应当有一个常设的秘书处。委员会的首要任务应该是调查哪些方面的非物质文化遗产国家应当优先考虑并推荐给部长。必须明确，没有被选入的特定对象并不意味着它不重要。任何事情都不可能一蹴而就，委员会将只能选择那些极其重要的对象以及那些如果不加赞助就很可能消失的对象。一旦决定了要保护的对象，委员会应当向部长提出一份持有必要的技艺和技术的人的名单。在进行指定的时候，委员会成员可以依赖他们自己的知识，也可以制定一个使合格者能够引起其他持有相同技艺和技术的人们以及公众注意的制度。这一过程应当程序化，委员会可以在每年的固定时间进行推荐活动。在一定条件下，当选定的对象不再符合要求，委员会还负责从"人类活珍宝"中撤销这些特定的对象。联合国教科文组织设置的专家委员会主要负责推荐非物质文化遗产保护的领域，将这些领域中的技艺和技术持有者提名为"人类活珍宝"的对象，在必要时撤销这些对象，记录所使用的技艺和技术。

在我国，根据《国家级非物质文化遗产项目代表性传承人认定与管理暂行办法》，公民可以向所在地县级以上文化行政部门提出国家级非物质文化遗产项目代表性传承人的申请。国家级非物质文化遗产项目保护单位在征得被推荐人同意的情况下，可以向所在地县级以上文化行政部门推荐该项目代表性传承人。项目保护单位属省级行政部门直属单位的，可以将推荐材料直接报送省级文化行政部门；项目保护单位属中央部门直属单位的，可以将推荐材料直接报送国务院文化行政部门。文化行政部门接到申请材料或推荐材料后,应当组织专家进行审核并逐级上报。省级文化行政部门收到上述材料后,应当组织省级非物质文化遗产专家委员会进行评审,结合该项目在本行政区域内的分布情况,提出推荐名单和审核意见,连同原始申报材料和专家评审意见一并报送国务院文化行政部门。国务院文化行政部门收到省级文化行政部门报送的申报材料后,结合申请项目在全国的分布情况,进行整理分类,组织该项目领域的专家组进行初评,由专家组提出初评意见。国务院文化行政部门设立国家级非物质文化遗产项目代表性传承人评审委员会。评审委员会对各专家组的初评意见进行审核评议,提出国家级非物质文化遗产项目代表性传承人推荐名单。国务院文化行政部门对评审委员会提出的代表性传承人的推荐名单向社会公示,公示期为15天。国务院文化行政部门根据公示结果,审定国家级非物质文化遗产项目代表性传承人名单,并予以公布。

我国各地方的认定程序也大同小异,认定程序主要是通过本人自己申报或者他人推荐,经过相关部门的初审和审核,报省级人民政府文化行政部门批准命名。差异在于有的地方有公示期的规定,有的地方却没有。《云南省民族民间传统文化保护条例》规定,民族民间传统文化传承人经本人申请或者他人推荐,由县级文化行政部门会同民族事务部门初审,地、州、市文化行政部门会同民族事务部门审核,省文化行政部门会同民族事务部门批准命名。《陕西省非物质文化遗产项目代表性传承人认定与管理暂行办法》中规定,文化行政部门通过媒体对代表性传承人的推荐名单进行公示,公示期为10天。省文化行政部门根据公示结果对推荐名单进行复审、修订,并报陕西省非物质文化遗产保护工作联席会议审定同意后,由陕西省文化厅下发文件、颁发证书,向社会公布。我们认为,在认定程序中,公示还是必要的,通过公示,可以直观了解到该项非物质文化遗产传承人在当地的代表性、权威性和影响力,也有助于提高社会公众对于非物质文化遗产的了解,重视对其的保护。

综上所述,我们认为,传承人的认定主要通过申报与推荐、专家初审、逐级上报、专家审核、公示与公布等认定程序,由相应级别的文化行政部门予以认定。认定部门在认定传承人以后,要定期对代表性传承人进行评估,受资助的项目代表性传承人在规定时间内未完成资助项目任务书，要中止协议，停止资助；对丧失传承能力、无法履行传承义务的，应按照程序另行认定该项目代表性传承人；怠于履行传承义务的，撤销该项目代表性传承人的资格。

8.2.2 保障机制

认定工作的完成，只是对传承人进行特殊保护工作的第一步，接下来各级政府应通过对传承人的资助扶持等手段，建立起科学合理的非物质文化遗产传承人的保障机制。国外对传承人的保障机制比较完善，主要由国家给予传承人一定的经费用于公演、展示会等各种活动以及用于研究、扩展和传承技能、艺能，同时政府提供每人每月一定的生活补助并提供一系列医疗保障制度，优惠的税收制度，以保障他们的日常生活，减轻经济负担。

我国也重视对开展传习活动有困难的国家级非物质文化遗产项目代表性传承人的保护，资助这些传承人的授徒传艺或教育培训活动，为他们提供必要的传习活动场所，资助有关技艺资料的整理、出版，提供展示、宣传及其他有利于项目传承的帮助。对于无经济收入来源、生活的确有困难的传承人，所在地的文化行政部门应积极创造条件，并鼓励社会组织和个人进行资助，保障其基本生活需要。各地方也因地制宜采取了许多积极的措施，解决传承人的经济困难，保障传承人的生活。在陕西省，省级文化行政部门在非物质文化遗产保护专项资金中安排一定的费用，资助代表性传承人从事传习活动。传承人还可以申请资助，资助其整理、记录、出版有关技艺资料，授徒传艺、培训讲习，展演、展示和学术交流等有助于非物质文化遗产保护与传承的事项。

作为政府要切实加大资金投入和对传承人保护的力度，可通过行政拨款或者通过多重渠道筹措资金，例如吸引公益性的、慈善性的资金加入非物质文化遗产及其传承人的保护，建立起非物质文化遗产保护的基金会。在基金会中安排一定的费用，用于对非物质文化遗产传承人的保护，健全对传承人的保障机制。一方面是对传承人本人的保护，对其生存、生活提供保障，例如养老、生活补贴。另一方面是对传承机制的保护，传承人不用为生计发愁，消除他们的后顾之忧，才能调动他们的积极性，把精力投入带徒传艺上。对于那些具有独创性的技艺从以前的秘不外传变为今后大众共享的资源，政府应当给予其一定的补贴。同时应该强调的是，对于其他没有被认定为某项非物质文化遗产传承人却生活困难的传承人，政府应当给予其适当的生活津贴，鼓励其传承的积极性；对于那些因年迈体弱，缺乏传承能力的优秀传承人，政府虽然不能认定其为代表性传承人，但可以授予其一定的荣誉称号。

8.2.3 激励机制

面对某些非物质文化遗产项目传承面狭窄，后继无人的情况，制定一系列激励机制，鼓励传承者积极开展传承工作，青年学习传承技艺是十分必要的。对传承人的激励包括精神鼓励和物质奖励。通过授予非物质文化遗产项目的传承人一定的荣誉称号，给予其精神上的满足，提高社会地位，并且给予一定的物质方面的鼓励，提高其履行传承义务的积极性。日本在这方面做得很出色，效果也很显著。日本政府对掌握戏剧、音乐等古典表演艺术和工艺技术的民间艺人进行指定，明确将那些具有高度技能，能够传承某项文化财的人命名为"人间国宝"，赋予他们以相当高的社会地位。每年还给予这些艺术家一定的资助，以激励他们在工艺方面的创新和技术方面的提高。日本又针对传承人后继乏人的问题，采取了一系列激励的措施，鼓励传承人尽可能招收徒弟，或者传袭于后代。自 1974 年开始，日本对每个传承人每年拨付 200 万日元的特别补助金，用于培养继承人并提高保持者的艺能。自 1962 年开始，对保持团体或地方公共团体所进行的继承人的培养，也补助一部分经费，目的是尽快培养出重要无形文化财的传承人。事实上，与政府津贴相比，人们更看重"人间国宝"这样的荣誉。国际社会把非物质文化遗产传承人尊称为"人类活财富""人类活珍宝"或"人间保护"。

在鼓励非物质文化遗产传承人积极开展传承活动，培养下一代传承人的方面，我们也可以借鉴韩国的立法经验。韩国的《文化财保护法》规定，无论何人，也无论其技能有多高，只要他保守技能，秘不传人，都无法获得国家级非物质文化遗产传承人的光荣称号。韩国

《文化财保护法实施规则》还规定，必须为国家级非物质文化遗产传承人配备专门的助教。而且，助教人选也必须经过文化财委员会中该领域委员、专员及相关专家的严格审查。韩国的这些立法经验有助于鼓励那些谨慎保守传统传承方式的非物质文化遗产积极开展传承活动，培养后继传人。我国《国家级非物质文化遗产项目代表性传承人认定与管理暂行办法》规定，国务院文化厅行政部门对作出突出贡献的国家级非物质文化遗产项目代表性传承人给予表彰和奖励。在激励传承人方面，浙江省文化厅颁布了《浙江省民间艺术家命名办法》以后，省内各地采取了一些富有创造性的做法，支持和鼓励非物质文化遗产的传承，如余杭区为首批公布的33名区级民间艺术家颁发政府艺术津贴；嵊州市对民间职业剧团进行专业技术职称评定；嘉兴市秀州区不断推进农民画后备人才基地建设，全区创建农民画后备人才基地26个，农民画后备人才扩大到1 500多人；长兴县委县政府筹措资金100万元，用于支持百叶龙艺术培训基地建设，已建立了12个培训基地，并正在推出百龙计划。❶ 因此，在完善非物质文化遗产传承人的激励机制方面，我们要学习国内外的优秀立法经验，既要重视对传承人物质上的奖励，更要重视对其精神上的鼓励。

8.2.4 利益分享机制

关于利益分享机制问题，在前文对非物质文化遗产保护的基本原则部分，特别对惠益分享原则反思部分已有所论述，但此处仍有继续进行探讨的必要。利益分享理论是源于关民理论，关民理论是由美国威廉·伊文教授和爱德华·弗里曼教授提出的著名经济伦理理论。其内容，简单而言，即利益应由利益创造者和创造利益的相关贡献者共享。把它运用于基因领域，便构成了关民共享利益原则。该原则指与基因研究以及成果运用有关联的人应该在一定程度上分享基因研究所带来的利益或益处。1992年通过的《生物多样性公约》将利益分享原则作为保护遗传资源的三大原则之一。根据这一原则，不少国家和地区已经或正在加强对遗传资源的获得和利益分享的管理和立法工

---

❶ 王文章. 非物质文化遗产保护概论［M］. 北京：科学教育出版社，2008：266.

作。虽然《生物多样性公约》中的利益分享机制是针对遗传资源的，但是其中的某些做法在非物质文化遗产的保护中还是可以借鉴的。

非物质文化遗产中的利益分享制度主要是指针对权利人在利用非物质文化遗产进行营利活动而获得的利益在权利主体之间进行利益分配。非物质文化遗产作为一种重要的创新之"源"被直接或间接使用时，非物质文化遗产权利人有权根据利益分享原则对有关的创新成果分享利益。政府在对非物质文化遗产保护立法时，一方面要完善知识产权法，增加对使用精神产品的补偿，维护传承人、传播者的利益，保护他们的权益；另一方面也要在公法上有所相应规定，与知识产权衔接，倡导对有关的创新成果进行利益分享，例如在非物质文化遗产商业活动中，与传承人分享一定的利益；建立传承人权益保护组织，集中管理传承人这方面的权利，或在有关行业中增加这方面职能。利益分享制度的构建为传承人行使权利提供了制度依据，同时也增强了权利分享制度的可行性和操作性。这样既照顾了非物质文化遗产传承者的利益，同时也考虑了非物质文化遗产利用者的利益以及有利于非物质文化遗产及其传承人的保护。

非物质文化遗产的保护是一项任重而道远的工作，我国相关的立法还刚起步。特别是对传承人的保护还处于初步探索阶段，相应认定、保障、激励、利益分享等配套机制还比较滞后。非物质文化遗产的不可再生性，决定我们必须把保护放在第一位。同时，非物质文化遗产作为一种活态的文化，其文化内核是与该项目的代表性传承人连接在一起。非物质文化遗产往往是口传心授，以语言的教育、亲自传授等方式由前辈传承给下一代，正是这种传承使人的因素在传承过程中显得尤为重要，因此，对传承人的保护是保护非物质文化遗产的重中之重。

8.3　非物质文化遗产的行政法保护

以行政法对非物质文化遗产进行保护，种类繁多，内容庞杂，除了前述关于对传承人的特别保护之外，其保护模式，主要是利用行政的力量，制定与非物质文化遗产有关的民族、旅游、教育、财政、税收等法律制度，推动非物质文化遗产的传承和振兴，保持其生命力。

我国当前非物质文化遗产生存和发展的严峻形势，决定了政府在非物质文化遗产保护中必然要发挥核心作用。因此，"政府的行政立法、行政检查、行政指导等行政行为，在遗产保护的事务中具有统帅的性质"。❶ 同时，在抢救和保护非物质文化遗产的实践中，坚持正确的保护理念和保护原则是做好保护工作不可缺少的前提，要使保护工作落到实处并卓有成效，必须通过行政保护模式，政府主导和社会参与等形式，采取合理有效的保护方法和措施。非物质文化遗产的行政保护，也是政府行使公共文化服务职能的重要体现。建立非物质文化遗产的行政法保护是非物质文化遗产必不可少的辅助性保护手段，下文将结合我们现有的行政法律制度，对非物质文化遗产的行政法保护模式进行探讨。

8.3.1　行政法保护的主要方式

非物质文化遗产的保护是一项浩大而复杂的民族工程，它不仅涉及文化的多样性，公民的文化权利，而且与我国当代的经济发展密切相关，因此对它的保护也应该是多方位的。针对目前非物质文化遗产的生存和发展现状，行政力量应该解决的问题包括资金问题，对人的保护，对重要资料、实物流失的限制，对公民和组织的行为规范，对社会环境的营造等方面。以什么样的方式来保护，这是非物质文化遗产行政保护的核心问题。鉴于我国的基本国情和目前非物质文化遗产的现状，非物质文化遗产行政保护既包括普查、整理、鉴定和研究，又包括继承、传播、利用和发展，具体而言，主要有以下几种方式。

第一，开展非物质文化遗产的普查工作是保护非物质文化遗产的前提。非物质文化遗产的活态性特点，使其不具有传统意义上的固定形式，而是在动态中发展，在活态中传承。这种特点促使它与物质文化遗产在实现保存上有所区别，为使其物质形态化并有效保存，开展普查工作是一个最为基础和主要的工作。普查工作的目的是了解非物质文化遗产分布、数量和传承的情况，从而可以有针对性地开展保护

---

❶ 刘红婴. 世界遗产概论［M］. 北京：中国旅游出版社，2003.

工作。全面科学地采集非物质文化遗产，如实记录各种民俗文化景象，才能保存下流传至今的非物质文化遗产的真实面貌，为国家和政府制定、实施非物质文化遗产保护规划甚至文化发展国策提供可靠的科学依据。将一些濒危的非物质文化遗产转变为有形的形式，通过搜集、记录、分类、建立档案，用文字、录音录像、数字化媒体等手段，对保护对象进行全面、真实、系统的记录，并积极搜集有关的实物资料，予以妥善的保存。普查是对各类非物质文化遗产形态和作品及优秀的传承人进行调查、登记、采录、建档工作，并按照全国统一编码进行登记并分级建档。政府应该定期组织全国范围内的普查，动员相关机构、团体和个人的力量，以公共财政作为后盾开展普查工作。

第二，建立完善的国家级和省、市、县级非物质文化遗产名录体系。在普查的基础上，必须明确保护的重点。非物质文化遗产种类繁多，内容丰富，其价值和生存状态也有所不同，而国家的财政又十分有限，必须在众多非物质文化遗产中进行甄选，对非物质文化遗产进行区分、认定，确定需要给予重点保护的非物质文化遗产。目前，我国已经公布了一些国家级非物质文化遗产名录。2006年10月，文化部以部长令的形式颁发了《国家级非物质文化遗产保护与管理暂行办法》，对国家级非物质文化遗产名录项目的保护单位、代表性传承人以及管理措施等提出了具体要求。2006年国务院公布了518项首批非物质文化遗产保护名录。2008年，国务院批准国家级非物质文化遗产第二批名录510项和第一批名录的扩展项目147项。适当的时候，与国际接轨，我国可以从国家级非物质文化遗产名录中选择适当的项目，向联合国教科文组织申报人类非物质文化遗产代表作。由于非物质文化遗产分布在全国各省市自治区，要将保护工作落到实处，除了建立国家级非物质文化遗产名录，各个省、市、县也要制定非物质文化遗产保护的方针和政策，并建立起相应的非物质文化遗产名录，最终形成国际级、省、市、县四级的宝塔形名录体系。

第三，认定和命名优秀的传承人，促进非物质文化遗产的传承和发展。联合国教科文组织开展建立《人类口头及非物质文化遗产代表作》的命名和《关于建立"人类活珍宝"制度的指导性意见》，对世界很多国家开展非物质文化遗产评估鉴定工作在理论和实践上给予了支持和保障，并有力地促进非物质文化遗产的传承和弘扬。我国也正在逐步完善此方面的制度建设，在认定的范围、标准、程序以及相应的保障机制等，都取得了长足的进步，本章第二节对此专门单独详尽论述，此不赘述。

第四，保护文化生态环境，实行区域性整体保护。非物质文化遗产依赖于特定的地理环境和人文环境，不能将其从生存的环境和背景下割裂加以保护。有些地区仍然保留着相对完整和原始的民族风俗和独特的艺术表现形式，与周围的环境息息相关，成为人们生活的一部分，从而形成一种独特的文化表现，对于这部分非物质文化遗产的抢救和保护，政府应尽可能保护与之相关的生态因素，使这些非物质文化遗产有机地存在当代人的生活方式中。保护文化生态环境，可以使非物质文化遗产在它产生、生长的原始氛围中保持其活力，例如礼仪和仪式，可以学习中国台湾地区的做法，建立生态博物馆、民族村和文化生态保护区，采取多种进行立体式保护，使之为活文化。我国目前已经通过命名特色文化艺术之乡，建立民族文化生态保护区，对非物质文化遗产的保护设立安全的屏障，将非物质文化遗产的真实状态保存在其所属的环境之中，使之成为活的文化。

第五，重视人才培养和学术研究。非物质文化遗产的抢救与保护离不开精通专业理论且又有实践经验的专家们的指导，为非物质文化遗产保护工作的开展提供理论依据和政策咨询，并帮助国家有关部门制定出一系列政策法规和务求实效的工作方案。但是，我国目前这方面的人才很稀缺。政府应该重视这方面人才的培养，可以将非物质文化遗产纳入学校教育体系，开设有关非物质文化遗产内容的课程，提高民族文化素质，塑造民族性格，让学校成为非物质文化遗产传播与人才培养的基地。同时，可以在学校设置相关专业并招收学生，通过规模性的、正规的学校教育，培养更多传承、保护、管理非物质文化遗产的各层次传承人和专业的保护人才，并鼓励专家、学者开展各种学术研究，为非物质文化遗产的评估和保护工作提供科学的依据。如何将非物质文化遗产教育纳入高校教学体系，如今也引起了许多高校的关注和重视。2002年10月22~23日，由联合国教科文组织亚太地区机构和教育部主办、中央美术学院非物质文化遗产研究中心承办的"中国高等院校首届非物质文化遗产教育教学研讨会"在北京举行。

这次研讨会着重讨论了非物质文化遗产与当代高等艺术教育的话题，力图把文化遗产教育引入高校教学体系当中，合理设置相关课程等。这次有益的探讨，将促进非物质文化遗产资源引入高等教育体系中去。教育并培养参加保护工作的人力资源，通过开展传承和培训活动，加强保护工作从业人员队伍的建设，才能保证科学、合理地开展非物质文化遗产的保护工作。

第六，加大宣传教育，提高全民保护意识。为营造非物质文化遗产生存和发展的良好环境，政府可以开展广泛而深入的宣传和展示活动，例如组织大规模展演活动、设立文化遗产日、博物馆等公共文化服务机构开设专题陈列。同时，通过新闻媒体，加强舆论宣传，调动广大群众的积极性，让人们了解非物质文化遗产，从而认识到其保护的重要性，增加保护意识，在全社会形成保护非物质文化遗产的氛围，使每位公民都能为中华民族优秀的文化遗产而自豪，从而珍惜保护它。2005年12月22日，国务院颁发了《国务院关于加强文化遗产保护的通知》，规定以后每年6月的第二个星期六为我国的"文化遗产日"。几年来，"文化遗产日"开展的大规模的宣传活动，取得了非常好的社会效益，强化了全民的保护意识，有力推动了我国非物质文化遗产保护工作。

第七，协调开发与利用，提高非物质文化遗产自身的造血功能。非物质文化遗产产生于各种生活与生产实践中，许多的手工技艺都具有很强的实用性，可以产生相应的经济价值。同时，民间文学艺术也是许多现代文学创作的素材，对文学艺术的发展有着举足轻重的作用。民间文学艺术已经被许多国家的版权法保护，其中的经济价值不言而喻。此外，随着旅游业的蓬勃发展，民间风俗也成为一种重要的旅游资源。在现在市场经济的背景下，部分非物质文化遗产可以进行适当的开发和利用，发挥其潜在或应有的价值，将非物质文化遗产中有条件的文化遗产转化成文化生产力，会为非物质文化遗产带来持久的、有深厚基础的传承。在此方面，政府应该起到倡导、管理和协调的作用，坚持保护第一、合理利用的原则，既要正视市场经济、消费社会的现实，合理地开发和利用其经济价值，更要处理好保护与发展的关系，切忌一味追求地方政绩，盲目开发利用这些宝贵的文化资源。因为对非物质文化遗产的过度开发和利用会影响和削弱它们本身的文化内涵，只有重在保护，适度开发和利用，以展示非物质文化遗产的重要历史文化价值为目的，才能因满足现代人对古老文化的欣赏而创造经济效益，进而促进经济发展和社会的文化进步。

行政保护必须从实际出发，科学、全面、系统地抢救和保护非物质文化遗产。由于非物质文化遗产本身内涵的丰富性，以及它所体现的民族性、多样性、活态性，决定了行政手段对它的保护也是多种多样的。以上列举的几种保护方式，实施的基础是立法保护。立法保护是根本性的保护，只有健全的法律保障，才会使行政保护方式得到保证。

8.3.2 行政保护机构的设置

保护非物质文化遗产必须有相应的机构，这是保护非物质文化遗产重要的组织保证。从国外的非物质文化遗产保护的实践情况来看，各国一开始都非常注重保护机构的设置并在实践中不断完善。非物质文化遗产保护工作是国家性公益性文化事业的重要组成部分，我国政府也建立强有力的保护非物质文化遗产的组织领导机构，以确保保护工作的科学、有序地开展。根据国务院办公厅颁布的《关于加强我国非物质文化遗产保护工作的意见》，我国非物质文化遗产保护工作将由文化部门主管上升为政府主导，建立非物质文化遗产保护工作部际联席会议制度。该意见决定："由文化部牵头，建立中国非物质文化遗产保护工作部际联席会议制度，统一协调非物质文化遗产保护工作。文化行政部门与各相关部门要积极配合，形成合力。同时，广泛吸纳有关学术研究机构、大专院校、企事业单位、社会团体等各方面力量共同开展非物质文化遗产保护工作。充分发挥专家的作用，建立非物质文化遗产保护的专家咨询机制和检查监督制度。"可见，行政保护的机构设置中，涉及不同保护主体，这些机构在保护中的侧重点不用。我们认为，行政保护的机构主要涉及以下几类主体。

8.3.2.1 行政机构

行政机构对文化建设的职责如同对经济建设的职责一样，是现代社会的要求。现代政府不能只是消极地保障国家安全和社会秩序，为人民提供和平与秩序，而且要积极地保障和促进物质文明、精神文明的发展，增进人民的幸福和福利。这里"保障和促进文化进步"职责中的"文化"当然地包括非物质文化。由于行政机构代表国家行使公权力，拥有广大的职权，在资金、政策、组织、协调等方面拥有特殊的优势，政府对非物质文化遗产的价值认知也直接影响着社会公众的认知。因此，在文化遗产保护工作中，行政机构必须行使相应的职权，发挥主要的作用。具体来说，行政机构的主要管理手段包括：

第一，制定规范和发布命令、禁令。制定规范既可以采取行政法规和规章（行政立法）的方式，也可以采取制定其他行政规范性文化的方式。发布命令、禁令的行为既可以针对不特定的行政相对人，也可以针对特定的行政相对人。❶ 在非物质文化遗产方面，行政机关可以制定与保护非物质文化遗产有关的行政法规和行政命令。目前，我国现行有效的行政法律法规和规范性文件主要有：由中华人民共和国第十一届全国人民代表大会常务委员会第十九次会议于 2011 年 2 月 25 日批准通过《非物质文化遗产法》；由国务院颁布实施的保护传统工艺美术的行政法规《传统工艺美术保护条例》，由国务院办公厅下发的《国务院办公厅关于加强我国非物质文化遗产保护工作的意见》；相关部门规章和规范性文件主要有：由文化部以部长命令的形式颁发的《国家级非物质文化遗产保护与管理暂行办法》，由文化部发布的《国家级非物质文化遗产项目代表性传承人命名办法》。同时，地方人大制定关于保护非物质文化遗产保护的地方性法规的基础上，地方政府也颁布了相配套的政府规章。例如，云南省文化厅制定的《云南省民族民间传统文化保护条例实施细则》和《民族文化保护区的申报程序和管理办法》。

第二，编制和执行计划、规划。非物质文化遗产的各项法律和规范只是对非物质文化遗产的抽象保护，如何规范操作和实施保护非物质文化遗产工作，还需要行政机构编制和执行具体的计划和规划。行政机构编制和执行保护非物质文化遗产计划、规划是在发挥个人、组织、社会的自主性、积极性、创造性前提下对非物质文化遗产保护的宏观调控。通过执行相应的计划、规划，可以确定非物质文化遗产保

---

❶ 姜明安. 行政法与行政诉讼法［M］. 北京：北京大学出版社，2005：129.

护对象，认定优秀传承人，以建立相应的保护工作机制。

第三，财税支持。税收和财政是行政机构自身存在和发展的基础，也是政府宏观调控国家经济的重要手段。税收和财政资助一方面是保护非物质文化遗产的资金来源，另一方面，适当给予非物质文化遗产传承人以财政资助和税收优惠有利于解决传承人生活上的困难，鼓励非物质文化遗产的动态传承。我国非物质文化遗产保护经费从2002年开始，到2011年已翻400倍。在2002年还没有非物质文化遗产这个提法时，财税支持民族民间文化保护经费是100万元，2004年达到2000万元，从2002年到2010年用于非物质文化遗产保护的经费一共是10.26亿元，2011年中央财政的预算高达4.15亿元，比9年前翻了400倍。

第四，处理和裁决争议、纷争。行政机构处理和裁决非物质文化遗产保护工作中的行政相对人之间的争议、纠纷以及行政相对人与行政机构之间的争议、纠纷，也是行政机构一种重要的行政管理手段。行政机构运用这种手段，能够高效率地解决非物质文化遗产认定工作与保护工作中出现的各种社会矛盾，消除社会隐患，保障认定和保护工作的顺利进行。行政机构在处理和裁决争议、纠纷可以通过各种形式实现，如调解、协商、裁决、复议等。但无论采用何种形式，都应当使用一定程度的准司法程序，而不应适用纯行政程序。

第五，实施行政制裁。政府对于积极传承非物质文化遗产，从事非物质文化保护工作和研究作出巨大贡献的个人和单位要予以表彰，同样对于破坏文化多样性，过度开发和利用非物质文化遗产的个人和单位要予以行政制裁。政府管理和保护非物质文化遗产主要不是依靠强制和制裁，而主要是靠政府制定规范和相对人的自觉遵守规范，靠政府的依法行政和相对人对政府依法行政行为的配合，靠政府的指导和相对人在政府指导下的合理行为。但是，行政制裁对于行政管理仍然是必要手段，由于各种原因，社会上总有一些人会不遵守，故意违法或不履行行政义务。对于这些人，需要采取行政制裁手段以维护管理秩序和保护非物质文化遗产，保障社会公共利益和其他相对人的合法权益，对于情节严重的，还需依法追究刑事责任。相关行政主体在行政制裁的过程中要严格依照行政法规所规定的权限和程序，要查清案件事实，防止行政权的滥用，保证行政制裁结果的公平和公

第8章 非物质文化遗产的公法保护

正,必要时要启动听证程序,在制裁的同时必须提供行政救济途径。

第六,寻求国际合作,加强国际交流。在国际社会上,许多国家在维护文化的多样性和非物质文化遗产的保护方面已经积累了丰富的经验,走在前列。我国政府可以从他国的政策、措施和经验中借鉴成功的做法,促进多元文化的健康发展。加强国际交流和合作,是保护工作的重要环节。非物质文化遗产是我国的瑰宝,也是全人类的共同财富,因而保护工作需要国际的交流和合作,这种交流和合作包括保护理论和方法的交流,资金和技术的合作,国际文化艺术的交流和国际公约的参与,共同保护文化的多样性。

我国非物质文化遗产保护的主要组织机构是部际联席会议。部际联席会议由文化部、国家发改委、教育部、国家民委、财政部、建设部、国家旅游局、国家宗教局、国家文物局组成,其主要职能是拟定我国非物质文化遗产工作的方针政策;审定我国非物质文化遗产保护规划;协调处理我国非物质文化遗产保护中涉及的重大事项;审核"国家级非物质文化遗产代表作国家名录"名单,上报国务院批准公布;承办国务院交办的有关非物质文化遗产保护方面的其他工作。部际联席会议召集人为文化部部长,成员由文化部、国家发改委、教育部、国家民委、财政部、建设部、国家旅游局、国家宗教局、国家文物局有关负责人兼任。❶ 其中,文化部是非物质文化遗产保护工作的主管机构。2006年12月,文化部在社会文化司设非物质文化遗产处。2007年6月,文化部社会文化司加挂"非物质文化遗产司"。文化部作为保护工作的牵头者,其职责是,在与相关部委的统一协调中,依据我国国情,制定中国非物质文化遗产保护的总体战略、规划和计划,努力推进非物质文化遗产的立法进程,并及时颁布与之相关的重大政策、法规;指导、监督、协调各有关部门和单位,有效地贯彻执行国家非物质文化遗产的部署要求,建立相应的领导机构,通过建立非物质文化遗产保护工作联席会议制度等形式,统筹协调保护工作中的重要事项。健全省、式、县三级责任明确、运转协调的保护工作机制,分级负责,层层落实,政府通过指导、监督、协调和奖惩等方

---

❶ 王文章. 非物质文化遗产保护概论 [M]. 北京:科学教育出版社,2008:178.

式，促进非物质文化遗产保护工作落到实处。❶

2003年初，文化部与财政部联合国家民委、中国文联正式启动"中国民族民间文化保护工程"。此后，相继成立了保护工程的领导小组、专家委员会和国家中心，构成保护工程的组织机构。同时，各省、市、区也相继成立保护工程的组织领导机构和工作机构。2003年2月25日，中国民族民间文化保护工程国家中心在中国艺术研究院挂牌成立，2005年12月该中心更名为中国非物质文化遗产研究保护国家中心，2006年9月14日其又更名为中国非物质文化遗产保护中心。该中心是经中央机构编制委员会批准成立的国家级非物质文化遗产研究保护的专门工作机构，承担全国非物质文化遗产保护的有关具体工作，履行非物质文化遗产保护工作的政策咨询；组织全国范围内普查和全面保护工作的开展；指导保护计划的实施；进行非物质文化遗产保护的理论研究；举办学术展览或展演及工艺活动，交流、推介保护工作成果的经验；组织实施研究成果的发表和人才培训等工作职能。2006年7月，经文化部批准，成立了国家非物质文化遗产保护工作专家委员会。冯骥才任主任委员，王文章、资华筠、刘魁立、乌丙安、周小璞任副主任委员，刘锡城、张庆善、华觉明等62位专家为委员。2007年，文化部成立了非物质文化遗产司，全国31个省、自治区、直辖市也相继设立了非物质文化遗产保护中心，这有力地推进了非物质文化遗产保护工作的机构队伍建设。

8.3.2.2 公共文化机构

博物馆、档案馆、文化中心等公共文化机构可以为非物质文化遗产的继承和发扬提供广大的舞台和表演空间，使非物质文化遗产的珍贵资料得以妥善保存，同时也是公众了解非物质文化遗产的窗口。这些公共文化遗产是国家财政支持或民间力量兴办的公益性组织，负担着开展非物质文化遗产的整理、研究、展览、传播、宣传等方面的重要责任。值得一提的是，博物馆过去主要收藏和展览一些有形的文化遗产，随着文化遗产保护工作的开展，非物质文化遗产的保护也进入了博物馆的保护视野中。在国际社会中，国际博物馆界正在理论和实

---

❶ 王文章. 非物质文化遗产保护概论[M]. 北京：科学教育出版社，2008：272.

践中积极探索博物馆的保护和保存非物质文化遗产的职责。2001年巴塞罗那大会在章程修改中,国际博物馆协会第一次把收藏、保护非物质文化遗产列入博物馆定义之中,并把"博物馆与非物质文化遗产"确定为2004年汉城大会的主题。2002年10月,国际博物馆协会亚太地区发表了《上海宪章》,承诺博物馆作为永久性机构保护非物质文化遗产,启动了亚太地区博物馆保护非物质文化遗产的创新实践。我国博物馆、档案馆以及文化中心等各种文化设施也在不断增加,并展示一些技艺传承活动,一些地方和政府也相继设立了民俗博物馆,收藏非物质文化遗产的有形载体并展示一些民俗活动,例如浙江宁海县的"十里红妆"民俗博物馆、舟山的专题民间艺术馆。这些公共文化机构的建立,不仅唤醒了公众对自己本民族非物质文化遗产的保护意识,而且使非物质文化遗产的保护范围和效果都得到了不断扩大和提高。

8.3.2.3 科研机构及专家学者

目前,我国设立了中国艺术研究院、中国社会科学院等国家级的有关艺术、社会科学、医学的研究机构,在许多省市也设立了艺术研究所、社会科学院等科研机构。这些科研机构拥有实力雄厚的科研队伍,是进行专项调查、开展深入研究、培养文化自觉、保存重要资料等工作的中坚力量,在协助国家及各级政府制定适合的非物质文化遗产保护政策,提高全民的非物质文化遗产保护意识,研究、传播民族民间文化遗产,弘扬民族精神等方面,开展了大量的工作,取得丰硕的学术成果。

中国社会科学院民族文学研究所是国家级专门从事民族文学研究的科研机构,先后承担了"中国少数民族史诗研究""《格萨尔》的搜集、整理与研究""《格萨尔》艺术演唱本"等多项国家重点科研项目。其在民族史诗研究方面也取得了显著的成绩,如降边嘉措的《格萨尔初探》、郎樱的《〈玛纳斯〉论析》、杨恩洪的《民间诗神——格萨尔艺人研究》等,均在学术界产生较大反响。[1] 此外,民族研究所深入民族地区进行实地的田野调查,积累了丰富的民族志资

---

[1] 王文章. 非物质文化遗产保护概论 [M]. 北京:科学教育出版社,2008:183.

料、发掘、搜集和整理了许多民族文学文本。2003年，启动了"口头传统田野研究基地"项目，在各少数民族地区实地调查和跟踪研究当地民族民间文化和口头传统。目前，民族文学研究所承担的"中国少数民族文学资料库""中国少数民族文学研究论文全文检索数据库""中国民族文学网"等项目，正在积极建设中。

中国艺术研究院围绕着抢救与保护非物质文化遗产工作开展了一系列学术活动，对借鉴国外非物质文化遗产保护的经验和加强国际的学术交流和合作具有重大影响，并受到联合国教科文组织和国内外学术界的广泛关注和高度评价。同时，中国艺术研究院组织院内外专家学者撰写中国第一套《人类口头与非物质文化遗产丛书》，用于组织和指导各地开展人类口头和非物质遗产申报工作。2005年5月24日，中国艺术研究院还聘任来自年画、剪纸、泥塑、皮影、木偶、脸谱、风筝、织锦等艺术行业的30位民间杰出艺术家为民间艺术创作研究员，还计划在五年之内陆续聘请100位德艺双馨的民间艺术家为民间艺术创造员，并通过采取展览、录音、录像、开研讨会等各种方式，将这些行业杰出代表精湛的技艺和成就整理保存下来。目前，中国艺术研究院正在组织实施"中国人类口头与非物质的认证、抢救、保护和研究工程"及其十多个子课题。

8.3.2.4　教育机构

教育机构在非物质文化遗产普及和传承工作中，发挥着独特的优势。非物质文化遗产长期以来被忽视，社会地位不高，导致社会大众不了解，年轻人不愿学习传承。为了改变这一状况，教育机构可以利用其教育场所、人才等资源，普及和宣传非物质文化遗产的知识，为社会培养非物质文化遗产保护专门的人才，并开展理论研究。对中小学而言，主要是宣传普及优秀的非物质文化遗产，弘扬民族精神，使青年学生了解非物质文化遗产的魅力和精髓，培养民族自豪感和文化认同感。对高等学校而言，其肩负着非物质文化遗产教育传承的主要责任。高等学校一方面要开设有关课程，培养传承优秀非物质文化遗产的专门人才和从事保护工作的专门人才，另一方面还要开展相应的学术研究，在非物质文化遗产的发掘、整理、传承和保护方面，充分发挥大学教育的重要作用。

8.3.2.5 其他社会团体

社会团体是保护非物质文化遗产的民间力量，在保护工作中开展一系列卓有成效的工作，其中，中国民间文艺家协会最具代表性。中国民间文艺家协会是民间文艺工作者的群众性研究团体，在民族民间文化的发掘、整理和保护方面，做了大量的有益性工作，取得了卓越的成绩。2002年，中国民间文艺家协会倡议和发起了"中国民间文化遗产抢救工程"，并得到了政府有关部门的大力支持，被列为国家哲学社会科学重点项目，并成为中国政府于2003年初启动的"中国民族民间文化遗产保护工程"的分支工程。中国民间文化遗产抢救工程在中国民间文艺家协会的组织实施下，设立了组织机构和办公机构，并指定了详细的工程实施方案和计划大纲。抢救工程重在抢救那些濒危的、即将消逝的民间文化事项，其内容包括对中国民间美术和中国民俗文化的全面普查，对中国民间叙事长诗、史诗等进行专项调查，并在此基础上对中国民间文化进行系统分类、登记整理和编辑出版。❶

此外，中国曲艺协会、中国剪纸协会等社会团体，也都十分关注民间文化遗产的保护工作，采取了一系列保护措施，以传承、弘扬和发展非物质文化遗产。这些社会团体的参与，将有力地推进我国非物质文化遗产、文化资源的科学研究和开发利用，有助于非物质文化遗产保护工作的顺利开展。

8.3.3 建立非物质文化遗产保护听证制度

为了保证政府权力的有效运作，除了在法律中明确规定政府在非物质文化遗产保护中的职权和职责外，更重要的是通过行政程序规范政府的行政行为，重点是建立非物质文化遗产保护的听证制度。行政听证是行政机关在作出影响相对人合法权益的决定之前，由行政机关告知决定理由和听证权利，行政相对人陈述、提供证据以及行政机关听取意见、接纳证据并作出决定等程序所构成的一种法律制度。❷ 听

---

❶ 王文章. 非物质文化遗产保护概论 [M]. 北京：科学教育出版社，2008：180.
❷ 姜明安. 行政法与行政诉讼法 [M]. 北京：北京大学出版社，2005：382.

证制度作为一种听取利害关系人意见的制度，并非仅是行政法上独特的法律制度，是以司法权运作的模式出现的，目的是促进立法和决策的民主化、公开化和科学化，促进行政机构公平、合理地作出决定。因此，行政听证制度是非物质文化遗产行政保护的基础和核心，具体来说应当包括以下内容。

8.3.3.1 听证的范围

听证制度在一定程度上会减损行政效率，因此，为了确保行政效率，有的行政行为在作出之前可以不听取行政相对人的意见。建立非物质文化遗产保护听证制度，首先需要界定非物质文化遗产保护听证的范围。行政听证的功能在于行政相对人在接受不利决定之前，有发表自己意见的机会。如果行政主体作出有利于行政相对人的决定，则事先不需要听证。同时，行政听证意味着要求行政主体在作出行政决定之前公开有关证据材料。如果这些证据材料的公开将损害国家利益、公共利益和个人利益，则可以将这些行政行为排除在听证范围之外。从非物质文化遗产保护的实践来看，听证制度可以适用于有关非物质文化遗产的行政立法和行政决策程序，也可以适用于有关非物质文化遗产保护的行政处理决定。同时，听证程序并非适用于所有的非物质文化遗产保护事项，而主要适用于对公共利益有重要影响的非物质文化遗产保护事项。

8.3.3.2 听证的形式

非物质文化遗产保护听证的形式可以分为正式听证和非正式听证。法律对正式听证形式一般有严格规定，而对非正式听证一般仅作原则性规定，由行政机关根据法律的原则规定自由裁量。正式听证是借助于司法审判程序发展起来的一种听证程序，内部结构呈三角型程序模式。在这种模式中，听证主持人居中，行政机关调查人员和行政相对人各执一方，指控与抗辩相互交涉。非正式听证是指不采用司法型审判程序听取意见，且不以笔录作为裁决唯一依据的一种程序模式。行政机关可以根据案件审理的需要决定程序的进展，这种模式不太强调听证的形式，主要是给当事人提供一个发表意见的机会。

8.3.3.3 听证的程序

非物质文化遗产保护听证的程序，是由听证的方式、步骤、时限等构成的一个连续性的过程，决定着听证程序是否合理、正当，是听证制度的核心。听证程序主要包括以下几个方面：第一，通知。在行政机关制定有关非物质文化遗产保护的法律法规和行政决策或者行政机构作出有关非物质文化遗产保护的行政处理决定之前，需要将有关听证的事项依法定程序通知有关当事人，这意味着听证程序的启动。由于非物质文化遗产保护的公益性，政府的行为往往并不仅仅影响某个人的利益，而往往涉及一个群体乃至一个民族的利益，所以听证程序除了通知行政相对人外，还应通知利害关系人。第二，质辩。质辩是在听证主持人的主持下，由行政机关的调查人员与当事人就行政案件的事实和法律问题展开质证和辩论的过程。行政机关对自己的行政行为说明理由并提供证据，相对人对自己的主张提供证据加以证明。第三，笔录和决定。经过质辩后，听证主持人应作出一个行政决定，对听证所涉及的事实和法律问题表明一个认识。笔录是对质辩过程的一种书面记录，需要交当事人阅读和签名，成为具有法律意义的文书。

结合以上内容，在我国非物质文化遗产行政保护中，应对听证程序作出规定，建立非物质文化遗产保护听证制度，地方立法可针对特殊情况作出具体规定。只有确认以公正听证为核心的程序规范，才能促进政府对非物质文化遗产保护工作的科学化、合理化、公平化。

8.4 非物质文化遗产的刑法保护

由于非物质文化遗产保护客体的复杂性，其既涉及民事保护，特别是知识产权的保护，也涉及行政保护，但是，其是否也可由刑法进行保护，值得研究。相对于民事和行政保护，刑法保护的力度最大，也最具有威慑力，但同时也最为严格，因为一般来说，一项罪名的成立和刑罚的判处，强调罪刑法定主义，不可适用类推，即法无明文不为罪。刑法是各种社会关系法律保护的最后保障，是调整、保护社会关系的终极法律调整手段，它能够通过剥夺或限制犯罪人权利来惩罚犯罪人，同时对潜在的犯罪人起到威慑和教育作用，最终达到严惩犯罪、保障权利的目的。破坏非物质文化遗产不仅会侵害权利人的人身和财产权利，还有可能危害国家的文化安全，破坏文化的多样性，单纯采用民事和行政手段不能有效遏制侵犯非物质文化遗产行为发生，必须由刑法介入，以保护非物质文化遗产。所以说，非物质文化遗产的刑法保护是非物质文化遗产法律保护形式之一，是非物质文化遗产保护的最后防线。但是，目前关于非物质文化遗产法律保护的讨论并未过多涉及刑法保护问题，学界并未意识到刑法对非物质文化遗产保护的重要意义。

8.4.1 与非物质文化遗产有关的犯罪行为

非物质文化遗产的刑法保护，是指通过刑法实现对非物质文化遗产的保护，也就是说立法者将一些严重侵害非物质文化遗产的行为规定为犯罪，给予其刑法制裁，以刑罚作为手段，通过刑事程序追求侵害人的刑事责任以保护非物质文化遗产，从而维护非物质文化遗产权利人的利益和国家对非物质文化遗产的管理秩序。那么哪些行为是属于严重侵害非物质文化遗产而需受到刑罚制裁？我国现行的《刑法》并没有直接规定侵害或损害非物质文化遗产、民间文学艺术、传统文化权利的犯罪，但《刑法》及其他法律中的刑事责任条款中关于侵犯知识产权罪、文物犯罪等可以适用于非物质文化遗产的保护。因此，我们认为，根据我国现行的刑法和非物质文化遗产的属性，为了与知识产权等其他法律保护形式相适应，与非物质文化遗产有关的犯罪行为主要有三类：一是侵犯具有知识产权的非物质文化遗产的行为；二是侵犯非物质文化遗产有形载体即实物资料的行为；三是国家机关工作人员在保护和管理非物质文化遗产过程中的渎职行为，主要包括国家机关工作人员侵害非物质文化遗产的管理制度和在管理过程中侵犯少数民族风俗习惯的行为。当以上行为达到严重社会危害性时，即构成犯罪，需要受到刑法的制裁。

8.4.2 非物质文化遗产刑法保护的具体形式

分析与非物质文化遗产有关的犯罪行为,我们认为我国关于非物质文化遗产保护的刑事立法主要有三类,第一类是侵犯作为知识产权的非物质文化遗产的行为,第二类是侵犯非物质文化遗产的有形载体的犯罪行为,第三类是国家机关工作人员在保护和管理非物质文化遗产中的渎职行为。

8.4.2.1 知识产权刑事规范

我国《刑法》第三章第七节中,专门规定了"侵犯知识产权罪"。而非物质文化遗产中有一部分能够满足知识产权的保护条件,当其受到侵害时,现行的《刑法》能够为其提供相应的刑事保护。非物质文化遗产中口头传说和表述可以作为口述作品享有著作权;表演艺术可以分别作为音乐、戏剧、曲艺、舞蹈和杂技艺术作品享有著作权;社会风俗、礼仪、节庆中许多内容如工艺、木雕等可以视为美术、建筑作品受到著作权的保护,其中符合外观设计的法律要求可以受到专利法的保护;有关自然界和宇宙的基础知识和实践中包含一些生产、生活的具体技能可以成为专利法上的发明和实用新型受到保护;传统手工技能可以作为实用新型和商业秘密获得保护。非物质文化遗产的部分内容可以取得知识产权,当严重侵犯这些知识产权,可以构成我国《刑法》分则第三章第七节所规定的侵犯知识产权罪。《刑法》分则第三章第七节规定的侵犯知识产权罪主要涉及以下四类:第一,侵犯商标权罪,主要包括假冒注册商标、销售假冒注册商标的商品和非法制造、销售非法制造的注册商标标识;第二,侵犯专利罪,主要指假冒他人专利;第三,侵犯著作权罪,主要包括侵犯他人著作权和销售侵权的复制品;第四,侵犯商业秘密罪,主要指盗窃、利诱、胁迫或以其他不正当的手段获得他人商业秘密,披露、使用或者允许他人使用从不正当途径获得的商业秘密,违反保守商业秘密的要求等行为。以上四类犯罪,或要求销售数额巨大,或要求违法所得数额巨大,或要求情节严重,才构成犯罪,给予刑事处罚。

8.4.2.2 文物管理刑事规范

我国《刑法》对于文物犯罪规定得较为具体，主要是保护有形的文化遗产，但对保护非物质文化遗产也具有重要意义。非物质文化遗产虽然是无形的，但都具有一定的物质载体作为表现形式，这些载体对于研究非物质文化遗产的传承和发展，保护非物质文化遗产具有重大的影响。在非物质文化遗产的各类表现形式中，有些依赖于人的形体、声音等，只需要人这一载体就可以独立完成，例如语言、口头传说等；但有些非物质文化遗产则还需要借助其他物质才能表现出来，如与各类戏曲相应的服装、道具、面具等，与传统工艺相应的针织、刺绣、剪纸等，这些都属于有形文化遗产。我国《刑法》通过保护非物质文化遗产的物质载体防止其灭失或流失间接保护非物质文化遗产。第151条规定走私国家禁止出口文物罪；第264条规定了盗窃珍贵文物罪；第324条规定了故意损毁文物罪、故意损毁名胜古迹罪和过失损毁文物罪；第325条规定了非法向外国人出售、赠送珍贵文物罪；第326条规定了倒卖文物罪；第327条规定了非法出售、私赠文物藏品罪，第328条规定了盗掘古文化遗址、古墓葬罪和盗掘古人类化石、古脊椎动物化石罪；第329条规定了抢夺、窃取国有档案罪和擅自出卖、转让国有档案罪。这些犯罪客观方面实施了损害具有历史、艺术、科学价值的文物、古文化遗址、古化石及国有档案的行为，其侵犯的法益是国家文物管理秩序和保护制度，破坏了我国的文化主权和文化安全。《刑法》的这些规定有利于保护我国以物质为载体的非物质文化遗产的完整性。《文物保护法》第64条也规定，违反本法规定，有下列行为之一，构成犯罪的，依法追究刑事责任：盗掘古文化遗址、古墓葬的；故意或者过失损毁国家保护的珍贵文物的；擅自将国有馆藏文物出售或者私自送给非国有单位或者个人的；将国家禁止出境的珍贵文物私自出售或者送给外国人的；以牟利为目的倒卖国家禁止经营的文物的；走私文物的；盗窃、哄抢、私分或者非法侵占国有文物的；应当追究刑事责任的其他妨害文物管理行为。

8.4.2.3 国家机关工作人员渎职刑事规范

在非物质文化遗产保护工作中，国家机关工作人员的渎职行为，例如滥用职权或者玩忽职守，致使公共财产、国家和人民利益遭受重大损失的，可以根据我国《刑法》相应的规范予以刑事制裁。2006年12月1日施行的《国家级非物质文化遗产保护与管理暂行办法》第26条规定：有下列行为之一的，对负有责任的主管人员和其他直接责任人员依法给予行政处分，构成犯罪的，依法追究刑事责任：擅自变更国家级非物质文化遗产项目名称或者保护单位的；玩忽职守，致使国家级非物质文化遗产所依存的文化场所及其环境造成破坏的；贪污、挪用国家级非物质文化遗产项目保护经费的。这些规范中涉及我国《刑法》中的玩忽职守罪、贪污罪、挪用公款罪等罪名，其实质是利用这些罪刑规范来保护非物质文化遗产。此外，我国《刑法》第251条规定了非法剥夺公民宗教信仰罪和侵犯少数民族风俗习惯罪。非法剥夺公民宗教信仰罪，是指国家机关工作人员非法剥夺公民宗教信仰自由，情节严重的行为；侵犯少数民族风俗习惯罪，是指国家机关工作人员以强制手段非法干涉、破坏少数民族风俗习惯，情节严重的行为。

《刑法》及其他法律的刑事条款，从国家刑事立法、犯罪预防的角度对侵犯非物质文化遗产的行为进行事先预防或事后的刑事制裁，为非物质文化遗产提供刑法保护。但是由于非物质文化遗产与知识产权的关系尚处于探索阶段，文物保护只能涵盖非物质文化遗产的部分内容，同时又受到刑法罪刑法定原则的制约，现有刑法对于非物质文化遗产的犯罪规定并不直接，给刑事责任的适用也带来了障碍。因此，研究非物质文化遗产法律保护，必须完善刑事法律制度，明确规定侵犯非物质文化遗产犯罪是十分必要。其途径可以是出台相应司法解释。目前我国新发布的《非物质文化遗产法》第五章规定了非物质文化遗产的法律责任，其规定文化主管部门和其他有关部门的工作人员在非物质文化遗产保护、保存工作中玩忽职守、滥用职权、徇私舞弊以及在进行非物质文化遗产调查时侵犯调查对象风俗习惯的法律责任，对其中构成犯罪的，依法追究刑事责任；对于破坏属于非物质文化遗产组成部门的实物和场所的，依法承担民事责任，构成违反治安管理行为的，依法给予治安管理处罚，情节严重构成犯罪的，依法追究刑事责任；境外组织或个人违反《非物质文化遗产法》，擅自在我国境内调查非物质文化遗产的，给予警告、没收违法所得及调查取得的实物、资料，情节严重的，给予相应的罚款，若构成犯罪，依法追究刑事责任。

8.5 非物质文化遗产民事诉讼制度的完善

非物质文化遗产的保护，需要各种法律制度的综合运用，特别是公法的强烈干预，使其在文化多样性的保存和弘扬方面具有重要的意义。但也正如前面的论述指出，非物质文化遗产的保护，其意义是多方位的，作为特定族群或团体的私权对象，非物质文化遗产在知识产权制度等私法领域，其经济利益方面的意义无疑也极为重要。尽管我们对知识产权制度如何发展以适应非物质文化遗产的保护，作出了一些探讨并提出一定的建议，但是在司法实践中，特别是涉及民事诉讼时，究竟如何操作，仍是值得进一步的研究。事实上，这些问题在我国已有的司法实践中，其虽曾也产生过一些有影响的案例，但总体来说，司法实践的经验积累仍然较为欠缺，其诉讼法律制度本身也有待于明确和完善。为此，我们也有必要探讨如何完善现有的诉讼程序，解决非物质文化遗产司法制度上遇到的困难。

8.5.1 我国非物质文化遗产的司法情况

在我国尚未出现"非物质文化遗产"概念时，司法实践中已经出现了一些民间文学艺术的纠纷。例如2001年陕北农民白秀娥状告国家邮政局侵犯其剪纸作品著作权案，2002年画家赵梦林诉北京永和大王餐饮有限公司有关京剧脸谱美术作品著作权纠纷案。虽然这些案件都是和民间文学艺术有关，非物质文化遗产包括民间文学艺术，民间文学艺术作品著作权人的合法权益也得到了保护，但是在这些案件的判决中，法院均认定保护的并非民间文学艺术的著作权，而是民间文学艺术再创作作品及其作者的著作权。其中北京市高级人民法院在"白秀娥剪纸案"终审判决的说法颇具代表性。判决指出，原告剪纸作品虽然采用了我国民间传统艺术中"剪纸"的表现形式，但其并非对既有同类题材作品的简单照搬或模仿，而是体现了作者的审美观念，表现了独特意象空间，是借鉴民间文学艺术表现形式创作出来的新的作品，是对民间文学艺术的继承和发展，应受著作权法保护。2003 年由北京市高级人民法院作出的"乌苏里船歌案"判决才是真正意义上的民间文学艺术法律保护的判例，开创了民间文学艺术受著作权保护的先河，确认了民间文学艺术作品创作主体的精神权利。但该案的判决除了暴露了我国非物质文化遗产保护立法的不完善，同时也折射一个重要的诉讼主体问题，民族区域自治政府是否有权以自己的名义提起保护民间音乐作品的诉讼？

在"乌苏里船歌案"中，黑龙江四排赫哲族乡政府代表赫哲族人民作为原告起诉郭颂、中央电视台、北京北辰购物中心侵犯民间文学艺术作品著作权。在该案的整个审理过程以及法院作出判决以后，无论是案件的当事人还是学界，均围绕四排赫哲族乡政府是否具有诉讼主体资格这一问题展开了激烈的讨论。本案的被告认为原告的主体资格值得质疑，原告没有证据证明有权代表所有赫哲族人民就有关民间文学艺术作品主张权利，因此四排赫哲族乡政府不具备原告的主体资格。但审理此案的终审人民法院认为，"世代在赫哲族中流传、以《想情郎》和《狩猎的哥哥回来了》为代表的赫哲族民间音乐曲调形式，属于民间文学艺术作品，应当受到法律保护。涉案的赫哲族民间音乐曲调形式作为赫哲族民间文学艺术作品，是赫哲族成员共同创作并拥有的精神文化财富。它不归属于赫哲族某一成员，但又与每一个赫哲族成员的权益有关。该民族中的任何群体、任何成员都有维护本民族民间文学艺术作品不受侵害的权利。四排赫哲族乡政府作为一个民族乡政府是依据我国宪法和法律的规定在少数民族聚居区内设立的乡级地方国家政权，可以作为赫哲族部分群体公共利益的代表。故在符合我国宪法规定的基本原则、不违反法律禁止性规定的前提下，四排赫哲族乡政府为维护本区域内的赫哲族公众的权益，可以自己的名义对侵犯赫哲族民间文学艺术作品合法权益的行为提起诉讼。郭颂、中央电视台关于民间文学艺术作品的权利人难以确定、现行法律法规对如何确定民间文学艺术作品的权利人的问题未有规定，因而四排赫哲族乡政府不具备原告的诉讼主体资格的上诉理由不能成立，本院不予支持。"❶

---

❶ 详见北京市高级人民法院民事判决书（2003）高民终字第 246 号。

有学者也指出，从我国《宪法》第119条、《民族区域自治法》、国务院《民政乡行政工作条例》以及地方政府制定的《民族乡条例》的规定来看，代表少数民族利益的民族自治地方或民族乡有管理、保护民族文化遗产的权利。❶ 但关键问题是四排赫哲族乡政府是否与本案有直接利害关系，是否符合我国《民事诉讼法》关于原告主体资格的规定。

随着"非物质文化遗产"概念进入我国司法界的视野，实践中也出现了国家级非物质文化遗产的纠纷，其中"安顺地戏"的署名权争议引起了文化界和法律界专家学者的广泛关注，被有关专家戏称为"我国非物质文化遗产维权第一案"。2010年，贵州省安顺市文化局作为非物质文化遗产保护部门，对电影《千里走单骑》的出品发行人——北京新画面影业有限公司，制作人张伟平，导演张艺谋提起诉讼，认为《千里走单骑》侵犯了"安顺地戏"的署名权，要求发行方澄清事实，并停止发行该影片。张艺谋导演于2005年执导的影片《千里走单骑》以"云南面具戏"为线索贯穿始终，讲述了一名日本父亲历经重重困难，只身前往中国丽江拍摄面具戏的感人故事。随着影片的宣传和上映，"云南面具戏"深入人心，成为丽江旅游业的新卖点，丽江影剧院为此常年放映该影片。然而，该影片中的"云南面具戏"实际上是贵州安顺所独有的，被海内外专家誉为"中国戏剧的活化石"、2006年被列入我国第一批国家级非物质文化遗产保护名录的"安顺地戏"。安顺市三国地戏队八位民间艺人，也应邀在片中表演了《千里走单骑》和《战潼关》两场"安顺地戏"。安顺市文化局认为三被告既没有在影片本身及影片发布会等公开场合表明"云南面具戏"的真实身份，也未在后期放映和发行阶段提及"安顺地戏"，其错误地诠释了地方民俗文化，严重伤害了安顺人民的情感，还侵犯了"安顺地戏"作为民间文艺作品或者非物质文化遗产标明名称的权利，也就是署名权。

本案另一个争议焦点，即安顺市文化局是否是一个适格的诉讼主体？是否有权代表安顺地区的特定群体主张"安顺地戏"权益保护？作为民间文学艺术的权利主体，由创作群体主张会比较有针对性。在

---

❶ 王范武. 从乌苏里船歌案谈民间文学艺术的保护[J]. 中国版权，2003（2）.

第 8 章　非物质文化遗产的公法保护

"乌苏里船歌案"中，它是由赫哲族乡政府来主张权利，法院认可了诉讼主体的适格。从法理的角度来看，安顺文化局是否能成为诉讼主体，关键是看是否具有代表性。在"安顺地戏"已经被列为国家级非物质文化遗产，安顺文化局作为"安顺地戏"这个非物质文化遗产所在地的行政保护机关，其作为诉讼主体还是适格的。

8.5.2　当事人适格问题

以司法形式保护非物质文化遗产，首先要解决当事人适格问题。赋予非物质文化遗产主体相应的诉权，是实现程序性保障的关键，但具体非物质文化遗产诉权主体的界定是个难点。从非物质文化遗产的传承人来看，虽然有时表现为个体性，但从总体上而言，非物质文化遗产不是单个人的行为，而是集体智慧和集体创造的产物，通常以一定的居住地、社区、民族或国家为单位，并在这些地区内广泛流传、延续和传播。特别是在传承的过程中，吸引和积累了许多人的聪明才智、经验和创造力、技艺，是集体创造的产物。正因为非物质文化遗产的群体性，很难确定其权利归属。对于谁有资格成为非物质文化遗产的权利主体一直是理论界争议很大的问题。如果引起诉讼，在认定当事人的适格方面会产生很大的争议。当事人适格说，就是对本案的诉讼标的，谁应当有权要求法院作出判决和谁应当作为被请求的相对人。那么判断当事人适格与否的标准是什么呢？在诉讼法中，一般是以当事人是否是所争议的民事法律关系的主体，作为判断当事人适格与否的标准。根据这一标准，只要是民事法律关系或民事权利主体，以该民事法律关系或民事权利为诉讼标的进行诉讼，一般就是适格的当事人。当然，在某些情况下，也存在例外。非民事权利法律关系或民事权利的主体，也可以作为适格的当事人，主要包括以下两种情况：第一，根据当事人的意思或法律的规定，依法对他人的民事法律关系或民事权利享有管理权的人；第二，在确认之诉中，对诉讼标的有确认利益的人。

正如前面"乌苏里船歌案"和"安顺地戏案"中，其当事人是否适格问题受到了许多的质疑。在"乌苏里船歌案"中，法院根据我国宪法和其他法律的规定认为四排赫哲族乡政府作为乡级地方国家政

327

权,可以作为赫哲族部分群体公共利益的代表,认可了原告的主体资格。在"安顺地戏案"中,学者也从法理的角度,认为安顺市文化局作为"安顺地戏"这个非物质文化遗产的行政保护机关,具有一定的代表性,具有主张权利的原告资格。有专家认为,对于非物质文化遗产,应由创作群体来主张,可能会比较有针对性,会更恰当。同时,也有专家指出,在安顺地戏案中,被告是否适格也需要被考虑。根据有关报道,丽江市澄江县有人撰文论证影片中的面具戏就是澄江关索戏。在旅游服务上,丽江作为竞争对手,混淆了安顺地戏与澄江关索戏,是否可以将丽江有关方面作为被告。

在诉讼中,可以从多方面考虑非物质文化遗产中当事人的适格问题,但如果非物质文化遗产的权利主体明确,则这些所谓适格问题似乎是可以迎刃而解的。本书第5章第3节关于非物质文化遗产权利主体部分将权利主体分为自然人主体、团体主体和国家主体三种类型,其中,自然人主体相对简单,如果国家法律认可其为权利主体,该自然人作为传承人以权利人的身份,在诉讼中肯定其当事人适格无任何异议。团体主体略微复杂些,虽然它在一定范围内可享有较大的自治权利,但该主体的设立和运作,其是否为法人团体等,我国立法并不明确。如在政府主导下设立民间协会之类的社团法人组织代表作为权利主体,则此该团体参加诉讼,其当事人适格也不成问题。至于国家主体,毫无疑问,既然国家专门的机关,比如文化行政主管部门代表国家直接行使相应职权和享受利益,则在诉讼中该机关自然也是适格当事人。事实上,上述情形只是我们在分析非物质文化法律关系时的制度构建设想,立法并未实现,所以在目前缺乏法律法规对非物质文化遗产权利人的确定及权利行使方式进行明确的情况下,法院在处理具体的诉讼案件认定当事人适格问题时,需要慎重考虑。我们认为,可以参考现有的判例,法院可以从法理的角度,考虑起诉或应诉的当事人与本案是否有一定的关联性和代表性,起诉的当事人是否是该非物质文化遗产的权利主体或者可以代表权利主体。那么哪些机关可以代表权利主体行使诉权呢?根据诉讼法,根据当事人的意思或法律的规定,该机关是否可以依法对该非物质文化遗产享有管理权。因此,原告只要对该非物质文化遗产享有管理权或受到非物质文化遗产全体主体的委托,就可以成为适格的原告,而被告只要与作为原告诉讼标的的法律关系有争议，就可以成为适格的被告。

8.5.3 公益诉讼制度的引入

非物质文化遗产对维护文化的多样性，国家的文化主权具有重要的影响，带有明显的公益性，旨在于保证文化安全，维系民族情感等因素。因此，非物质文化遗产中的利益不仅仅局限在权利主体的利益，更延伸至公共利益。当非物质权利主体在行使权利时超过了必要的限度，这种权利的滥用便可能对公共利益带来损害。由于我国现有诉讼制度的不完善，使得对非物质文化遗产的滥用造成的公益损害无法得到有效的救济。我们认为，我国亟待在非物质文化遗产保护中引入公益诉讼机制来解决这个问题。

8.5.3.1 引入公益诉讼的理论基础

"无权利就无救济"，权利与司法救济相伴随。公共利益、公共秩序受到损害可以寻求司法救济是法治应有之义。古罗马时代就有公益诉讼的说法。在罗马程序式法中，有私益诉讼和公益诉讼之分，前者乃保护个人所有权利的诉讼，仅特定人才可提起；后者乃保护社会公共利益的诉讼，除法律有特别规定者外，凡市民均可提起。公益诉讼虽然在古罗马就已存在，但引起广泛关注却是在20世纪。公益诉讼作为一种实践导向的机制，发端于美国，其与美国特定的法学理论和法律制度是分不开的。根植于20世纪60年代的美国社会变革及由此产生的公益诉讼机制，其本身就是那个时代特定的社会、政治、经济的产物，也是那个时代代表性的法律理论和法律思想的具体化与实践化。[1] 美国的公益诉讼涉及诸多的实体领域，如消费者、贫困者、女性、儿童、环境等。"公益诉讼是那些众多深深渗入美国历史中，旨在确保无权利者和无法获享权利的人们获得法律代理的诸种努力的结果。"[2] 为了维护国家的利益、社会公共利益，公益诉讼被不断重视，

---

[1] 徐卉. 通向社会正义之路：公益诉讼理论研究 [M]. 北京：法律出版社，2009：13.
[2] Nan Aron. Liberty and Justice for All: Public Interest Law in the 1980s and beyond [M]. Westview Press, 1989: 6.

这种诉讼是围绕公共利益产生纠纷基础上形成的诉讼，是指"有关组织"和个人依据法律的规定，对违反法律而给国家、社会公共利益造成事实上损害或现实损害的行为，向法院起诉，由法院追究违法者的法律责任的诉讼活动。❶相对于传统的诉讼，公益诉讼存在以下几个特征：第一，公益诉讼的目的是为了保护国家、社会利益，追求社会公平、公正；第二，公益诉讼利害关系具有不确定性和广泛性；第三，公益诉讼的发起者不一定与本案具有直接利害关系；第四，公益诉讼成立的前提既可以是违法行为已经造成现实的损害，也可以是尚未造成损害，但存在损害发生的可能。

我国现有的诉讼制度要求原告必须与案件具有直接的利害关系，而对非物质文化遗产的侵害往往又不是直接侵害具体某个人的利益，侵害非物质文化遗产的原告资格问题一直存在很多的争议，而引入公益诉讼可以解决这个问题。任何人为维护国家、社会利益，均可把侵害非物质文化遗产中的公共利益之人告到法院。因为随着社会的发展，人的自身素质的提高，每个社会个体不仅仅关系自身的权益，而开始着眼于自身利益与社会公共利益的辩证关系，从而达到对自身权利深层次的追求。我们反思现有的三大诉讼制度，发现正是由于其中存在缺陷，使得对非物质文化遗产滥用所致的公益损害很难得到有效的救济。而同样的情况放在国外，因为他们国家的公益诉讼制度完善，却能够使之得到有效的规制和救济。如德国的团体诉讼制度、日本的民众诉讼、美国的私人检察官制度以及英国的检举人制度都能有效地为损害公共利益提供救济。因此，我们完全有必要借鉴国外的成功经验，构建我国的公益诉讼，来弥补我国现有诉讼制度的缺陷。

8.5.3.2 侵害非物质文化遗产公益诉讼制度的初步构想

构建非物质文化遗产的公益诉讼制度是一个艰难的尝试。因为这种新型的诉讼模式会对我国传统的诉讼机制及机能提出许多挑战。主要表现在，第一，当事人平等诉讼地位的丧失导致诉讼关系的失衡。在公益诉讼中，一方当事人是普通人，一方当事人则是拥有大量资金和先进技术手段的企业以及拥有职权的国家机构、公共团体，他们之

---

❶ 颜运秋. 公益诉讼理念研究 [M]. 北京：中国检察出版社，2002：58.

间的实际力量关系反映在诉讼程序上，就使得在传统诉讼体制下本来可以预期的当事人之间的力量对比失去平衡。第二，诉讼争执焦点的社会化导致法官判断上的困难。由于当事人主张的内容具有社会公共利益的内容，法官在作出判决时，不仅要考虑当事人之间纠纷的个人利害关系属性，又要顾及对社会的影响，从而可能参考社会的、公共的因素而作出超越现行法规的判决，其妥当性值得深思。第三，法官自由裁量的扩大也会导致法律适用上的困难。在公益诉讼中，由于涉及利益的社会化，法官不得不考虑预测社会公共事业的意义，以及认可原告请求前提下对公共事业的影响，诸如此类要考虑因素的增加，使法官考虑适用法律以及参考其他法律外的合理因素机会增多、思考的面也得以拓宽，从而造就了法官认定事实进行裁判的工作从简单的适用法律向具有一定预测未来作用的立法工作扩展。❶ 而我国在这方面缺乏研究，司法实践中积累的经验也十分有限，这些都给构建侵害非物质文化遗产公益诉讼制度的构建带来了困难。我们认为，对侵害非物质文化遗产公益诉讼制度宜考虑以下几个方面问题。

1. 原告资格问题

对于非物质文化遗产原告资格的问题一直存在的争议，争议的焦点源于我国《民事诉讼法》第119条规定的原告必须是"直接利害关系人"，这一规定限制了提起非物质文化遗产诉讼的主体范围。我国可以借鉴国外经验，"法律权利标准"让位于"利益权利标准"，即当事人起诉时，并不要求其利益属于法律特别规定的权利，只要申诉人能够主张受损害的利益处于法律规定或者调整的利益范围之内，就可以请求司法救济。这就意味着，因违法行为遭受间接损害的相对人甚至利益受影响的任何人，具有原告资格。由此，起诉的主体不仅仅是非物质文化遗产的权利人，还包括检察机关、行政机关、社会团体或公益组织和公民个人。（1）检察机关。我国目前的诉讼法制度只赋予检察机关在刑事案件中的公诉资格，并未赋予其在公益诉讼中的诉讼资格，但是赋予检察机关以公益诉讼原告资格是西方国家的普遍做

---

❶ Parker & Stone. Standing and Public Law Remedies [J]. Colum. L. Rew., 1978, 78 (4): 771, 774~775. 转引自: 颜运秋. 公益诉讼理念研究 [M]. 北京: 中国检察出版社, 2002: 99.

法，也收到了一定的效果。因此，我国可以借鉴其他国家的做法，赋予检察机关以公益诉讼原告资格，保护我国非物质文化遗产。（2）行政机关。由于非物质文化遗产具有一定的地域性，该地域的行政机关管理和保护着当地的非物质文化遗产的发展，具有一定的代表性。从我国目前的非物质文化遗产司法实践中，行政机关作为原告，进行了大量的非物质文化遗产诉讼，并也被法院认可原告资格，取得了很好的效果。（3）社会团体或公益组织。国外有着成功的"诉讼信托制度"，即法律赋予社会团体和公益组织诉权，以原告资格进行起诉，由此形成的判决适用于该团体或组织中的任何一个。社会团体也是非物质文化遗产保护中的重要力量，社会团体力量大、专业知识雄厚，可以克服诉讼中单个成本大，搭便车，国家介入不经济、不合理及积极性不足等问题。如果赋予社会团体或公益组织非物质文化遗产公益诉讼原告资格，不仅是社团代表利益所有者直接参加诉讼，使公益诉讼专业化和集团化，而且也鼓励了社会团体或公益组织积极维护非物质文化遗产中的社会利益。鉴于国外这方面成果的经验以及这些组织在保护非物质文化遗产中的特殊作用，可以赋予其原告资格。（4）公民个人。公民个人应该是公益受损的最好监督者，而且公民个人也是侵害非物质文化遗产行为的受害人，授予他们启动侵害非物质文化遗产公益诉讼的资格理所当然。

2. 行政处理前置原则

由于公益诉讼原告资格的门槛降低，将导致相关案件数量，法院负担增加，有必要对诉讼程序给予一定的限制。我们认为可以采用行政处理前置原则，即公民、法人或者其他组织在提起公益诉讼时，应当先向有关行政机关或检察机关进行申诉、举报，请求行政机关进行处理，只有行政机关置之不理，或者处理不妥的情况下才启动公益诉讼。对非物质文化遗产的公益诉讼采取行政前置原则有利于防止原告滥用诉权，浪费国家诉讼资源。

3. 案件受理费问题

在案件受理费问题上，有学者认为，为了防止滥用诉权的情况发生，应该由原告预先缴纳案件受理费。我们认为不太妥当，因为侵害非物质文化遗产的特殊性，案件受理费很难确定。而且一旦确定，案件受理费将会十分巨大，这么高额的案件受理费势必会导致社会公众不愿意提起公益诉讼，以致公益损害无法得到有效的救济。比较合适的做法是参考《最高人民法院关于适用〈中华人民共和国民事诉讼法〉若干问题的意见》第129条的规定"依照民事诉讼法第55条审理的案件不预交案件受理费，结案后按照诉讼标的额由败诉方缴纳"。

4. 举证责任问题

由于非物质文化遗产牵涉我国文化主权、文化多样性，很多濒临消失，其性质特殊，在举证责任分配问题上，如果采用"谁主张，谁举证"的原则势必造成原告在举证上的困难。因此，我们建议采取"举证责任倒置"原则，对于因侵害非物质文化遗产所致损害结果或者造成公益损害等事实，由原告负责举证，公益损害与侵害非物质文化遗产之间无因果关系则由被告举证。

侵害非物质文化遗产的公益诉讼在一定程度上与民事诉讼比较相似，由于篇幅有限，上面叙述的只是它的一些特殊性。未涉及如诉讼时效、期间、送达、执行等问题都可以参照民事诉讼法制定。